カルチャロミクス

文化をビッグデータで計測する

エレツ・エイデン＆
ジャン＝バティースト・ミシェル

阪本芳久 訳
高安美佐子（東京工業大学）解説

草思社

Uncharted: Big Data as a Lens on Human Culture
by Erez Lieberman Aiden and Jean-Baptiste Michel

カルチャロミクス　目次

第2章 ジップの法則と不規則動詞たち

第3章 ビッグデータで辞書を評価する

第6章

集合的記憶と集合的忘却

ウィーン学団が排除しようとした言葉
記憶と忘却に関する実験
歴史的大事件とその忘却
出来事の集合的記憶研究の問題点
集合的記憶の忘却曲線を見る
新しいことの伝達・学習・浸透は測れるか？
発明品のｎグラムを調べるという方法
発明の日付を確定できるか？
発明品の社会への浸透過程を図に示す
技術の特異点と集合的学習曲線の推移
民族精神、文化、カルチャロミクス
ｎグラムが図になった日
だれもが夢中になった試作品
ついにＮグラム・ビューワーとして公開へ

第1章

歴史を見通す新しい眼鏡

本を読むロボット

世界中の主要な図書館のすべての蔵書を片端から読んでいくロボットがあったとしよう。こいつときたら、読む速さもロボットならではの超高速な上に、絶対に間違いを犯さない超高性能のメモリを利用して、本の中に出てきた単語を一つ残らず記憶してしまう。そんな博識のロボット歴史学者がいたら、そこから何を学べるだろう？

アメリカ人ならだれもが知っている簡単な例がある。現在のアメリカ人は「南部の州には南部出身者が大勢いる」と言うとき、「南部の州（southern states)」を複数扱いし、動詞もそれに合わせてThe southern states *are* full of southerners. と表現する。「北部の州」や「ニューイングランドの州」（アメリカ北東部の六州からなる地域）についても事情は同じだ。ところが、これが合衆国になると話が違ってくる。

州（state）は複数形になっていても合衆国（the United States）は単数扱いされ、たとえば、「合衆国には市民権をもった人々が大勢いる」と言うときは、The United States *is* full of citizens. となる。

なぜ、合衆国は単数形の名詞として扱われるのだろう？　そこには文法上の微妙な問題では片づけられないものがある。これはアメリカ人の帰属意識にかかわる問題なのだ。

合衆国建国時の「連合規約」は統制力の弱い中央政府を規定し、新たに誕生した統一体を単一の国家ではなく、個々の州の間の「友愛精神にもとづく同盟」と呼んでいた。その意味では、現代のヨーロッパ連合（EU）にいく分似ていると言ってもいいだろう。人々も自分をアメリカ国民と考えることはなく、それぞれの州に帰属する住民だと見なしていた。

それゆえ、人々は「合衆国」を、ほぼ独立した個別の州の集合体にふさわしい複数形の語として表現していた。たとえば、第二代アメリカ大統領ジョン・アダムズは、一七九九年の一般教書演説の中でイギリス国王との交渉について述べた際、合衆国を複数扱いして、"the United States in *their* treaties with His Majesty"（「合衆国『たち』は英国王陛下と交渉中で」）と表現している。[1]こんな言い方は現在のアメリカ大統領には想像もできないだろう。

では「われら（We the People）」（合衆国憲法、[2]一七八七年制定）が文字どおり「一つの国家（one nation）」（忠誠の誓い、一九四二年制定）になったのはいつだったのだろう？[3]

歴史学者にこの問いをぶつければ、たぶん彼らは、ジェームズ・マクファーソンの手になる南北戦争史の名著、『自由の雄叫び』の最後の部分から取った非常に有名な一文を指摘して答えとするはずだ。

……この戦争の重要な帰結のいくつかは明白なように思われる。連邦脱退と奴隷制に終止符が打たれ、アポマトックスでの南軍の降伏以降の一二五年間、脱退は二度と生じなかったし、奴隷制もけっして復活しなかった。これらの結果は、このときを境にアメリカの社会と政治体制がより広い意味で変化したことを意味している。たとえ唯一の要因ではなかったとしても、南北戦争がその変化をもたらしたのだ。南北戦争が始まる一八六一年まで、「合衆国」は複数形の名詞として扱われるのがふつうだった。「合衆国は共和国（the United States are a republic）」のように。南北戦争は合衆国が単数形の名詞として扱われる転換点になったのである。[4]
このような見解を述べたのはマクファーソンが最初ではない。以前からあった説で、少なくとも一〇〇年前から言われていた。一八八七年の『ワシントン・ポスト』紙から抜粋した次の一節を見てほしい。
いまから数年前まで、現在形、過去完了形、過去形を問わず、合衆国を複数形扱いで語る時代があった。だが、南北戦争が状況を一変させてしまった。両軍が砲火を交えたヴァージニア州チェサピークからテキサス州サビーンパスにいたる前線の全域にわたって、文法の問題は永遠の決着を見た。けりを付けたのはウェルズでもグリーンでもリンドリー・マレーでもなく……シェリダンのサーベル、シャーマンのマスケット銃、グラントの大砲だった。南部連合大統領デーヴィスとリー将軍の降伏は、複数形から単数形への移行を意味していたのである。[5]

一世紀以上を経た現在でさえ、言語と大砲にまつわる意外な事実を語ったこんな刺激的な記事を目にすると、いやでも興味をかき立てられてしまう。文法は慣例的用法に関係する微妙な問題なのに、その用法をめぐる戦いに決着をつけたのは「シャーマン将軍のマスケット銃」だったなんて、だれが想像できるというのだろう。

それにしても、この説を信じていいのだろうか？

おそらくは信じていいのだろう。ジェームズ・マクファーソンはアメリカ歴史学会の会長を務めたこともあり、その偉業が語り草になっている歴史学者なのだ。加えて、彼のもっとも有名な著書『自由の雄叫び』はピューリツァー賞受賞作である。さらに、だれが一八八七年の『ワシントン・ポスト』紙の記事を書いたにせよ、その記者は構文に見られたこの変化を直接体験したはずだから、これ以上確かな「歴史の目撃証人」はありえないのではないだろうか。

それでも、マクファーソンが聡明だからといって、絶対に間違いを起こさないとは限らない。目撃者だって事実を見誤る場合がある。事実関係を知る何かもっとうまい手はないだろうか？

ひょっとするとそんな手があるかもしれない。冒頭で述べたあのロボット――すべての図書館の蔵書を一冊残らず読んでしまう仮想上のロボット――に、機械的に処理して得られた見解を尋ねてみたらどうだろう。

頼りになるこのロボット歴史学者は質問に答える中で、その強大なメモリを利用して、図1－1に示したようなグラフを作成したとしよう。ロボットが描いたこの図は、合衆国で出版された英語の本の中で、“The United States are”と“The United States is”というフレーズの出現頻度が時代とともにどう変化したかを示している。[6]横軸には時間の流れを一年おきに取ってある。縦軸は二つのフレーズの出現頻度を示しており、具体的には、それぞれの年に書かれた文章《テキスト》の一〇億語当たりの平均出現回数で表わしている。たとえば、ロボットは一八三一年に出版された本に出てくる三億一三三八万八〇四七の単語を読み取り、その中で“The United States is”のフレーズを六万二七五九回確認している。グラフのThe United States is、つまり単数扱いに対応する折れ線の一八三一年のところの高さが示しているように、この年のThe United States isの出現回数は、平均では一〇億語当たり二〇回になる。

このような図があれば、アメリカ人はいつごろから合衆国を単数形の名詞として用いるようになったのかがはっきりわかるだろう。

しかしながら、この図にはちょっと問題がある。仮想上のロボットが作成したこの仮想上のグラフ

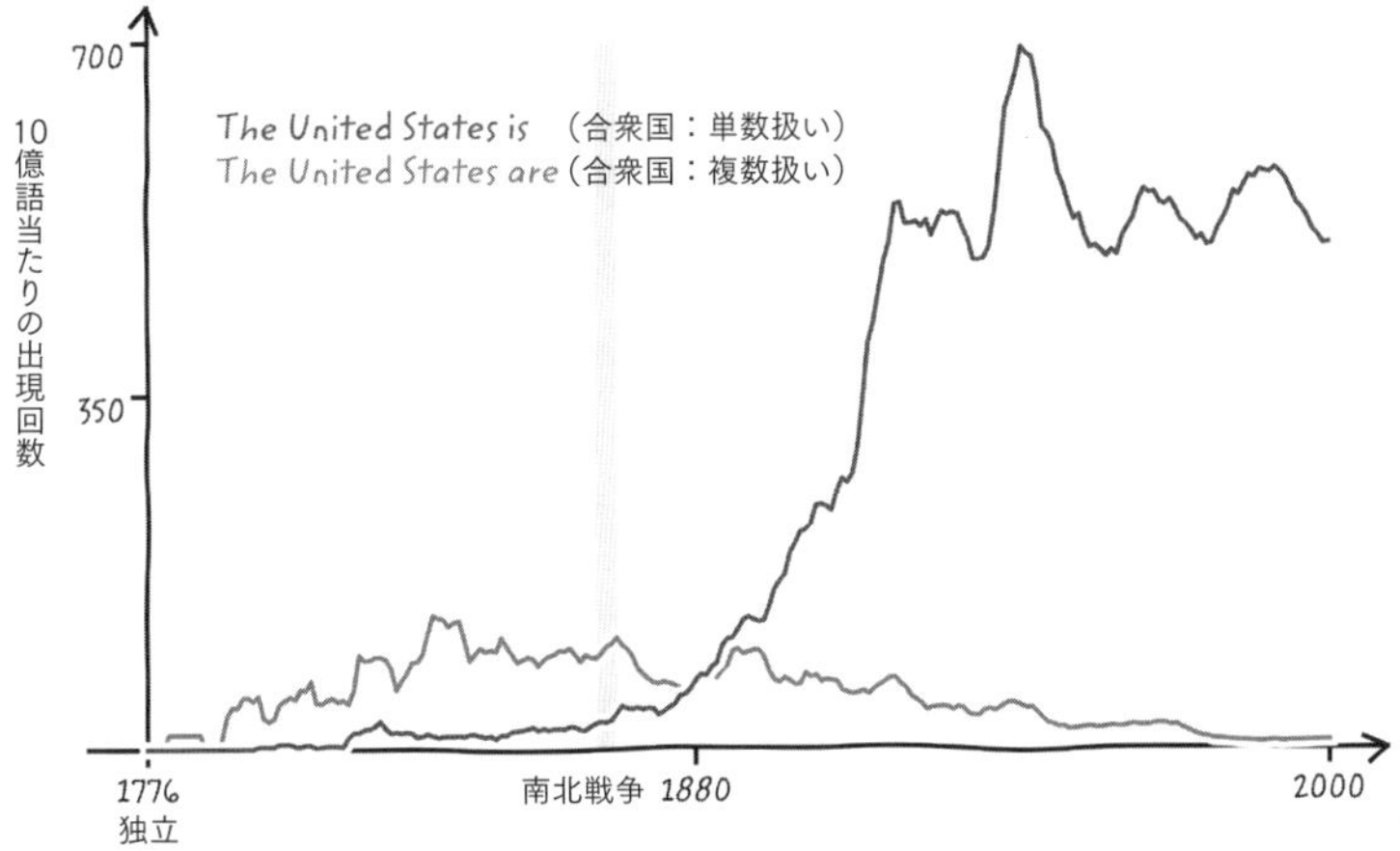

図1－1

に従えば、これまでの説明は間違いだったことになってしまうからだ。グラフが正しいなら、複数形から単数形への転換は短期間に生じたものではない。グラフを見ると、単数形への移行は徐々に進み、一八一〇年代に始まって一九八〇年代に入ってもまだ続いている。期間で言えば、実に一世紀半以上に及んでいる。もっと重要なのは、南北戦争中の一八六一年から一八六五年の間には急激な変化がまったく見られないことだ。実際、戦中も、直前および直後の時期と大きな違いはない。たしかに南北戦争終了後は折れ線がやや急激に上昇しているが、この傾向が見られ始めるのは、南軍のリー将軍の降伏から五年を経た時点である。グラフは、戦争終了から一五年後の一八八〇年になってようやく、単数形の名詞としての使用が一般的になったことを示している。さらに言えば、南部連合国の象徴である「複数形の旗印」は、現在でもはためいているのだ。

もちろん、いま述べたことはみな仮定の話にすぎない。図書館まで行って本を片端から超高速で読破し、歴史の目撃証人やピューリツァー賞の受賞者の鼻を明かすロボットなんて、まったくありそうもない。

だが、これは全部本当の話なのだ。

マクファーソンは秀でた歴史学者だが、「合衆国」が単数形の名詞として使用されるようになった経緯については誤りを犯していた。『ワシントン・ポスト』紙の記事を書いた人物の記憶も正確ではなかった。さらに言えば、仮想上のロボットまではいかなくても、膨大な量のデータを駆使して質問に答えてくれる「ロボット」、すなわち、人間がコンピューターで行なっていた処理を自動的に実行するプログラム（ツール）も実際に登場している。図1-1も、そんな「ロボット」が描いたもので、これと同じようなグラフならいくらでも描ける。いまでは世界中の大勢の人々が、「ロボット」のデジタルの眼という新たな手段を利用して歴史を眺めているのだ。

科学の限界は、見ることのできる範囲で決まる

新種の「レンズ」の登場が世界の見方に影響を及ぼしたのは今回が初めてではない。
起源については諸説あるが、少なくともヨーロッパでは、一三世紀の終わりに新しく発明された眼鏡は、瞬く間にイタリア全土に広まったとされている。わずか数十年のうちに、それまで影も形もなかった眼鏡は、やがて単に珍しいだけの品物となり、さらにはごくありふれた日用品へと変化した。いまのスマートフォンと同じで、当時の多くのイタリア人の必需品となった眼鏡は、ファッションと機能を融合して身につけて持ち歩けるようにした点で、初期の時代における「ウェアラブル技術」の輝かしい成功例だった。
眼鏡がヨーロッパ全土、さらに世界中に広まるにつれて、検眼はうまみのある商売になった。レンズの製造技術も進歩し、値段も下がった。当然のように、レンズを組み合わせて得られる像の実験的研究が始まる。ちょっとした工夫を凝らせば、非常に大きな倍率の像が得られることがわかるまで大して時間はかからなかった。こうして、肉眼では見えなかった新たな世界を見るための装置が登場する。[7]
たとえば、二枚のレンズを利用すると、非常に小さなものを拡大して見ることができる。一六世紀の終わりの発明とされる顕微鏡は、生命にまつわる古くからの謎に関して、少なくとも二つの驚くべき事実を明らかにした。顕微鏡による観察によって、身のまわりの動物と植物のすべてが、物理的に区画された小さな単位から構成されていることがわかったのだ。この事実を発見したロバート・フックは、これら小さ

な構成要素の配列は修道院の居住区画に似ていると書き留めている。[8] フックが動植物のこれらの組織を「細胞《セル》」と呼んだ理由はここにある。顕微鏡は微生物の存在も明らかにした。[9] 身のまわりの世界とは別の生物の世界があったのだ。微生物はたった一個の細胞しかもたないものが多いが、生物界のきわめて大きな部分を占めている。顕微鏡が発明されるまで、だれ一人として、こんな形態の生物がいるとは思ってもいなかった。

レンズは遠くの物体や風景を拡大して見るのにも利用できた。ガリレオは最大倍率が三〇倍の望遠鏡[10]——現在の水準に照らしたら、おもちゃの望遠鏡に毛が生えた程度でしかない——を武器に、宇宙の謎に挑んだ。このフィレンツェの科学者が望遠鏡をどの方向に向けても、それまでけっして見られなかった光景が目に飛び込んできた。完璧な球だと信じられていた月に望遠鏡を向けたガリレオは、その表面に谷や平原、山があるのを見た。月の山が作る明瞭な影は、いつ見ても太陽とは反対の側に伸びていた。夜空を横切る明るい帯は天の川と呼ばれるが、この部分を望遠鏡で調べたガリレオは、天の川がほのかに輝く無数の星からできていることを知った。現在では、天の川は銀河系のディスクとバルジを真横から見透かした姿であることがわかっている。けれども、ガリレオのもっとも有名な発見は、彼が望遠鏡を惑星に向けたときになされた。金星と木星の衛星が満ち欠けするのを見たのだ。それは、いままで知られていなかった世界、文字どおりの意味での新世界だった。

ガリレオの観測結果は、地球が宇宙のあらゆるものの中心にあって静止しているとするプトレマイオスの宇宙観を否定する決定的な証拠となった。ガリレオの得た観測結果は逆に、コペルニクスの太陽中心の宇宙体系、すなわち地球を含めた惑星は自転しながら太陽のまわりを回っているという考え方を間接的に支持するものだった。単に光を操る仕掛けにすぎなかったレンズは、才能に秀でたガリレオの手に委ねられたことで、科学革命の幕をあけるとともに西欧社会における宗教の役割にも変化をもたらすことになった。そこには近代天文学の誕生をはるかに越える意味があった。新たな世界の誕生だったのだ。[11]
ガリレオの時代から五世紀近くを経た現在でも、顕微鏡と望遠鏡は科学の進歩と切っても切れない関係にある。もちろん、装置自体は変化した。伝統的な光学的結像法はいっそう精緻なものになったし、現代の顕微鏡や望遠鏡の中には、従来とはまったく異なる科学的原理にもとづくものもある。たとえば、走査トンネル顕微鏡は二〇世紀に登場した量子力学に由来する考え方を利用している。とはいえ、多くの科学――分野で言えば、天文学、生物学、化学、物理学など多岐にわたる――の限界は、現在でも実際に見ることのできる範囲によって決まってしまう場合が多い。利用可能な最高性能の顕微鏡や望遠鏡で何を明らかにできるかにかかっているのだ。
われわれはハーヴァード大学の大学院生だった二〇〇五年に、科学者たちが利用できるさまざまな観測装置と、それらが科学的探究を可能にした経緯について、長い時間をかけてあれこれ考えていた。そうしているうちに、常識外れのように見える一つのアイデアに興味を引かれるようになった。二人とも、これまでずっと歴史研究に関心をもっていた。とりわけ興味をそそられたのは、人間の文化が時間とともにどのように変化したか、だった。劇的な変化もあるが、多くの場合、文化の変化は非常に微妙で捉えがたく、人間の能力だけに頼ったのでは見えてこない。だから、もし人間の文化を観測する顕微鏡のようなものが生まれ、他のやり方ではけっして気づかない小さな影響を突き止めてその跡をたどれたら、すごいことになると思ったのだ。あるいは、遠くから同じことを可能にしてくれる望遠鏡も考えられる。異なる大陸での何世紀も前の出来事も観測できる望遠鏡だ。要するに、物質的な物体ではなく歴史的変化を観察する装置のようなものを作れないだろうかと考えたのである。

もちろん、この企てが実現しても、ガリレオが果たした貢献には及ばない。近代的な世界はとっくに生まれていて、太陽が太陽系の中心に位置していることなど、もうわかりきっているからだ。基本的には、すでにだれもが観測装置のありがたさを知っている。だが、われわれ二人は、いま思い描いている新種の観測装置はかなり「いい線を行っている」ので、これなら大学も、ついにわれわれに学位を与えて昇進させてくれるのではないだろうかと考えた。学位を追い求めている典型的な院生の望みといったらこのくらいのもので、学歴は過度なまでに高いのに、満足な食事もできず、給料も安い境遇におかれている人と少しも変わりない。

われわれがいくぶん風変わりなこの問題に思いをめぐらせていたころ、革命と言っても過言でない劇的な変化が大学とは別のところで起きつつあった。われわれもその革命の流れに巻き込まれ、のちには大勢の人々もこれまで経験したことのない不思議な魅力を感じるようになる。その革命の中核をなすビッグデータ革命は、人間の営みの歴史的記録の作成と保存法にかかわるものである。この革命がもたらす結果は、われわれ自身に対する見方を変えるだろう。また、人間社会の本質をいまより効果的に探る新たな「観測装置」の創作も可能になるだろう。ビッグデータは人文科学に変化をもたらそうとしているだけでなく、社会科学の性格を変え、企業の世界と学問の世界との新たな関係を作り出そうとしている。こうした状況が生まれた理由をもっとよく理解するために、「歴史的記録」のことをもう少し詳しく調べてみよう。期間で言えば、少数の記録しかなかった時代から、いたるところに記録の見られる現在までが対象になる。

人々の行動の記録は蓄積されている

いまから一万年ほど前、先史時代の羊飼いたちは、飼っていた羊がいなくなってしまう目にたびたび遭っていた。困って相談した相手は不眠症に悩まされていたらしく、羊飼いたちはその人物の助言を得て、数を数えるという考えに思いいたった。いまでは、これが数の起源だとされている。こうした史上最初の「会計士」たちは、羊の頭数を表わす道具として石を用いた。現在のギャンブラーがポーカーでいくらもうけたかをチップで確認しているのと同じやり方である。
石を利用するという方法は非常にうまくいった。その後四〇〇〇年がたつうちに、ますます広範な種類の品物の数を把握することが求められるようになると、尖筆と呼ばれる簡単な道具を使って石に模様《パターン》を刻むようになった。パターンを利用すれば、いろいろな品を種類ごとに示すことができた。最終的には紀元前四〇〇〇年ころ、たくさんの小石――石器時代の小銭のようなもの――をつねに手元に置いておかなければならないのは不便だと考える人が出てくるようになった。小さな石の代わりに大きな石を選び、そこに尖筆でいろいろな模様を並べて刻んだほうが楽なのだ。これが書くこと、すなわち文字による記録の起源だった。[12]
いまから振り返ると、羊の頭数を数えたいというありきたりの願望が文字の発明というきわめて重要な進歩を生むきっかけになったことは意外に思えるかもしれない。しかし、相手がいま何を所有しているかを絶えず把握していなければ取引きする意味がないから、経済活動にはつねに文字による記録への要望が伴っていた。そのため、初期の時代に書かれたものの中では、当時の人々の「ぬかりのなさ」を示す記録が圧倒的に多い。賭けの勝ち負けの記録、受領証、契約書が大量に残されているのだ。預言者の言葉を書き写した書が登場するはるか以前から、人々は利益に関する記録を書き残していた。見事な文学作品の類は文化史と結びつけられる場合が多いとはいえ、実際にはこうした記録を残す段階に達することなく終わってしまった文明も数多くある。これら古代の人々が書いたものの中で大量に残っているのは、大半がいまで言う「領収書」である。もし商業活動が営まれていなかったらこうした記録を作成することもなく、したがって、当時の社会についての現在の知識は、はるかに貧弱なものになっていただろう。

この事情ははるか昔の時代だけでなく、現在にも当てはまる。ただし、古代の事業者とは異なり、現在の多くの企業は、単に事業の遂行に伴う副産物として記録を生み出しているわけではない。グーグル（Google）、フェイスブック（Facebook）、アマゾン（Amazon）などが開発しているツールがあれば、だれでもインターネット上で自分の感想や意見を述べたり、互いに交流したりすることができる。こうしたツールが有効に機能するには、それぞれの人に関するこれまでの記録をデジタル化したデータとして蓄積しておくことが前提になる。

これらの企業にとって、人間の文化を記録することが現在の中核的事業になっている。データの蓄積は、不特定多数の利用を目的としたウェブページ、ブログ、オンラインニュースだけを対象にしているわけではない。私的な連絡は、eメールやスカイプ（Skype）を利用してであろうとショートメッセージ（テキストメッセージ）を利用してであろうと、ますますオンライン上でやりとりされるようになっている。そうした私信の多くは、何らかの形で保存されている。データの内容に即して複数に分けて保存されている場合も多く、保存期間は原理的には半永久である。ツイッター（Twitter）にせよリンクトイン（LinkedIn）にせよ、利用者の個人的なつながりや仕事上のつながりはウェブ上に逐一登録され、新たなつながりもウェブを仲立ちとして結ばれる。また、画面の「いいね」ボタンや「おすすめ」ボタンをクリックするつど、あるいはインターネット上のグリーティングカード（eカード）をだれかに送るたびに、その人のその時々の思いや印象は、オンライン上の情報の痕跡として半永久的に残る。だれに宛てて怒りのメールを送ったのか、送った本人はとっくに忘れていても、グーグルはその文章を正確に記憶している。二日酔いの朝、頭が朦朧《もうろう》として記憶があいまいでも、フェイスブックの写真には、前夜のバーでの出来事が詳細に記録されている。本を書けばグーグルがスキャニングしてくれるし、写真を撮ればフリッカー（Flickr）が保管し、動画を制作すればユーチューブ（YouTube）が流してくれる。

多くの人が現代の生活の便利さを肌で感じるようになり、日々の暮らしがますますインターネットに依存するようになるにつれ、利用者が痕跡として残す情報は、一つ一つはパンくずのように小さくても、集まるにつれてどんどん完全なものになってきている。いまではそれぞれの人に関して、驚くほど多様で詳細な過去の記録が蓄積されているのだ。

ビッグデータはどのくらいビッグか

では、こうした情報を全部あわせるとどのくらいの量になるだろうか？

コンピューター科学の分野では情報量を表わす単位として、二進数の桁《けた》を意味するバイナリーディジット（binary digit）を略したビット（bit）が用いられる。一ビットは「はい」か「いいえ」を問う二者択一式問題の答えのようなもので、二進数の一桁がとる数字0と1のうち、1が「はい」を、0が「いいえ」を表わすと考えればいい。八ビットは一バイトと呼ばれている。[13]
利用者が痕跡として残した情報は、平均をとって世界中で一年間に生み出された一人当たりの情報量で表わすと、現時点ではほぼ一テラバイトになる。一テラバイトは二の四〇乗バイトだから、これは約八兆の「はい－いいえ」式二者択一問題がある場合に相当する。したがって、人類全体では毎年五ゼタバイト、つまり四〇〇〇〇〇〇〇〇〇〇〇〇〇〇〇〇〇〇〇〇〇〇ビット（4×10^{22}ビット）もの情報を生み出していることになる（一ゼタバイトは2^{70}バイト）[14]。
こんな大きな数は思い描くのもたいへんなので、もう少し具体的な状況に置き換えてみよう。もし一メガバイト（2^{20}バイト）中に含まれている情報を0と1を使って紙に書きとめていくとしたら、数字の列の長さはチョモランマ（エヴェレスト）の高さを五倍したものより長くなる。一ギガバイト（2^{30}バイト）なら地球の赤道を一周、一テラバイトなら地球と土星の間を二五往復してしまう。一ペタバイト（2^{50}バイト）になると、地球からもっとも遠方にある人工物体のボイジャー一号探査機まで行って帰ってこられる長さになり、一エクサバイト（2^{60}バイト）ではケンタウルス座アルファ星まで達してしまう。毎年生まれている五ゼタバイトの情報ともなると、銀河系の中心部に届いてしまうだろう。[15] eメールを送ったり動画を投稿したりする代わりに、五ゼタバイトを使って古代の羊飼いと同じく羊の頭数を数えるとしたら、宇宙全体を一分の隙《すき》もなく埋めつくしてしまうほどの群れでも、その頭数を簡単に表わすことができるのだ。[16]
こうした類の記録がビッグデータと呼ばれる理由はここにある。さらに言えば、現在のビッグデータは氷山の一角でしかない。データ蓄積技術が進歩し、通信に利用される帯域幅が拡大し、インターネットを利用する生活に徐々に移行していくのにつれて、現代に生きるわれわれ人間《ホモサピエンス》がオンライン上に痕跡として残す情報の総量は、二年ごとに倍増している。[17] ビッグデータは増大し続ける一方なのである。

世界を鮮明に見させる新しいレンズ

いまの時代と過去の時代を比べたとき、文化に関する記録の残し方に見られるもっとも決定的な違いは、現在のビッグデータがデジタル化された形で残されているという点にあると見ていいだろう。光学レンズを使って光線の進路を思い通りに曲げて操作できるのと同じように、デジタルメディアを利用すれば、情報の内容の変更や処理を確実に行なえるようになる。十分な量のデジタル化された記録と、それを処理するに足るコンピューター能力があれば、人間の文化をこれまでとは異なる新たな視点から眺められるようになり、われわれの世界とわれわれが置かれている状況の理解の仕方にきわめて大きな影響を及ぼす可能性がある。

たとえば、こんな問題を考えてみてほしい。現代の人間社会について知りたいとき、何を利用してもいいと言われたら、社会の仕組みを研究している専門家が多数いる一流大学の社会学科と、人々が社会的につながるのを手助けすることを事業目的に掲げているフェイスブックとでは、どちらのほうが助けになるだろうか。

社会学科の教授たちの恵まれている点は、学問と研究に人生を捧げてきた大勢の研究者たちがもたらした卓越した知見を手にしていることにある。一方、フェイスブックは日々の社会生活の一部になっており、利用者は一〇億人に達している[18]［2015年には月間アクティブ利用者数でも一五億超となった］。フェイスブックに蓄積されているデータを見れば、それぞれの人の居住地や勤務先、遊び相手と遊びの場、好み、病気になった時期、友人たちとの話の内容までわかる。したがって、さっきの問題の答えは、十中八九、フェイスブックだということになる。たとえ現時点ではそう言えないとしても、いまから二〇年後だったらどうだろう？　その時点では、フェイスブックやフェイスブックと同様のサイトは、地球上の個々の人々について、現在の一〇万倍もの情報を蓄積しているはずなのだ。

現状に対するこうした考察がきっかけとなって、科学者はもちろん人文系の研究者たちでさえ、慣行に捕われることなく、学問の府である「象牙の塔」の外に出て、大企業と手を組んで研究に取り組むようになっている。大学の研究者と企業とでは視点や発想に根本的な違いがあるし、従来とは異色の取り合わせだが、彼らは人文科学史上前例のない大量のデータセットを利用して、ひと昔前ならほとんど想像もできなかったような研究を推し進めている。

スタンフォード大学の経済学者ジョン・レヴィンはイーベイ（eBay）と組んで、実際の市場での価格の決め方を探った。レヴィンが利用したのは、売り手は商品の値段を決めるために、小規模の「価格設定実験」をやってみることが多いという事実だった。レヴィンらの研究者たちはいちどきに数十万件もの価格設定実験を調べることで、価格理論にきわめて多くの知見をもたらした。経済学の一分野である価格理論は、よく発達しているとはいっても、理論面からのアプローチが主要な部分を占めている。レヴィンは、経済学の既存の教科書や専門書の記述はおおむね間違っていないが、ときに重大な誤りを犯していることを明らかにした。[19]このレヴィンの研究の反響は非常に大きく、彼の「ジョン・ベイツ・クラーク賞」――四〇歳未満の経済学者に与えられる最高の賞で、受賞者の中にはのちにノーベル経済学賞を受賞した人物も多い――受賞に資することにすらなった。
カリフォルニア大学サンディエゴ校のジェームズ・ファウラーが率いる研究グループはフェイスブックと手を組み、フェイスブックの利用者六一〇〇万人を対象に選挙の投票行動に関する実験を行なった。その結果、親しい友人が有権者登録をすませたことを知った人は、かなり高い確率で自身も有権者登録をすることが明らかになった。親しければ親しいほど影響力も強かった。[20]こうした興味深い結果が得られただけでなく、第一級の科学雑誌『ネイチャー』の表紙を飾ったファウラーらの実験は、結果的に、二〇一〇年のアメリカ議会選挙の投票者数を三〇万人以上も押し上げることになった。三〇万票と言えば、選挙結果を左右するのに十分な票数である。
ノースイースタン大学の物理学者アルバート＝ラズロ・バラバシは、大手通信会社数社と共同で研究に取り組み、携帯電話が残すデジタル位置情報を分析することで、多数の人々の移動の足跡を調査した。最終的には、一つの市をまるごと含む規模で行なった斬新な数学的解析から、人々が通常はどのように場所を変えながら移動していくのかが明らかになってきた。バラバシら研究者たちによる移動履歴の解析法は非常に精緻なものとなり、そのため、次に向かう目的地を予測できる場合さえあった。[21]
グーグルの社内では、ソフトウェア技術者のジェレミー・ギンズバーグを長とするグループが、インフルエンザの流行期には症状、合併症、治療薬を検索する人の数に顕著な増加傾向が見られるのに気づいた。この当たり前と言えば当たり前の事実を利用して、ギンズバーグらのグループはきわめて有意義な成果をもたらした。特定の地域に住むどんな人がこれらのキーワードをグーグルで検索しているかをリアルタイムで調べ、それをもとにインフルエンザの流行を突き止めるシステムを構築したのである。アメリカ疾病管理センターは同じ目的のために多大の費用をかけて整備した広範な組織をもっていたが、それでもギンズバーグらの「早期警戒」システムは、同センターよりはるかに迅速にインフルエンザの新たな流行を検知できた。[22]
ハーヴァード大学の経済学者ラジ・チェティは国税庁に協力を仰いだ。彼は国税庁を説き伏せて、特定の地区の学校に通っていた多数の生徒に関する情報を使わせてもらった。チェティとその共同研究者たちは、この情報と学区から入手したもう一つのデータベースの情報を合体させた。学区のデータベースのほうにはクラス割りが記録されており、それをもとにチェティたちはそれぞれの生徒の担任がだれだったかを特定した。得られた情報のすべてを組み合わせることで、チェティら研究者たちは、さまざまな政策的介入の効果だけでなく、優秀な教師との出会いが長期間にわたって生徒に及ぼす影響を考察した一連の画期的な研究を進めることができた。そこで明らかになったのは、優秀な教師の影響は目に見える形で、大学への進学率、卒業後の長期間にわたる収入、さらには善良な市民として後半生を送るかどうかにまで及ぶことだった。[23]さらに、チェティらは明らかになった事実をもとに、教師の評価基準の改良にも一役買った。チェティも二〇一三年にジョン・ベイツ・クラーク賞に輝いた。
かつて大リーグの野球のデータを統計的に解析する仕事をしていたネイト・シルヴァーは、その辛口の政治ブログ「ファイヴサーティエイト」の中で、ビッグデータを用いた取り組みが大統領選挙の勝者予想に利用できないものかどうか、ずっと探っていた。シルヴァーはギャラップ、ラスムッセン、ＲＡＮＤ、メルマン、CNNなどから、大統領選に関するさまざまな世論調査のデータを集めた。集めたデータをもとに、シルヴァーは二〇〇八年の大統領選でのオバマの勝利を予想して当てただけでなく、選挙人団の勝敗予想も四九の州とコロンビア特別区で的中させた。予想が外れたのはインディアナ州だけだった。完璧に近い予想で改善の余地はほとんどなかったが、シルヴァーは次の二〇一二年の選挙の際、これを上回る予想をやってのけた。選挙日当日、九〇・九パーセントの確率でオバマがロムニーに勝利すると宣言したのに加え、コロンビア特別区と全米五〇州すべて――もちろん、インディアナ州も含まれている――の州での勝敗を見事に的中させたのだ。[24]
ビッグデータを利用した研究や取り組みの例は、まだいくらでもあげることができる。研究者たちはいま、ビッグデータを活用して、先人たちには想像すらできなかった試みや実験に取り組んでいる最中なのである。

すべての本を網羅するデジタル図書館

本書で紹介するのも、こうした実験的取り組みの一つである。

われわれの研究グループが行なった取り組みの対象は人でもなければカエルでもないし、分子や原子でもない。われわれが対象に選んだのは、歴史学の歴史の中でも飛びぬけて魅惑的なデータセットの一つ、すなわち、これまでに書かれたすべての本[25]を網羅することを目標に掲げている「デジタル図書館」だった。

このデジタル図書館はどのような経緯で生まれたのだろう？

一九九六年、スタンフォード大学でコンピューター科学を専攻していた二人の大学院生が取り組んでいたのは、当時「スタンフォード・デジタル図書館技術プロジェクト」という名で呼ばれていた研究だった。[26]いまでは終了しているこのプロジェクトの目標は、本の世界とワールド・ワイド・ウェブとを結びつけた将来の図書館のあり方を構想することにあった。彼らが取り組んだのは、図書館の蔵書を自由に検索してサイバースペース内で次から次に本を渉猟できるようにするためのツールの開発だった。しかし、当時はこのプロジェクトには無理があった。利用可能なデジタル書籍の数がかなり少なかったからである。そこで、彼らは文章から別の文章へと進んでいくという自分たちのアイデアと技術を利用して、ビッグデータの跡をワールド・ワイド・ウェブの中で追うことにした。こうして、彼らの取り組みは小規模な検索エンジンに転化した。彼らはそれを「グーグル」と名づけた。

二〇〇四年になると、グーグルが自社の使命としていた「世界中の情報の整理」はかなりの進展を見せ、グーグルの共同創業者のラリー・ペイジも、最初に夢中になった図書館の問題に立ち返る自由な時間を少しはもてるようになった。残念ながら状況は以前と同じで、利用できるデジタル書籍はごくわずかしかなかった。けれども、この間に様変わりしたこともあった。いまではペイジは大富豪になっていたのだ。そこで彼は、自社が本の内容を読み取ってデータ化する事業に乗り出すことにした。さらに彼は、いっそのこと、グーグルがその作業を丸ごと請け負ったらどうだろうと考えた。

大胆で大掛かりな計画なのは間違いない。だが、グーグルは見事にやってのけた。「グーグル・ブックス」・プロジェクトの公式発表から九年後、グーグルは三〇〇〇万冊を超える本をデジタル化した。これまでに出版された本のほぼ四冊に一冊がデジタル化されたのだ。グーグル・ブックスの「蔵書」は、ハーヴァード大学図書館（蔵書数一七〇〇万冊）、スタンフォード大学図書館（同九万冊）、オックスフォード大学ボドレアン図書館（同一一万冊）より多い。ロシア国立図書館（一五〇〇万冊）、中国国家図書館（二六〇〇万冊）、ドイツ国立図書館（二五〇〇万冊）をも上回る。本書執筆時点でグーグルの蔵書数を上回るのは、三三〇〇万冊を所蔵するアメリカ議会図書館だけである。[27] だが、読者が本書を手にするときには、この数字も超えているだろう。

ビッグかつロングなデータ

グーグル・ブックス・プロジェクトがスタートしたとき、われわれも他の人と同じく、そのことをニュースで知った。もっとも、二年後の二〇〇六年になるまで、このグーグルによる事業の影響力がどれほど大きいかを真に理解することはできなかった。当時われわれは、英語の文法をテーマにした論文の仕上げに取り掛かっていた。論文を執筆するために、小規模ながらも古英語の文法教本のデジタル化を手作業でこつこつと進めて完成させていた。

われわれの研究にとって非常に重要な本の何冊かは、ハーヴァード大学ワイドナー図書館の書庫の奥に眠っていた。これらの本の見つけ方はこうだ。まず、東棟の二階に行く。ルーズヴェルト・コレクションとアメリカ先住民の言語関係の本が並んでいる区画を通りすぎると、八九〇〇番以降の請求記号の付いた通路が見えてくる。探している本が置いてあるのは上から二番目の書架である。何年もかけて研究に取り組む中で、われわれはたびたびこの棚のところまで足を運んだ。これらの本を持ち出したのは、ここ数年間ではわれわれ二人だけだったし、数十年間でも時折、借り出されているにすぎなかった。われわれを別にすれば、だれもこの書棚にほとんど見向きもしなかったのだ。

ある日われわれは、研究でいつも使っている一冊がグーグル・ブックス・プロジェクトに組み込まれていて、いまではウェブ上で閲覧できることに気づいた。興味をそそられたので、例の書架にある別の本も捜してみた。それらもやはりウェブ上で閲覧可能だった。グーグルが中世の英文法に関心があったからではない。どの棚に置かれているかにかかわりなく、われわれが調べたほぼすべての本のデジタル版がすでに存在していた。[28] グーグルは、われわれ二人が数冊の本の内容を精査するのに要した時間で、いくつかの図書館をまるごとデジタル化してしまっていたのだ。

グーグルによる図書館単位での本のデジタル化は、まったく新しい種類のビッグデータの典型であり、過去の見方を変える可能性をもっている。現在のビッグデータのほとんどは、量は巨大ではあってもカバーしている期間は短い。ほんの少し前の出来事がもとになって生まれた数年間の記録が大半なのだ。これは、ビッグデータの根底をなす個々のデータが、比較的新しい発明であるインターネットを介して生み出されているためである。われわれが取り組んでいた研究の目標は文化のさまざまな変化を明らかにすることだったが、そのような変化は、人々の生と死が何世代も繰り返されるほど長期間にわたって継続することもある。歴史的な時間幅の中で変化を探ろうとすれば、短期間のデータは、どれほど大量に集まっていてもあまり役に立たない。

グーグル・ブックスに集積されているデータセットは、現代のデジタルメディア時代において、他のどれと比べてもまず引けをとらないほど巨大である。しかも、eメールやRSSフィードとは違って、歴史の記録としての本の起源は何世紀も以前にさかのぼる。したがって、グーグル・ブックスは非常に大量のデータを集めたビッグデータであるだけでなく、長期間にわたるデータ、いわゆる「ロングデータ」[29]の集合でもある。

グーグル・ブックスにはこうしたロングデータが含まれているので、他の多くの大規模なデータセットの場合とは異なって、デジタル化された書籍を利用して描けるのは現代の人間の属性に限られない。グーグル・ブックスからは、人間の文明がかなり長い時間——一人の人間の一生より長いのはもちろん、一国の興亡よりさらに長い時間——の間にどのように変化したのかの描像も得られる。

グーグル・ブックスが魅力的なデータセットである理由は他にもある。非常に幅広いテーマを網羅していることと、さまざまな考え方や見方が反映されていることだ。多数の書物に当たることは、大勢の人々を調査するのと同じだと見なすことができる。たまたま相手の多くがすでに過去の人になっているというだけのことなのだ。歴史や文学の分野では、ある特定の時代に特定の場所で書かれた本は、その時代とその地域を知るための、きわめて重要な情報源となる。

われわれはこうしたことをもとに、グーグルがデータ化した本を「デジタルの眼」を通して詳細に調査すれば、人間の歴史を研究するための観察装置のようなものを構築できるかもしれないと考えるようになった。はっきりしていたのは、どれほど時間がかかろうとも、グーグル・ブックスのデータを入手しなければならないということだった。

ビッグデータの利用はなぜ困難か

ビッグデータがあれば世間の動きや人々の行動を理解する新たな機会が生まれるが、ビッグデータは科学の分野ではあまりお目にかからない厄介な問題も生じさせてしまう。

非常に厄介な問題の一つは、ビッグデータは科学者が向き合う通常のデータとはまったく異なる構造になっていることだ。科学者たちが好んで採用している手法は、疑問を綿密に規定しておいてから、一貫して正確な結果のデータを生む洗練された実験を利用して、その疑問に答えるというものである。だが、ビッグデータにはさまざまなデータが雑多に入り混じっている。典型的なビッグデータは、その時々の必要に合わせたやり方で事実や測定結果を「寄せ集めた」ものであり、そこに何か科学的な目的があったわけではない。誤りも多数含まれていれば、抜け落ちている部分もいやになるほどいっぱいある。理性的な科学者ならだれでもが知りたいと思う情報が欠落してしまっているのだ。しかも、こうしたデータの誤りや欠落には、一つのまとまりと見なせるデータセットの中でさえ一貫性がない。こんなことが起きるのは、大きなデータセットはもっと小規模なデータセットが多数集まって構成されている場合が多いからである。

したがって、大規模なデータセットを構成する個々のデータセットに信頼できるものもあれば信頼性に欠けるものもあるのは当然で、どのデータセットもそれぞれがもつ独自の性質に支配されている。フェイスブックによる社会的《ソーシャル》ネットワークがそのいい例である。だれかと友人になるといっても、フェイスブックのさまざまなネットワークのどこで関係を結ぶかによって意味合いは違ってくる。だれとでも気さくに友達になる人もいる。相手をもっと慎重に選ぶ人もいる。職場の同僚を友人にする人もいれば、同僚とは友人にならない人もいる。ビッグデータを研究の対象にしようとするなら、その一環として、扱っているデータに精通し、むしろこうした「性癖」を巧みに処理できるようにならなければならない。しかし、どうすればペタバイトもの大量の情報に精通できるというのだろう?

二つ目の大きな問題は、ビッグデータがいわゆる科学の手法にあまりうまく適合しないことだ。科学者たちは特定の仮説を確証したいと考えており、そのために、明らかになった事実を集めて因果関係による説明を徐々に組み立て、最終的には数学を使った理論にまとめあげる。かなり興味深いビッグデータなら、特別な目的もなく単に眺めるだけでも何らかの発見をするはずだ。それはたとえば、公海上で海賊に襲われる確率と大気の温度との相関といったものかもしれない。このような探索的研究が「仮説なし」研究と呼ばれることがあるのは、取り組んでいる最中は何が見つかるかまったく見当がつかないからである。しかし、こうした相関を因果関係によって説明する段になると、ビッグデータはほとんど役に立たない。海賊たちが地球温暖化を引き起こしたのだろうか? 気温が上がると、海賊になって船を襲う連中が増えるのだろうか? 両者の間に何の関係もないとしたら、近年になって気温と海賊による襲撃の発生率の両者が増加している理由はどこにあるのだろう? ビッグデータはいらいらさせられるほど答えを与えてくれない場合が多い。

このように、説明のつかない現象や不十分な説明しかできないパターンが次々に登場して山積してしまうと、現象や物事の経緯を科学にもとづいて語る際の基盤となっている因果関係が、相関によってどこかに追いやられてしまうおそれがあると論ずる人もいる。ひいては、ビッグデータの登場は理論の終焉につながるという主張さえある。しかし、これらの見方にはいささか同意しかねる。アインシュタインの一般相対性理論や自然淘汰に基礎をおくダーウィンの進化論のように、現代科学のとりわけ輝かしい勝利をもたらしたのは、複雑な現象の原因を少数の根本原理の組み合わせで説明した理論なのである。もしそうした理論を追求する努力を止めてしまったら、科学の営みの本質を見失うことになりかねない。無数の発見をしたものの、どれ一つとして説明ができないとしたら、それは何を意味しているのだろう？　そうなったとしても現象や物事の説明をあきらめるべきだということにはならない。単に、骨の折れる困難な仕事をあてがわれたというだけのことなのである。

ビッグデータに伴う大きな問題の最後は、データの在処《ありか》が変わってしまったことにある。科学者たちは、実験室での実験結果や屋外での観測結果を記録してデータを集めることには慣れている。この場合、データの収集はある程度まで科学者自身の裁量で自由に行なえる。しかしビッグデータの世界では、もっとも利用価値のあるデータセットは大企業、さらには政府によって管理されていて、利用が厳しく制限されている場合が大半である。しかも大企業や政府、国民、顧客のいずれもが、データがどのように利用されるのかを注意深く警戒している。国税庁が納税申告書のデータを新進気鋭の研究者に教えるのを望む人はまずいないだろう。研究者がどれほど善意の人物であっても事情は同じだ。イーベイに登録している出品者も、これまでの取引きの完全な記録が公開情報になったり、「ろくなことをしない」大学院生たちに利用できるようになったりしてほしいとは思っていない。検索エンジンによる検索記録《ログ》やeメールはプライバシーと秘密性が守られていなければならない。本の著者やブログの書き手は著作権で保護されている。その上、企業は管理・支配下にあるデータに対して強大な独占的所有権をもっている。これら企業は広告収入を増やす目的でデータを分析することはあっても、競争上の強みの要《かなめ》でもあるデータを社外の人間と共有するのは好まず、ましてや相手が自社の純利益に寄与しそうにない学者や科学者ともなればなおさらである。

これらの理由から、人間の本質を理解する上で史上最大級の威力を発揮するはずの情報源の一部は、ほぼ手付かずになっている。社会的ネットワークの研究は何十年もの歴史をもつにもかかわらず、フェイスブックの社会的ネットワークを全面的に利用した公開目的の研究が皆無に等しいのは、同社にはデータを外部の人間と共有するつもりがほとんどないためなのだ。[30] 経済学の市場理論には二〇〇年近い歴史があるのに、経済学者たちはあい変わらず、きわめて重要なオンライン市場での取引きの詳細をほとんど知ることができずにいる（イーベイを対象にしたレヴィンの研究は例外であって、ふつうはこうはいかない）。さらに、世界地図を作ろうと数千年もかけて懸命な努力が続けられてきたのに、解像度五〇センチメートルでの全地球表面の衛星画像を制作しているデジタル・グローブ（DigitalGlobe）などの企業の手になる画像は、これまで一度も系統的に調査されたことがない。こうしたことを考えると、とことん調べて知りたいと思うのが人間の常なのに、その知的欲望が満たされていないのは理不尽に思えてくる。現在の状況をたとえて言えば、天文学者たちは何世代にもわたって遠くの恒星を研究しようとしてきたのに、法的理由から太陽を眺めるのを禁じられているようなものなのだ。

それでも、太陽が空にあることを知っただけで、どうしても見てみたいという思いを抑えきれなくなる場合もある。だからいままでは世界のいたるところで、ふさわしいパートナーを見つけようという、これまではあまりなかった動きが生じている。人文系の研究者も科学者も、企業が保有しているデータを利用させてもらうことについて、技術者やプロダクトマネジャー、さらには役員などの上層部に話を持ちかけているのだ。最初のうちは両者の会話が弾むこともある。外でコーヒーでも、ということになる。とんとん拍子で事が運んでいくが、一年ほどたつと、この構図に新たな人物が割り込んでくる。残念ながら、たいていの場合、それは弁護士である。[31]
あらゆる本がそろっているグーグルのデジタル図書館を分析する研究に携わっていたとき、われわれ二人は、これまでにあげた問題のそれぞれに対処する術《すべ》を見いだしていた。というのも、デジタル書籍によって生じる障害は、なにもデジタル書籍に特有のものではなく、ビッグデータの現状の縮図にすぎないからである。

文化研究の新しい手法「カルチャロミクス」

本書のテーマは、われわれの研究グループが歴史上の変化を定量的に示すことを目指して挑んだ七年間の取り組みである。この取り組みから生まれたのが、新種の「観測装置」と言語、文化、歴史の新たな研究手法で、いっぷう変わっているが、病みつきになるほど魅力的なこの手法は、「カルチャロミクス」の名で呼ばれている。

以下の章では、カルチャロミクスを利用して知りえた事実をすべて提示する。紹介するのは、使用したnグラム・データ（ngram data）から明らかになった結果であり、具体的には、英語の文法の変化、辞書に誤りが掲載される経緯、名声を獲得していく過程、政府による思想抑圧の手法、社会全体としての学習と忘却の過程を取り上げ、人間の文化は一見すると明確な変化の仕方をし、人々が集団として共有する未来の様相を予測できるように見える場合があることにも若干触れる。[32]
もちろん、われわれのグループが利用した新種の観測装置[33]の話も出てくる。グーグルと共同で開発したこのツールは、理由は第三章で明らかにするが、Nグラム・ビューワー（Ngram Viewer）と呼ばれている。二〇一〇年に公開されたNグラム・ビューワーは、単語の出現頻度や概念・思想に言及する頻度が時間とともにどのように推移したかを図で示してくれる。Nグラム・ビューワー、さらにはその誕生につながった大量の情報処理こそ、本書の冒頭に登場したロボット歴史学者の正体にほかならない。http://books.google.com/ngrams にアクセスすれば、だれでもすぐにNグラム・ビューワーの機能を試してみることができる。われわれが開発した「ロボット」は忙しくて休む暇もない。昼夜を問わず四六時中、世界中のあらゆる年代の大勢の人々が利用しているからで、彼らはみな、従来とは異なる新たな方法、すなわち、これまでは見えなかったものを図で表わすことで歴史を理解したいと思っているのだ。
要するに、本書のテーマは「ロボット」が語る歴史であり、デジタルという名のレンズを通して見たとき、過去がどんなふうに映るかを語ったものである。Nグラム・ビューワーは突飛なもの、あるいは例外的なものに見えるかもしれない。だが、デジタルという名のレンズは、何世紀も前の光学レンズとそっくりの隆盛の道を歩んでいる。利用者が痕跡としてオンライン上に残す情報の急激な増大に後押しされて、新たな観測装置が毎日のように次から次に登場しており、歴史はもちろん、地理学、疫学、社会学、言語学、人類学、さらには生物学や物理学の分野でも、これまで表に現われてこなかった側面が明らかにされてきている。世界は絶えず変化している。さらに、そうした変化に対する見方もまた変わりつつある。そして、その変化に対する見方も変わるというように、変化の連鎖はどこまでも続いていく。

一枚の写真は「何言」に値するか？

アメリカの新聞記者だったアーサー・ブリスベンが一九一一年にマーケティング担当者たちを前に、一枚の写真は「千言に値する」と話したことはよく知られている。あるいは、「万言に値する」と述べたことで有名だとも言われている。それとも、「百万言」だったのだろうか？　いずれにしても、彼の言葉はアメリカ全土に広まり、そのときには、ブリスベンにとっては面白くなかっただろうが、これは日本の諺《ことわざ》だとされていた（何と言っても、彼の話を聞いた連中は市場調査の真っ最中だったのだ）。

ほんとうのところ、ブリスベンはどう言ったのだろう？　残念ながら、この表現が初めて使われたの

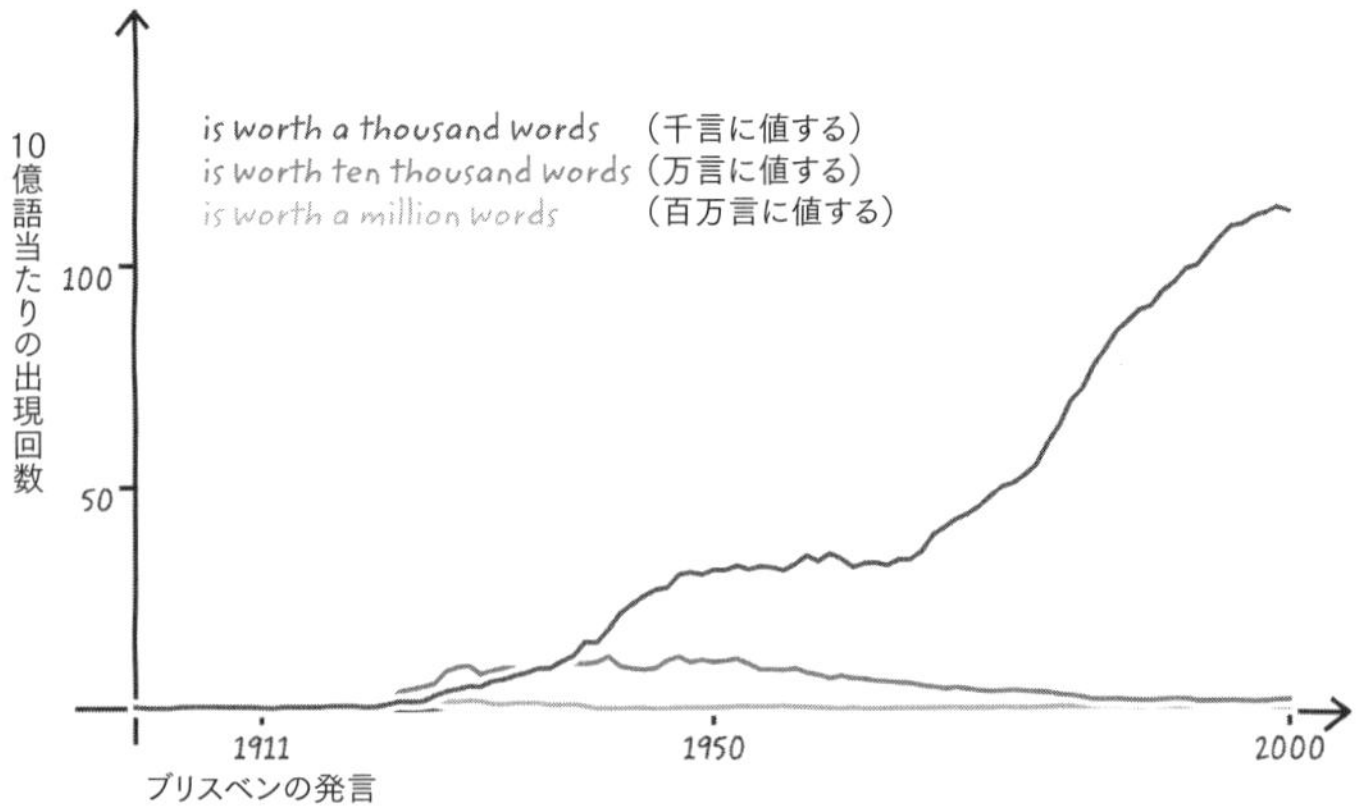

図１－２

がいつだったのかは、われわれの「観測装置」も示してくれそうにない。これについて日本の俳句風に表現するならこのように言うことができるかもしれない。

口から出た言葉全体に比べれば、
バッタのように飛び回ってグーグルがデジタル化した本など
ほんの俳句一句分にすぎない

それでもわれわれの観測装置は、「図像の経済性原理」とでも呼べそうなブリスベンの言葉が、格言として定着していった経緯を理解する一助となる。
図に示したように、ブリスベンが（おそらくは）決定的な発言をしてから間もなく、「千言」、「万言」、「百万言」の三種類のいずれもが登場していることがわかる。その後二〇年近く、この三つは競合状態にあった。だが、一九三〇年代になると状況が変わる。一九三〇年代の大恐慌の時代にあっては、「万」や「百万」は途方もない数字のように思われたのだろうか？　理由はともかく、この時代に「千言に値する」の出現頻度が徐々に高くなり、他の二つの競争相手を圧倒するようになる。[34]

第2章

ジップの法則と不規則動詞たち

『伝説に残るような語彙《ごい》のにぎやかな愛』

概念芸術家《コンセプチュアルアーティスト》のカレン・ライマーは、一九九六年に『伝説に残るような語彙のにぎやかな愛』（以下、『にぎやかな愛』と略記）という題の本を出した。[1] あるページを見ると、beautiful（美しい、すばらしい）という単語だけが数行にわたって beautiful, beautiful, beautiful, beautiful, beautiful, beautiful, beautiful, beautiful, beautiful, … beautiful, beautiful, ……と連続して出てくる。ライマーがこの本をどのようにして書いたのかといえば、それはこうだ。彼女はある恋愛小説《ロマンスノベル》を取り上げ、その中に出てくるすべての単語をばらばらにしてアルファベット順に並べたのである。ある単語がその小説中にn回出てくれば、その単語はライマーの本ではn個並んで登場する。

『にぎやかな愛』には構文もなければ文もない。三四五ページもの長さにわたって、単語がアルファベット順に列挙されているだけである。小説には見えないし、小説のように読むこともできない。実際にひもといてみれば、ばかげているとしか思えないだろう。

恋愛小説などまず読むことのないわれわれ二人だが、ライマーのこの本だけは別で、無条件で面白く、最初から最後まですっかり魅了されてしまった。第一章「A」の最初には大文字のAが四一個並んでいる。こんな劇的な形で始まって、第二章「B」、第三章「C」……と続き、やや意外だが、第二五章「Z」の最後にzealous（熱烈な、……に夢中になっている）が一つ出てきて終わる。英語のアルファベットは二六あるのに章は二五しかない。ライマーが取り上げた恋愛小説にはX（x）で始まる単語が一つも出てこず、そのため『にぎやかな愛』には「X」の章がない。恋愛小説は表現が性的に非常に露骨で成人向けのXXX《トリプルエックス》に指定される場合があるが、実際にXで始まる単語が中に出てくるのはきわめてまれなのだ。

一冊の本を対象にしただけだが、『にぎやかな愛』からは恋愛小説というジャンル全体に関して何となく見えてくるものがあるのは確かである。たとえば、同書が取り上げた本の読者対象は女性であることがうかがわれる。her（彼女sheの所有格と目的格）がページ数にしてほぼ八ページを埋めつくしているからだ。his（彼heの所有格）はどうか？　こちらは二ページ半である。eyes（眼）は半ページ、breasts（乳房）は三分の一ページだが、buttocks（尻）はたった一行だ。かなりきわどい描写は時々しかないようで、climax（性的絶頂感に達する）は六二ページに三回出てくるだけである（「がんばれ」と言いたくなるが、男と女のどっちを声援すればいいのかは知る由もない）。

ライマーの本には「見てくれ」に関係する語が長々と出てくる箇所もある。たとえば、先ほどのbeautifulの数は二二五である。intelligent（聡明な、知的な）はどうだろう？　こちらはわずか一つだ。また、元になった小説のおおよその筋を推察できそうな場合もある。それは、たとえばM（m）で始まる単語を集めた第一三章で、ここにはmurder（殺人、殺害する）、murderer（殺人犯）、murderous（殺人を犯した、残忍な）などの恐ろしい単語やmurky（真っ暗な、秘密めいた）、murmur（不明瞭なつぶやき、低い声で言う）といった不気味な単語がひとかたまりになって出ている。

われわれ二人は何年もの間、何度となくライマーの本を開いてきたが、そのつど貴重で面白い発見があった。

ライマーの本から面白いことが見つかるとはちょっと妙な話である。ライマーは文章をばらばらにし、単語をアルファベット順に並べることで恋愛小説としての意味を消し去ってしまっただけでなく、小説の面白さの要素もすべて取り除いてしまったはずだと考える人もいるだろう。たしかに、ある程度まではその通りである。けれども、出てきた単語をアルファベット順に並び替えることで初めて見えてくるものがある。それは、小説を構成する単語、いわば語彙の原子の出現頻度である。こうした単語の出現頻度、さらには出現頻度から見えてくるものこそが、ライマーの本を魅力ある読物にしている。

なぜ drived ではなく drove なのか？

われわれ二人が出会った二〇〇五年の時点では、ビッグデータはなんの話題にもなっていなかった。[2] このときにはどちらの頭にも、多数の本をほんの一瞬で読破するという発想はなかった。当時は二人とも入学したての一介の大学院生にすぎず、できるだけ面白い問題を見つけてそれに取り組もうとしていた。

魅力的な問題を見つけるには魅力あふれる環境に身をおくのがいい。われわれ二人が出会ったのはハーヴァード大学進化ダイナミクス研究所で、人を惹きつける強い個性の持主である数学者、生物学者のマーティン・ノヴァクが創設したここは、まさしく創造性と科学のパラダイスである。[3]進化ダイナミクス研究所（Program for Evolutionary Dynamics の頭文字を取ってPEDと略記されるが、もしかするとPEDは革命的進化研究所 Program for rEvolutionary Dynamics を略したものかもしれない。それどころかひょっとすると、毎日がパーティー Party Every Day の略称なのかもしれない）には数学者、言語学者、癌の研究者、宗教学者、心理学者、物理学者が集まり、世界を見る新たな方法についてさまざまな思考をめぐらせている。ノヴァクは、どの分野で見つかったかにはかかわりなく、きみたちがいちばん面白いと思う問題に取り組めばいいと言ってわれわれを励ましてくれた。

面白くて興味深い問題の要素は何だろうか？　実のところ、答えは人によってまちまちだ。それでもわれわれには、魅力的な疑問とは、小さな子どもによく訊かれるもののどう答えたらいいのかわからない類のものでありながら、人手も期間もそれほどかからない科学的調査――われわれ二人がかかりきりになれるような研究――で有意義な前進がもたらされるものでなければならないように思えた。科学者にとって、子どもはアイデアの重要な源だ。なぜなら、子どもたちが発する問いは表面的には単純で簡単に解明できそうに見えても、深遠な場合がしばしばあるからである。子どもが訊いてくる「太陽は夜にはどこに行くの？」[4]、「なぜ空は青いの？」[5]といった質問は、好奇心あふれる人々を天文学と物理学の核心へと導く。「木は山と同じくらい高く生長できるの？」[6]、「絶対に事故に遭わないように注意すれば、何歳までも生きられるの？」のような問いは、現代生物学の喫緊の課題の一部になっている。「なんで寝なきゃいけないの？」[7]。神経科学の研究者たちは、うんざりするほど聞かされているこの疑問にいまも悩まされていて、答えを出そうと、それこそ「夜も寝ずに」取り組んでいるのだ。

とはいえ、このような疑問の中にわれわれの注意をとりわけひいた問題が一つあった。それは、動詞の過去形に関するものだった。「運転する、動かす」などの意味をもつ drive の過去形は、なぜ語尾に -ed が付く drived ではなく *drove* なのだろう？

興味をそそられたのは、この問題が人間の集団に関係する非常に重要な問題のわかりやすい例だったからである。ある一つの文化として、人々が使う言葉もあれば使わない言葉もあるのはなぜなのか？　受け入れる思想や考え方がある一方で、受け入れない思想や考え方があるのはどうしてなのか？　従う規則もあれば従わない規則もある理由はどこにあるのか？

こうした疑問にぶつかったとき、考えられるアプローチの仕方は二通りある。一つは、常態や慣行になっているある種の事柄につながる現在の状況に焦点を当てるやり方である。このアプローチでは、たとえば、子どもになぜ drived ではなく drove なのか訊かれたとき、「それはね、ほかのみんなも drove と言うからだし、もしお前が drived といったら、あの親は子どもにちゃんとした英語を教えようともしないと思われてしまうからだ」と答えることになる。これは申し分のない答えで、哲学者たちが何世紀も前から取り組んでいる問題、すなわち社会の規範に関する複雑な問題も提起している。しかしながら科学の分野では、長期的な見方をしたほうが答えがもっとはっきり見えてくる場合がある。

科学史上、間違いなくもっとも印象に残る長期的な見方の例は、チャールズ・ダーウィンの研究に見いだされる。いまから一五〇年ほど前、小さな測量船に同乗して南半球を旅したダーウィンは、さまざまな種類の生き物を目にした。彼はガラパゴス諸島で見た鳥のことが不思議に思えてきた。あの鳥たちのくちばしはなぜあんなふうになっているのだろう？　もっと一般的に言えば、ダーウィンは、なぜすべての生物は現在見られる姿をしているのだろう、と思ったのだ。

次いでダーウィンは、図抜けた洞察力を発揮してこの問題に取り組んだ。現状だけに焦点を当てるのではなく、もっと長期的な見方をしたのである。いま目にしている状態は、時間の経過とともにどのようにしてこのような姿を取るようになったのだろうか、とダーウィンは自問した。そして、いまある世界の姿を理解するには、現在の状況をもたらした変化の仕組みを理解しなければならないと結論を下した。生物の変化の過程——ダーウィンが成しとげた重要な発見——は、生殖と突然変異、自然淘汰の組み合わせであり、この三つの組み合わせをもとにすれば、生物の世界の驚くほどの多様性を説明できる。要するに、これが進化論なのである。

同じく長期的な見方をすれば、なぜ drived ではなく drove なのかという疑問は、人間文化の進化の方向を決定づける「力」を科学的に探究することにつながる。これまでずっと、こうした文化形成の力を明らかにする取り組みにどうやって手を着けていいかさえ皆目見当がつかなかった。手にしているのは、素朴な疑問だけだったのだ。

言語の進化探究の手がかりを探す

科学的な研究にはデータが不可欠である。何としても冷厳な事実と正確な測定値を集めなければならない。集めたデータをもとに明確な仮説を組み立てたら、科学者は今度はその仮説が誤っているという立場に立って、誤りを証明するための決定的な実験や徹底的な分析を行なわなければならない。文化というものは、このような見方からすると、定義するのも難しく、測定するのはなおのこと容易でないためとても扱いづらい。人類学などの分野の科学的研究がきわめて厄介なのはこのためだし、アメリカ人類学会が二〇一〇年に反対意見を押し切って、学会の目的を述べた文言から「科学」の言葉を除く決定をした理由も一部にはここにある[8]（もっとも、その後「科学」は復活して現在に至っている）。

こうした事情を考慮して、われわれは的を絞り、手はじめとして、定義も計量も比較的容易な文化の一側面である言語（言葉）に取り組むことにした。言語は文化全体の見事な縮図になっている。言語は文化が伝わる際の重要な媒体の一つになる。また、シェイクスピアの作品を観劇したことがある人には明らかなように、言葉は変化もする。もう一つ最後にあげれば、言語は書きとめられる場合が多く、この文字言語の形をとることで科学的分析を行なうのに向いたデータセットになる。結局のところ、文字言語はビッグデータのもっとも古い「祖先」の一つなのである。

そうなると、どのようにして言語の進化の探究に着手すればいいだろう？　生物学では、広範な進化の様式を理解したいのなら、化石を注意深く調べるのに勝る手立てはない。だが、化石を見つけるのは簡単ではない。入念な計画立案と優れた手法の組み合わせが不可欠になる。化石発掘の腕を上げたいなら、恐竜化石発掘にかけては当代きっての達人と思われるネイサン・ミアヴォルドの教えを乞うといい（多才なミアヴォルドは、マイクロソフトの基礎研究機関、マイクロソフト・リサーチを創設したほか、最新科学技術を使った料理の本も出している）[9]。ミアヴォルドが恐竜化石の発見で素晴らしい成果をあげているのは、彼がほかの人より運がいいためではない。たまたま運悪くつまずいた白っぽい石が、どれも恐竜ティラノサウルス・レックスの頭の骨だったということでもない。ミアヴォルドらのチームは、詳細な地質図、衛星画像、さらにはティラノサウルス・レックスの生態について行なった独自の綿密な分析結果を利用して、調査すべき場所を決めている。白っぽい石が化石である可能性がいちばん高い場所を掘っているのだ。その結果、彼らのチームは一九九九年からこれまでに、ティラノサウルス・レックスの骨格を九体発見している（ちなみに、一九九九年までの九〇年間の発見数は一八）。ミアヴォルドが言うように、彼らの「ティラノサウルス・レックス市場での占有率は群を抜いている」。

われわれの野心的なねらいは、いまは姿を消して「言語の化石」となっている言葉を掘り出し、「言語化石市場」で圧倒的な占有率を獲得することだった。恐竜の化石が生物の進化について教えてくれるように、言語の化石は言語の進化の過程を理解する一助になるはずだ。だが、そんな化石が見つかる十分な見込みを得るには、どこを掘るべきかを決めるのに役立つ指導原理のようなものが必要だった。実を言うと、まさしくそんな進むべき方向を示してくれるものが、われわれ二人と同じように数を数える仕事をこよなく愛した一人の人物の手で、八〇年前に生み出されていたのである。

一九三七年に発見された言語の性質

ジョージ・キングズリー・ジップは一九三〇年代から四〇年代にかけてハーヴァード大学に在籍し、独文科の学科長も務めた人物である。彼は兼ね備えることがかなりまれな才能の持主だった。傑出した人文学者でありながら、物事を定量的に捉える手法を得意としたのである。

文学者だったジップは、単語について考えるのに多くの時間を費やした。すべての単語が同じ頻度で現われるわけではないのは、彼にとってはむしろ自明だった。定冠詞のtheは、会話や文章の中で必ずと言っていいほど使われるが、quiescence（静止）という単語を耳にすることはめったにない。[10] ジップは単語による出現頻度の差が厄介な問題なのに気づくと同時に、実情を知りたいと思った。

ジップが抱いた疑問については、こんな風に考える手もある。英語という言語全体を一つの国と考え、英語を構成している個々の単語は国民の一人ひとりに当たると見なすのだ。そして、それぞれの単語国民の「身長」は、その使用頻度に比例するとしよう。つまり、theは巨人だが、quiescenceはものすごく小さいということになる。人々の身長がそんな具合に決まる国に住んだら、どんな感じなのだろう？　この子どもが訊いてくるような素朴な疑問が、ジップの目には魅惑的に映った。

単語の世界はどんな世界なのかを描き出そうとすれば、ジップはすべての単語を調査して使用回数を数えなければならなかった。現在なら、こんな仕事はコンピューターを使えば楽勝だ（一行のコマンドで足りてしまう）。[11] 概念芸術家ライマーが『にぎやかな愛』を書くのに何十年もかからなかったのはこのためである。だが、一九三七年にあっては、コンピューターを利用して簡単にできるものは一つもなかった。現代のようなコンピューターはまだ生まれていなかったからだ。当時のコンピューターという語は、「数値計算の仕事に携わる人」という意味で使われていた。[12]

会話や文中での単語の使用回数を数えようとするなら、これまで通りのやり方を踏襲し、すべての単語について、出てきたつど一つ一つ自らの手で記録を取っていかなければならない。ひどく単調で、うんざりする作業である。

だからマイルズ・L・ハンリーの著書に出遭ったとき、ジップはかなり狂喜したに違いない。『ユリシーズ』をこよなく愛したハンリーの英雄的な努力の結晶であるその本は、『ジェームズ・ジョイス著「ユリシーズ」の索引』というかなり凡庸な書名で出版された。同書は用語索引と呼ばれる種類に属す専門書で、『ユリシーズ』の研究者や熱烈な愛好家が、索引にあがっている単語の『ユリシーズ』中での登場箇所をすべて見つけられるようにすることを意図したものだった。[13] ジップにとって、これほど刺激的な本は他になかった。当初の問題に着手するためにやらなければならないのは、ハンリーの『索引』を手元におき、それぞれの見出し語について、索引として記載されている数を数えることだけだったからである。これならはるかに簡単な作業になる。

注目しなければならないのは、ジップが時代のはるか先を行き、人文学者と科学者がいまようやく習得しはじめたデータ収集法を一九三七年の時点で理解していたことである。彼はどんなデータなら利用できるかを考慮して、気にかかっていた疑問を巧みに組み立てなおした。英語を構成するすべての単語の出現回数を数えるのは無理なので、『ユリシーズ』中での単語の出現回数を数えるという、もっと扱いやすい問題に取り組むことでよしとしたのだ。ジップが存命だったら、グーグルが本のデジタル化計画を発表したとき、すぐに同社の門を叩いていただろう。

ハンリーの『索引』を手にしたジップは、『ユリシーズ』中に出てくる単語を出現頻度によって順位づけた。[14] 第一位はtheで、使用回数は一万四八七七回――一八語につき一回の割合――である。使用頻度で第一〇位を占めたのは代名詞のI（私は、私が）で、二六五三回登場する。二六五回現われるsay（言う）

は一〇〇位だった。二六回のstep（足の運び、足音、段、歩く）は、ジップの「番付」の一〇〇〇位に顔を出す。indisputable（議論の余地のない）などの単語のように、一万位にくるには使われている回数がたった二回でなければならない。

できあがった単語の番付を点検したジップは面白いことに気づいた。単語の順位と使用頻度とは逆比例の関係にあったのだ。順位を表わす数が一〇倍になる――たとえば、五〇位のところを見てから五〇〇位のところを見ればいい――と、使用頻度は一〇分の一になる。したがって、使用回数が三三二六回で八位に位置するhisの出現頻度は、使用回数が三三〇回で八〇位に位置するeyesの一〇倍である。これと同じ考え方をすれば、使用頻度が低い単語の数は、大方の予想よりはるかに多くなりそうだ。実際、『ユリシーズ』中での使用回数が二六五三回より多い単語は一〇にすぎない。だが、使用回数が二六五回を超える単語は一〇〇だし、二六回を超える単語は一〇〇〇あるというぐあいに、この流れが延々と続いていく。

さらに、ジップがすぐに気づいたように、この逆比例の関係はジョイスの『ユリシーズ』に限られるものではない。同じ規則性は新聞記事中の単語、中国語やラテン語で書かれた本の中の単語をはじめ、ジップが調べた大半のものに出てくる単語でも見られた。ジップによって見いだされ、現在ジップの法則と呼ばれているこの規則性は、既知のあらゆる言語の普遍的構成原理であることが明らかになっている。[15]

ジップの法則に従うものは世界にあふれている

ジップ以前の時代の科学者たちは、測定可能な対象の測定値はほとんどの場合、人間の身長の測定値と同じようなばらつき方をすると考えていた。

人によって身長に違いはあっても、その幅はとんでもなく大きいというほどではない。アメリカ人の場合、成人の九〇パーセントは五フィートから六フィート一インチの間に入っている[16]［一フィートは約三〇・五センチメートル、一インチはその一二分の一］。たしかに、七・五フィートと非常に背の高いバスケットボール選手もいるし、世界でもっとも背の低い成人は二フィートしかない。だが、これらは例外中の例外だ。こうした極端な例を考えた場合でも、もっとも大きい人の身長は最低の人のそれの四倍ないし五倍にすぎない。数学者には、値が平均値のまわりに集中しているこのような分布を呼ぶ特別な用語がある。ふつうに見られるこの手の分布を「正規《ノーマル》」分布と呼んでいるのだ。ジップによる研究が登場するまで、人間が暮らす世界はおかしなところなど少しもない「ふつうの《ノーマル》」世界だと考えられていた。

しかし、すでに見たように、言語の世界は「ふつうの」世界にはほど遠く、単語の使用頻度の分布は、一見すると奇妙で特殊な数学的パターンに従っている（図2－1参照）。べき乗則の名で呼ばれている挙動を示すのである。[17]ひとたび言語の世界でべき乗則を発見すると、驚くべきことに、ジップは他のさまざまなところでもべき乗則が成立することを見いだしていった。

たとえばジップは、財産と収入にもべき乗則で表わされる関係が成立するのを発見した。もし、身長がその人の預金口座の残高に比例し、平均的なアメリカの世帯員の身長が五フィート七インチだとすると、ビル・ゲイツの身長は優に月の直径を超えてしまう。[18]『ブリタニカ百科事典』の項目の記述の長さもべき乗則に従っているし、新聞の発行部数もまたしかりである。ジップの研究に引き続いて、科学者たちはべき乗則が成り立つ多数のさまざまな例を見いだした。都市の規模、姓に使われる語、戦争の犠牲者、演奏などの終了時に拍手が続く時間、フェイスブックやツイッター上でのユーザーの人気、動物が摂取する餌《えさ》の量、ウェブサイトのアクセス数、ヒトの細胞内でのタンパク質の存在量、同じく生体内での細胞の存在量、生態系内での種の個体数、スイスチーズの孔の大きさなどである。停電の長さささえべき乗則（= power law）に従うが、停電とは電力《パワー》の供給が途絶えることだから、この場合は「べき乗不則」（= lack of power law）と呼んだほうがいいのかもしれない。

ジップの研究はそれまでの理解を大きく変える力をもっていたとはいえ、彼がいたるところに見いだした法則が成立する真の理由は謎に包まれたままである。ジップ自身は、べき乗則が現われるのは、この法則に従う分布（べき分布）の仕方がもっとも効率的だからだと考えていた。科学者が「金持ちほどさらに金持ちに」と呼んでいる過程を引き合いに出して、大きければ簡単にもっと大

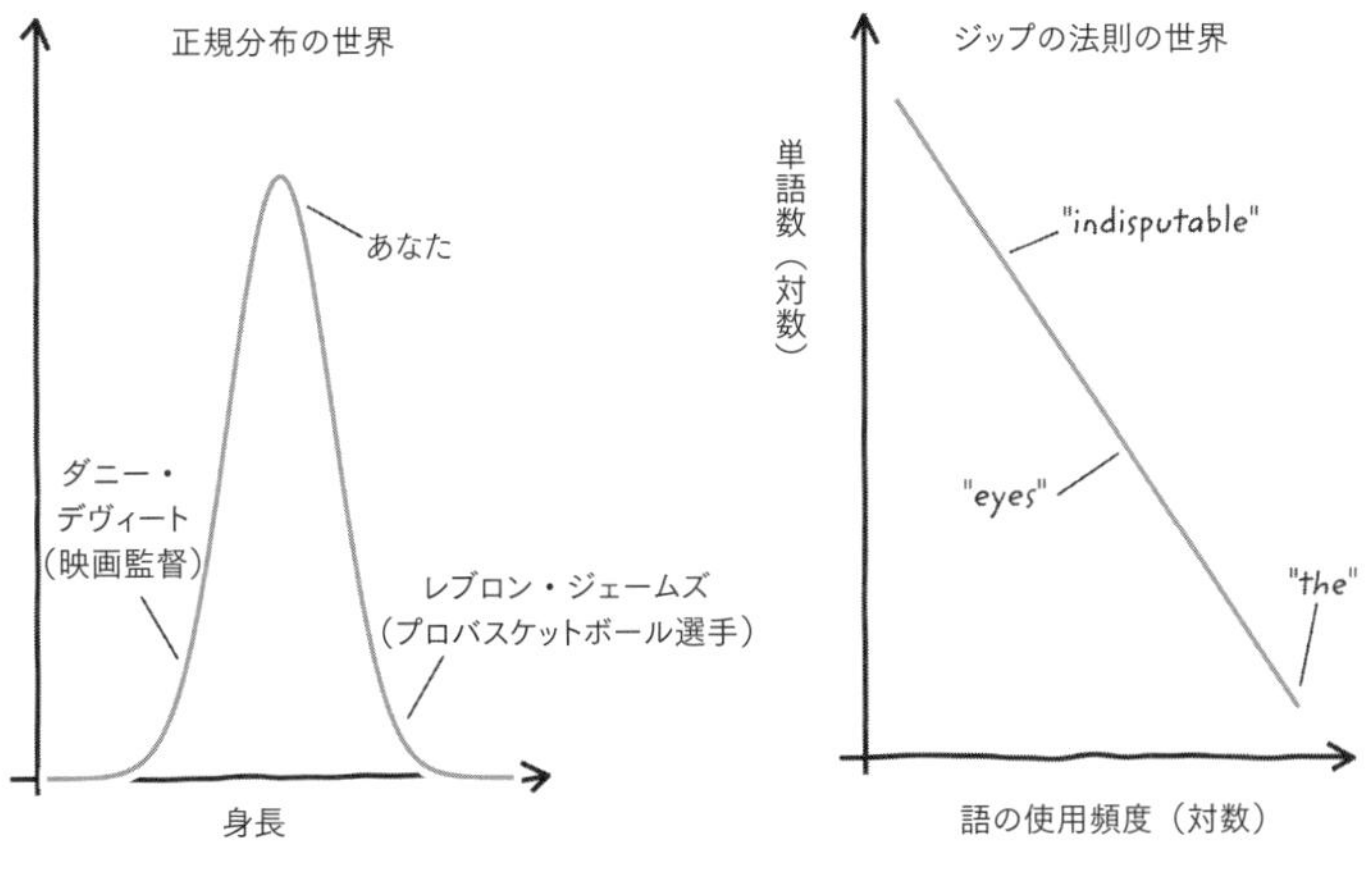

図2－1

きくなれるからだと指摘する向きもある。数学的には、この過程からあらゆる種類のべき乗則がもたらされることが明らかになっている。一例をあげると、知人を作れば新たな人との出会いの機会も増えるので、もともと知人の多かった人は時間の経過とともに、ジップの言うように、効率的にますます知人の数を増やしていく。すでにかなりの規模になっている都市は転居を考えている人の目に魅力的に映るので、多くの人が移り住んできてますます規模を拡大していく。この過程が都市の規模のべき乗則をもたらす。さらに別の説明もある。チンパンジーがコンピューターのキーボードをでたらめに叩いても、出現頻度がべき乗則に従う「単語」(この場合はスペースで区切られた文字列のこと)が生じるだろうというのだ。
どんなべき分布に対しても、生じる原因に関して互いに競合するいくつかの説明が存在する。残念ながら、説明の仕方が過剰なほどいろいろあるのは、科学者たちにも実際には何が起きているのかわかっていないことの反映なのかもしれない。[19]
それでも、原因が何であるにせよ、べき乗則は広範囲にわたるさまざまな自然現象と社会現象をうまく記述することができる。ドイツ語の教授だったジップは、『ユリシーズ』に異常なほど入れ込んでいたハンリーのおかげもあって、革命的とも言える取り組みに着手することができた。ジップの研究は、結果的に多くの計量社会科学のあり方を変えただけでなく、その影響は生物学、物理学、さらには数学の領域にまで及んでいる。ジップの法則のほうが新しく「ノーマル」なものとされるようになったのだ。

不規則動詞——ジップの法則に従わない例外的存在

言語の進化の形跡を探し出そうとしていたわれわれにとって、ジップの法則は不可欠の試金石だった。言語の世界では事実上すべてのものがジップの法則に従っている。mで始まる名詞、動詞、形容詞、副詞もそうだし、専門用語、韻が一致する単語など、いくらでも例をあげられる。したがって、普遍的原理とも言うべきジップの法則に従わない振る舞いをするものが見つかったら、それこそ何かおかしなことが起きているはずなのだ。恐竜化石の発掘調査の際、場違いなほど白っぽい石がきわめて有望な調査地点で見つかったら骨の化石である可能性が高い。それと同じように、言語の世界でべき乗則に従わない現象が見つかれば、それが言語の進化の過程で遺された「化石」であることが判明するかもしれない。

ここで、われわれ二人をひどく夢中にさせた例の素朴な疑問、「なぜ drived ではなく drove なのか」の出番となる。

drive（その過去形が drove）は英語の不規則動詞の一つである。不規則動詞には意外なところがある。不規則動詞も他の品詞に属す大半の単語と同じようにジップの法則に従うのなら、不規則動詞の大半はめったに使用されないと考えていいだろう。ところが実際には、ほぼすべての不規則動詞がきわめて頻繁に使用されている。不規則動詞は動詞全体の三パーセントを占めるにすぎないが、使用頻度の上位一〇位までに入る動詞は、すべて不規則動詞なのだ。[20] 簡単に言えば、不規則動詞はジップの法則の印象的な例外なのである。不規則動詞こそ、われわれが追い求めていたものにほかならなかった。ティラノサウルス・レックスの骨格のありかが、うまいぐあいに統計的データという目印によって示されたのと同じように、調査すべき対象が見つかった。

これらのいわゆる不規則動詞とは何だったのか？　不規則動詞はジップの法則に何をして逆らっていたのだろう？　そして、その問題は言語の進化に関してどのような意味をもっていたのだろうか？

誇り高き三〇〇の強者《つわもの》たち

英語の動詞の活用は、一見したところではいたって簡単である。過去形にするには、jump（跳ぶ）ならjumped（跳んだ）というぐあいに、現在形にed（現在形がeで終わっている場合はd）を付けてやるだけでいいからだ。何万もの動詞がこの単純な規則に従う。新たに誕生した動詞の新語も無条件でこの規則に従う。一度も耳にしたことのないflamboozе（夢中になって大騒ぎをする）も、flamboozedとdを付けてやれば過去形になる。

ただし、これは――英語を学ぶ人にははなはだ残念なことに――やっかいな不規則動詞を除けば、という話である。不規則動詞についても、ちゃんと知っておく（know）のにこしたことはない。[21] いまさら言うまでもなく、たぶんほとんどの人はknowの過去形がknowedでないのを知っていた（knew）はずだ。全部で三〇〇ほどある不規則動詞――強変化《ストロング》動詞ということもある――は、英語の動詞の使用頻度の上位一〇位までを独占している。その使用頻度一〇位までの動詞の現在形と過去形を示せば、be/was, have/had, do/did, say/said, go/went, get/got, make/made, know/knew, see/saw, think/thoughtである。これらの不規則動詞は使用される機会が非常に多く、何らかの動詞を使ったとき、それが不規則動詞である可能性は五〇パーセントにもなる。

では、不規則動詞はどうやって生まれたのだろう？　それには長い歴史がある。いまから六〇〇〇年から一万二〇〇〇年前にかけて、現代の研究者がインド・ヨーロッパ祖語と呼んでいる言語が広範な地域で使用されていた。英語、フランス語、スペイン語、イタリア語、ドイツ語、ギリシア語、チェコ語、ペルシア語、サンスクリット語、ウルドゥー語、ヒンディー語をはじめ、驚くほど多数の現代の言語がインド・ヨーロッパ祖語を祖先にもつ。インド・ヨーロッパ祖語には現代の研究者たちが母音交替《アプラウト》と呼んでいるシステムがある。これは、一定の規則に従って単語中の母音を変化させて意味や時制の異なる別の単語を派生させることをいう。[22]英語では、いまでも不規則動詞の微妙な変化のパターンにこのアプラウトを見ることができる。

一例として、sing（歌う）、ring（鳴る、鳴らす）が過去形および過去分詞ではそれぞれ sang, sung と rang, rung になるパターンがあげられる。もう一つの例は、stick（突き刺す、貼る）や dig（掘る）が過去形と完了形のどちらも stuck と dug に変化するパターンである。活用の規則が廃れてしまっても、あとに言語の「化石」は遺る。不規則動詞はまさにそうした言語の化石なのである。

巨大隕石の落下が恐竜絶滅の引き金になったとされている。では言語の世界では何が隕石の役割を果たしたのか？　不規則動詞という化石だけを残して古代のアプラウトという規則を一掃したのは何だったのだろう？

その隕石となったのは、現代英語で -ed と表記される接尾辞、いわゆるデンタル・サフィックスだった。過去形を示すための接尾辞 -ed は、紀元前二五〇〇年から紀元前五〇〇〇年ころにかけてスカンジナヴィアで使われていたドイツ祖語に登場する。

ドイツ祖語は、言語学上は英語、ドイツ語、オランダ語をはじめとする多数の現代ゲルマン諸語の元となった言語である。ドイツ祖語はインド・ヨーロッパ祖語から派生したので、動詞を活用するために従来のアプラウトの仕組みを受け継いでいた。その方式はほとんどの場合うまく機能した。しかし、新たな動詞が言語の中に登場するようになると、中には従来のアプラウトのパターンにうまく適合しないものも出てきた。そこで、ドイツ祖語を使っていた人々は別の方式を考え出し、登場したばかりで従来のパターンになじまない動詞には -ed を付けて過去形を表わすことにした。ドイツ祖語にあっては、規則動詞のほうが例外だったのだ。

だが、この状況は長くは続かなかった。デンタル・サフィクッスで過去時制を表わすというやり方は非常にうまい発明だったからで、この方式は急速に広まりだした。暮らしや社会を一変させてしまう多くの新技術と同じように、この時制の新規則も最初は主流から外れたところで始まり、従来のアプラウトが適用できない風変わりな綴りの動詞に利用されただけだった。しかし、ひとたび足がかりができると、もはやそこに留まってはいなかった。簡単で覚えやすいデンタル・サフィックスは他の動詞も仲間に引き入れはじめた。昔からアプラウトのパターンを利用していた「由緒ある」動詞が鞍替えし出したのである。

こうして、いまから一二〇〇年ほど前に古英語による叙事時『ベーオウルフ』が登場したころには、英語の動詞の七五パーセント以上が新規則に従って変化するようになっていた。勢力を削がれていくにつれ、従来のアプラウトは総崩れの状態になり、いたるところで -ed を付ける新興の規則に侵食されるようになった。その後一世紀がたつ間に、ますます多くの不規則動詞が -ed の軍門に下った。help（手伝う、助ける）もその一例である。古英語では過去分詞は helped ではなく *holp* で、一〇〇〇年前なら「私が手伝ったのに」は 'I would have *holp* you' だったのだ。
現代の言語学者たちはこの過程を「規則化」と呼んでいる。[23] 規則化の過程はいまなお進行中である。たとえば、繁栄するという意味がある動詞 thrive を見てみよう。約九〇年前の『ニューヨーク・タイムズ』紙は、カジノの賑わい振りを扱った記事の見出しの中で、thrive の過去形としてアプラウトに従った *throve* を使っていた。しかし、二〇〇九年の『タイムズ』紙の科学欄の記事に付けられた「大量絶滅のあと、繁栄をとげた軟体動物も」の見出しには、throve ではなく *thrived* が登場している。幸運にも繁栄をとげた軟体動物とは異なり、throve はアプラウトに従う不規則動詞の大量絶滅を免れることができなかったのだ。逆戻りはありえない。ひとたび規則化されてしまった動詞が不規則化されることはほぼ皆無なのである。数少ない例外が、過去形が sneaked だが snuck と不規則化して使われることのある sneak（こそこそ歩き回る）だ。これと過去形が flew なのに flied が使われることもある fly（飛ぶ）を例にして言えば、*snuck* の数より、不規則動詞の仲間から飛び出してしまった *flied* のほうが圧倒的に少ないのだ。[24]
テルモピュライの戦いで最後まで奮戦したスパルタの精兵三〇〇人さながらに、英語の強変化《ストロング》動詞――三〇〇の強者《ストロング》――は、紀元前五〇〇年ころから一族に加えられた情け容赦のない猛攻に敢然と立ち向かって撃退してきた。戦いは英語圏のすべての都市、町、村、通りを戦場にして、一日も休むことなく続いた。いま残っている三〇〇ほどの不規則動詞は、二五〇〇年もの長きにわたって戦ってきた。これらの不規則動詞は単なる例外ではなく、戦いを生き抜いた猛者《もさ》たちなのである。
さらに言えば、不規則動詞が生き延びてきた過程こそ、われわれ二人が研究しようとしていた言語の進化の過程にほかならなかった。

不規則動詞の規則化の歴史記録を探り当てる

不規則動詞ではなくなってしまったものがある一方で、不規則動詞のまま現在に至っているものがあるのはなぜなのだろう？　thrive には繁栄するという意味があるのに、過去形の throve が廃れてしまったのはどうしてなのか？　drive off には走り去るという意味があるのに、drive の過去形の drove がそのまま残っている理由はどこにあるのだろう？[25]
言語学者たちにはかねてから、不規則動詞の使用頻度が非常に高い理由を説明するすばらしい考え方があった。彼らは、目にしたり聞いたりする機会が少なくなればなるほどその不規則動詞を覚えるのが難しくなり、忘れるのも早くなると考えた。そのため、throve のように使用機会の少ない不規則動詞の過去形は、drove のように使用機会の多いものに比べ、より急速に姿を消していく（過去分詞についても同じなのは言うまでもない）。時がたつにつれて使用頻度の低い不規則動詞が脱落していくので、不規則動詞の総体としての使用頻度はさらに高くなる、というのである。[26]
この仮説がわれわれ二人にとって非常に刺激的だったのは、不規則動詞が自然淘汰による進化と同じ道をたどっていることを示唆しているからだった。どの品詞もジップの法則に従い、使用頻度の低い単語が圧倒的多数を占めているのに、なぜ不規則動詞だけが例外で、おしなべて使用頻度が高いのだろう？　その理由は、接尾辞 -ed による規則化という形での自然淘汰はとどまるところを知らないとはいえ、よく使われる不規則動詞には有利に働くことにある。要するに、使用頻度の高い動詞ほど生き残りやすいということなのだ。

われわれは、人間の文化に作用している自然淘汰の説明として、これほど理路整然としたものにお目にかかったことがなかった。ジップが方向性を示してくれたおかげで、われわれは魅力的な問いにたどり着いた。言語学者たちの推論を精密な調査によって裏づけることができるのだろうか？　もし言語学者たちの言うとおりなら、不規則動詞の進化は、人間の文化が自然淘汰によって進化しうることを示すわかりやすい例になる。われわれもジップと同じく、やらなければならないのはデータを探すことだけだった。

研究を進めるには人手が必要だったので、われわれはハーヴァード大学の学部学生だったジョー・ジャクソンとティーナ・タンに協力を依頼した。理想を言えば、二人にはこれまでの英語の出版物すべてに目を通し、出てきた不規則動詞を一つ残らず記録してほしかった。しかし彼らは、四年で大学を卒業するつもりなのでそんな時間は取れないと言ってきた（博士課程に在籍したわれわれは、卒業なんてまず考えることがなかった）。

幸い、ジョーもティーナもジップの研究に造詣が深かった。二人は別の手法を思いついた。英語の出版物すべてに目を通す代わりに、昔の英語の文法を解説した教科書だけに絞ってはだめだろうかと言うのだ。たとえば、中英語（後述）の文法の教科書なら間違いなく不規則動詞を扱っていて、その多くに言及しているだろうし、一部とはいえ、不規則動詞の一覧がどこかに載っているかもしれない。図書館をくまなく捜し、昔の英語の文法を扱った教科書すべてに目を通せば、たぶん、いつの時代には何が不規則動詞だったのかについて、かなり明確なイメージが得られるだろう。『ユリシーズ』を扱ったハンリーの専門書がジップの役に立ったのとまったく同じように、これらの文法書もわれわれの役に立ってくれるはずだった。

もちろん、言うは易《やす》く行なうは難《かた》しである。ジョーとティーナは何か月も綿密な作業を続け、古英語(『ベーオウルフ』が書かれた八〇〇年ころに使われていた英語)の教科書と中英語(一二世紀を中心に使われた英語で、イングランドの詩人チョーサーも使っている)の教科書を読んでいった。[27] その結果、一七七の古英語の不規則動詞を見つけ、そのすべてについて、一〇〇〇年以上も跡をたどることができた。ある時点を切り取った「スナップショット」とはいえ一〇〇〇年分のデータが得られたことで、ようやく言語の変化の仕方が見えてきた。

古英語で見つけた一七七の不規則動詞のうち、四世紀後の中英語の時代に不規則動詞として生き残っていたのは一四五で、あとの三二は規則化されていた。近代英語で不規則動詞として残っているのは、一七七の動詞うち九八だけである。他の七九の動詞も言語の中に残ってはいるが、melt(溶ける、溶かす)のように時制変化の形は変わってしまった。

しかも、注目に値する差異があった。われわれの一七七の不規則動詞のリストで出現頻度の上位一二位までを占めるものは、どれ一つ規則化されていなかったのだ。これらの動詞は、接尾辞 -ed による規則化の圧力に一二世紀もの間、抵抗してきたことになる。一方、逆の側を見ると、規則化の波の犠牲となった動詞がいたるところに転がっている。同じリストで出現頻度が下から一二位までに入った不規則動詞のうち、bide(…を待つ)、wreak(…を破壊する、難破する)を含めて一一が規則化されていた。出現頻度の低い不規則動詞で唯一生き残ったのは、いみじくも、音もなく進行したこの消滅の過程を記述するのにぴったりの slink(…からそっと出ていく)だった。

データは、自然淘汰と同種の作用が人間の文化に影響を及ぼし、その痕跡が動詞の中に認められることを物語っている。使用頻度は動詞がそのままの形で生き残るかどうかに非常に大きく影響し、mourn（嘆く、悲しむ）のように不規則動詞としての死を悼まれる動詞と、fit（ぴったり合う）のように不規則動詞としての生き残りに適した動詞との違いを生じさせるのだ。

不規則動詞がいつ規則化するかを計算できる

生物学の場合、ある特定の性質が自然淘汰の過程にあることを示すのはかなり容易だが、これに比べると、ある特定の性質と進化的適応度の正確な関係を評定するのははるかに難しい[28]（風が吹いていると言うのは簡単でも、風の強さを正確に言うのが難しいのと同じようなものだ）。適応度を評価できなければ、進化にとってどのような変化が有利なのかしかわからず、そうした変化が生じるのにどのくらいの時間がかかるのかは、皆目見当がつかない。

しかし、不規則動詞の場合は生物進化の一般的なケースとは事情が異なる。生物学では、単一の生物の適応度を算定するには何千、何万という特質を考慮しなければならない。一方、不規則動詞では、適応度を決める上で飛びぬけて重要な要因になっているのは、使用頻度という特質だけである。そのため、問題はきわめて単純になる。というのは、使用頻度だけから、その動詞の不規則変化が消滅するまでにかかった時間を高い確度で見積もれることになるからだ[29]。

この問題に入る前に、科学の世界でも非常によく知られた消滅作用である放射性崩壊とその理論をおさらいしておこう。

放射性物質は原子力発電をはじめ、医療用の画像診断装置、核兵器などさまざまなところで利用されている。放射性物質はつねに消滅の過程にあると言える。なぜなら、放射性物質の原子は時間とともに別の原子に変わっているからで、最終的には安定した非放射性の原子になる。この過程を放射性崩壊と呼ぶが、放射性崩壊では多くの場合、放射線としてエネルギーが放出される。「放射性」物質の名はここからきている。

放射性物質のきわめて重要な性質に半減期がある。[30] 半減期とは放射性物質の原子核（放射性核種）の数が統計的に二分の一になるのに要する時間のことをいう。半減期が一年の放射性核種があったとしよう。その放射性核種の容器中の数が最初は一〇億だったとすると、一年後には五億しか残っていない。あとの五億は別の核種に変わってしまっている。そして、二年後には最初の四分の一、三年後には八分の一というぐあいに、この過程が延々と続いていく。

不規則動詞から規則動詞への変化を調べていてわかったのは、使用頻度を考慮に入れると、規則化の過程が数学的には放射性崩壊の過程ときわめてよく似ているという事実だった。そればかりか、ある不規則動詞の使用頻度がわかれば、式を使ってその「半減期」を算出することもできた。これは注目に値する。なぜなら、放射性核種の半減期は実験で測定しなければならず、ふつうは計算で求めることができないからだ。この点では、放射性崩壊に見られる数学的関係は、放射性核種よりも不規則動詞にはるかにうまく適合した。

その式は簡単だし、形もきれいだった。不規則動詞の半減期は使用頻度の平方根に比例する。つまり、ある不規則動詞の一〇〇分の一の使用頻度しかない不規則動詞は、規則化されるまでに要する時間が前者の一〇分の一になるということである。

一例をあげておくと、使用頻度が一〇〇回に一回から一〇〇〇回に一回の間に入る不規則動詞——drink（飲む）、speak（しゃべる）などがこれに該当する——の半減期はほぼ五四〇〇年という結果が得られる。五四〇〇年と言えば、遺物などの年代測定に利用されることで知られる炭素の放射性同位体^{14}Cの半減期（五七三〇年）に匹敵する年数である。

不規則動詞の未来を予言する

不規則動詞の「半減期」が計算で求まれば、不規則動詞の行く末を予測できるようになる。われわれは前述した分析結果をもとに、begin（始まる、始める）、break（こわす、こわれる）、bring（持ってくる）、buy（買う）、choose（選ぶ）、draw（描く）、drink（飲む）、drive（運転する）、eat（食べる）、fall（落ちる）のうちのどれか一つが規則化された時点では、bid（値を付ける）、dive（水に飛び込む）、heave（持ち上げる）、shear（刈る）、shed（発散する）、slay（殺す）、slit（切り離す）、sow（播く）、sting（刺す、傷つける）、stink（まったくだめである）のすべてがとっくに規則化されてしまっていると予測した。さらに、規則化への流れがこのまま続くなら、われわれが先のリストにあげた一七七の不規則動詞のうち、西暦二五〇〇年の時点でまだ規則化されずに残っているのは八三になるはずである。

すっかりうれしくなったわれわれは、予測した状況をこんな一つの話にまとめてみた。もっとも、この話をわかってもらうには、前出のstingとstinkに加え、breed（子を産む）もいまは不規則動詞で、時制による変化がそれぞれbreed/bred/bred, sting/stung/stung, stink/stunk/stunkであることを覚えておいてもらう必要がある。

その男は二六世紀の未来からやってきた。男は生まれも育ちもよかった（*well-breeded*）から、きみの英語の文法はまったくだめだ（*stunk*）という周囲の言葉は彼を心底傷つけた（*stinged*）。いや、私は間違っていない、*stunk*ではなく'*stinked*'だ、とその時間旅行者はやり返した。

いつになるかはともかく、時間旅行を計画している人は、この話を教訓として覚えておいて損はないだろう。

われわれは特定の不規則動詞が将来どうなるかも予想できた。われわれのリストでは現在も不規則動詞として残っているのは一七七のうち九八だが、いまから何千年も経過したとき、長年連れ添った伴侶を捨てて若い相手に走るかのように、現行の時制変化のパターンを捨てて新方式のパターンに乗り換えている可能性がいちばん高いのはどれだろう？　皮肉にも答えはwed（結婚する）で、この不規則動詞は現在残っている九八の不規則動詞の中では使用頻度がいちばん低いのだ。もう以前から、従来の時制変化wed/wed/wedに代わるwed/wedded/weddedがいたるところで頻繁に顔を出している。だから、newly-*wed*を使って「新婚なんです」と言いたいなら、いまが結婚の最後のチャンスかもしれない。はるか未来のカップルが「幸せな結婚」を願っても、*wed* blissは望みようがなく、*wedded* blissで我慢するしかないだろう。

最後に、不規則動詞の変遷を探る旅のきっかけとなった例の素朴な疑問、「なぜ drived ではなく drove なのか」に答えておこう。

thrive をはじめとする多くの不規則動詞の時制変化のパターンが捨て去られてしまった一方で、いまでも drove が使われる理由は、drive が thrive などよりはるかに使用頻度が高いことにある。使用頻度を見れば、どの時代をとっても、thrive などの動詞が規則化される可能性は drive の五倍近くになることがわかる。もちろん、最終的には drove も姿を消すだろう。もっとも、これは英語そのものが相当長期間にわたって生き残っていればの話である。われわれの概算では、drove は今後七八〇〇年間いまの形で残った末に、ようやく消えていくことが示されている[31]。子どもたちはその時がくるまで、「なぜ drived ではなく drove なのか」と不思議な思いをずっと抱きつづけることになるのだろう。

ジョン・ハーヴァードのぴかぴかの靴

ハーヴァード大学構内のハーヴァード・ヤードの中央には、ジョン・ハーヴァードの大きな彫像がある。大学設立に貢献した彼の一生をたたえるために作られたこの青銅製の像は、全体が光沢のない鈍い色をしているが、左の靴の部分だけは別で、いつ見てもぴかぴかだ。どういうわけか像の靴に手をおいたポーズの写真を撮ることが、観光客たちのハーヴァード・ツアーの目玉の一つになっている。

なぜジョン・ハーヴァードの靴は輝いているのだろう？　像が最初に作られたときは、足先を含めて表面全体が光沢のない鈍い色の青銅だったが、靴の部分は大勢の観光客たちの手で少しずつ磨かれ、光沢のある地肌が露出したのだろうか？
しかし、青銅は本来は光沢のある金属である。一世紀以上も前に制作されたとき、このハーヴァードの像も他の青銅製の像と同じように光輝いていたはずだ。現在の像の表面が輝きを失っているのは、腐食によって生じた緑青《ろくしょう》の皮膜のためで、緑青は風雨などによる風化作用で生じるほか、長期保存のために人工的に生じさせることもあるし、風合いを考えて作者自身が付けることさえある。ここにやってくる大勢の人々の手でしょっちゅうこすられているおかげで、靴の部分だけに青銅本来の色が残っているということなのだ。[32]
不規則動詞にもこれと同じようなことが言える。初めて不規則動詞に出遭ったときは、だれもが何でこんな奇妙な例外的な変化の形になったのかと首をかしげる。しかし実際には、不規則動詞が現在従っている時制変化のパターンこそが本来のもので、何世紀も前のパターンと何も変わっていない。言語に変化が生じても、しょっちゅう接する言葉だったために、不規則動詞は「腐食」を免れたのだ。不規則動詞は、いまようやく理解され始めた言語の進化過程を明らかにする化石である。いまでは、不規則動詞以外のすべての動詞は規則動詞と呼ばれている。しかし、規則性は言語に最初から備わっていた性質ではない。接尾辞 -ed による時制変化の規則は、多数の「例外者」の墓標なのである。

索引が簡単に作れる時代の到来

『ジェームズ・ジョイス著「ユリシーズ」の索引』は偉業で、何年にもわたる粘り強い努力と細部への気配りが見て取れる。索引の執筆には長い輝かしい歴史があるのに、同書が世に出た一九三七年の時点では、こうした索引を利用できるのはきわめて重要な一部の本に限られていた。たとえば、旧約聖書のヘブライ語校訂本「マソラ」の最古の索引は、いまから一〇〇〇年以上も前に書かれている。
状況が変わり始めたのは一九四六年だった。この年、イエズス会のロベルト・ブーサ神父はすごいことを思いついた。多くの著作を遺した神学者トマス・アクイナスの研究家だったブーサは、研究の一助とするために、アクイナスの著作の索引を必要としていた。当時、コンピューター技術はすごい勢いで進歩をとげつつあった。ブーサは、文章を丸ごとコンピューターに送り込めば、従来とは異なる新しいやり方で索引が作れるかもしれないと考えたのだ。ブーサはその考えを直接IBMに持ち込んだ。同社はじっくり話を聞いた上で、ブーサの取り組みを支援することにした。三〇年あまりの歳月とIBMの多大な援助を必要としたものの、ブーサの計画はついに成就した。記念碑的な『トマス索引』が一九八〇年に完成したのだ。[33]学界はその成果に瞠目した。ハンリーの『ジェームズ・ジョイス著「ユリシーズ」の索引』同様、ブーサの『トマス索引』も、最終的には新たな研究領域を登場させた。「デジタル・ヒューマニティーズ（デジタル人文科学）」と呼ばれている分野がそれで、この分野の研究は、歴史学や文学など、コンピューターを利用するのに適した伝統的な人文科学の取り組みのあらゆる面にかかわっている。[34]
ハンリーやブーサの『索引』は非常に大きな影響力をもっていたとはいえ、最後を飾る作品だったと考えることもできる。コンピューターの能力が急激に増大し、その結果、索引作りにわずか一行のプログラムコードしか必要としないようになるまで、それほど時間はかからなかった。コードを書くのも簡単なら、コンピューターによる処理も瞬間的にすむようになったのだ。ライマーが単語をアルファベット順に並べた実験的試みを『にぎやかな愛』――参照ページが記載されていないとはいえ、同書は実質的には索引である――の書名で世に出したときには、索引を作っても大して感謝されることのない時代になっていた。いまでは、研究者たちがわざわざ新たな索引を作ることはまずない。作る必要がないのだ。というのも、安いラップトップコンピューターでも、長い文章を検索して探している単語の使用箇所すべてを瞬時に見つけ出してくれるからである。表面的には、索引の時代は終わりを迎えたように見える。

それでも、コンピューターによる検索という現代技術の「ボンネット」を開けて中を見ると、そこにあるものにびっくりするかもしれない。現代の世界を活気づかせているのは、検索「エンジン」なのだ。これまでに開発された情報探しの手段の中でもっとも威力のあるものである。では、検索エンジンとは何なのだろう？　検索エンジンの中枢部は、単語とその単語が出てきたウェブのページの一覧で構成されている。画面上の小さな検索ボックスすべての背後には、膨大なデジタル索引が隠れている。

ブーサの偉業で索引は終焉を迎えたのではない。むしろ、世界を支配するようになったのだ。

バラの花をばらばらにして花びらを数える

ジップは非凡な才能の持主で、彼の研究はさまざまな分野、それも大半は自身の専門とは大きく隔たった分野に変化をもたらした。言語学から生物学、都市計画、チーズ（の孔）の物理学にいたるまで、現在では、ジップの遺産であるジップの法則に遭遇しない科学者はまずいない。われわれのグループの研究でも、言語の進化の秘密を解明する取り組みに着手するための糸口を与えてくれたのはジップだった。

この風変わりな独文学者は、なぜ科学的な面であれほど先駆的な存在になったのだろう？

認知心理学の創始者の一人であるジョージ・A・ミラーがジップについてかつて述べた意見は、かなりいい線をいっているように思える。ミラーは、ジップのことを「花びらを数えるためにバラの花をばらばらにしてしまうような」人物だと言ったのだ。一見すると、それほど誉めているようには思えない。ジップは数を数えることにあまりにも捕らわれすぎて、本という花の美しさを理解できなかったのだろうか？[35]

そんなことは断じてありえない。ジップは卓越した文学者で、本の魅力と本のもつ力を深く理解していた。文学の天才の鑑《かがみ》のような人物だったのだ。とはいえ、ジップが他の人と違っていたのは、美や魅力にばかり目がいって、花を理解するための別のやり方が見えなくなってしまうということにならなかった点にある。その別の手法の一つに、たまたま花をばらばらにすることが含まれていたのである。

ジップ以前は、本はページ順に一行一行読んで頭に入れながら鑑賞するものだった。満開のバラの花と同じように、ばらばらにしたら台なしになってしまう一つのまとまったものだと考えられていた。ジップの探求の手助けとなった『ジェームズ・ジョイス著「ユリシーズ」の索引』の著者ハンリーでさえ、執筆の意図は従来の読書法に資することにあった。

しかし、ジップが抱いた特異な疑問には、本の利用法についての過激とも言える新しい考え方が付随していた。その疑問に彼のすばらしい直観を見て取ることができる。彼は従来とは別の本の読み方も可能だとひらめいた。一輪の花である本文をばらばらにし、花を形づくっていた小さな花びらに当たる単語を分析して、本の数学的構造の徴候を探すのである。

ジップの研究以後、科学者たちはジップの跡を追うように、彼の先駆的な洞察を模範として研究を進めてきた。動詞の分析を終えたときには、われわれもそんな科学者たちの一員になれたことを誇らしく思ったものだ。だが、実を言うと、このときはまだ不規則動詞という特別な対象に没頭していたあまり、ジップの手法の威力を本当には理解していなかった。

そんな状況はすぐに変わることになる。何と言っても、ジップはわずかな数の「花」をばらばらにしただけなのに、それでも隠されていた科学のすばらしい展望を明るみに出したのだ。いまではグーグルのおかげで、図書館が丸ごと次から次にデジタル化されている。われわれもジップの試みに取り組んでみたかった。しかも、すべての花でやってみたかったのだ。

あるフランス人留学生のとまどい

母国で英語を勉強していたフランス人の青年は、英語の動詞の中には過去形にするときの接尾辞の綴りが他とは異なるものがあることを学んだ。教科書には不規則動詞の一覧を載せているページがあったが、その厄介な動詞は不規則動詞の中でも一まとめにされていた。すべてを覚えるのは苦痛でうんざりしたが、それでも彼は頑張り通し、過去形になると-edではなく-tが付く動詞の一覧を頭に叩き込んだ。

ついにアメリカにやってきたとき、そのフランス人の留学生は自分の英語力に自信満々だった。だがアメリカにやってきて間もなく、彼は『ワシントン・ポスト』紙のロンドン五輪、四〇〇メートル個

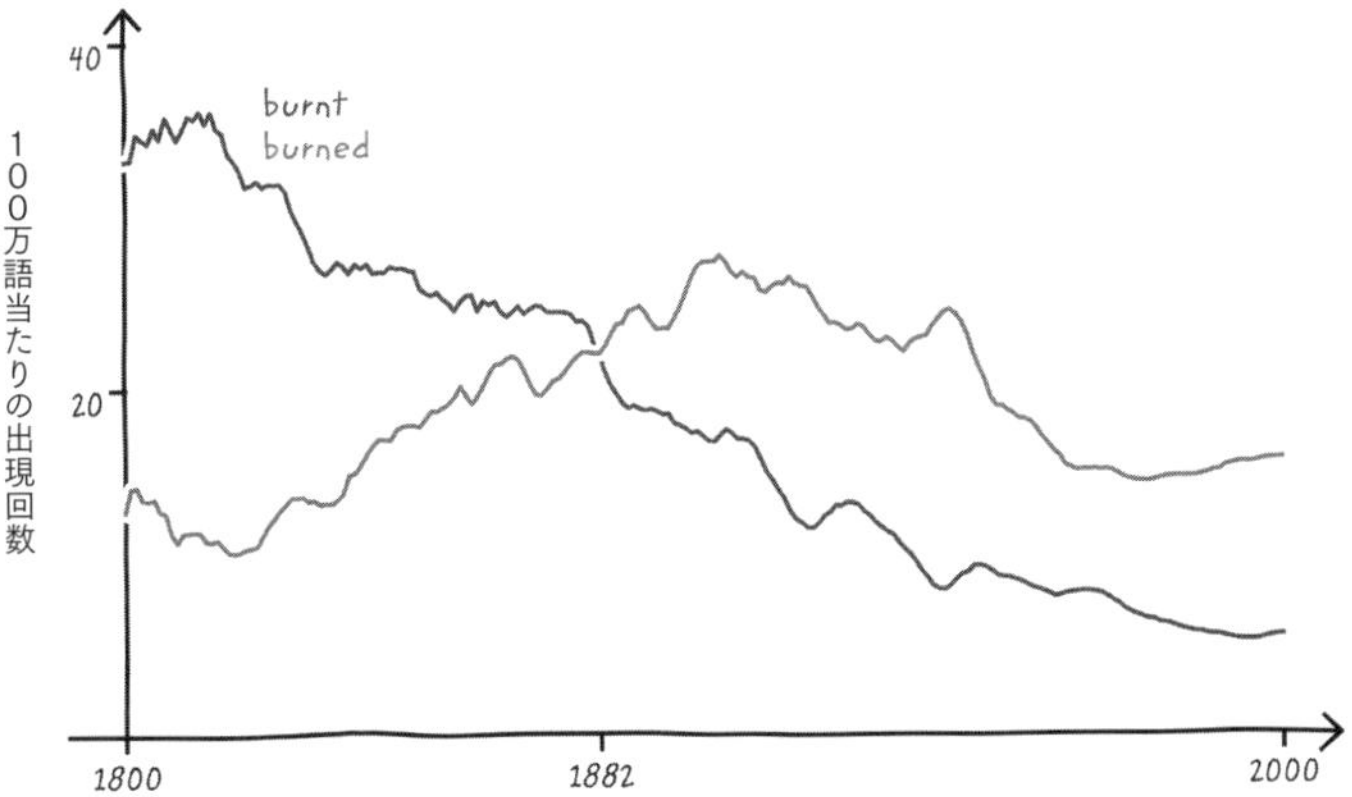

図2-2

人メドレーの記事を目にしたとき、「燃えつきたフェルプス、水中でロクテに完敗」[36]の見出しに驚いてしまった。「燃えつきた」が*burned* outとなっていたのだ。英語を学ぶフランス人ならだれもが教わるように、burn（燃える）は不規則動詞で、過去形は*burnt*のはずだった。『ワシントン・ポスト』には原稿を整理する担当者がいないのだろうか？

そんなことがあってから数日後、またもや彼は「なげかわしい」見出しを目にした。今度は『ロサンゼルス・タイムズ』紙の「コビー・ブライアント、フィル・ジャクソンに多くを学んだと語る」[37]である。フランス人留学生はフィル・ジャクソンのことはまったく知らなかったが、それでも衝撃を受けたのは、「学んだ」が*learned*になっていたからだ。どんな事情があるにしても、ここは*learnt*を使ってしかるべきなのだ。

徐々にではあったが、フランス人留学生は、接尾辞として-*t*を付けるという規則に関しては、すべてのアメリカ人が過ちを犯していることに気づくようになった。おかしなフランス語をしゃべるアメリカ人が多いのは知っていたが、母国フランスで使っていた教科書から判断すると、アメリカ人は自分の国の言葉の使い方もお粗末だった。

幸い、このフランスの青年は、新たに開発された「観測装置」を利用して実態を知ることができた。「観測装置」が秘密を明かしてくれたのだ。以前フランスにいた時分には、無駄に英語の勉強に時間を費やしていたとわかったのである。彼は騙された（burnt）という思いがした。

どういうことだったのだろう？　前出のburnとlearnのほか、dwell（住む）、smell（臭いをかぐ）、spell（綴る）、spill（こぼす）、spoil（台なしにする）はいずれも不規則動詞で、burn/

burnt, dwell/dwelt, learn/learnt, smell/smelt, spell/spelt, spill/spilt, spoil/spoilt という同じ時制変化のパターンに従うので、これらの動詞は英語圏の人の頭の中では互いに「支えあう」関係にあると言ってもいいだろう。その結果、これらの動詞は非常に長い期間——それぞれの使用頻度から予想されるよりはるかに長い期間——にわたって、不規則動詞として生き残ってきた。

　これらの動詞はいまでも多くの教科書中に不規則動詞として登場する。しかし現実には、かつては揺るぎなかった「同盟関係」[38]も崩壊しつつある。spoil と learn の二つは、一八〇〇年までに規則化されてしまった。その後、burn, smell, spell, spill の四つも同じ道をたどった。

　これらの成り行きから、この規則化の流れはアメリカで始まったことがわかる。とはいえ、この流れはその後イギリスにも波及し、イギリスでは毎年、イングランド東部の都市、ケンブリッジの人口に匹敵する人々が burnt に代わって burned を使用するようになっている。[39]いまでは不規則動詞の中にとどまっているのは dwell だけである。

結論　件《くだん》のフランス人留学生は母国での英語の授業に「騙された」との思いを抱いたのなら、「feel burnt」ではなく「feel burned」を使って表現すべきだった。

第3章

ビッグデータで辞書を評価する

単語の頻度研究をはばむもの

不規則動詞の研究に取り組んだことで、われわれは二〇〇七年には、本の中に出てくる単語の数を計測すれば、ある種の文化的変化を長期にわたって追跡できると確信するようになった。不規則動詞は出現頻度が高いので、その足跡をたどるのは比較的容易だった。たとえば、go（行く）の過去形の went は、五〇〇〇語に一回の割合で登場する。これはほぼ二〇ページに一回に相当する。どの本を読んでも、went は繰り返し出てくる。だが、不規則動詞の枠を越えてもっと一般的な単語で同じことをやろうとすると、たちまちジップの法則の「厄介な」側面に行く手をふさがれる。went のような出現頻度の高い単語はきわめて数が少ない。圧倒的多数は、ごくまれに登場するだけなのだ。

北米先住民族の伝説や神話に登場する雪男 *Sasquatch*（サスカッチ）[1] など、さらに挑戦しがいのある語句と単語の使用の足跡をたどろうとしたとしよう。サスカッチという単語はなかなか出てこない。英語の文章中では、この単語は約一〇〇〇万語につき一回、言い換えると、ほぼ一〇〇冊につき一回登場するだけである（図3－1参照）。典型的な不規則動詞の足跡をたどるのに比べると、サスカッチという単語の足跡をたどるのは、けた違いに難しくなる。

そうは言っても文化的概念は広まっていくので、サスカッチという単語を見つけ出すのは、いまではそれほど難しくはなくなっている。サスカッチに比べれば、*Loch Ness monster*（ネス湖の怪獣、いわゆるネッシー）という語句のほうが見つけにくい。二〇〇冊に一回登場するだけなのだ。だが、謎めいた動物の呼び名を対象に、語彙《ごい》の歴史的足跡をたどる追跡者としての根気がどれほどのものかを本気で検証したいと考えているなら、*Chupacabra*（チュパカブラ）という単語が出てく

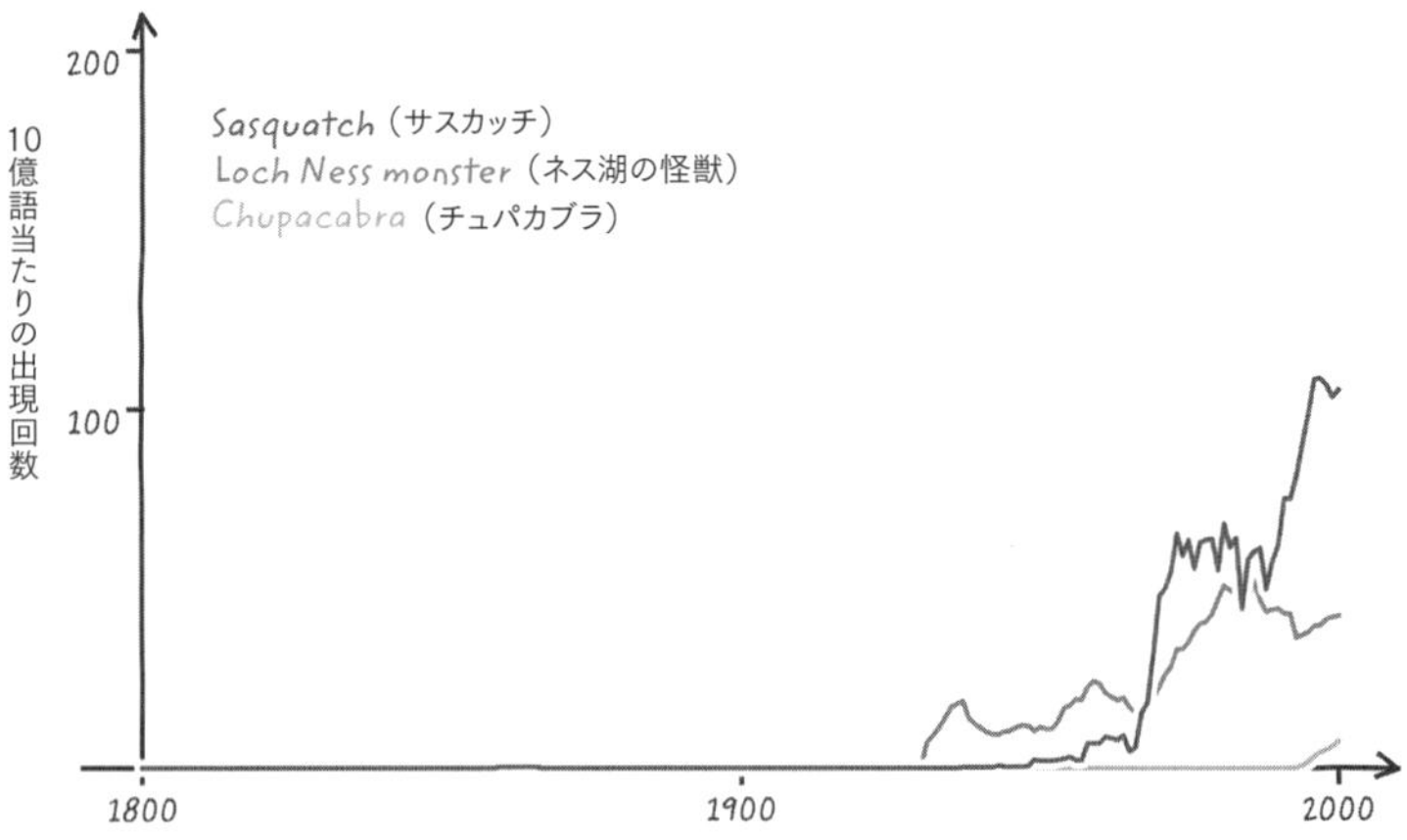

図3－1

る例を探してみるといい。この吸血動物が最初に目撃されたのは一九九五年で、場所はプエルト・リコだった。それ以上のことはよくわかっていない。それでも、サスカッチよりチュパカブラのほうがはるかに「目にする機会が少ない」と言うことはできる。目撃するのは、一億五〇〇〇万語に一回、冊数で言えば約一五〇〇冊に一回にすぎない。[2] これは、並外れた読書家でも生涯に一回、目にするかどうかの数字である。もしかすると、これがチュパカブラとの最後の出遭いになるかもしれないから、この機会を心ゆくまで味わってほしい。

いま紹介した単語や語彙の使用例を歴史的にたどるには、自由に利用できる本が何百万冊、何千万冊も必要になる。ビッグデータが不可欠なのだ。それを手に入れるためにわれわれが足を運ばなければならない場所は一つしかなかった。

ラリー・ペイジの全書籍デジタル化プロジェクト

グーグルの事業がすこぶる順調に成長をとげていた二〇〇二年、共同創業者の一人、ラリー・ペイジは自由に使える時間を多少はとれるようになった。何をしたらいいだろう？　何と言っても、グーグルの使命は「世界中の情報を整理する」ことにあった。そして、ペイジは本には情報が山のように詰め込まれていることを承知していた。

彼は考え始めた。コンクリートとレンガでできた現実世界の図書館をサイバースペースで存続可能なデジタル図書館に変えるとしたら、どのくらい大変な仕事になるだろうか？　それは誰にもわからなかった。

そこで、ペイジとマリッサ・メイヤー（グーグルのプロダクト・マネジャー。二〇一二年にヤフー（Yahoo!）の最高経営責任者に就任）は、実験をやってみることにした。[3] メトロノームの助けを借りて一定のペースを守りながら、三〇〇ページの本を一ページずつめくっていったのである。要した時間は四〇分だった。このペースだと、ペイジの出身校であるミシガン大学が所蔵する七〇〇万冊のページをめくるだけでも、ほぼ五〇〇〇年かかってしまう。[4] 当然ながら、ミシガン大学の蔵書は本全体のごく一部でしかない。世界中のすべての本のページをめくる――各ページをスキャナーで電子的に読みとってコンピューターが認識できる形に変えるために不可欠の作業――には、何千年はおろかさらに長い年月がかかってしまうかもしれない。どうやってもできるわけがない話のように思われた。

しかし当然ながら、ふつうの人の考え方は二九歳で富豪になったこの人物には当てはまらない。インターネットブームの偉大な立役者で、所有する企業がすぐに「フォーチュン五〇〇社」の仲間入りすることになるペイジから見れば、膨大な作業量もお金で買える商品の一つだった。

だから、ミシガン大学の学長メアリー・スー・コールマンから、大学の所蔵本をすべてデジタル化するには一〇〇〇年かかると言われたとき、ペイジはグーグルが作業を引き受けることを提案し、そうすれば六年で終えられるだろうと伝えたのだ。

その後すぐに、グーグルはこれまでに書かれたすべての本をデジタル化するプロジェクトを開始した。あらゆる本がそろっている図書館を構築し、本の内容をコンピューターのハードディスクに取り込もうというのである。

ペイジのプロジェクトの成果

グーグルがすべての本を入手し、文章を読み取ってデジタル情報に変換するスキャニングの作業に取りかかるには、入手しなければならない本とスキャニングずみの本をつねに把握しておくためのリストを、まずは作成しなければならなかった。そこでグーグルは、数百の図書館と出版社から集めた書籍目録の情報を合体してリストを作成した。そのリストには、同社がいみじくも語ったように、すべての本について「登記事項」が記入されている（ただし、より正確には、「すべて」の本は現存するすべての本を意味する。したがって、たとえばアレクサンドリアの図書館が焼け落ちた際に消失した本は、総数の中に入っていない）。こうしてできた書籍リストには一億三〇〇〇万冊の本が含まれていた。[5]
次はそれぞれの本を入手してスキャニングしなければならない。出版社が印刷所から直接本を送ってきてくれるケースもあった。このようなケースでは、本にとっては「破滅的」なやり方でスキャナーに掛けることになる。従業員たちが本をばらばらにしてものすごい速さで一ページずつ次々にスキャナーに掛け、コンピューター上で閲覧可能なデジタル形式で画像を蓄積していくのだ。残りの本については、世界各地の図書館に足を運び、書架ごと、部門ごと、あるいは棟ごとに蔵書を調査した。図書館の蔵書すべてを一度に調べたことすらあった。どの図書館の本でもそうだが、借りた本は返却しなければならず、グーグルといえども貸し出し延滞料を支払うのは避けたかった。そこで、同社は本を壊すことなくスキャニングを行なう方法も開発した。[6]ペイジとメイヤーの実験を踏襲して、一日中ひたすらページをめくり続ける少人数の「部隊」を雇用し、彼らがページをめくると同時に本文の画像をカメラで撮影していった。彼らスキャニング隊が一〇年間にページをめくった回数は、何十億回にもなる。撮影された画像には、数は少ないが、その作業を物語る親指が写っているものがある。

最終的には、ＯＣＲ（光学式文字読取り）と呼ばれる方法を利用する。これは、コンピューター・プログラムによって画像中の文字を見つけて同定するもので、デジタル化された画像はＯＣＲによって文字列だけからなる文章に変換される。こうして、本をまるまる一冊取り込んだテキストファイル――ワープロで文字を打つときに使われるファイル形式と同じようなもの――ができあがる。

二九歳の大富豪ならではの論理が大きな勝利を収めたことで、グーグルによる本のデジタル化の取り組みは非常に大きな成果をあげた。ペイジがメイヤーとページめくりを試してから一〇年後、ペイジがデジタル図書館の計画を発表してから数えれば九年がたった時点で、グーグルは三〇〇〇万冊を超える本のデジタル化を終えていた。

これほど膨大な文章の集積を分析できるのはコンピューターだけである。人間が食事や睡眠もとらず、一分当たり二〇〇語という無理のないペースで読んでいったとしても、読み終えるまでに二万年もかかってしまう。

グーグルがデジタル化した本のデータは、本というもの全体の傾向を知るための「世論調査」のようなものだと見なすのも一つの考え方である。その調査がどれほど広範囲に及ぶかを理解するには、これまでに出版された本の総数（一億三〇〇〇万冊）――総部数ではない！――が、アメリカ合衆国の選挙人名簿に登録済みの有権者数（一億三七〇〇万人）とほぼ同数になることを考えるといい。二〇一二年のアメリカ大統領選挙の五日前に発表されたギャラップ調査の場合、調査対象になったのは投票に行く可能性の高い二七〇〇人で、総有権者数の約五万人に一人の割合である。[7]グーグルの場合は、一億三〇〇〇万冊のうちの三〇〇〇万冊が含まれているから、ほぼ四冊に一冊の割合になる。「調査」、すなわちデジタル化が進むにつれて、その範囲は信じられないくらい広がっている。それはまさに、人間の文化の記録の要約、それも先例のない規模の要約なのである。

グーグル幹部に研究計画をプレゼンする

われわれはそんな膨大な作業を自分たちでこなせるはずもなかったので、ここはどうしてもグーグルの活動に相乗りさせてもらう必要があった。だが、それにはどうすればいいのか？

そのチャンスが訪れたのは、エレツの妻のアヴィヴァ・エイデンが女性を対象としたコンピューター科学の賞の受賞者としてグーグルの本社、グーグルプレックスに招かれた二〇〇七年だった。エレツもいっしょに付いて行き、ともかくもグーグルの名だたる研究本部長ピーター・ノーヴィグのオフィスにたどりつくことができた。

ノーヴィグは人工知能研究のパイオニアの一人である。この分野の標準的な教科書も書いている。彼が何か話せば、みな耳を傾ける。大勢の人が彼の話を聞きたがる。たとえば、ノーヴィグは二〇一一年秋に、セバスチャン・スランとともに世界初の大規模オンライン公開講座（ＭＯＯＣ）で教壇に立った。[8]スタンフォード大学の後援のもと開講されたその人工知能の講座は大成功だった。一六万人を超す学生が受講登録したのだ。この公開講座が引き金となって、高等教育に劇的な変化がもたらされた。

ノーヴィグの会議への臨み方に驚かされるのは、こんな面があるからだ。彼は多言を好まない。実際、発言者の話を聞いているノーヴィグの能面のように無表情な顔から、何を考えているのかを読み取るのはきわめて難しい。それより難しいものがあるとすれば、それはグーグルがデジタル化した本のコレクションを読み取ることぐらいだろう。会議が始まってしばらくすると、彼はきまって、非常に洞察に富んでいるか、もしくはそれまでの議論とはまったく関係のない話のどちらかを口にする。その話によって、発言者は自分が主張を論理的に展開できたかどうかを知るのだ。

エレツがわれわれの計画を一時間近くにわたって提示するのに耳を傾けていたノーヴィグは、ようやく手の内を明かした。

「とてもいい計画だと思うが、どうすれば著作権を侵害せずにやれると言うのかね？」

著作権、プライバシー、知的財産権の問題

グーグルが二〇〇四年に世界中のすべての本のデジタル化プロジェクトを正式に発表すると、出版業界は当然ながら不安を募らせるようになった。自社の本がウェブ上で検索できるようになったら、会社はどうなってしまうのか？　グーグルは本のどの部分を一般に提供しようというのだろう？　たとえグーグルが著作権法を遵守したいと考えているとしても、どうやってそれぞれの本の著作権者を突き止めるというのだろう？　かつてアップルがアイチューンズ（iTunes）で音楽の世界をめちゃくちゃにしてしまったように、グーグルも出版産業全体にダメージを与えることになるのではないだろうか？

すぐに、訴訟が次々に起こされた。二〇〇五年の九月二〇日、アメリカ作家協会が多数の個人の作家の代理として集団訴訟を起こした。一〇月一九日には、大手出版社マグロー・ヒル、ペンギンUSA、サイモン&シュスター、ピアソン・エデュケーション、ジョン・ワイリーの代理として、アメリカ出版社協会が訴訟を起こした。アメリカ作家協会もアメリカ出版社協会も「重大な著作権の侵害」を申し立てた。二〇〇六年になると、フランスとドイツの出版社が法廷闘争に加わった。さらに二〇〇七年三月には、グーグルのライバル企業も声をあげた。マイクロソフトの筆頭法律顧問だったトーマス・ルービンが、前もって準備していた一連の見解を発表したのだ。それはグーグルによるデジタル化の取り組みを激しく非難するもので、ルービンは、グーグルの取り組みは「組織的に著作権を侵害しており……創造性への意欲を台なしにしてしまう」と述べた。グーグル・ブックス・プロジェクトはたちまち、ビッグデータ史上群を抜いて重要な法的争点の一つになってしまった。[9]
グーグル・ブックスの前に立ちはだかった問題は、この先のビッグデータを利用した研究が法的な面で直面すると思われる問題の先例と言える。非常に興味深いビッグデータは大企業――グーグル、フェイスブック、アマゾン、ツイッターやその現地法人など――の手中にある場合が大半である。手中に収めてはいても、必ずしも所有しているわけではない。それぞれのデータの出所は基本的には各個人にある。なぜなら、本にしてもウェブページ、あるいは写真にしても、書いたり立ち上げたり撮影したりしたのは彼らだからだ。データは彼らの創作物だから、各人はデータに関してかなり大きな権利をもっている。むしろ、大きな権利をもっていて当然と言えるのは、それらのデータは彼らの創作物だからである。その権利は、著作権、プライバシーの権利、知的財産権をはじめとするさまざまな形を取る。したがって、データは公的なものでもないが、私的なものでもない。むしろこれらのデータは、デジタル形式を取った共有の「入会地《コモンズ》」のようなものを構成している。そこはいわば所有者のいない土地であり、大勢の人々が利害関係をもっているが絶対的な権限をもった存在はなく、法的位置づけもあいまいな場合が多い。

こうなると、科学者は慣れ親しんできた従来の研究法の変更を迫られることになる。これまで科学の世界では、データを作成したり入手したりするのも好きなようにやれたし、その後データをどう分析しようと「おとがめ」なしだった。せいぜい、倫理委員会の認可を必要としたくらいである。だが、従来の研究法を踏襲していたら、第一章で紹介したビッグデータの研究——レヴィンがイーベイを対象にして行なった価格決定過程の研究や、バラバシが携帯電話のデータを利用して行なった人々の移動傾向の研究など——はいずれも法的および倫理的に許されないものになっていただろう。ビッグデータの世界では、データを手に入れてから分析するという考え方は、実践面でも倫理面でも成り立たない。だれもデータを他人に委ねたくない——それどころか、委ねる権利すらない——としたら、どうすればビッグデータを活用できるというのだろう？

ノーヴィグが口にした疑問は、この決定的な問題をずばり突いていた。

ビッグデータの公開がもたらす問題の回避

研究のためにデジタル化した本の全文を利用させてほしいとグーグルに願い出ても、その要望が通る見込みはなさそうだった。しかし幸いにも、われわれは必ずしも全文を入手する必要はなかった。

なぜなら、ビッグデータにはさまざまな情報が含まれており、われわれにはその一部だけでも十分だったからである。物体に光を投影したときにできる暗い影は一種の視覚的変容で、元の物体の特徴はかなり取り除かれてしまうが、一部はそのまま残っている。これと同じように、ビッグデータも光の当て方によっては、生じたデータの「影」に元の情報のすべてではなく、一部を残すことができる。影の作成は科学《サイエンス》というより技巧《アート》に近いが、ビッグデータ相手の研究を進める上では不可欠の過程になる。影の作り方を誤れば、倫理面や法律面で厄介な問題を引き起こしかねないし、影そのものに科学的な利用価値がなくなる場合もある。だが、正しい角度から光を当てるようにすれば、元のデータセットの倫理的・法律的に微妙な部分を見えなくする一方で、データのもつ並外れた威力の大半を残すことが可能になる。

非常に運がよければ、データセットの影を簡単に作れる場合もある。たとえば、ビッグデータでしばしば問題になるのは、取り扱いに慎重を要する個人情報が明らかになってしまうことである。それなら、それぞれの記録に付随している個人名を消してしまえば十分なはずのように思える。だが、そんな単純なケースはまれである。問題は、多くのビッグデータは情報がきわめて豊富なため、じっくり考えれば各記録の個人名など、冗長なデータにすぎない。つまり、記録自体に個人を特定するための特徴が豊富に含まれていて、それに該当しうる人物は地球上にたった一人しかありえないということになるからだ。こうしたケースでは、個人名を外してもあまり実効性はない。

アメリカの大手通信会社アメリカ・オンライン（ＡＯＬ）が苦い経験を通してそのことを学んだのは、二〇〇六年に、科学研究に寄与すべく、「寛大にも」六五万人を超す利用者の検索ログを公開した際のことだった。もちろん、ＡＯＬは検索ログに修正を施していた。利用者の名前は公開の対象にしなかったし、利用者の肩書きや通称、ニックネームなどは何の特徴もない数字に置き換えた。ＡＯＬはこれで利用者のプライバシーは守れると考えていた。だが、それはとんでもない思い違いだった。

公開された検索ログを詳細に調べ、利用可能な別のデータを参照して比較すれば、『ニューヨーク・タイムズ』紙の二人の記者、マイケル・バーバロとトム・ゼラーがやったように、利用者の身元を割り出すことができたのだ。ＡＯＬがデータを公開してから何日もしないうちに、バーバロとゼラーは、三か月の間の非常に多数の検索クエリー（検索時に入力した語句）の中から、四四一七七四九番の利用者が「ジョージア州リルバーンの造園業者」という検索をしたり、姓が「アーノルド」である何人もの人物名を検索しているのに気づいた。急いで電話帳を調べてみると、件《くだん》のユーザーはおそらく、リルバーン在住のテルマ・アーノルドという六二歳の婦人であることが判明した。バーバロとゼラーがアーノルド夫人と連絡をとって、彼女の検索ログ中の検索クエリーのいくつかを読みあげたとき、夫人はＡＯＬがやらかしたことに唖然としてしまった。「だれにもプライバシーの権利がある。こんなことがわかっちゃいけないはずでしょ」と彼女は言った。

失敗に気づいたＡＯＬは事態を収拾しようとした。データの公開から三日後、ＡＯＬはデータへのアクセスを遮断した。さらに、問題を起こしたことを陳謝し、検索ログを閲覧できるようにした社の研究者と監督責任者を解雇した。数週間後には最高技術責任者が引責辞任した。だが、もはや手遅れだった。データはウェブ上のいたるところに拡散していたのだ。研究を触発しようとしたＡＯＬの行為は、意図は高尚でもやり方がお粗末だったため、当然のようにＡＯＬは高まる非難の声にさらされ、あいつぐ集団訴訟で厳しく指弾された。[10] ＡＯＬが犯した大きな過ちは、ビッグデータで匿名性を守るのがいかに難しいかを示す典型的な例となったし、企業人にとっては、たとえ社会に広く貢献することを意図したものだとしても、データの共有化を進める際に自社が直面しうる危険性を認識させる教訓になった。検索ログの公開によってＡＯＬが得たものは皆無に等しく、最終的に同社は大きな代償を払うことになった。ノーヴィグはこのことも十分に承知していた。

もちろん、データの利用で問題になるのは氏名だけに限らない。グーグル・ブックスが抱えていた問題は正反対だった。本の場合、通常、本文は著作権で保護されているが、著者名は訴訟を心配せずに公開できる部分の一つなのである。

では、どのような「影」を作れば、このようなビッグデータの隘路《あいろ》を抜け出せるだろう。つまり、ビッグデータからどのような情報を集めて利用すればいいのか、ということである。そこには満たさなければならない四つの規準がある。一つ目は、元になるデータセットは多数の人々の集団としての行動や行為が生み出したものなので、それらの人々の権利を守る必要があることだ。二つ目には、取り出した情報が興味深いものでなければならないことがあげられる。三つ目は、データを管理・監視している企業の目的に反するものであってはならないことである。そして、最後の四つ目は、元のデータから実際に作り出せなければならないことだ。ＡＯＬの問題は、利用者の検索ログのデータを公開したことではなく、見られないようにした情報が少なすぎたことにある。そのため、先ほどあげた第一の規準に大きく違反することになってしまったのである。ジェレミー・ギンズバーグがインフルエンザの流行を早い段階で突き止めるために「グーグル・インフルエンザ・トレンズ」を開発したとき（第一章参照）、彼もやはりインターネット利用者の検索ログから得た情報を公開した。だが、ギンズバーグはだれも迷惑をこうむることのないやり方で情報を公開したのであり、迷惑をこうむった唯一の例外は、インフルエンザ・ウイルスだった。

ビッグデータの「影」を利用すれば、漏れてはならない情報を守りながらデータを有効に活用する道が開ける。しかも、その恩恵をこうむるのは関与する研究者だけではない。なぜなら、情報を理想的に抽出する「影」であれば、法的にも倫理的にも問題にならないので、用心深い企業や官公庁を納得させて、データを公開して一般の利用に供するようにできるからである。したがって、ビッグデータから情報をうまく取り出せば、厳重に守られていたデータを多くの人が利用できるすばらしい「公共財産」に変えることができ、聡明な発想さえあれば、科学者、人文学者、企業家、あるいは高校生を問わず、だれでもそれを利用できるようになる。われわれは企業を回って話をする際には、データの公開を「慈善事業」の一種として提案することにしていた。情報の寄付はお金の寄付に負けず劣らず立派な行為で、しかもその本質からして、ずっと安くすむのである。

nグラム・データなら問題は起こらない

問題を単純にするために、グーグル・ブックスの「生」データは非常に長い表《ひょう》で、そこにはそれぞれの本の全本文に加えて、書名、著者の名前と生年、データ化の際に使った本の所蔵先、出版年などの書誌情報が記入されているとしよう。このグーグル・ブックスというビッグデータが作る「影」としてはどんなものがあるだろうか？　つまり、どんな情報を抽出すればいいのだろうか？　いろいろなものが考えられる。ただし、どれもが等し並みに有望なわけではない。

本の書名だけを抜き出すのも一つのやり方である。この場合、抽出したデータには約一億の単語が含まれている。とはいえ、情報量は全体に比べれば取るに足りず、情報が少なすぎて何か科学的に目新しいことをやるのはまず無理だろう。しかも、そんな少ない情報量にもかかわらず、書名のデータは問題をはらんでいる。グーグルはこれらの書名を内部情報と見なしているからだ。というのも、グーグルはどの本がスキャニングずみでどれはまだかをライバル企業に知られたくないからである。したがって、書名だけを抜き出すのはうまいやり方ではない。

もう一つ、だれでも自由に利用できる本――著作権切れのすべての本――の全文を抜き出す手もある。これなら実際に興味深いデータセットになるし、権利者がいる場合に必然的に生じる厄介な問題に巻き込まれることもない。しかし、このデータセットにも欠点が二つある。一つは、著作権の保護期間が非常に長いため、一九二〇年以降に出版された本で自由に利用できるものがごくわずかしかないことだ［アメリカにおける著作権保護期間は著者の死後七〇年］。これでは、きわめて大量のデータからなるビッグデータを生み出した期間――二〇世紀から二一世紀初頭にかけての期間――を代表する本は、ほぼ完全に除外されてしまう。もう一つの欠点は、著作権に関する時代遅れの法律のために、どの本についても、著作権の現状がはっきりしない場合が多いことである。著作権関係のあいまいさは、グーグルがデータ化した多数の本に影響を及ぼしている。どの本の本文ならデータとして抜き出しても大丈夫かがはっきりしないので、著作権切れの本全文を抜き出すというやり方も、取り出すデータの選定が驚くほどの難題になりかねない。

だとしたら、ノーヴィグにどう持ち掛けたらいいのだろう？

そのとき思い出したのが、カレン・ライマーの『にぎやかな愛』だった。この本のページを実際に次々にめくっていってわかったのは、表面に現われていない物語の精神や作家の心理が単語の出現頻度から明らかになるという事実だった。もしその物語が西欧文明に関するかなり大量の歴史的記録で、作者がいわゆる不特定多数の人々だったら、もっと面白いことになるのではないだろうか？

このことを考えれば考えるほど、単語をアルファベット順に並べたライマーの本は、単純だがすばらしい――ライマー流に「すばらしい」を何度も繰り返して表現したいくらいだ――データの抽出法を暗示しているように思えてきた。グーグル・ブックス中での単語の出現頻度提示だけをしたらどうだろう？

もっと正確に言えば、われわれが思いついたのは、グーグル・ブックスをもとに、英語の本に登場するすべての語《ワード》や句《フレーズ》の記録一式を作り出すことだった。こうした語と句はコンピューター科学の分野では一風変わった「nグラム（n-gram）」という用語を使って表わされることがある。単語はいずれも1グラムで、円周率を表わす*3.14159*も1グラムになる、*banana split*（バナナスプリット＝バナナを縦に半分に切ってアイスクリームなどを載せたデザート）は二つの単語からなるので2グラム、*the United States of America*（アメリカ合衆国）は5グラムである。その記録にはそれぞれの語や句について、本の中にその特定のnグラムが登場する頻度を示す数字が載っていることになる。過去五世紀にわたって年ごとの出現回数を調べるので、数字の列はかなりの長さになるはずである。これなら非常に興味深いものになるだけでなく、法的にも問題にならないように思われた。ライマーの本は他の人の書いた小説に出てくる単語を抜き出してアルファベット順に並べ替えたものだが、そんな「改訂版」を出したことを理由に彼女が告訴されたことは一度もなかった。

それでもまだ危惧しなければならない問題が一つ残っていた。もしコンピューターに精通した人物が、語と句の使用頻度に関する公開データを利用してすべての本の全文を再現する方法をあみ出してしまったらどうなるだろう？　部分的に一致する小さな断片を組み合わせて膨大な量の本文を組み立てるというやり方は、戦略として明らかに不合理だとは言い切れない。実際、同じような手法は現代のゲノム配列の決定法の基礎になっていて、細胞内のＤＮＡの構造を解明する取り組みで利用されているからだ。[11]
この問題を解決するために、われわれは統計的事実を拠りどころにした。それは、どんな本であれ、それほど読み進めていかなくても、その本にしか出てこないユニークな表現にばったり出くわす場合があるという事実である。たとえば、いまの文はおそらく、「その本にしか出てこないユニークな表現にばったり出くわす」という句が使われた史上唯一の例で、少なくともここに再び現われるまでは唯一の例だったと言えるだろう。そこで、われわれは簡単な修正を加えることにした。書かれた回数が非常に少ない語や句については、使用頻度のデータを削除したのである。この修正を施せば、全文を再構成するのは理論上は完全に不可能になる。
こうしてできる最終的なデータセット――ｎグラム・データ――は非常に見込みがありそうに思われた。これなら、本文が享受している著作権による保護が脅かされるおそれはまったくない（前述の第一の規準を満たしている）。また、不規則動詞の研究とライマーの本から明らかなように、一つの単語の使用頻度を調べるだけでも多くの知見が得られる（第二の規準）。さらに、語と句の使用頻度の分析は、人々の意識や考え方を知るための新たな効果的手法になり、したがって、検索サービスを基盤に設立された企業にとっては魅力的な道具になる（第三の規準）。そして、単語の数を数えるのは、コンピューター科学の分野ではおそらくもっとも簡単な問題なのである（第四の規準）。

言うまでもなく、分析の対象をnグラム・データに限定すれば、語も句もほぼ完全に文脈をはぎ取られてしまう。したがって、たとえば「エリア・カザン」についても、名監督として記述されているのか、それとも「赤狩り」の時代に友人の名を漏らした密告者として記述されているのかは読み取れない。しかし、これは欠陥ではなくこのデータの元来の特性なのである。データを法的にデリケートな問題にするのは、文脈にほかならない。文脈を消してしまえば、グーグル・ブックスから抽出したデータセットとそれを利用して動くソフトウェアはわれわれ研究者だけでなく世界中の人々と共有できると、説得力をもって主張できるようになる。このデータセットはわれわれが求めていたものにぴったりだった。このデータセットを利用すれば、法を破ることなく最高の楽しみを味わうことができるのだ。

nグラムはわれわれが到達した答えだった。ノーヴィグはしばらく考えていたが、やってみる価値があると結論を下した。彼の力添えで研究グループが結成された。こうして、われわれ二人にグーグルの技術者のジョン・オーワントとマット・グレイ、そしてハーヴァード大学からインターンとして同社にきていたユーアン・シェンが加わった。

われわれは受け入れられた。突如として、史上最大の単語の集積を利用できるようになったのである。

正しい造語と正しくない造語の差とは？

言語は単語の組み合わせで構成されている。だが、単語とは何なのだろう？

これは難題だ。政治家を例に考えてみよう。アメリカの大統領ジョージ・W・ブッシュは任期中に、言語に関してしばしば創造性を発揮した。そんな単語はないのに、たとえば、underestimate（過小評価する）に「誤って」を意味する接頭辞 *mis-* を付けた *misunderestimate* を造語するなどしたのだ。こうした造語をはじめ、ブッシュ独特の語や発音などは「ブッシュイズム」と呼ばれるようになり、彼は嘲笑の的とされたり深夜のテレビ番組でコケにされたりすることもしばしばだった。政治家の発言や文章は注意深くチェックされるので、標準《スタンダード》から外れた綴りのように、一見したところでは些細なことのように思える間違いでも厄介な問題（hot potato）になる場合がある。ブッシュ政権で副大統領を務めたダン・クエールは回想録の中で、大勢の人々の前でジャガイモ potato のスペルを誤って *potatoe* と綴ってしまったことを「へまではすまされないものだった」と述べている［小学校を訪問した際、小学生が黒板に正しく potato と書いたのを間違いだと思い込み、誤って e を書き加えた］。「あれは想像しうるかぎりでは、最悪の決定的事件だった」[12]。サラ・ペイリン（二〇〇八年の大統領選挙での共和党の副大統領候補）も、ツイッター中で *refudiate* という単語（異議を唱えるという意味の refute と、拒絶するという意味の repudiate を組み合わせた造語とされている）を使ったことで嘲笑を浴びる羽目になった[13]。それでも彼女は後に、自身も他の政治家同様に、二重基準《ダブル・スタンダード》の犠牲者となったと指摘した。何と言っても、と彼女はツイッターに書き込み、「英語は生きた言語だ。シェイクスピアも新しい単語を造語するのが好きだった」と続けた。

確かにペイリンの言うとおりだ。シェイクスピアの作品には新語がぎっしり詰まっている。実際、シェイクスピアはブッシュと同じく、社会的な面では保守的だったが、接頭辞に関しては進歩的だった。彼はしばしば、ブッシュが *misunderestimate* を造語したときと同じ手法を用いて新語を作りだした。もっとも、ブッシュの場合とは異なり、シェイクスピアは造語しても非難にさらされることはなかったし、彼の造語が広く受容されるようになるにつれ、多くの語彙が遺産として後世まで残ることになった。たとえば、シェイクスピアは「欠如」を意味する接頭辞 *lack-* を用いて、それぞれ「ひげなし」、「愚者」、「薄情者」、「輝きのない」を意味する *lack-beard, lack-brain, lack-love, lack-luster*（その意味とはまったく違って、後に広く使われるようになった *lack-luster* は、造語として「輝かしい」成功を収めた）などの語を作り出した。[14] 語彙に関しては、一般的に詩人のほうが政治家より自由を享受している。ルイス・キャロルの『鏡の国のアリス』に出てくる詩「ジャバウォック」は、ほとんどがキャロルの造語で編まれている。自分の造語の多くが正しい英語と見なされていることを知ったら、キャロルは満足げに高笑いすることだろう。ちなみに、「満足げに高笑いする」を意味する *chortle* もキャロルの造語で、この *chortle* と、やはり彼の造語である *galmphing*（意気揚々として）と *frumious*

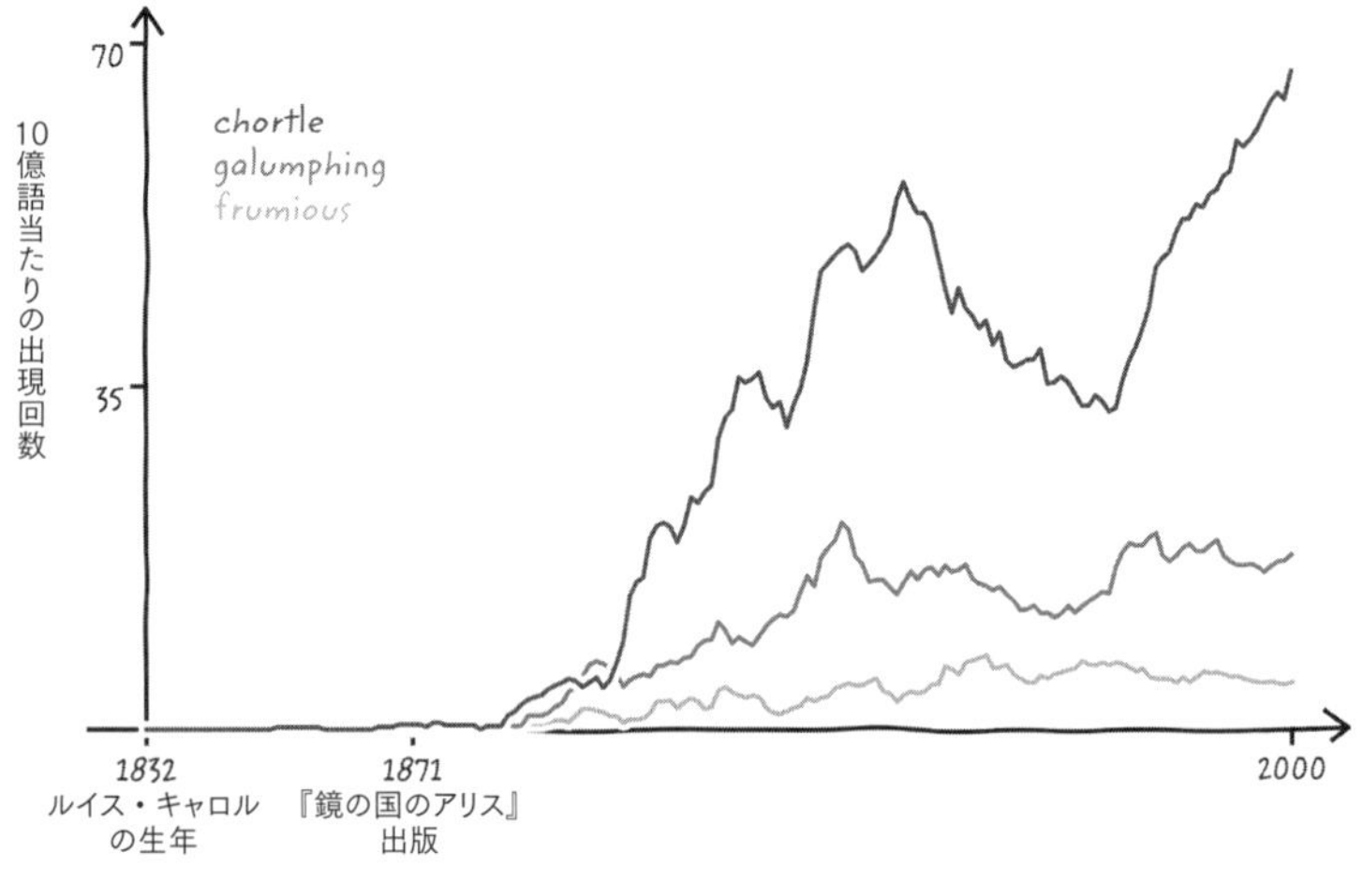

図3－2

（荒ぶる）の出現頻度を図3－2に示しておく。

こうなると、どの単語なら使っても大丈夫で、どんな単語を使うと深夜番組のジョークの「落ち」に使われてコケにされるようになるのか、判定するにはどうすればいいのだろう？

辞書に載っていなければ正しい単語ではない？

辞書編纂家　辞書の執筆者のこと。こつこつ働く罪のない……
サミュエル・ジョンソン、『英語辞典』（一七五五年）

辞書は少なくとも原則的には、どれが単語でどれがそうではないかの問題を解決してくれる。何と言っても、辞書は公式に承認されている単語のカタログで、それぞれの単語には、やはり承認された一連の意味が付されているからだ。辞書の多くは、手ごろで便利な参考書を意図して編纂されていて、たとえば『アメリカン・ヘリテージ英語辞典（ＡＨＤ）』[15]の第四版には約一一万六〇〇〇語が収録されている。[16]もっと野心的な辞書もあるが、全二三巻の『オックスフォード英語辞典（ＯＥＤ）』より包括的なものは他にはない。一九二八年に初版が完結した『ＯＥＤ』の最新版は四四万六〇〇〇語を収録している。[17]どの単語が公式に言語の一部とされているかを知りたいなら、辞書に当たってみるといい。辞書に載っていれば単語だし、載っていなければ単語とは認められていないということである。

しかし、たとえそうだとしても、まだ疑問が残る。辞書を執筆した編纂者は、どの単語を辞書に含めるべきかをどこまで正しく理解しているのだろう？

このあたりの事情については二つの考え方がある。

一つは、規範を作るのが辞書編纂者の仕事であるとする考え方だ。この見方に従えば、辞書の編纂者は言語の「中身」を管理しており、辞書を執筆する中で、使用していい単語と使用すべきでない単語とを定めることになる。辞書編纂に対するセオドア・ルーズヴェルトの「進歩主義的」考え方もこれと同じだった。彼は大統領在任中の一九〇六年、政府印刷局に対して、以後は劇的なまでに簡略化した綴りを用いるよう命じた。[18] 彼の言う新たな綴り方に従えば、「きみからの不愉快な電話に出てしまった」は、これまでの I have answered your grotesque telephone から *I hav anserd yur grotesk telefone* になる。もっとも、ルーズヴェルトの提案は連邦議会に受け入れられず、従来の綴り方が変更されることはなかった。フランスでは辞書の編纂に対する規範主義的考え方が現在も支配的で、政府は折に触れて、語の正しい用法と綴りについて述べた公報を出している。二〇一三年一月のフランス官報は、ツイッター上で使用される＃の記号と英数字からなる文字列「ハッシュタグ」に関して、英語の hashtag ではなくフランス語の mot-dièse（直訳すれば「語－＃記号」）を使うよう推奨した。当然ながら、ツイッターの世界が一団となって示した反応は #ROFL［Rolling on the Floor, Laughing の略。抱腹絶倒の意］だった。[19] 規範主義の立場から辞書編纂に取り組む際は、言語を管理する者がいて当然だし、管理する者がいなければならないと考える。だが、だれが管理者にふさわしいかは、問題である。言語は特定の政府や民族性ないしは国民性を超越しているからだ。

辞書に対するもう一つの考え方――現在では広く受け入れられていて、とりわけアメリカでは支配的になっている考え方――では、辞書編纂者の役割は規範を作ることではなく、実態を記述することにあるとされている。[20] つまり、手本を示すのではなく、人々の自由に任せたときに生じる事態を報告するのが辞書編纂者の務めになる。このような観点に従えば、辞書編纂者は絶対的な支配者というよりも探険家に近い存在になる。辞書は彼らが見いだした事実を記した地図のようなものなのである。

とはいえ、こちらの考え方にもやはり疑問がある。辞書の編纂者が単語とすべきものを専決できないとしたら、彼らが何かの語の綴り方を誤りだと判断することもできなくなるのだろうか？　さらに、そのようにして編まれた辞書をどの程度まで信頼していいのだろうか？

辞書編纂者も人間であることに変わりはない。一般の人々に比べれば、彼らが語の慣用法の微妙な差異に関心をもっているのは確かである。それでも、辞書に含めるべき単語を突き止めようとする段になれば、彼らのやることも基本的には他の人々と同じである。人々がどんな言葉を使って話をしているかに耳を傾け、新聞や雑誌、本などの多くの記述に目を通す。世間の動向を知るために最善を尽くし、どんな新語が使われ、どの単語は使用されなくなったか、競争相手の辞書の最新版にはどんな項目が新たに収録されているのかを把握しようとする。

こうして、おおよその考えをまとめて辞書に載せる単語の候補を確認すると、次は、自分の考えが実情に即しているかどうかをはっきりさせようとする。本物の単語かどうかを評定する際に、その語が互いに関連のない記述の中に四例見つかるかどうかを基準にしている辞書編纂者もいる。編纂に当たっているグループ内で見解が一致するのが望ましいが、たとえば *graphene*（グラフェン＝原子一つ分の厚みしかない炭素のシート）のような専門用語については、その分野の担当顧問の判断に委ねられることもある。辞書の執筆は科学《サイエンス》ではない。何世紀もの歴史をもつ技術《アート》なのだ。

『ＡＨＤ』を取り上げてみよう。その第四版は第三版の八年後の二〇〇〇年に刊行された。第三版からの八年間にいくつもの新語が登場した。『ＡＨＤ』の編纂者たちも、そうした新語を見つけ出すのに最善の努力をしたはずである。その戦利品とも言えるのが、*amplidyne*（アンプリダイン＝発電機の一種）、*mesclun*（メスクラン＝サラダの一種）、*netiquette*（ネチケット＝インターネット等のネットワークを利用する際のマナー）、*phytonutrient*（フィトニュートリエント＝植物由来の化学栄養素）などの語である。『ＡＨＤ』第四版の編纂者たちはどの程度うまく事を運んだのだろう？

図３－３に示したグラフを見れば、彼らの成績は可もなし不可もなしと言うのがせいぜいなのが

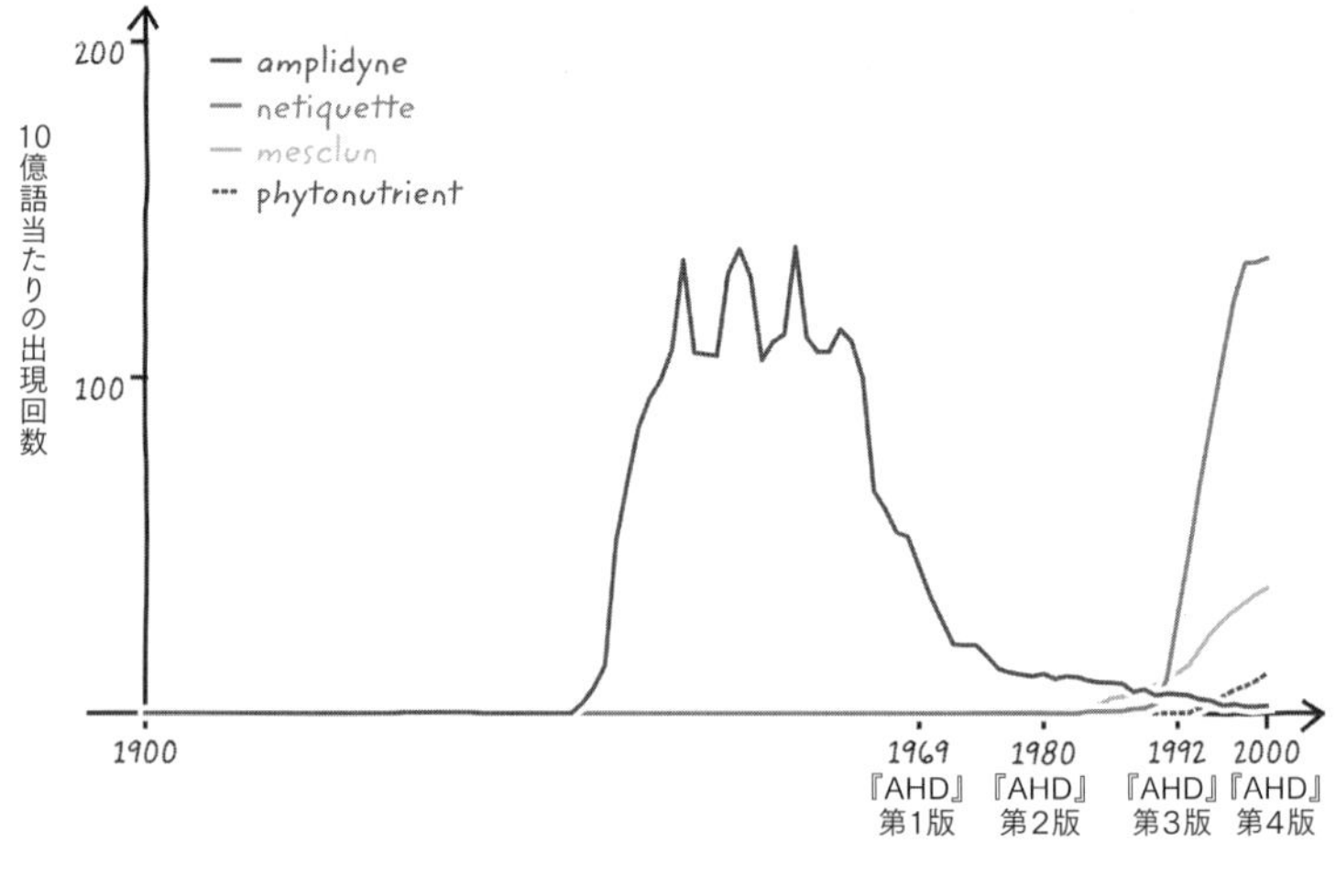

図３－３

わかる。メスクランとネチケットのように、載せるのが遅かったにすぎないケースもある。出現頻度だけにもとづけば、どちらの語も一九九二年には『AHD』に収録されてもいい資格を備えていた。一方、アンプリダインの場合は、すでに一九九二年の時点で賞味期限が切れている。出現頻度のピークは二〇世紀中ごろで、現在ではまず見かけない語になってしまっている。[21]辞書の編纂者たちは懸命に努力しているが、それでも新語を、その登場から間をおかずに見いだすのは至難の業で、場合によっては数十年の時間差が生じてしまうこともある。

この図を実際に作成したことで、われわれには、この図が辞書の編纂者にとって天の賜物になることがわかった。なにしろ少なくとも、何が単語であるかを突き止めることに関しては一回クリックするだけで膨大な量の文に目を通したのと同じ結果が得られるのだから。

DIYで辞書を作る

われわれは現代英語で使われている単語をすべて含んだ記述的辞書を独自に作成することにした。考え方は単純だ。ある文字列が英語で書かれた現代の文の中にかなりの頻度で登場すれば、それは単語だとするのである。では、どの程度の出現頻度なら十分と見なせるのだろう？　この場合の線引きには、辞書に項目として採用されている中でもっとも出現頻度が低いものの値を利用するのが自然だろう。その出現頻度を算定すると、ほぼ一〇億語につき一回という値が得られた。[22]したがって、「英語の単語とは何か」の答えは次のようになる。

英語の単語　ある特定の1グラムの文字列で、一〇億の1グラムからなる英文中に少なくとも一回は登場するもの。

これが単語の定義として完璧でないのは明白である。「英文」中に、英語の文章に埋め込まれた形でスペイン語の引用が含まれていたらどうなるのか？　近年の文章に限定しなければいけないのか？　本に出てくるものに限られるのか？　文字に起こされた談話などはどうなのか？　インターネットはどうするのか？　excess（超過）が *excesss* になっているようなありふれた綴りの間違いも単語と見なさなければならないのか？　数字の混じった *l8r*（また後で。later の意）などはどうなのか？　*straw man*（かかし）のような2グラムは本当に単語にはなりえないのか？　このように疑問はいくつもある。

こうした問題があるにもかかわらず、先に示した単語の定義はかなり的確なものと言える。この定義と、資料として使って問題のないかなりの長さの文章、さらにたくさんのコンピューターさえあれば、客観性のある英語辞典を作るには十分である。この点において、あの定義は大半の参考書に見られるきわめて主観的な表現より優れている。

われわれが確かめたかったのは、ジップ流に出現頻度が基準より高い単語を収録した新方式の辞書が、現代の言葉の使い方を反映したものになっているのかどうかだった。そこで、データ化されているすべての本を使うことはせず、一〇年分のデータ――一九九〇年から二〇〇〇年までに出版されたすべての本に関する手持ちのデータ――を利用することにした。その中には五〇〇億を超える1グラムが含まれていた。

したがって、ある特定の1グラムが線引きに使用した出現頻度の要件を満たすには、その1グラムはデータ中に少なくとも五〇回登場しなければならない。最終的にできあがったリストには一四八万九三三七の「単語」が含まれていた。その中には図3－4に示したように、それぞれ「不健康」および「精神病質」を意味する*unhealthiness*と*psychopathy*のほか、数字の*6.24*や人名などに用いられる*Augustean*という綴りも入っている。[23]
このようなリストからなるジップ流の辞書は、かなり重宝な参考書になる。[24] リストに載っていないなら、その単語は、辞書の中でもっとも出現頻度の低い単語より出現頻度が低いことになり、したがって、単語ではないと断定してもほぼ理にかなっている。リストに載っていれば、おそらくその単語は辞書への収録を正当化するに足るだけの出現頻度があるということになるだろう。逆に、われわれのリストに載っている単語が辞書に載っ

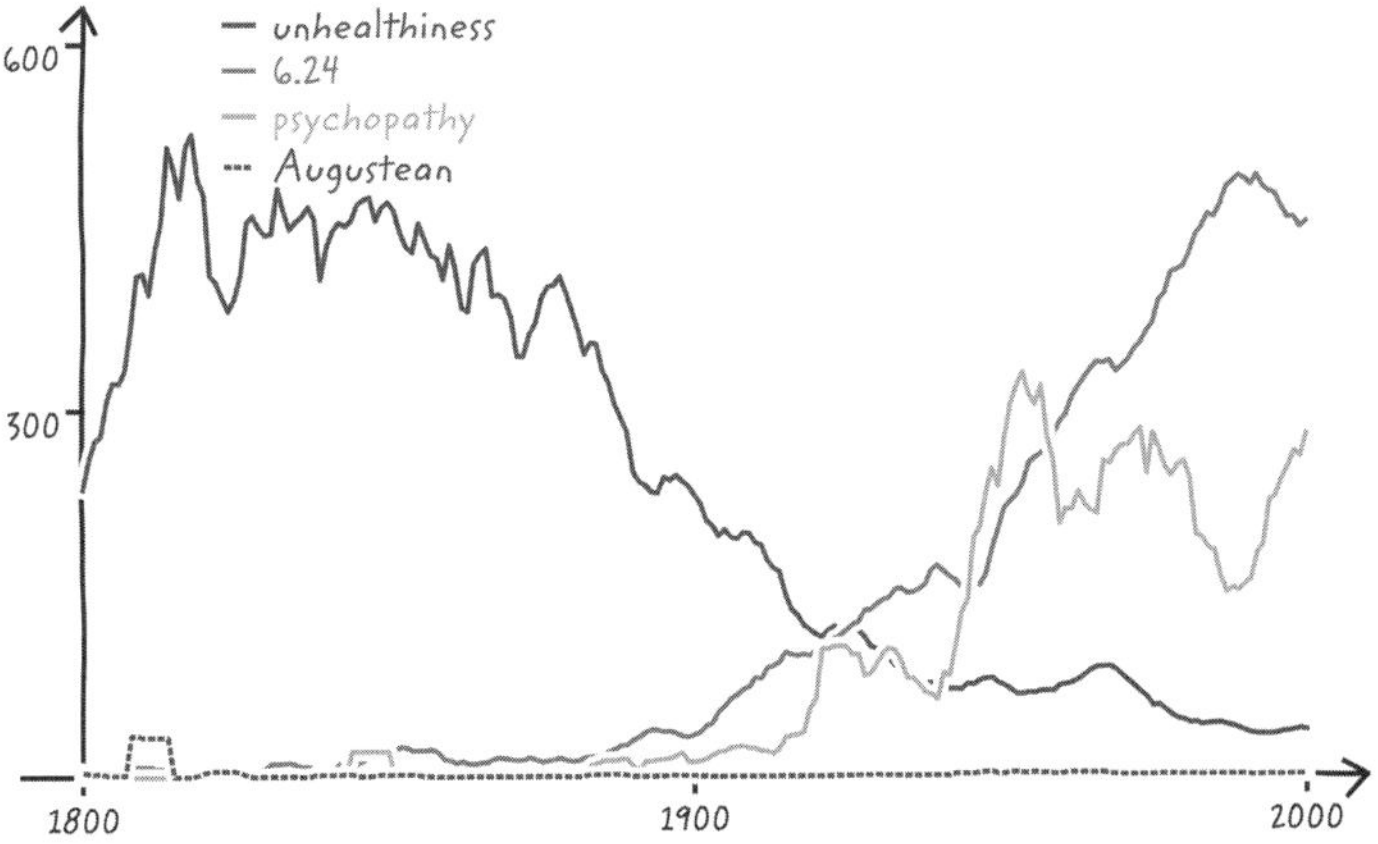

図3－4

ていなければ、当然ながらその理由を知りたくなる。

ここで述べたような「客観的」辞書があれば、こんな面白いこともできる。学校でも、語の綴り替えを競うスクラブル・ゲームでも、辞書は生徒やプレイヤーの国語力を判定するのに利用されてきた。だが、辞書を評価する独自の方法があれば立場は逆転し、今度はこっちが辞書とその辞書を執筆した編纂者の的確さを判定できるようになる。素人辞書編纂家は何世紀も前からいたが、nグラムを利用しさえすれば、だれもが素人「辞書編纂者学者」になれるのだ（ちなみに、サミュエル・ジョンソン流に定義すれば、「辞書編纂者学」とは、こつこつ働く罪のない辞書編纂者を研究する学問のことだ。だから「辞書編纂者学者」は、辞書編纂者よりいっそうこつこつ働く罪のない人ということになるかもしれない）。

単語の出現頻度をもとにした辞書を手にしたわれわれは、次に、「辞書編纂者学」のもっとも根本的な疑問に取り組むことにした。それは、辞書はわれわれがジップ流に選定した語彙をどの程度まで取り上げているか、である。

実は、意外なほど少ないのだ。英語辞典の中でももっとも包括的な『OED』でも、収録語数は、前述したように五〇万語に満たない。『OED』に載っている語彙数は、われわれが作ったリストのほぼ三分の一なのである。他のどの辞書もさらに語彙数が少ないのは言うまでもない。

なぜこんなことになったのだろう？　辞書編纂者たちが言語の世界で起きていることにこれほどまでに無頓着だったというのは、はたして本当なのだろうか？

語彙の宇宙は暗黒物質に満ちている

ここまでの話の進め方はいささか性急すぎる。すべての単語を網羅したと謳っている辞書などまずないのだ。それどころか実際には、多くの辞書はいくつかのタイプの語句については、それがどれほど一般的なものであっても注意深く排除している。収録から除外されている語句には次のようなものがある。[25]

1 文字以外の要素で構成されているか文字以外の要素が入っているもの（3.14や*l8r*など）
2 複合語（*whalewatching*［ホエールウォッチング］など）
3 非標準的な綴り、すなわち異綴（「……まで」を表わす前置詞・副詞のuntilを*untill*と綴るケースなど）
4 定義するのが難しい語（恐怖や驚きなどの感情を表わす間投詞aarghを誇張した*AAAAAARGH*など）

したがって、出現頻度をもとに作成したわれわれの「単語」リストに、辞書が収録しようとさえしなかった語句があったとしても、それで「勝ち誇る」のは公平ではない。そこで、辞書が意図せずして排除してしまった語句を把握するために、われわれの作ったリスト中に含まれている単語のうち、どの程度が先に示した四つの範疇に入っているかを見積もった。

四つの範疇に入る単語をわれわれのリストから除外すると、その数は一五〇万弱から一〇〇万強に減少した。それでも、ジップの手法を踏襲して作成したわれわれの辞書の項目数は『ＯＥＤ』の二倍を超えていた。もっとも包括的な英語辞典でさえ、大半の単語を収録しそこねていたのだ。『ＯＥＤ』に載っていない単語には、*aridification*（乾燥化）、*slenthem*（スレンスゥム＝楽器の一種）、そして言いえて妙な*deletable*（削除可能な）も含まれていた（図3－5参照）。

では、辞書のつまずきの元となったのは何なのだろう？

それは出現頻度である。実を言うと、辞書は使用頻度の高い単語を見事にカバーしている。*dynamite*（ダイナマイト）など、一〇〇万語当たりの出現回数が一回を超す単語については完璧なまでに網羅している——文字どおり、すべての単語が一〇〇パーセント載っているのだ。少なくとも平均で一〇冊の本に一回は登場する単語なら、滞りなく辞書に登録されて定義されるはずである。

しかし、辞書編纂者たちも出現頻度の低い単語を相手するときは苦戦する。出現頻度が一〇〇万語当たり一回より低くなると、その単語が辞書から除外される可能性は急激に高くなる。出現頻度

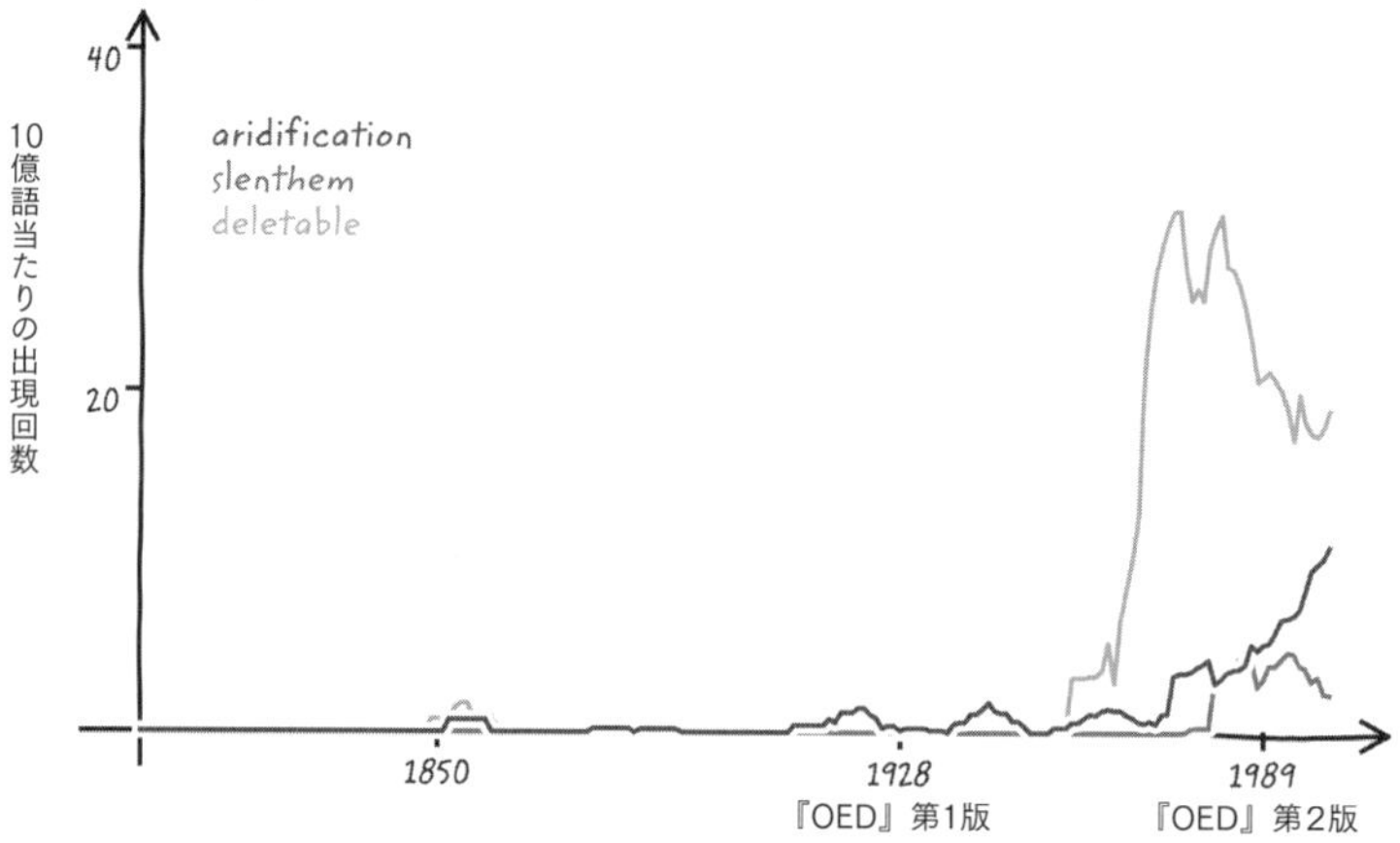

図3－5

が一〇億語当たり一回よりわずかに高い単語の場合、辞書が着目するのは全体の四分の一にすぎない。

さらに、ここでジップの法則から想い起こしてほしい重要な問題が一つあるとしたら、それは大半の単語はめったに使用されないという事実である。それゆえ、めったに使用されない単語は辞書には載らず、したがって、大半の単語は必然的に辞書から漏れてしまうことになる。

その結果、英単語の五二パーセント——英語の本で使われる単語の大部分——は、語彙宇宙の「暗黒物質」なのである。宇宙の質量の大部分を構成する暗黒物質と同じく、これら語彙の暗黒物質は言語の構成要素の大多数を占めているにもかかわらず、一般的な参考書には気づかれないままになっている。[26]

従来型の辞書の限界がますます明らかになるにつれ、辞書の分野にも変化が生じはじめている。「ワードニック」、「ウィクショナリー」、「アーバンディクショナリー」などの新規参入組は、包括的なオンライン辞書を構築しようという取り組みの中で、素人の辞書編纂家の力を借りるようになっている。実際、これらの取り組みでは、不特定多数の人々の寄与によって、語彙の暗黒物質をすべて記録しようとしているのである。『OED』などの従来の辞書でもビッグデータを探ろうとしている。載せている解説が時代後れにならないようにするために、これらの従来型の辞書では、新たに登場したデータ主導の編纂法によって既存の手法を補完している（いささか「辞書編纂者学」めいてきているのだ！）。

全体的に見れば、こうした発展が辞書編纂者にとって好ましいものなのは間違いない。何世紀にもわたって努力が続けられてきたにもかかわらず、大半の仕事は手付かずのままである。全体として見れば、英語は未踏査の大陸のようなものなのだ。

英単語の総数は増えているか、減っているか？

いつの時代も、新語には人々をわくわくさせるところがある。アメリカ英語学会は毎年会合を開いて、そうした新語に賞を与えている。会員は「今年の言葉」、「いちばんとんでもない言葉」、さらには「もっともすぐに廃れそうな言葉」――われわれが造語した*culturomics*（カルチャロミクス）は二〇一〇年にこの賞を得た――などのカテゴリーごとに投票を行なう。一九九一年以降に選ばれた「今年の言葉」には、一九九四年の*cyber*（サイバー）、一九九八年の*e-*（「電子の」、「インターネットの」などを意味する接頭辞）、二〇〇三年の*metrosexual*（メトロセクシャル＝美容やファッションに強い関心をもつ、若い都会的な異性愛者の男性）、二〇一二年の*hashtag*（ハッシュタグ。フランス政府が読んでいるといけないので、*mot-dièse*もあげておこう）などがある。[27]アメリカ英語学会が編纂したこのリストを見れば、英語では新語がたえず喜んで迎え入れられていることがはっきりわかる。

だが、語彙の「ライフサイクル」のもう一端、すなわち死語となって姿を消す言葉については、研究も調査も皆無に等しい。だれも単語の弔いを執り行なうことには関心がないかのようなのだ。そのため、単語の「出生率」は「死亡率」を上回っているのかどうか――英単語の数が全体として成長しているのか、それとも縮小しているのか、あるいは安定した状態を保っているのか――を知るのは簡単ではない。

この疑問をはっきりさせるために、われわれはジップ流の辞書をもう二組作成した。前述したように、最初に作成したのは、一九九〇年から二〇〇〇年にかけて出版された本の文章を利用した現代英語の辞書だった。今回対象にしたのは、一九〇〇年以前と一九五〇年以前の二つの時代である。

辞書を作成してみると、項目数は一九〇〇年の時点で早くも五五万を超えることがわかった。現在の『OED』より収録語数が多いのだ。その後の五〇年間はあまり大きな変化はなかったようで、単語の数で見る限り、英語は安定した状態を保ちつづけた。新語と死語は何とか均衡を保っていたのである。

しかし、一九五〇年から二〇〇〇年にかけて、英語は成長期に入る。何十万もの新語が加わり、英語の単語数はほぼ二倍になった。新語の誕生数が、語彙としての臨終を迎える単語の数を劇的なまでに上回るようになったのである（図3−6参照）。昨今では、毎年八四〇〇ほどの単語が新たに加わっているから、計算上は今日も二〇を超す新語が使用頻度の基準を超えるようになるだろう。

英語はたえず変化しているだけでなく、成長もしているのだ。

なぜ単語の数が増加しているのだろう。真実は

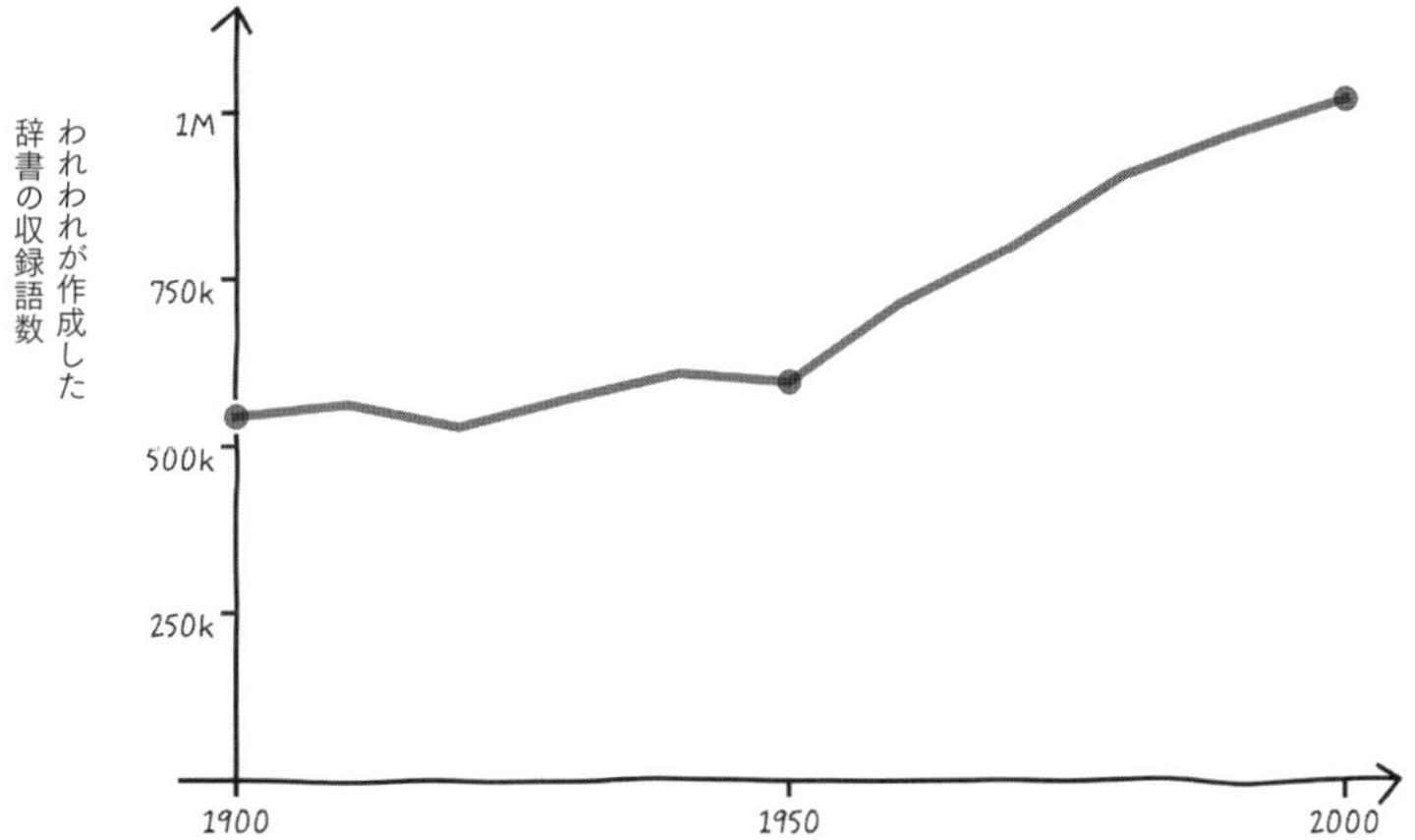

＊データ点のない部分は線形補完による

図3−6

だれにもわからないが、使用頻度がべき乗則に従う理由の探究と同じように、さまざまな推論が提示されている。仮説の一つは、社会的つながりがますます密になり（以前に比べると、だれもがより多くの人と連絡を取り合うようになって）、世界がますます狭くなった（互いに離れているといっても、せいぜい電話一本で連絡がつくか、飛行機で行ける距離でしかない）ために、新語は以前よりも簡単に連鎖的に広まるようになったというものである。科学、医学、技術の進歩により業界用語や専門用語が新語として一般用語に導入されるためだとする説もある。さらに、われわれのジップ流の辞書の元となった本の記録自体が多様化していることを見ると、また別の可能性もうかがえる。二〇世紀の後半には社会の多種多様な階層の人々が本を出すようになったのだ。彼らはさまざまなテーマについて独特の専門用語や地方語を使って執筆したので、結果的に多くの新語が国際的な議論の場に登場するようになったというわけである。

　実を言うと、確かなことはだれにもわからない。さらに、英語の単語が増大している理由がわからないのだから、これがどのように収束していくのかも推測しがたい。新たに誕生する単語は毎年増加していくのだろうか？　語彙数の限界は何によって決まるのか？　現世代が使っている英語と次世代の英語とでは、どの程度の違いが生じるのだろう？　ビッグデータをさまざまな角度から注意深く眺めれば言語の謎に光明を投じることになり、科学の新たな地平に通じる道を照らすことにもなる。[28] そこでは、あの雪男のサスカッチさえもはや身を隠す場所がなくなるだろう。

　しかし、会話や文章に使われている言葉は、媒体としての言語以上のものである。言葉は思想、道徳観、ひいては社会そのものを理解するための「窓」なのだ。そこでコミュニケーションの仕組みとしての言語から離れて、思想や考え方の中身に目を向けることにしよう。

ベビーシッターの起源

二〇世紀の中ごろには、赤ん坊《ベビー》（*baby*）の面倒を見てもらうために付き添い人《シッター》（*sitter*）を雇うのは、非常にうまい発想であることが明らかになった。この二つの単語はきわめて強い共存関係にあったために対で登場するケースが多くなり、赤ん坊の面倒を見るために雇われた子守を表わす *baby sitter* という語句の使用頻度も高くなった。

やがて、二つの単語は一心同体のようなものだと考えられるようになり、それを表わすために、両者をハイフンでつなぐようになった。二つの単語のつながりが深まるにつれ、*baby sitter* に代わって *baby-sitter* を用いるケースがますます多くなったの

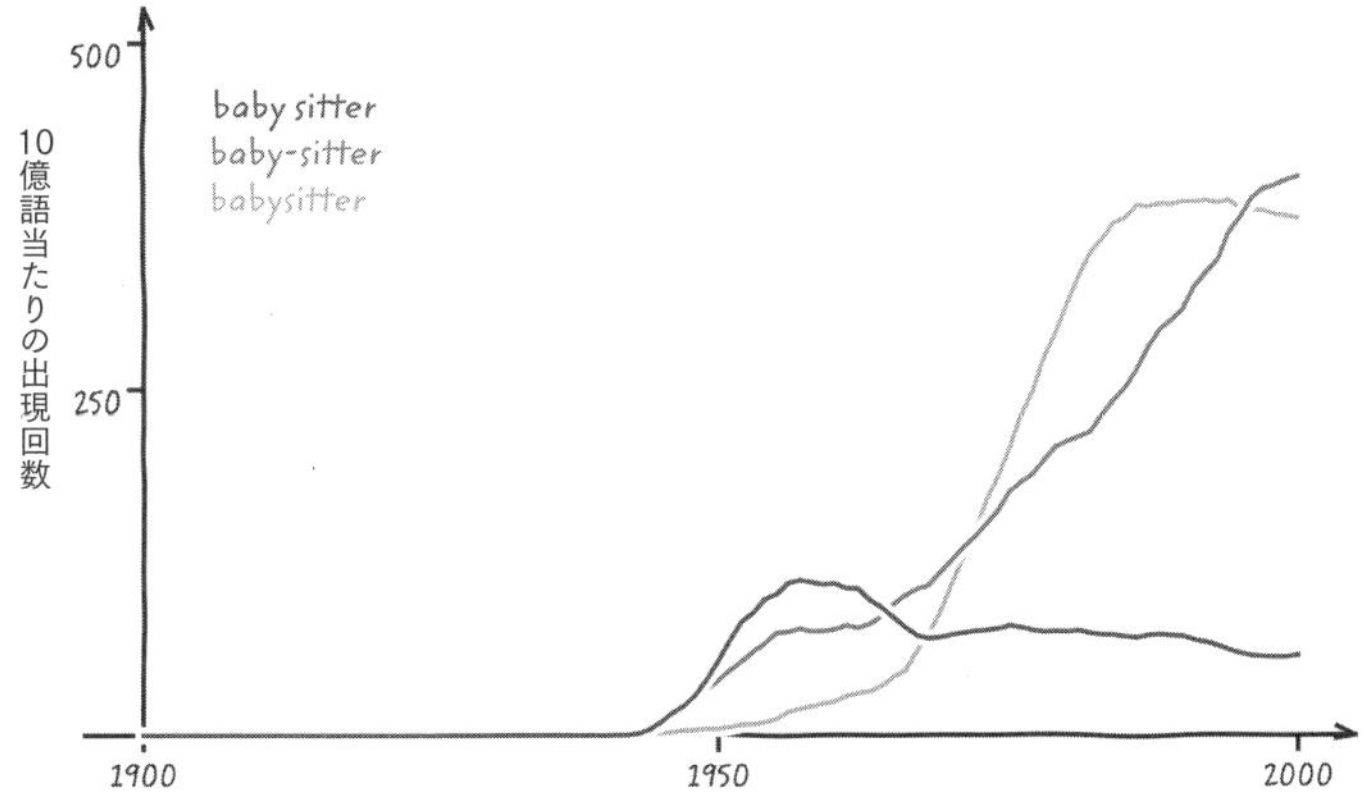

図3-7

だ。

結局のところ、二つの単語は結ばれる運命にあったようだ。両者の結合から「子ども」が生まれた。だから、今では外出する両親が子どもを預ける相手は*babysitter*（ベビーシッター）なのである。[29]

第4章

名声を定量化することは可能か？

清掃の英雄の活躍

汚物の処理は見ている人を魅了するような行為ではない。それでも、英雄的な行為に映ることはあるかもしれない。

ギリシア神話に登場する英雄、ヘラクレスを引き合いに出してみよう。彼に課せられた一二の仕事の五番目が、数千頭の不死の牛を飼っているアウゲイアス王の牛舎の清掃だった。牛舎は三〇年間掃除されたことがなかったので、いまでは牛の排泄物が山をなしてたまっていた。ヘラクレスは流れの激しい二本の川を牛舎に導き、わずか一日で清掃を終えてしまった。彼の果敢な行為は、し尿処理の歴史における最大級の偉業として今も語り継がれている。

研究グループの一員となったユーアン・シェンは、われわれにとってはビッグデータ界のヘラクレス的存在だったから、もしかすると今から数千年後には、彼についてもヘラクレスと同様の伝説が語られるようになるかもしれない。シェンが研究グループに加わった時点では、グーグルはすでに五年間にわたって、数百万冊の本をスキャニングしてデジタル化していた。いわば、世界中の知識が集まった豊かな牧草地で日々草を食《は》み、素早く消化してきたのだ。しかし、永久に残るデジタル書籍のための世界最大の「入れ物」を作る中で、同社は必然的に生じる副産物として、相当な量の「汚れた邪魔な」データも抱え込んでいた。ビッグデータには、ピンからキリまでさまざまなデータが入り混じっている。「清掃」しなければならない時期を迎えていたのだ。

本のメタデータの汚れを取り除く

最後に図書館でカード目録を調べたとき、あなたは貴重な時間をどのくらい費やしただろう？

以前は、カード目録は図書館の貸出しシステムの中で非常に重要な位置を占めていた。所蔵するどの本にも一枚のカード目録が対応していて、そこには、書名、著者、テーマ、出版年、請求記号などの重要な事項が記入されている。その中で最も重要なのが、本の置き場所を示す請求記号である。一日中カード目録のところには来館者たちが吸い込まれるようにやってきて、情報を得ると、今度ははるか遠くにある書架へと吐き出されていったものだった。

カード目録がなければ、図書館は本で散らかった机が建物の大きさになったのと何ら変わらなくなってしまう。どんな本も見つけられないだろう。最重要級の図書館の一つであるヴァチカン機密文書館は、何世紀もの間まさにそんな状態にあった。[1] 所蔵している著作が占拠する書架は、すべてを合わせると八〇キロメートルを超す長さになるが、包括的なカード目録は作られていなかった。この機密文書館にはどんな本が収蔵されているのだろう？　自由に出入りできる人物に尋ねたところで、返ってくるのは事実と噂と言い伝えが入り混じった答えがせいぜいだろう。ここで本を見つけるのは、本のありかを知っている（あるいは知っていると思われる）人物を知っている人を知っているかどうかの問題だったのだ。ヴァチカン機密文書館は八世紀以降の貴重な手稿——ガリレオの異端裁判の記録など——を所蔵しているが、そうした「財宝」を見つけるのは「インディー・ジョーンズ」にも劣らない胸躍る冒険になるかもしれない。こんな状態にしておけば、秘密を守るうまい方法になるのは確かである。

一般の図書館利用者と同様に、われわれの場合も、本が利用できるようになっているだけでは十分ではなかった。文章を書かれていた時代および地域で比較対照するためには、メタデータとして利用できる正確なカード目録が必要だった。正確なカード目録があればそれぞれがどんな本なのかがわかり、コンピューターで自動的に分析する際に、それぞれの本をどのように分類すればいいのかが見えてくるからである。最初は、われわれはカード目録が大きな問題になるとは考えていなかった。グーグルはさまざまなところから入手した図書目録を利用して、デジタル化する一億三〇〇〇万冊の本のリストを作成していたからである（現在では、主要な図書館のカード目録は電子化されてオンラインで検索できる——デジタル化がもたらした初期の重要な恩恵の一つ——ようになっており、紙のカード自体は脇の部屋に追いやられている場合が多い）。だが、カード目録は非常によくできたものでも、誤りが非常に多いことが明らかになった。

カード目録はいったん作成されてしまうと、誤りがあってもすぐに訂正されることはない。カード目録は膨大な数になるので、足繁く図書館を訪れる利用者でも誤りに気づくとは限らない。誤りがあるために、カード目録自体が見つからないこともある。また、出版された場所などが間違って記載されているケースもある。それでも、目録が見つかって請求記号が合っていれば、ともかくもその本を探し出すことはできる。メタデータであるカード目録の記載事項に問題があっても、本を読む分にはさほど問題にならないのは、正しい情報が本のタイトルページに載っているからである。

やがて、訂正されなかった多数の誤りはデジタル化されたカード目録にそのまま引き継がれ、さらにグーグルがまとめたグーグル・ブックスのための図書総目録を経て、われわれが利用したデータにも残っていた。[2] 一冊の本だけを読むことに関心のある一般の人々とは違って、われわれの研究はカード目録の誤りの影響をことのほか受けやすかった。数百万冊もの本に実際に目を通すことなどできるわけがなく、カード目録のデータをメタデータとして利用するしか手がなかったからである。このような問題のあるメタデータを使ってnグラムの表を作成すると、それをもとに得られた結果はめちゃくちゃで使い物にならない場合が多かった。たとえば、最初に算出した出現頻度によれば、隣の研究室の友人は一六世紀に急激に人気が高まっていたことになるのだ。このことを彼女にぶつけてみると、そんな歳じゃないわ、と一笑に付されてしまった。彼女が嘘をついているのか、それともわれわれの方に大きな問題があるのかのいずれかである。

どうすればいいだろう?

われわれは自分たちの手で本を詳しく調べることはできなかったので、コンピューターで怪しそうなカード目録を捜す——言い換えれば、カードに記載されている情報から誤りの徴候を捜す——アルゴリズムを作成することにした。たとえば、雑誌の場合である（グーグル・ブックスには一部の雑誌も含まれていた）。一般に図書館は、逐次刊行物――新聞、学会誌、あるいはその他の定期刊行物のどれであれ――については、同一のシリーズに属すどの号にも創刊号の発行年を割り当てている。要するに、図書カードによれば、『タイム』誌のすべての号が一九二三年に発行されたことになってしまうのだ。われわれが目指している研究にとって、これは非常に重大な問題だった。

この問題を解消するために作成したのが「シリアル・キラー（Serial Killer）」で、これは逐次刊行物のように思えるものを見つけるためのアルゴリズムである。もう一つ、本を調べて本文の内容から出版年を推定するためのアルゴリズム「スピード・データー（Speed Dater）」も作成した。二つのアルゴリズムがあいまって、この手法は怪しいカード目録とそのカードに対応する本を突き止めるのに役立った。[3]

クリーニングしたデータが使えなくなる？

最終的には二〇〇九年の夏に、われわれのグループに加わっていたユーアン・シェンがこれらの手法とソフトウェア技術者としての自らの才能を組み合わせ、グーグル・ブックスのビッグデータの「汚れ」を取り除くためのアルゴリズムを完成させた。そのアルゴリズムではじかれた何百万冊もの本はコンピューターによる処理過程に大量に流れ込んで、グーグル社の社内警報システムが作動したほどだった。このクリーニングで相当の部分が「汚れ」として洗い流されたので、残ったのは最初のデータのごく一部だった。それでも、残ったデータは大きさでもカバーしている時代でも先例のないものだった。五〇〇年ほどの期間にわたって七か国語で書かれた五〇〇〇億語を含んでいたのである。言い換えれば、これまでに出版されたすべての本の四パーセント強が含まれている計算になる。

同じように重要なのは、この巨大なデータセットがまばゆいほどの純度を誇っていることだ。データセット中に含まれる文章を全部合わせたときの長さはヒトゲノムを表わす文字列の長さの一〇〇〇倍になるのに、一文字当たりで比べれば、ヒトゲノム計画で報告されている塩基配列の読み取り精度より一〇倍も正確なのである。[4]

こうして、入力する文章とメタデータとして利用するカード目録が「きれいになった」ので、これらをもとにすればすばらしいｎグラム・データが作成できるように思われた。そのようなｎグラム・データなら、さまざまな言語と文化のさまざまな変化を突き止めることができ、throve から thrived への変化や、電信から電話、さらにはテレビへの進歩の過程などがはっきり見えてくるに違いなかった。ｎグラム・データの一端が姿を現わすやいなや、われわれの胸は高鳴った。いわば、「科学的一目ぼれ」だ。

しかし、ひと夏の恋の多くがそうであるように、ｎグラム・データ相手の心ときめくわれわれの取り組みも、秋の到来とともに障害に直面することになる。新学期が始まってユーアン・シェンの実習が終了してしまえば、われわれはすぐに以前の状態に戻ってグーグルの外部に身をおくことになり、使っていたデータも同社のファイアーウォールの向こう側に置いていかざるをえなくなるのだ。

われわれとしては、グーグルにデータを送ってもらう必要があった。だが、インターネット業界の巨人はデータを渡したがらなかった。グーグル側の説明によれば、ｎグラム・データといえどもまだきわめて慎重な取り扱いを要するという。一連のｎグラム・データのもとになったのは五〇〇万冊の本の本文で、これに関してグーグルの法律部門が行なった計算は単純なものだった。つまり、五〇〇万冊の本は五〇〇万人の著者がいるのと同じことで、したがって、データが漏れてしまった際に起こされかねない大規模な訴訟の原告が五〇〇万人いることに相当するというのだ。[5]前章で述べたように、われわれがグーグル・ブックスの「生」データの「影」としてｎグラム・データを考案したのは、とりわけ、文章全体の記録の代わりに、出てくる単語の数を計測することでこの問題を回避するためだった。とはいえ、この折衷的な方策が法廷で判断を受けたことはまだ一度もなかった。グーグルが不安を感じるのはもっともだったのだ。

世界有数の大企業の法律部門と向き合ったとき、われわれには使える切り札はほとんどなかった。それでも、数にして二〇億のｎグラムが賭かっていたから、まだ勝負を下りる気にはなれなかった。

名声の効用で難局を乗り切る

これまで、利用できるものはほぼ利用しつくしてきた。最初に利用したのは偶然訪れたチャンスだった。前章で述べたように、アヴィヴァ（エレッツ・エイデンの妻）のコンピューター科学賞の受賞がグーグル本社への門戸を開いてくれた。次は、初対面の人物の好意で、具体的には、ピーター・ノーヴィグのゴーサインと共同研究に対する同意というものだ。単に近くに住んでいるだけでしばらく顔も合わせなかったベン・ベイアーにも、彼がグーグル・リサーチ社の「時空支配者」（おそらく、これまで企業で用いられたもっとも崇高な役職名だろう）の地位にあることを知ったときは、「友人」として電話を掛けることさえした。

それでも、われわれにはまだ打つ手が一つ残っていた。

歴史の流れを定量的に捉えるというわれわれの話を聞いて注目してくれていたのが、同じハーヴァード大学のスティーヴン・ピンカーだった。ピンカーは傑出した現役科学者の一人で、われわれもかねてから敬服していた人物である。

心理学、言語学、認知科学の研究者であるピンカーは、広くて深い知識の持主だ。数多くのベストセラーを出していた彼には人並みはずれた能力があり、どんな複雑な問題でも、その本質を明快に引き出すことができる。たとえば、テレビの風刺番組「コルベア・リポート」に出演したときのことである。スティーヴン・コルベアが「脳の仕組みとは？ 5ワード以下で答えてください」と言った。ピンカーは数秒考えてからこう答えた。「脳細胞がパターンに従って発火している[6]（Brain cells fire in patterns.）」。

われわれにとって幸運だったのは、二〇〇九年夏にグーグル・ブックス・プロジェクトの最高責任者の地位にいたダン・クランシーその人が、ピンカーの熱烈な支持者だったことである。グーグルでのクランシーの地位はかなり高く、われわれがnグラム・データを外部からでも利用可能にさせてもらうには、彼の一声さえあれば十分だった。だが、クランシーは要人として多忙をきわめていたので、われわれのごとき大学院生やそのささいな取り組みのために割く時間はなかった。それでも、この年の夏の終わりが近づいたころ、ピンカーがnグラムについて議論する場に顔を出すのを快諾してくれれば、なかなかつかまらないクランシーも時間を作って出席してくれそうなことがわかった。

われわれはピンカーに頼むことにした。「見てください。こんな二〇億のnグラムを作成したんです。これを利用できるように力を貸していただけないでしょうか？」ピンカーはわれわれの取り組みが有益なものになりそうだと考え、会議への参加を了承してくれた。こうして、クランシーも会議に出てくれることになったのである。

何年か前、ピンカーは『タイム』誌の「世界で大きな影響力をもつ一〇〇人」に名を連ねたことがある。nグラムをテーマにした会議が始まると、その理由が明らかになった。人を魅了するその不思議な力が働くのには三〇分もあれば十分だった。ピンカーの話を聞いたクランシーはデータの提供に同意し、じきにnグラム・データがわれわれのもとに来ることになった。

名声は、このようにときとしてすばらしいものをもたらしてくれる。ピンカーの名声がわれわれにもたらしてくれたのは、クランシーが割いた三〇分という時間だった。それほど長い時間ではないが、それで十分だった。

名声とはいったい何なのか？

名声は蜂のよう
歌もあれば
針もある
ああ、それに羽もある

ここに紹介したエミリー・ディキンソンの詩は、名声の本質である魅力、危うさ、高揚感の与え方、手の届かないところに行ってしまう移ろいやすさなどを見事に捉えている。ディキンソンは非常に有名な詩人だから、名声の本質を知っていたに違いないと考えるのがふつうだろう。

しかし、ディキンソンと名声との関係はそれほど単純ではない。彼女は名声の何たるかを自らの経験から知ったのではなく、直観的に理解していた。というのも、生前のディキンソンはまったく無名で、彼女の遺した詩が広く取り上げられるようになったのは、彼女が没した一八八六年から半世紀近くも後のことだったからである（図４－１参照）。

ディキンソンの場合のように、生前は無名で没後に有名になるのは例外なのだろうか、それともふつうのことなのだろうか？　名声の獲得の仕方は人によってさまざまだし、有名になる時期も理由も千差万別なので、典型的な「有名人への道」といったものがあるようには思えない。たとえば、

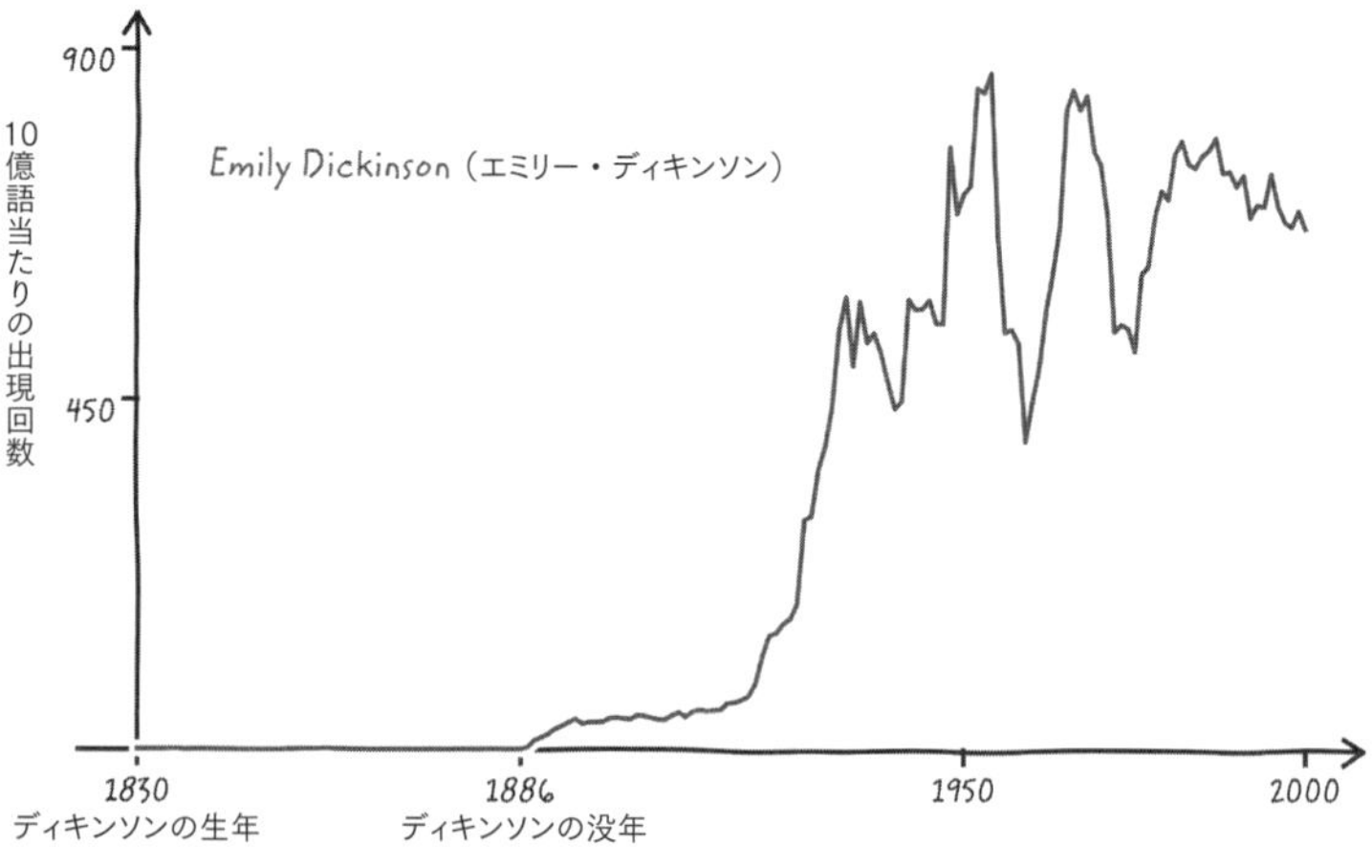

図４－１

チャールズ皇太子とダイアナ元妃の長男のウィリアム王子は誕生したときから有名だったし、将来のイギリス国王になることが決定づけられているから、胎児の段階から有名だったとさえ言える。ポップシンガーのジャスティン・ビーバーがユーチューブで見いだされたのはわずか一三歳のときだが、その五年後には、世界でもっともグーグル検索される人物になった。[7] それまでの研究に捧げてきた人生が突然変わり、一躍有名人に躍り出るケースもある。マサチューセッツ工科大学の教授だったスティーヴン・ピンカーがその例で、彼は四〇歳のときに出版して「だんトツ」のベストセラーになった『言語を生みだす本能』(一九九四年)によって、世界的な賞賛を浴びるようになった。その一方、アメリカの料理研究家ジュリア・チャイルドの場合は、料理の研究を始めたのは四〇歳を過ぎてからだった。それでも彼女がアメリカの料理に一大変革をもたらすにはまだ十分な時間が残されており、結果的に彼女は国民的アイドルになったのだ。

エミリー・ディキンソンと同じように、いまは非常に有名でも、生前は名声と無縁だった人物も多い。フィンセント・ファン・ゴッホの絵は生前には一枚も売れず、彼はその才能を認められないまま世を去った。コペルニクスが彼の名を不動のものにした自著『天球の回転について』を出版したのは死の直前だった。彼は自分の野心的な着想――地球は太陽のまわりを回っており、逆ではないという考え――が大きな物議をかもすことを承知していたので、死を悟ってようやく刊行することにしたのである。死後の名声が当たり前の職業もある。たとえば、南北戦争時の北軍のウィリアム・テカムセ・シャーマン将軍はこんなふうに言っている。「軍人の名声の何たるかはわかっているつもりだ。戦死者として、間違った綴りで名前が新聞に載ることなのだ」。

さらに、取り立てて理由があるとも思えないのに有名な人物もいる。パリス・ヒルトンやキム・カーダシアンのような有名なことで知られる人々は有名人であるという世評を広め、それが自己成就的予言になることがあるのだ。こうした人々を見ると、名声がいかに大きな力を発揮して人々を引き寄せるかがはっきりわかる。著名人が多くの人を引きつけるのは、単にその業績や偉業のせいではなく、有名であるという事実そのもののせいでもある。

名声に魅力を感じる人が多いことを考えると、名声のメカニズムがほとんどわかっていないのは意外と言うほかない。

定義も理論構築も難しいなら測定すべし

名声とは何だろう？　名声もエネルギーや生命と同じような日常的な概念で、直観的には理解しているものの、定義するのは非常に難しい（ポッター・スチュワート判事がポルノについて「見ればわかる」と言ったのは有名だが、[8]彼はその気になれば、このときに名声についても同じように語ることができただろう）。もたらされる名声の大きさ（＝知名度）がさまざまであることは言うまでもない。イエス・キリストのほうが元ビートルズのジョン・レノンより有名なのはわかりきっている。そのレノンも俳優のアレック・ボールドウィンに比べればずっと有名だし、ボールドウィンの知名度もホットドッグの早食い王者、小林尊《わたる》より上である。だがここでも、「より有名」とはどういうことなのかを正確に定義するのは容易ではない。愛や美と同じように、名声は定義するのが難しく、その大きさを測定するとなればなおさらである。それでも、名声の本質を理解したいと思えば、名声の大きさの測定法を学ぶことがきわめて重要になる。測定はあらゆる知的問題を解明する万能の鍵ではないが、それ以外の手段ではあいまいではっきり定まらない概念を明確にするためのすばらしい道具になる。

そこで、話は「飛ぶ」が、「飛行」という概念を明確化する上で、測定がどのような役割を果たしたかを見てみよう。一九〇三年の時点では、その少し前から自動車に関連するさまざまな技術が発達をとげていたこともあって、航空技術の大流行がはじまっていた。当時は「自動車修理工場《ガレージ》」は存在しなかった（実際、ガレージgarageという1グラムは、一九〇六年以前には登場しないと言っても過言ではない）が、もし存在していたら、どこも最初の飛行機を開発しようと先を争っていた発明家たちのたまり場になっていたかもしれない。彼らが目指していたのは、自らの動力で離陸し、飛行の制御が可能な機体だった。だが、そんな要求を満たす機体はなかった。離陸できないか、離陸してもすぐに墜落してしまうものばかりだったのだ。大半の発明家たちは、問題はエンジンにあると考えた。十分な出力のあるエンジンさえ開発できれば、夢だった人類の飛行を実現できるはずだと見ていたのである。

だが、アメリカ中西部の出身で、自転車の製造に従事していたウィルバーとオーヴィルのライト兄弟の見方は違った。本当の問題は翼にあると考えたのだ。彼らは、適切な翼がなければ、いくらエンジンの性能が向上しても何の役にも立たないと推測した。すでに当時は、翼が発揮すべき性能を論じた広範な数学的理論が存在した。しかし理論を調べた二人には、どの理論も失敗に終わった試験飛行で実際に目にした事実と整合しないのがはっきりわかった。翼に関しては、理論を立てても目標から遠ざかるだけだ、と彼らは判断した。理論は物理的世界に関する基本的な仮定を立てていたが、その仮定が誤っているのかもしれない。だとすれば、問題になるのは理論ではなく、測定である。そう考えた彼らが必要としていたのは、飛行機の翼の空気力学を実験で研究するための――製作した実験用の翼の性能をただちに測定するための――手段だった。

そこで、一番乗りを目指す激しい競争が繰り広げられていたにもかかわらず、ライト兄弟はあえて危険を冒すことにした。さらに飛行テストを重ねて前に進む代わりに、オハイオ州デイトンにあった自分たちの自転車店に引きこもったのだ。彼らはここで、翼の性能を測定するための精密な装置を組み当てた。こうしてできあがったのが、ガソリンエンジンで一様な気流を作り出し、その気流が通るようにした長さ六フィートの木箱からなる装置だった。風洞である。この風洞を利用することで、二人はさまざまな設計の翼の性能を次々に測定し、それぞれの翼型が生み出す揚力と抗力の大きさを正確に確認することができた。[9]もちろん、彼らが風洞で測定した翼型の性能は実際に飛んでいる本物の飛行機の翼のそれと同じではなく、単純化した不完全なものでしかない。それでも、データがないよりましだ、と彼らは結論した。いくら作っても墜落ばかりしている状況では、直感や度胸、そして万一に備えての高性能の消火器なんかを当てにするより、何らかの測定をやってみるほうがいいのだ。

激しい競争が繰り広げられている中でライト兄弟がとった勇気ある行動は、結果的にきわめて重要だった。そのおかげで、彼らは理論の綻びをつくろっただけでなく、理論の先を行くこともできたのである。のちにウィルバー・ライトはこんなふうに振り返っている。


手作りの風洞で行なった困難な研究の重要性を過小評価するわけにはいかない。私と弟のオーヴィルとで得たそのすべてのデータを表にまとめたからこそ、ついには正確で信頼性のある翼を製作することができたのである。われわれ二人は機体「フライヤー」とその操縦装置で有名になったが、われわれが独自の風洞を開発して正しい空力的データを得ていなかったら、こんなことにはならなかっただろう。

二人が製作した風洞は簡単なものだったとはいえ、性能の優れた翼形状を形作るための重要な特徴を捉えるには十分だったことがわかっている。彼らは風洞内で、さまざまな翼型の性能を次から次に正確に測定することができた。こうして得られたデータをもとに、彼らはきわめて効果的な翼を製作して機体に取り付けた。一九〇三年一二月一七日の朝、ライト兄弟は歴史に名を刻むことになった。空を飛んだのだ。

名声を理解しようと思えば、ライト兄弟の場合の「風洞」に相当するものが必要になる。

本に名前が登場する頻度で名声の度合いを測る

名声のさまざまな側面の中には測定できそうにないものが多数ある。たとえば、つねにまわりの目が光っていること（匿名性の喪失）、脚光を浴びることの心理的な負担、憧れのスターの人気が落ちていくのを目の当たりにしたときの精神的影響などである。

それでも、名声の大きさ——イエス・キリストのほうがジョン・レノンより有名で、レノンは俳優のボールドウィンより有名で、ボールドウィンはホットドッグの早食い王者の小林尊より有名だという感覚

――についてはどうだろう？　それなら測定できると期待していいかもしれない。何と言っても、名声の大きさや知名度の高さといったものに関係する重要な側面の一つに、人々がその人物の名を口にする頻度があるからだ。しかも中でも、本の中で言及される頻度は重要である。そして、本の中での言及とくれば、まさしくｎグラムが役に立つ。

言うまでもなく、ｎグラムを利用して測定するのは名声そのものではなく、名声を模写した簡易版のようなものである。いわばカッコ付きの名声なので、当面、これらを〈名声〉というように、〈　〉をつけた形で表わすことにしよう。〈知名度〉、〈有名〉などについても趣旨は同じである。こうなると問題は、〈名声〉には名声を測定する「風洞」として役に立つだけの近似性があるかどうか、つまり〈名声〉を名声そのものと見なしても問題がないかどうかである。

まずは非常に有名なイギリスの作家チャールズ・ディケンズを取り上げて、この問題を調べてみよう。ディケンズが書いた最初の小説『ピックウィック・ペーパーズ』は、シリーズものとして一八三六年から分冊月刊形式で出版された。同書の出版とともに、*Charles Dickens*（チャールズ・ディケンズ）という2グラムは、ｎグラム・データ中での出現頻度が急激に高くなりだす。ディケンズはその後も『オリヴァー・ツイスト』（一八三七年）、『クリスマス・キャロル』（一八四三年）、『デーヴィッド・コパーフィールド』（一八四九年）、『二都物語』（一八五九年）、『大いなる遺産』（一八六〇年）といったベストセラーを続々と出版したので、彼の〈名声〉は、ライト兄弟の「フライヤー」さながらに上昇しつづけた。ディケンズの作品が文化に及ぼした影響は非常に大きかった。クリスマスの挨拶 *Merry Christmas*（メリー・クリスマス）を広めたのは『クリスマス・キャロル』だったと言われているが、この説はｎグラム・データ中での

Merry Christmas という語句の出現頻度と一致している（図4－2を参照）。

ディケンズの死（一八七〇年）が名声に翳《かげ》りをもたらすことはなかった。逆に、彼の〈名声〉は急上昇した。ディケンズの死が伝わると、彼の才能を新たに評価する動きが生じたためだった。死後数十年間、ディケンズへの言及頻度は、グラフの最高点付近にとどまっている。しかし一九〇〇年になると、*Charles Dickens* という2グラムの出現頻度は徐々に低下していく。彼は今でも飛びぬけて〈有名な〉人物で、精力的な研究の対象になっており、高校のカリキュラムでも必ず取り上げられている。にもかかわらず、ディケンズの〈名声〉が衰えかけていることは明らかで、この傾向は一世紀にわたって続いている。

　このように、〈名声〉を利用して「チャールズ・ディケンズ」という名前を観測すると、興味深い結果が得られる。ディケンズの作品が一般の

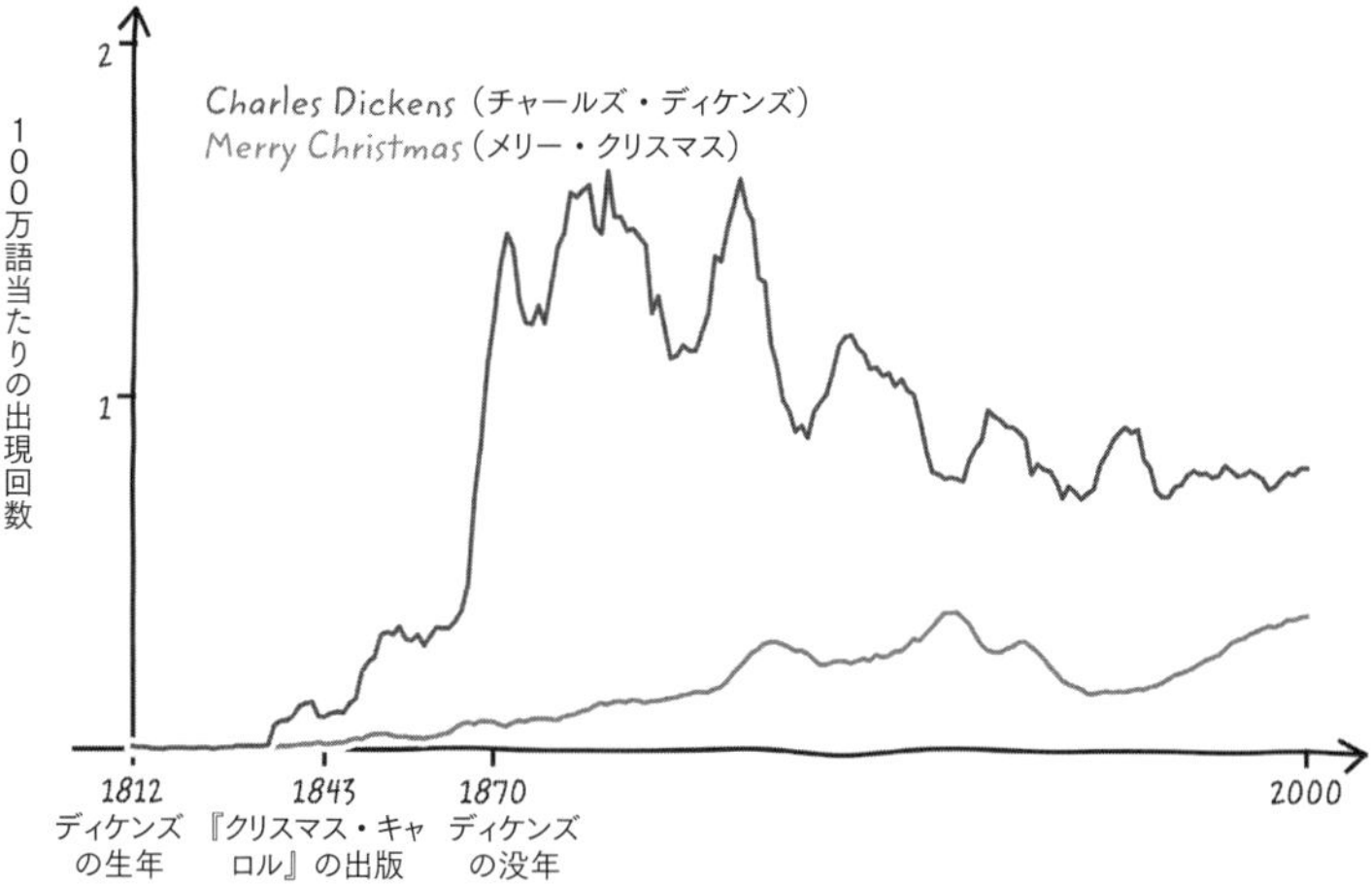

図4－2

人々の間に引き起こした関心の高さを示す、もっともらしい「測定値」が出てくるのだ。

だが、これで完全に見通しが立ったということにはならない。本を利用して測定した〈名声〉と文化的な重要性を直感的に表わす概念としての名声とは、つねに整合するとは限らないからである。先ほど取り上げた「チャールズ・ディケンズ」の例は、両者の不一致がどのようにして生じるのかについて、その重要ないくつかのケースを明らかにする一助にもなる。どんな測定にも誤りは付き物だが、これがどういうことかをもっと深く理解するには、誤差解析の理論を少し知っておくと役に立つ。誤差解析は統計学の成熟した一分野で、どのようにして測定に誤り、すなわち誤差が生じるかについて、そのあらゆるケースを扱う分野でもある。

統計学者は測定に伴って生じる誤差を二つの種類に区別している。一つは偶然誤差と呼ばれるもので、これは測定値にばらつきを生じさせる誤差のことを言う。測定値のばらつきは測定対象が変化していない場合でも生じる。もし、われわれの〈名声〉の測定でも偶然誤差が避けられないとすれば、〈名声〉の測定値に多少の上下が生じることになる。もっとも、たとえ偶然誤差が入り込んでいても、それほど大きな問題にはならない。都合のいいことに、測定値がばらついていても、たいていは真の値の近傍にあるからである。

もう一つのいわゆる系統誤差は、偶然誤差に比べると扱いが厄介だ。系統誤差はふつう、測定値を特定の方向に偏らせて、実際より過大な値か過小な値のいずれかをもたらしてしまうからである。たとえば、われわれの〈名声〉の測定法は、対象とした人物の名前が本の中で言及されている例を見つけるというものだった。しかし、このやり方では、その人物への言及のうちのごく一部しか捉えることができない。

「チャールズ・ディケンズ」という語句の出現頻度を追いかけると、彼を単に「ディケンズ」と呼んだり、「チャーリー」、「Cマネー」などの名で呼んでいたりするケースをことごとく見逃してしまう。『ピックウィック・ペーパーズ』の著者」、「キャサリン・ホガースの夫」として出てくる場合も同じである。さらに、ディケンズが文化に残した遺産に言及するために、お気に入りの文章を引用したり、ディケンズの代表作の主人公と同名である天才的マジシャンのデーヴィッド・コパーフィールドの見事な手並みを賞賛したりしている場合はもちろん、単に「メリー・クリスマス」という語句を使っているケースもカウントされないので、彼の遺した文化的影響を測定しもらしていることになる。

本の中でのことではないが、ディケンズへの言及を残らず突き止めようとする際の厄介さを物語る格好の例がある。それは、二〇一一年に共和党の全国委員会委員長マイケル・スティールがテレビ討論の場で、好きな本をあげてほしいと求められたときのことである。彼の答えは聞いている者をまごつかせるような代物だった。『戦争と平和』、……例の最良の時代でもあり、最悪の時代でもあったという……」と言ってしまったからだ。[10] はっきりディケンズと言っているわけではないが、「最良の時代であるとともに最悪の時代でもあった」は『二都物語』からの不正確な引用である。だが、『戦争と平和』はレフ・トルストイの作品である。スティールはディケンズのことに触れようとしていたのだろうか、それともそうではなかったのだろうか？

それはともかく、先ほどあげた例のように、本来なら数のうちに入れてしかるべきものを無視してしまうという誤りは系統誤差の原因となり、第一種過誤と呼ばれている（見逃し、偽陰性ということもある）。この第一種過誤のために、われわれが測定する〈名声〉の出現頻度は、基本的には、対象としている人物への実際の言及頻度より低くなってしまう。

系統誤差を生む過誤にはもう一つ、第二種過誤（誤検出、偽陽性）と呼ばれるものがある。第二種過誤が生まれるのは、本来は数に入れるべきでないものを数に入れてしまう場合である。「チャールズ・ディケンズ」と書かれていても、それは実際にはディケンズの長男で作家のチャールズ・ディケンズ・ジュニアのことなのかもしれない。孫のジェラルド・チャールズ・ディケンズの可能性もあるし、ひ孫のセドリック・チャールズ・ディケンズやピーター・チャールズ・ディケンズなのかもしれない。玄孫《やしゃご》で俳優のジェラルド・チャールズ・ディケンズだってありうる。〈名声〉の測定では、このすべてが一族の大本《おおもと》に帰されてしまう。統計学者はこうした問題の危険性を承知しているが、理解の深さという点ではカリフォルニア大学バークレー校の統計学の教授、マイケル・I・ジョーダンの右に出る者はいないだろう。その理由が知りたければ、グーグルに「マイケル・ジョーダン　統計学（Michael Jordan statistics）」と打ち込んで検索してみるといい。

さらには、これまで触れなかったが、〈名声〉の測定法から生じる非常に複雑で厄介な統計上の問題がまだ残っている。

一九三六年という年を考えてみよう。この年には多くの有名人が生まれている。その中にロバート・レッドフォードとヴァーツラフ・ハヴェルがいる。

ロバート・レッドフォードはハリウッドを代表するスターである。過去五〇年間に映画の中で記憶に残る役をいくつも演じ、『愛と哀しみの果て』、『スティング』、『大統領の陰謀』などでの演技で多くの人々を感動させてきた。いかつい端整な顔立ちゆえに、レッドフォードは好感度がきわめて高いアメリカの文化人の一人となったし、その名は世界的にも知られている。

一方、ヴァーツラフ・ハヴェルはレッドフォードとはタイプが異なる有名人だ。彼は物静かな劇作家だったが、ビロード革命の際にはチェコスロヴァキアの共産主義体制を打倒する運動の先頭に立ち、革命後の一九八九年に同国最後の大統領に就任した。その四年後、彼の主導のもと、連邦が平和裏に解体されてチェコ共和国とスロヴァキア共和国に分離すると、彼はチェコ共和国の初代大統領に選出された。ハヴェルは群を抜いて知名度の高い二〇世紀の政治家・文学者の一人なのである。

レッドフォードもハヴェルも、一九三六年生まれの〈有名人〉のトップテンに入っている。しかし二人とも、一位の座からは追い出されてしまう。では、一九三六年生まれでもっとも〈有名〉なのはだれだろう？　実は、キャロル・ギリガンという女性なのだ（図4－3を参照）。

ギリガンは著名な心理学者、倫理学者で、フェミニストとしても傑出した存在である。彼女は独創的な研究によってケンブリッジ大学、ハーヴァード大学にポストを得、現在はニューヨーク大学に籍を置いている。ピンカー同様、ギリガンも『タイム』誌の「もっとも大きな影響力をもつアメリカ人」の一人にリストアップされた。ギリガンはいわば知の世界の大スターなのだ。彼女に言及している本は多く、言及頻度ではレッドフォードとハヴェルのどちらをも多少上回る。もし〈名声〉が名声とぴったり一致するのなら、一九三六年生まれのもっとも有名な人物は、この高年の女性研究者だということになる。[11]

とはいえ、現実を見てみよう。実際には、キャロル・ギリガンはロバート・レッドフォードほど知られていない。本の中でギリガンのほうが多く取り上げられているのは、科学界の名士で社会批評家でもある彼女は、本を執筆するような人の考察の対象になりやすいタイプの人物だからである。だが、ギリガンは日々のニュースのトップを飾るようなタイプではない。その写真がバスの側面を飾ることなどまずなさそうだし、大勢の若い女性を取り巻きにしてしまうようなタイプでもない。

したがって、問題は〈名声〉では名声の全体像を捉えきれない点にある。テレビのニュース、タブロイド紙、著名人を取り上げたウェブサイト、さらに職場での息抜きのときの会話なども含めると、名前が出てくる頻度では、ハヴェルとレッドフォードのほうがギリガンをかなり上回るのは確かである。ギリガンは統計学者の言うサンプリング・バイアスの恩恵を受けている。〈名声〉という尺度がギリガンを優位に立たせてしまうのだ。それは文化の特徴ではあるが、けっして公平とは言えない。ギリガンは実際よりも〈有名〉なのである。

このように、名声を測定するための「風洞」としての〈名声〉にはそれなりの欠陥がある。しか

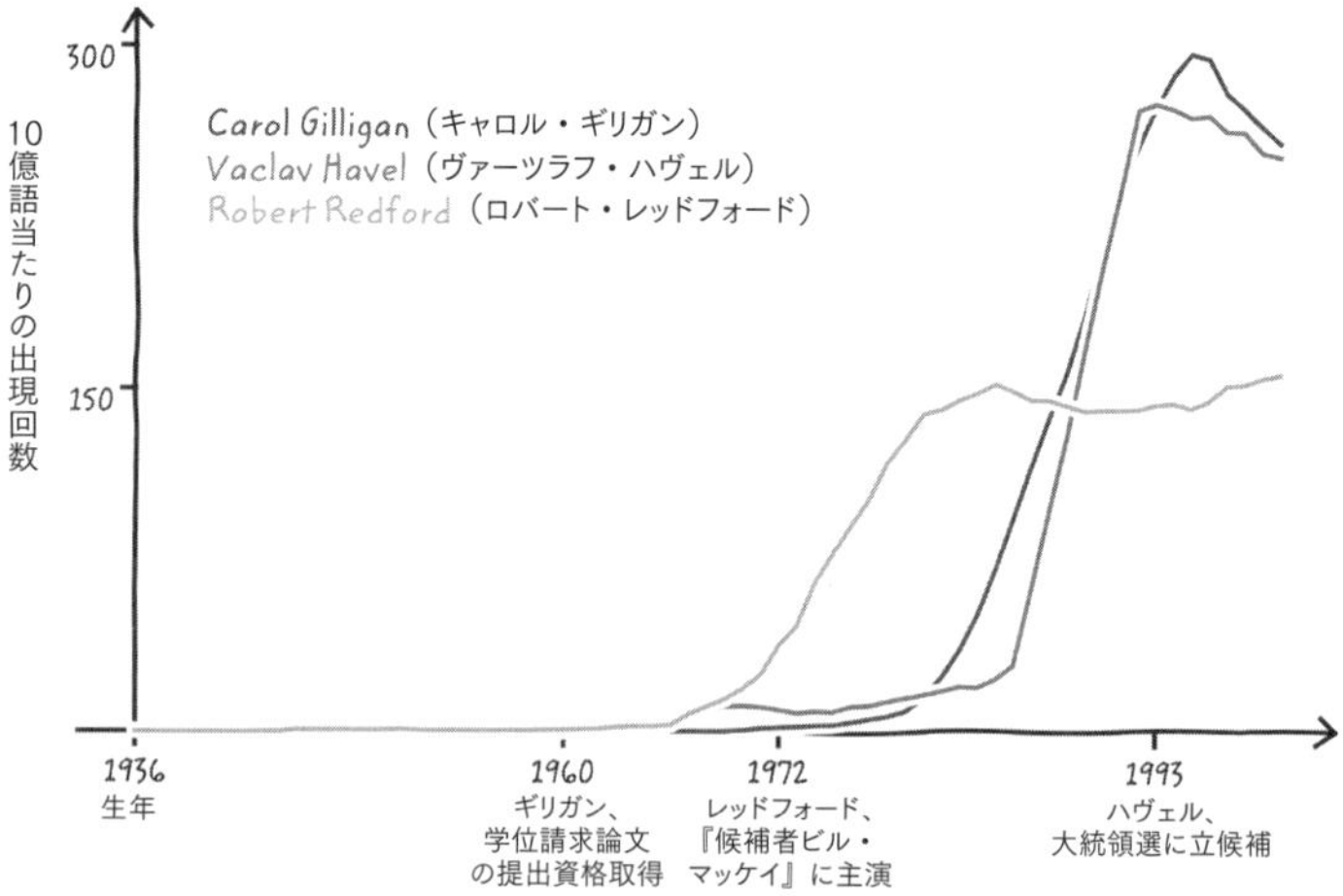

図4－3

し、こうした欠点は他に類のないものではない。むしろ、いずれも古典的な誤差の部類に入るもので、どんな測定装置にも付き物だし、科学者と統計学者はずっと以前からこうした誤差に対処してきた。〈名声〉にこのような不備があることを頭に入れておけば、将来は名声のもっと優れた測定法を開発できるだろう。

ここで議論してきた〈名声〉と名声との関係は、われわれの取り組み全般の格好の例になる。日常生活に出てくる何の変哲もない名声のような概念はきわめて複雑で、定義も著しく具体性に欠けるため、定量的に表わすことができない。それゆえに、できるだけ元の概念に近くて測定可能な〈名声〉のようなものを捜すのである。結局は妥協することになるが、名声によく似たものが見つかれば、それをモルモットのように使うことも、綿密な実験にかけることもできる。タブロイド紙、雑誌、学術雑誌なども取り込んでデータセットの質が向上すれば、われわれが測定した〈名声〉は不要になり、もっと洗練された別の尺度が誕生するだろう。ライト兄弟が使った風洞は、現代のLENS－X風洞に比べれば見劣りがする。新型宇宙船の試験に用いられるLENS－X風洞は、マッハ三〇の超高速気流を作り出せるからだ。

われわれにとっての風洞である〈名声〉にも同じことが言えるかもしれない。それでもさしあたり、〈名声〉の出だしはかなり順調だ。それどころかきわめて順調なので、もう名声との違いを延々と述べるのはやめよう。だいたい有名なら十分に有名なのだから。

〈名声〉という風洞を手にした今なら、無名な人が有名人になる過程についても何かわかるかもしれない。さらに、名声を失墜させてしまう冷酷なメカニズムについてはどうだろう？

名声の研究に伝染病の研究手法を使う

nグラム・データを利用して名声の研究に着手すると、すぐに名声の変化の仕方は千差万別なのが明らかになった。パターンを突き止めようとしても、得られた結果は説明するのが困難で、互いに矛盾しているものすらあった。われわれはデータの底なし沼にはまり込んでしまった。

なぜこんなことになったのかを理解するには、時間を一九三〇年までさかのぼって、ノルウェーのとある小さな町、クリスティアンサンドに行ってみる必要がある。ここでは、地元医師のクリスティアン・アンドヴォードが、彼の住む町だけでなく国中に猛威を振るっていた伝染病を解明しようと懸命な努力を続けていた。彼が研究していたのはノルウェーをさいなんでいた結核で、その深刻さは今では想像するのも困難だろう。一例をあげると、ノルウェーのトロントヘイム市の場合、一八八七年から一八九一年の間に誕生した新生児の一パーセント強が一歳を迎える前に結核で死亡していた。一一歳から一五歳の子どもでは、死因のほぼ二分の一が結核であるとされた。

当時、何か異常なことが起きているのは容易に見てとれた。数十年にわたって流行が続くとともに、結核で死亡するノルウェー国民の平均年齢が高くなっていったのだ。どうしてこんな結果が生じたのだろう？

アンドヴォードはあるアイデアを思いついた（出所に怪しいところはあるが、アンドヴォードではなく、彼のもとで働いていた看護師の着想だとする説もある）。全人口を対象に疾病の発生率を時系列で調査するのではなく、ほぼ同時期に生まれた人々の集団（コホート）に分けて調べたらどうだろう？　このやり方の利点は、生年で対照することで、誤りをもたらしかねない影響をかなりうまく説明できる点にあった。たとえば飢饉もその一つで、飢饉なら、ある特定の世代の子どもたちだけに影響が出るだろう。一方、欠点としては、小さなクリスティアンサンドの町で集めることが可能なデータより、はるかに大量のデータを必要とすることがあげられる。

ジップ同様、アンドヴォードはデータ探しの仕事に乗り出した。アンドヴォードのみならず医学界にも大いに幸いしたのは、ノルウェー政府が死亡率の統計を継続して取る取り組みの中で、緻密な仕事をしていたことだった。アンドヴォードが入手できた政府の死亡率のデータは、一八九六年から一九二七年までをカバーしていた。さらにアンドヴォードは、イングランド、ウェールズ、デンマーク、スウェーデンのデータを加えることで、データの不足を補った。こうして豊富な情報を手にしたアンドヴォードは、それまで彼の前に立ちはだかっていた単純な疑問を提起して、それに答えられるようになった。その疑問とは、たとえば、一九〇〇年生まれの集団（一九〇〇年のコホート）は何歳のときに結核で死ぬ可能性がもっとも高く、一九一〇年のコホートや一九二〇年のコホートではどうなのかである。

アンドヴォードが得た答えは思いがけないものだった。何年に生まれたかにかかわらず、犠牲者が結核に感染した可能性がもっとも高いのは五歳から一四歳の間、もしくは二〇歳から二四歳の間であることがわかったのだ。アンドヴォードが行なったコホート分析は、結核がそもそもの始まりから、主として青年層が罹る病気であることを明らかにした。

だとしたら、全人口を対象に調べると、結核による死者の平均年齢が年を追うごとに上がっていくのをどう説明したらいいのだろう？　アンドヴォードがきわめて重要な洞察を得たのは、コホートごとに総発生率——言い換えれば、何歳のときかにかかわらず、ある特定のコホートに属す人が結核で死ぬ公算はどの程度なのか——を調べたときだった。アンドヴォードが調べてみると、歳の若いコホートほど総発生率が低いことがわかった。ノルウェー国民の場合、一生のうちに結核に罹る可能性は、一九二〇年生まれの人のほうが一九一〇年生まれの人より低く、一九一〇年生まれは一九〇〇年生まれより罹患する可能性が低いという具合なのである。

この結果は、年齢に関して明らかになっていた一般的な事実に、それまでとは異なる説明を与えることになった。結核が徐々に高齢者ほど罹りやすい病気に変質していたのではなく、昔に生まれた人ほど生涯を通して結核に罹りやすいということだったのだ。こうして明らかになった事実、すなわち、ノルウェー人の場合、若い世代ほど結核に対する抵抗力をもっているという事実は、すぐに医学界に大きな衝撃をもって受け止められた。結核は人の命を奪いながらも、その周囲の人にワクチンの集団接種のキャンペーンを行なったかのように、免疫をつけさせていたのである。

アンドヴォードが到達した驚くべき結論は、まったく予想外のものだったとはいえ、その正しさが実証された。彼が後世に遺したのは結核に関する発見だけではない。彼が思いついたコホート研究は革命的な洞察で、疫学や公衆衛生の分野に不可欠の科学的手法となっている。[12] 公衆衛生に関する大量のデータが集まっている場合はいつも、アンドヴォードの発想が機能しそうなのである。血圧と冠動脈疾患の関係、喫煙と肺癌の関係、血糖値と糖尿病の関係など、病気とその原因についての知識の多くが得られたのは、アンドヴォードのおかげなのだ（ひょっとすると、彼のところの看護師のおかげかもしれないが）。こうした関係から、われわれのあらゆる食事の選択に間違いがあふれていることがはっきりする。

かつての結核の研究同様、名声の研究も、それぞれの世代に特有の影響がいろいろあるために扱いが厄介になる。たとえばインターネットの登場は、名声の上昇の仕方に劇的な影響を及ぼしている。最初に名声の研究に取り組んだときは、こうした世代特有の影響のせいで、実際の状況を把握するのがきわめて難しかった。

そこでわれわれは、データを扱う優秀な研究者だったら最初にやるはずのことから出発した。それは自らに向けて問いを発することで、われわれは、アンドヴォードならどうしただろう、と自問したのだ。すぐに答えがはっきりわかった。コホート研究をすればいいのだ。つまり、名声を病気と同じように扱うのである。

nグラムで作成した「名声の殿堂」

そのころ、われわれの研究グループに加わったのがアドリアン・ヴェレシュだった。優秀な学部学生のヴェレシュは、不滅の名声がどんなものなのかを多少は知っていた。というのも、彼はインテル社主催の国際学生科学技術フェアで一位になったことで、すでに小惑星の一つを「手に入れていた」からだ。小惑星「21758－アドリアンヴェレシュ」は彼の名にちなんで命名されたのである。

ヴェレシュとともに名声の研究に着手したわれわれは、各世代の飛びぬけて著名な人々――アンドヴォードの研究に即して言えば名声という病気が重篤になった人々――からなるコホートの作成に取りかかった。研究の対象に選んだのは、一八〇〇年から一九四九年の間に生まれた人物である。一八〇〇年より前だと、質的に最良とは言えないデータが入っているデータセットに足を踏み入れることになる。一九五〇年以降だと、十分な期間にわたって名声を追跡することができない。一九五〇年生まれの人物の場合、その名が広く知られるようになるのは一九八〇年代ないしは九〇年代に入ってからのことが多く、これでは二〇年ないし三〇年分のデータしか利用できなくなってしまうからだ。ヴェレシュは膨大な数の人物を分析にかけ、フルネーム（たとえば、「マーク・トウェイン」）での言及頻度をはじき出した。その上で、一八〇〇年から一九四九年までの各年について、それぞれの年に生まれた有名人の上位五〇人を載せたリストを作りあげた。[13]ヴェレシュの若さ——もし自分の名のついた小惑星にいたら、太陽のまわりをたった六周しかできない年齢[14]——を考えると、なんとも見事な手並みだった。名声を一種の病気だとすれば、ヴェレシュの作成したリストには、ひどく重症化した七五〇〇人が載っていることになる。

リストを見れば、どのコホートも興味をそそられる人物が集まっていて、有名になった理由も多岐にわたることがわかる。一八七一年のコホート、いわば一八七一年生まれの同期生を取り上げてみよう。一八七一年生まれの有名人上位五〇位にはオーヴィル・ライト（われわれのインスピレーションの元となった人物）が入っているが、その名が広く知られるようになったのは、飛行機による飛行術を習得したからだった。同じく名を連ねているアーネスト・ラザフォードは、散乱実験で得られた注目すべき結果から原子核の存在を明らかにしたことで有名になった。またこのコホートに属すフランスの作家マルセル・プルーストの場合は、優れた作品を書いたことで有名になった。

この同期生の総代——一八七一年生まれのもっとも有名な人物——はコーデル・ハルである。そんな名前は一度も耳にしたことがないかもしれない。たしかに、彼は現在ではライトやラザフォード、プルーストに比べるとはるかに知られていないが、全盛期にはその名声は傑出していた。アメリカ合衆国の上院議員だったハルは、やがて国務長官に就任し、合衆国でもっとも長期にわたってその職を務めることになった。フランクリン・デラノ・ルーズヴェルトのもとで国務長官を務めた一一年の間には、第二次世界大戦の勃発もあった。とりわけハルが大きな役割を果たしたのは国際連合の創設においてで、その功績によって一九四五年にノーベル平和賞を受賞した。ルーズヴェルトもハルのことを「国際連合の父」と呼んでいた。一八九一年生まれの同期生のトップは本当に有名だったのだ。

どの年の同期生のグループにも、同じような魅力的な人生の物語が詰まっている。一九〇四年生まれの同期生には、チリの詩人パブロ・ネルーダ、シュルレアリスムの画家サルヴァドール・ダリ、世界初の原爆を製造したマンハッタン計画の指導者ロバート・オッペンハイマーがいる。この年の総代は中国の国家主席になった鄧小平である。一八九九年生まれの総代はアーネスト・ヘミングウェイで、同期にはアルゼンチンの作家ホルヘ・ルイス・ボルヘス、俳優のフレッド・アステアとハンフリー・ボガート、偶像視されている映画監督のアルフレッド・ヒッチコック、ギャングのアル・カポネらがいる（図4－4参照）。こんな連中から同窓会に招待されたら、断わるわけにはいかないだろう。

それぞれの生年ごとに、もっとも有名な人物の名を表にあげておいた。知っている名がどのくらいあるか確かめてほしい。これほど客観的な歴史のテストはないと考えてもらってさしつかえない。作成したのはわれわれ研究グループだが、だれもが知っていてしかるべき人物についてのわれわれの考えを反映したものでもないし、世界史の教師や教授、世界史研究の権威の見解を反映したものでもない。この表の人名には、一八〇〇年以降に英語で本を執筆したすべての人の総体としての見解が反映されているのだ。[15]

われわれは、今から半世紀以上も前に生まれたこれら超有名人について、どんな人物だったのかが正しく認識されているかどうかを知りたかったので、まったく科学的とは言えないが、手っ取り早いやり方で調べることにした。身近にいる連中や知り合いで試してみたのだ。ハーヴァード大学の歴史学の教授が知っていたのは、リストにあがっている一五〇人中一一六人だった。友人の歴史学の大学院生が何とか答えたのが一二三人、ジャーナリストは一〇三人、大学を卒業したての男性は七三人、ロシアの理論物理学者は五八人、シンガポール在住の大学生は三五人だった。

どの人物を正しく知っているかは人によって大きな違いがあるが、尋ねてみた全員が知らない人物もいた。それは、新聞の編集者、進歩主義の有力な指導者として大きな影響力をもっていた一八六八年生まれのウィリアム・アレン・ホワイトや、ピューリツァー賞を受賞した歴史家で、早い時期

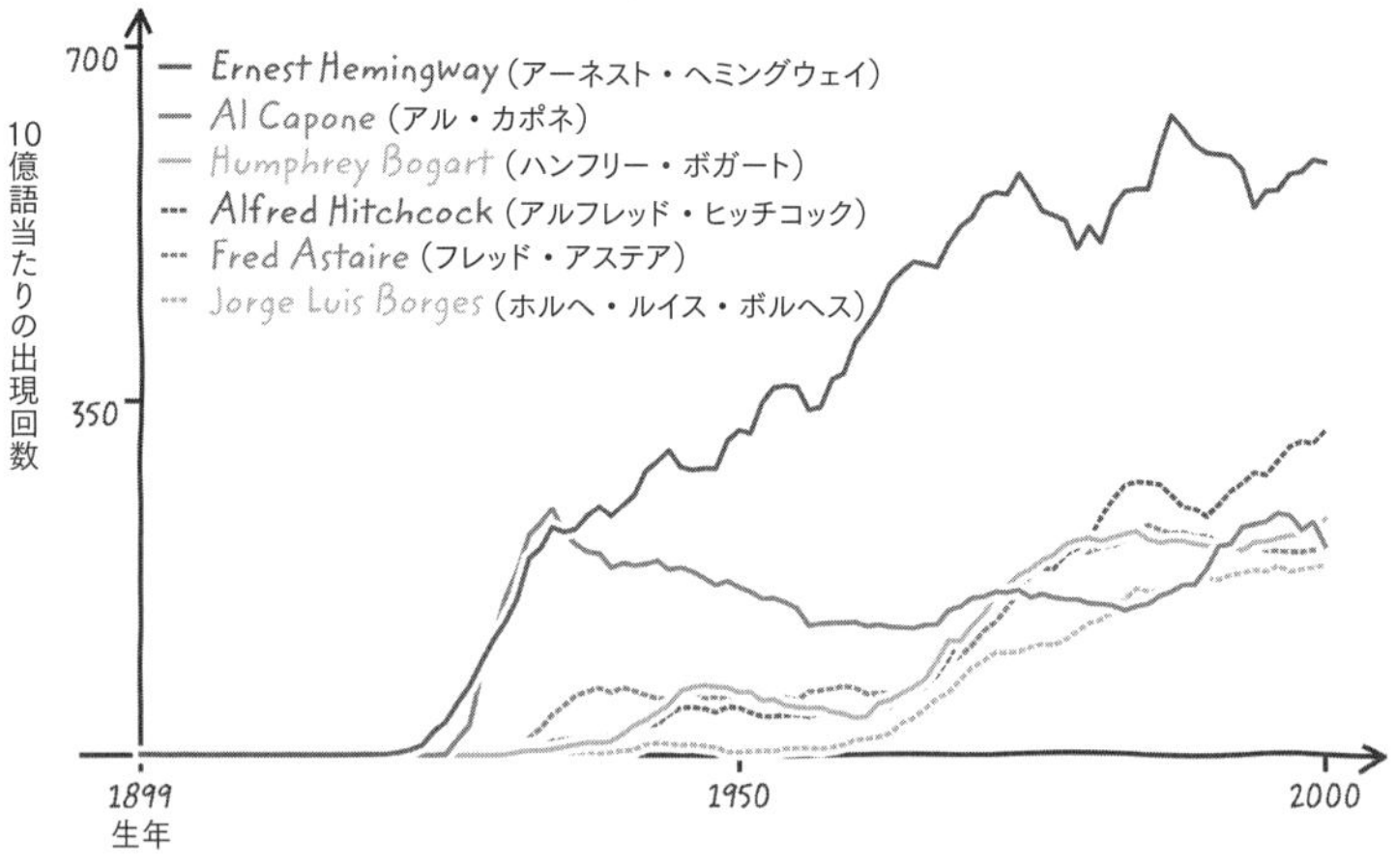

図4-4

人物一覧表

生年	氏名	備考
1800	ジョージ・バンクロフト	米国の歴史家、政治家
1801	ブリガム・ヤング	米国のモルモン教会の第2代会長
1802	ヴィクトル・ユーゴー	フランスの詩人、小説家、劇作家
1803	ラルフ・ワルド・エマーソン	米国の思想家
1804	ジョルジュ・サンド	フランスの女流作家
1805	ウィリアム・ロイド・ギャリソン	米国の奴隷解放運動の指導者
1806	ジョン・スチュアート・ミル	英国の哲学者、経済学者
1807	ルイ・アガシー	スイス生まれの自然史学者
1808	ナポレオン3世	フランスの第二帝政の皇帝
1809	エイブラハム・リンカーン	第16代米国大統領
1810	レオ13世	ローマ教皇。在位1878-1903
1811	ホレス・グリーリー	米国のジャーナリスト
1812	チャールズ・ディケンズ	英国の小説家
1813	ヘンリー・ワード・ビーチャー	米国の牧師。奴隷制廃止論者
1814	チャールズ・リード	英国の小説家
1815	アンソニー・トロロープ	英国の小説家
1816	ラッセル・セージ	米国の資本家、政治家
1817	ヘンリー・デーヴィッド・ソロー	米国の思想家
1818	カール・マルクス	ドイツの共産主義思想家・運動家
1819	ジョージ・エリオット	英国の女流作家
1820	ハーバート・スペンサー	英国の哲学者、社会学者
1821	メリー・ベーカー・エディ	米国の宗教家。クリスチアンサイエンス教会の設立者
1822	マシュー・アーノルド	英国の詩人、文芸評論家、社会批評家
1823	ゴールドウィン・スミス	英国の歴史学者
1824	ストンウォール・ジャクソン	トーマス・J・ジャクソン。米国南北戦争時の南軍の将軍
1825	ベイヤード・テーラー	米国の詩人、作家
1826	ウォルター・バジョット	英国の銀行家、文芸評家、ジャーナリスト、政治・経済学者
1827	チャールズ・エリオット・ノートン	米国の美術史学者
1828	ジョージ・メレディス	英国の小説家、詩人
1829	カール・シュルツ	米国軍人、政治家、ジャーナリスト。ドイツ生まれ
1830	エミリー・ディキンソン	米国の女流詩人
1831	シッティング・ブル	タタンカ・イヨタケ。北米インディアン、スー族ハンクパーパ部族の酋長
1832	レズリー・スティーヴン	英国の著述家
1833	エドウィン・ブース	米国の俳優
1834	ウィリアム・モリス	英国の詩人、工芸家、社会改革家
1835	マーク・トウェイン	米国の小説家

1836	ブレット・ハート	米国の小説家
1837	グローヴァー・クリーヴランド	第22代および第24代米国大統領
1838	ジョン・モーリー	英国の政治家、伝記作家、批評家
1839	ヘンリー・ジョージ	米国の経済学者、土地制度改革論者
1840	クレイジー・ホース	ダシュンケウィトコ。アメリカインディアン、オグララ・スー族の戦士
1841	エドワード7世	英国国王。在位1901-1910
1842	アルフレッド・マーシャル	英国の経済学者
1843	ヘンリー・ジェームズ	英国の小説家。米国生まれ
1844	アナトール・フランス	フランスの小説家、詩人、批評家
1845	エリフ・ルート	米国の陸軍長官、国務長官
1846	バッファロー・ビル	ウィリアム・F・コーディ。米国西部の開拓者
1847	エレン・テリー	英国の舞台女優
1848	グラント・アレン	英国の小説家、進化論者。カナダ生まれ
1849	エドマンド・ゴス	英国の批評家
1850	ロバート・ルイス・スティーヴンソン	英国の小説家
1851	オリヴァー・ロッジ	英国の物理学者、著述家
1852	ブランダー・マシューズ	米国の批評家、演劇学者
1853	セシル・ローズ	英国の政治家、帝国主義者
1854	オスカー・ワイルド	英国の詩人、小説家、劇作家
1855	ジョシア・ロイス	米国の観念論的哲学者
1856	ウッドロー・ウィルソン	第28代米国大統領
1857	ピウス11世	ローマ教皇。在位1922-1939
1858	セオドア・ルーズヴェルト	第26代米国大統領
1859	ジョン・デューイ	米国の哲学者、教育学者、社会心理学者、社会・教育改革家
1860	ジェーン・アダムズ	米国のセツルメント運動の女性活動家、社会改革家、平和運動家
1861	ラビンドラナート・タゴール	インドの詩人、文学者
1862	エドワード・グレー	英国の政治家
1863	デーヴィッド・ロイド・ジョージ	英国の政治家
1864	マックス・ウェーバー	ドイツの思想家
1865	ラドヤード・キップリング	英国の小説家、詩人
1866	ラムゼー・マクドナルド	英国の政治家。最初の労働党政府首相
1867	アーノルド・ベネット	英国の小説家
1868	ウィリアム・アレン・ホワイト	米国のジャーナリスト、評論家、小説家
1869	アンドレ・ジッド	フランスの小説家、批評家、劇作家
1870	フランク・ノリス	米国の小説家
1871	コーデル・ハル	米国の政治家、日米開戦時の国務長官
1872	スリ・オーロビンド	オーロビンド・ゴーシュ。インドの思想家
1873	アル・スミス	アルフレッド・E・スミス。米国の政治家

1874	ウィンストン・チャーチル	英国の政治家
1875	トーマス・マン	ドイツの作家
1876	ピウス12世	ローマ教皇。在位1939-1958
1877	イサドラ・ダンカン	米国の女性舞踊家
1878	カール・サンドバーグ	米国の詩人
1879	アルベルト・アインシュタイン	ドイツ生まれの物理学者
1880	ダグラス・マッカーサー	米国の軍人
1881	ピエール・テイヤール・ド・シャルダン	フランスのイエズス会聖職者、古生物学者、哲学者
1882	ヴァージニア・ウルフ	英国の女流小説家、批評家
1883	ウィリアム・カーロス・ウィリアムズ	米国の詩人
1884	ハリー・トルーマン	第33代米国大統領
1885	エズラ・パウンド	米国の詩人
1886	ヴァン・ウィック・ブルックス	米国の文芸批評家
1887	ルパート・ブルック	英国の詩人
1888	ジョン・フォスター・ダレス	米国の外交家
1889	ジャワハルラール・ネルー	インドの政治家。独立インド初代首相
1890	ホー・チ・ミン	ヴェトナム共産党の創立者、ヴェトナム民主共和国初代国家主席
1891	胡適	中国の学者、思想家
1892	ラインホルド・ニーバー	米国のプロテスタント神学者、倫理学者
1893	毛沢東	中国共産党の指導者
1894	オルダス・ハクスリー	英国の小説家
1895	ジョージ6世	英国国王。在位1895-1952
1896	ジョン・ドス・パソス	米国の小説家、画家
1897	ウィリアム・フォークナー	米国の小説家
1898	グンナー・ミュルダール	スウェーデンの経済学者
1899	アーネスト・ヘミングウェイ	米国の小説家
1900	アドレー・スティーヴンソン	米国の政治家
1901	マーガレット・ミード	米国の女性文化人類学者
1902	タルコット・パーソンズ	米国の社会学者
1903	ジョージ・オーウェル	英国の小説家
1904	鄧小平	中国の政治家、共産党指導者
1905	ジャン=ポール・サルトル	フランスの作家、哲学者
1906	ハンナ・アレント	米国の政治思想家。ドイツ生まれ
1907	ローレンス・オリヴィエ	英国の俳優、演出家
1908	リンドン・ジョンソン	第36代米国大統領
1909	バリー・ゴールドウォーター	米国の政治家
1910	マザー・テレサ	カトリック修道女
1911	ロナルド・レーガン	第40代米国大統領

1912	ミルトン・フリードマン	米国の経済学者
1913	リチャード・ニクソン	第37代米国大統領
1914	ディラン・トーマス	英国の詩人
1915	ロラン・バルト	フランスの思想家、文学者
1916	C・ライト・ミルズ	米国の革新的社会学者
1917	インディラ・ガンディー	インドの女性政治家
1918	ビリー・グラハム	米国の伝道者
1919	ダニエル・ベル	米国の社会学者
1920	アーヴィング・ハウ	米国の文芸批評家
1921	レイモンド・ウィリアムズ	英国の小説家、文芸批評家
1922	ジョージ・マクガヴァン	米国の政治家
1923	ヘンリー・キッシンジャー	米国の政治家、政治学者。ドイツ出身
1924	ジミー・カーター	第39代米国大統領
1925	ロバート・ケネディ	米国の政治家
1926	フィデル・カストロ	キューバの革命家、政治家
1927	ガブリエル・ガルシア＝マルケス	コロンビアの小説家
1928	チェ・ゲバラ	アルゼンチン生まれの革命家
1929	マーティン・ルーサー・キング・ジュニア	米国のキリスト教牧師
1930	ジャック・デリダ	フランスの哲学者
1931	ミハイル・ゴルバチョフ	ソ連の政治家
1932	シルヴィア・プラス	米国の女流詩人
1933	スーザン・ソンタグ	米国の批評家、小説家
1934	ラルフ・ネーダー	米国の弁護士、政治改革者、消費者運動の指導者
1935	エルヴィス・プレスリー	米国の歌手、俳優。ロックンロールの創始者の一人
1936	キャロル・ギリガン	米国の女性心理学者、倫理学者
1937	サダム・フセイン	イラクの政治家、大統領
1938	アンソニー・ギデンズ	英国の社会学者
1939	リー・ハーヴェイ・オズワルド	ケネディ米国大統領暗殺の容疑者
1940	ジョン・レノン	英国の歌手。ビートルズの中心メンバー
1941	ボブ・ディラン	米国の歌手、作詞・作曲家
1942	バーブラ・ストライサンド	米国の歌手、女優、作曲家、映画監督
1943	テリー・イーグルトン	英国の文芸批評家、哲学者
1944	ラジーヴ・ガンディー	インドの政治家
1945	ダニエル・オルテガ	ニカラグアの政治家。サンディニスタ民族解放戦線指導者
1946	ビル・クリントン	第42代米国大統領
1947	サルマン・ラシュディ	英国の作家。インド生まれ
1948	クラレンス・トーマス	米国の法律家。最高裁判所陪席判事
1949	ナワズ・シャリフ	パキスタンの政治家

にマーク・トウェインの伝記を執筆した一八八六年生まれのヴァン・ウィック・ウィリアムズらである。コーデル・ハルはどうだろう？　残念ながら、ちゃんと覚えていたのは歴史学の教授だけだった。

ある意味では、リストにあがっていた一五〇人すべてをもれなく知っていた人が一人もいなかったことは注目に値する。高校の歴史の授業では大勢の人物を学ぶ。しかし、これら歴史で学ぶ人物には、カリキュラムを作る側の意向が反映されている。カリキュラムを作るのがだれであれ、知識として覚えておくのが重要な人物とそれほどでもない人物を選んだり判定したりしているのは彼らなのだ。たとえば、エミリー・ディキンソンが没後に有名になったのは文芸批評家たちのおかげだった。ディキンソンの作品は、生前は何の反響も呼び起こさなかったにもかかわらず、彼女の死後、批評家たちから真に重要なものだと見なされるようになったからである。したがって、歴史のカリキュラムの作成者たちは、きわめて大きな力――多くの人々の歴史に対する見方を形づくる力――を付与されていることになる。だが、個人にせよ少人数の集団にせよ、だれがそうした選択や判定の力を実際にもっているべきかは明白だ、とは言えない。

その一方で、このリストにあがっている人物をもとにしたのでは、次世代を担う子どもたちに正しい歴史を伝えられないのも明らかだ。各年のもっとも著名な人物としてあがっている一五〇人のうち女性はたった一六人で、白人男性が圧倒的多数を占めている。つまり、このリスト自体に著しい偏りがあるということなのである。

だれに責任があるのだろう？　今回に限っては、この表を作成したわれわれが責められる筋はない。この表は欠陥だらけだが、それでも、われわれの個人的見解を重視したがゆえの欠陥が入り込む余地はない。われわれはコンピューターでデータを処理しただけなのだ。むしろこの表に見られる偏りは、表の本当の作者、すなわち本を執筆したすべての著者の連帯責任に帰されるべきものである。こうした偏りは歴史の記録がもつ本質的な性質と言える。ある意味では、このような偏りはわれわれが作成した表だけでなく、あらゆる歴史研究に反映されているに違いない。歴史家のように一〇冊単位で本を読む場合であれ、われわれがやったように一〇〇万冊単位で本を読む場合であれ、同じ膨大な本の集まりの中から試料を抽出しているからである。だれもサンプリング・バイアスを免れることはできない。歴史は「えこひいき」するかもしれないが、統計が「えこひいき」することはない。

もちろん、歴史の記録に著しい偏りがあるという理解は、いまに始まったものではない。それでも、nグラム・データによって、歴史記録の偏りを評価する第一歩を踏み出せるし、どこでどう誤りを犯しているのかを以前より明確に理解できるようになる。過去に生じさせてしまった偏りのことを以前にも増してしっかり頭に叩き込んでおけば、同じ過ちを犯したとして咎《とが》められることはなくなるだろう。

名声の法則を記述する大統一理論

いずれ、だれもが一五分間は世界的に有名でいられる時代がくるかもしれない。
アンディー・ウォーホル

かつてアンディー・ウォーホルは、名声の移ろいやすさについて鋭い所見を述べたことがある。だが、彼があげた数字は間違っていたように思われる。

以下では、われわれの「名声の殿堂」に入っている人物を利用して、ウォーホルの誤りを明らかにしてみたい。詳細に調べると、殿堂入りした彼らに共通するものなど一つもないように見える。生まれも育ちも経歴も千差万別である。子どものときから優れた才能を現わして天才児として成長した人物もいれば、遅咲きの人物もいる。多方面に才能を発揮した人物がいる一方で、もっとも得意とすることだけに専心した人物もいる。長い間にわたって偉業を次から次に成し遂げた者もいれば、いわゆる一発屋もいる。しかし、視野をもっと広くして眺めると、こうした差異もぼんやりしてきて、だんだん共通の特徴が見えてくる。これこそが、アンドヴォードのコホート分析が発揮する偉大な力なのである。

本の中での言及頻度をもとに、一八七一年生まれの有名人（コーデル・ハルが一位を占めるコホート）上位五〇人の名声の大きさの平均をとってその変化を調べると、平均知名度として図の太い線で示したような単一の曲線が得られる（図4－5参照）。この曲線は、一八七一年生まれの五〇人全体の名声がどのように変化しているかを表わすと考えられる。[16] 一八七二年生まれの有名人五〇人についても同じことをやれば、やはり一つの曲線が姿を現わす。注目しなければならないのは、一八七二年生まれの五〇人は一八七一年生まれの五〇人とはまったくの別人なのに、平均知名度を表わすグラフの曲線はほぼ完璧なまでに同じ「形」になることである。それどころか、調査した一五〇のいずれのコホートでも、平均知名度のグラフの曲線はほぼ完全に同じ形状になる。したがって、この曲線形状は、超有名人の名声がどのように変化していくかの典型を示している。物理学の言葉を借りれば、「名声の大統一理論」と呼んでいいかもしれない。そこまで行かなくても、少なくとも理論のようなものだとは言えるだろう。

一八七一年生まれの超有名人五〇人について、名声が実際にどのように変化しているのかをもう少し詳細に眺めてみよう。

誕生後しばらくの間は、このコホートに属す人物の名が本の中に出てくるケースは皆無に近い。それも当然と言える。一二歳の少年オーヴィル・ライトが自転車を乗り回していたころ、いつか空を飛んでみせるという彼の言葉を本に書き残そうとした者などいるはずがないのだ。

誕生から数十年がたったころ、彼らの名は世間的に知られるようになる。有名人としてのデビューである。ここで言うデビューとは、本の中での平均出現頻度が一〇億語当たり一回を超えることを意味する。前章で述べたが、辞書に載せる単語を選ぶ際の線引きに用いた出現頻度もこれだった。この考え方に従えば、有名人であるための基準は、その名が辞書に載ってもおかしくない人物ということになる。

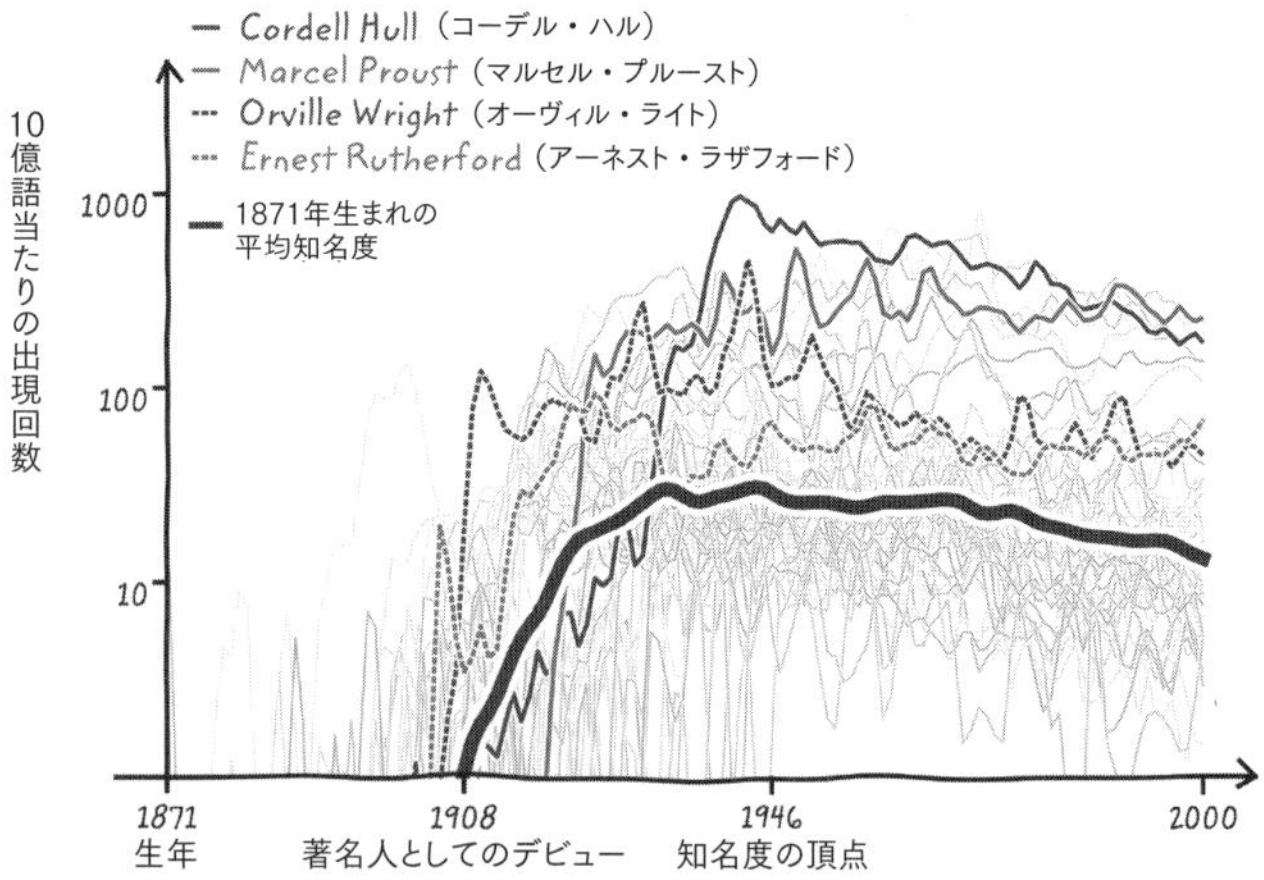

図4－5

しかし、彼らの場合のデビューは通常のケースとはまったく異なる。たちまち大きな関心が湧き起こって大歓迎されたものの、その後すぐに忘れ去られてしまうということにはならない。他のコホートと同様、一八七一年生まれのコホートに属す人物も、ものすごい勢いで社会の場に登場する。彼らの名声は急激に上がっていく。彼らの平均知名度は数年ごとに倍になっていき、数十年にわたって上昇しつづける。数学の言葉を使って言えば、彼らの名声は指数関数的に増大し、その点では、ウイルス性の流行病やバイラルビデオ（口コミ動画）の広まりによく似ている。歴史という大きな舞台の上で、彼らの名声は華麗な演技をして見せるのだ。

やがて、年齢が七五歳に達したとき、一八七一年生まれの有名人の名声は頂点に達する。言及頻度の数字だけを見れば、この点を境に名声の最盛期は過ぎる。次に来るのは、これまで経験したことのない初めての状況だ。なぜなら、かつては松明《たいまつ》のように勢いよく燃えていた彼らの名声も徐々に衰えていくからで、この名声の下降は長期間にわたって続くことになる。

名声の変化を表わすグラフの曲線形状——デビューから指数関数的増大を経て頂点に達し、徐々に下降していく形状——は、調査したどのコホートにも共通している。とはいえ、コホートによる微妙な違いもある。そうした差異はデビューしたときの年齢、名声の指数関数的増大の速さ、頂点を過ぎた後に名声が下落する速さの三つのパラメーターで表わせる。厳密に言えば、グラフの曲線を記述するには、第四のパラメーターとして名声が頂点を越えるときの年齢が必要になる。しかし、できる限り正確に測定してみても、このパラメーターは大して変化するようには思えない。どのコホートでも平均の名声が頂点に達するのは、生まれてからほぼ七五年を経た時点なのである。

まず、デビュー時の年齢を調べてみよう。あるコホートに属す五〇人の平均としての名声が高まり、その半数が辞書に載っている一般的な単語と同じ頻度で本の中で取り上げられるようになる年齢である。一八〇〇年生まれのコホートでは、四五歳のときにこの状況が生じる。自分たちのことを考えると、それほど悪い話とは思えない。われわれは二人ともまだ四五歳になっていないからだ。だが、デビューの年齢は年を追うごとに低くなっている。実際、二〇世紀の中ごろには二九歳まで下がっている。

この事実は考察してみる価値がある。一九五〇年生まれのコホートの半数は、すでに二九歳の時点で、英語の本の中で言及される頻度が辞書に載る単語の出現頻度に到達している。本の中に登場することで、彼らはまさしく本物の有名人になる。

二九歳でのデビューとは、多くの人にとっていささか考えさせられる事態である。たとえば、われわれ二人がこの事実を見いだしたとき、ミシェルは二八歳だった。すぐに行動を起こしたほうがいいのは明らかだったとはいえ、ぎりぎりの年齢だったミシェルにはまだ希望があった。けれどもエイデンは三〇歳だった。もう遅かったのだ。

同世代の中で群を抜く有名人になりたいのなら、ここで述べた事実はきわめて有用な情報になる。名声を得たいという野望を抱いている十代と二十代の若者にとっては、この事実は悠長に構えてはいられないことをはっきり思い出させるものになるはずだ。三十代なら、すでに出遅れてしまっていることを自覚しなければならない。四〇歳を超えていたら、おそらく外的な誘因がないと無理だろう。この点については次節で改めて述べることにする（がっかりするには及ばない。中高年になってからでも名声を得るための方策があるからだ）。

有名人としてデビューする年齢が低下しているだけでなく、若い世代ほど名声の上昇も速くなっている。一八〇〇年生まれのコホートでは、名声の大きさが二倍になるのに約八年かかっているので、四三歳でのデビューから名声が頂点に達する七五歳までの間に、名声の大きさはデビュー時のほぼ一六倍に上昇する。これが一九五〇年生まれになると、名声の大きさが二倍になるのに要する期間はずっと短くなり、約三年しかかからない。

その結果、グラフの曲線は同じ形をしていても、若い世代のコホートのほうが古い世代のコホートよりはるかに知名度が高くなる。「病気」としての名声は結核とは対照的なのだ。どのコホートでもグラフの曲線は同じ形をしているように見えるが、若い世代ほど「名声」に対する「抵抗力」をもっておらず、むしろこの病気に罹りやすい。要するに、いま生きている超有名人は、かつての超有名人よりけた違いに有名だということである。

これらのコホートの名声がどの程度のものなのかを理解するには、日常生活の中で目にする対象と比較してみるといいだろう。ここでは、スーパーマーケットの野菜売り場を考えてみよう。ビル・クリントンの名声が頂点に達したとき、*Bill Clinton*（ビル・クリントン）という2グラムの出現頻度は「レタス」の出現頻度とまったく同じで、「キュウリ」の二倍、「トマト」の二分の一だった。棚の奥の列に並んでいる「カブ」や「カリフラワー」などは足元にも寄せ付けなかった。これらに加えて、「ルタバガ」や「コールラビ」［いずれも和名で言うカブカンランのことで、キャベツに似た野菜］の悲しい運命まで持ち出す必要はないだろう。

第三のパラメーターは、頂点に達した後の名声の下降の速さを明らかにする。放射性核種や不規則動詞と同じように、有名人の名声にも半減期がある。この固有の期間のうちに、名声の大きさは二分の一に下降するのだ。第三のパラメーター、すなわち名声の半減期も年を追うごとに短くなっている。一八〇〇年生まれのコホートの半減期は一二〇年だった。一九〇〇年生まれでは七一年にまで短縮された。若い世代ほど知名度が高くなっているだけでなく、忘れ去られるのも速くなったのだ。だから、ウォーホルのあの言葉は忘れたほうがいい。いずれ、だれもが短時間だけ世界的に有名になれる時代がくるかもしれないが、そのころには有名でいられる時間も半減して七分半になっているだろう。

幸いにも、非常に有名なら何も心配するには及ばない。太陽の寿命にまつわるこんな話を覚えておけばいい。ある会議の場で太陽があと四五億年で燃えつきると聞いた男は、大きなため息をついて、「ああ、よかった！　四五〇〇万年だと思っていたよ」と口走ったというのだ。名声の半減期は短くなっているが、それがはっきりわかるほどの影響を及ぼすようになるころには、その影響をこうむる超有名人本人は、完全に死んでいるはずなのだ。

有名人になるにはどんな職を選べばいいか？

読者の中には、まだ歳がかなり若く、「将来何になろう」という非常に重要な決断はこれからだという人もいるだろう。だとしたら、物書きになって、言葉の力で読者に感動を与えるというのはどうだろう？映画俳優もいいかもしれない。本物そっくりの爆発シーンの中で迫真の表情を見せて、役に生命を吹き込むのだ。あるいは歌手はどうだろう？　ダンサー、教師、警察官、政治家、ロック歌手は？　それとも、初めて火星を歩く宇宙飛行士や第二のパブロ・ピカソになりたいと思っているだろうか？　いずれにしても、若者にはこれらすべての選択肢が与えられている。

職業を選ぶ上での大きな問題は、将来を明らかにしてくれる確実なデータがなく、選んだ職業によってどんな人生が待っていそうかを知るすべがないことだ。どんな人生を送ればいいかを尋ねたとき、返ってくる助言が常に非常にあいまいなものでしかないのはこのためである。

だが、われわれ二人は数にとりわけ大きな関心をもっている。だから、他の人たちが言う「やりたいことをやればいい」のような暢気《のんき》な助言はわれわれには似合わない。むしろここでは、難しい決断をする際の一助となるように、冷徹無情な統計にもとづく定量的データを提示しよう。

言うまでもないが、以下では、非常に有名になることにしか関心がない場合を想定している。

われわれは情報を得るためのフォーカスグループ（調査対象として抽出した集団）を作成した。これは一八〇〇年から一九二〇年の間に生まれた著名人（各年の上位五〇位までに入る著名人）から構成されており、彼らが就いた職によって分類してある。考えられる職業の選択肢として調査したのは、俳優、著述家、政治家、科学者、芸術家、数学者の六種である。フォーカスグループと同じ期間に生まれてこれらの職に就いた人物を調べると、それぞれの分野で知名度の上位二五位までに入る人物は、いずれもフォーカスグループに含まれていた。[17]株式仲買人、バリスタ、アニメ・キャラクターになろうと考えている人がいたら、申し訳ないが、これ以上は図の中に入り切らないので。

もちろん、ここにあげた六つの職業のそれぞれで、どのくらい有名になれるかさえわかればいいというものではない。実際に大きな名声が得られるとしても、死んでからずっと後のことだったり歳を取りすぎていて名声を享受できなかったりしたのでは、本人にとっては何の意味もない。高額報酬をもらえる仕事を引き受けたのに、一〇〇年たたないと支払ってもらえないようなものだ。詳しい情報にもとづいて職業選択の決断をするには、生きている間に知名度がどのくらい上がると期待していいかがわからなければならない（すべてがうまくいき、望んでいたように、同じ職業に携わる人々の中できわめて著名な人物の一人になったと仮定しての話だが）。図4－6は、まさしくそのためにまとめたものである。

この図は、フォーカスグループの著名人たちについて、職業分野ごとの平均知名度の変化を年齢との関係で示したもので、これを見れば、どの職を選べばいいかを判断するのがずっと容易になるはずである。

若くして有名になりたいのなら、俳優がお勧めだ。俳優の場合、二十代後半ないし三十代前半に

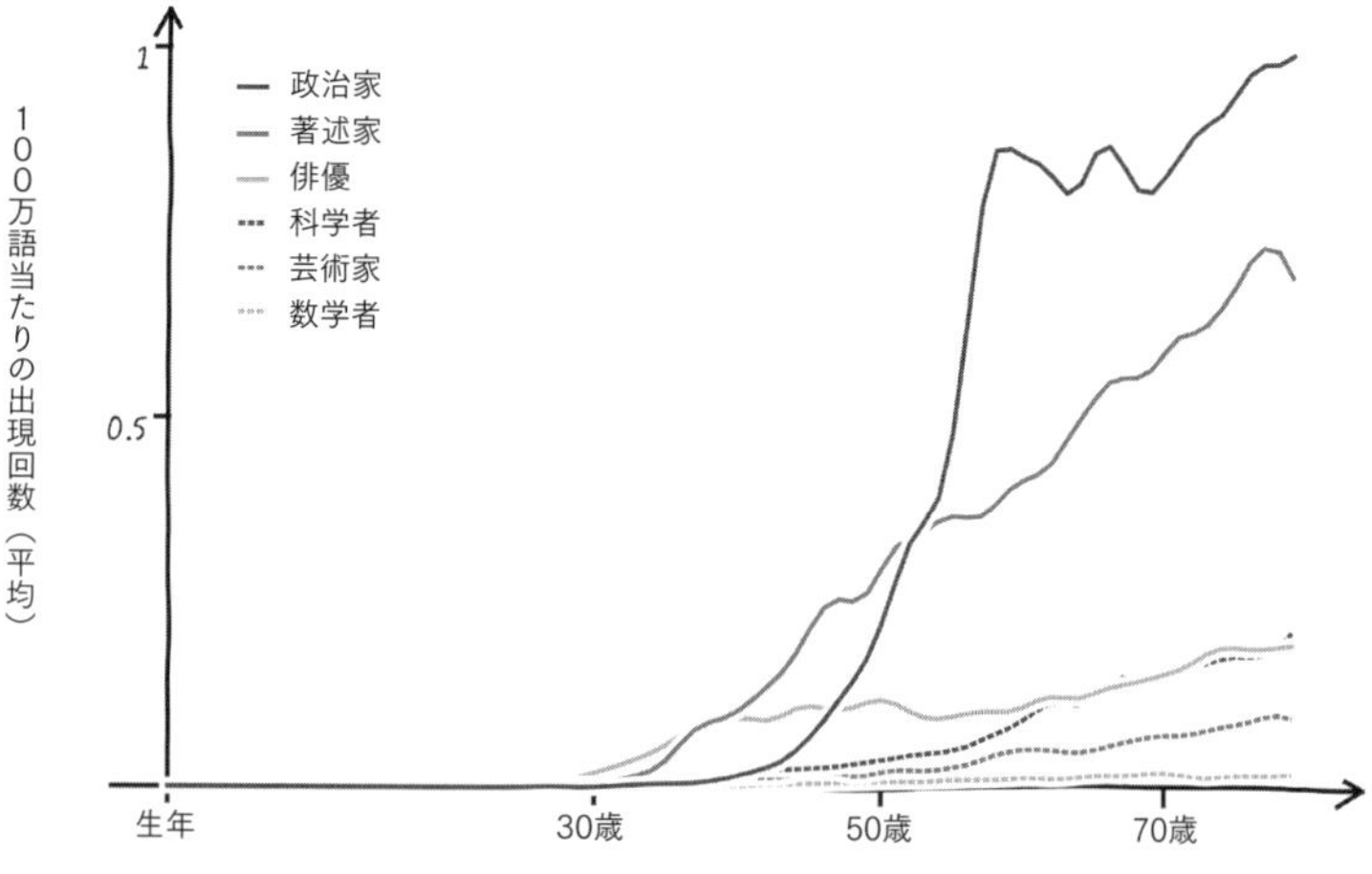

図4－6

有名になる傾向があり、長い期間にわたって名声を享受することができる。しかしながら、われわれが研究の対象にした俳優が生きていたのは、テレビなどのマスメディアが「出世」を後押ししてくれる以前の時代だったから、他のいくつかの職業に就いた人々ほど有名にはなっていない。

満足感を味わうのはもう少し後でもいいのなら、著述家になったほうが賢明だ。有名になるのは一般的には三十代後半だが、第一級のすばらしい作品を書けば、俳優よりはるかに有名になれる。これがとりわけ当てはまるのは本の中である。なぜなら、本を書く人は他の著述家に触れることが多いからだ（著述家の知名度が俳優より高いのもサンプリング・バイアスに負うところが大きい。野球の試合などでよく聞く「地元の利」のnグラム版と言っていいだろう）。

読者の予想に反するかもしれないが、満足感に浸るのをほんとうに先延ばしできるのなら、政治家になるのがよさそうだ。政治家が非常に有名になるのは四十代か五十代、もしくは六十代になってからだが、知名度がきわめて高い政治家は、その時点でアメリカの大統領に選ばれている（二五人のうちの一一人が該当）か、省庁の長官になっている（九人）。しかも、彼らの名声の上がり方は急激で、すぐに俳優や著述家を凌駕してしまう。したがって、四十代なのに名前がまだ広く知られていない人は、政治に携わるのがぴったりかもしれない。

次は科学者を見てみよう。非常に著名な科学者の知名度は最終的には俳優と同じくらいまで上がるが、そこに到達するまでに要する年数は俳優よりはるかに長い。俳優と同じくらい有名になるのは二十代ではなく、六十代に入ってからなのだ。科学者は得られる名声の割には長い年数を待ちつづけなければならない。要するに、ビッグバン理論《セオリー》の研究に従事するよりも、人気TVドラマ『ビッグバン・セオリー』に出演したほうが絶対に得なのである。

ビッグバン理論の研究に従事するよりさらに状況がよくないのは絵を描くことだ。われわれがリストアップした非常に著名な芸術家たちは酷な扱いを受けている。有名になるまでには科学者とほぼ同じ年数を待たねばならないのに、得られる名声の大きさは科学者のほぼ半分なのである。

けれども、有名になりたい人にとって、考えられる最悪の行動はわれわれがやったこと、すなわち数学を研究することだ。

読者はそんなことはないと思っているかもしれない。何と言っても、数学者については、最良の仕事をするのは若いときで、その後はゆっくり休んでのんびりしていられるらしいと言われているからだ。たとえば、カール・フリードリヒ・ガウスは一九歳のときにモジュラー計算（合同算術）を考案して、平方剰余の相互法則を証明している。さらに、素数定理を予想した（数学の全領域の中でももっとも深遠かつ根本的な結果の一つ）ほか、整数は三角数の和に分解できるという重要な事実も見いだしている。ガウスの一九歳のときの業績はこれにとどまらない。ここにあげたのは、約三か月の間に成しとげたものだけなのである。いくらなんでもやり過ぎというもので、われわれのような凡人はとても付いていけない。

問題は、一般の人々がガウスのような歳の若い数学者がやっていることに関心がないことだ。前述したフォーカスグループに入っている数学者の場合、その知名度が何とか認知できる域に達するころには、大半はすでにこの世を去っている。だから読者が数学者の道を選んでも、生きている間に著名人になるのは望めそうもない。以上がわれわれの研究から得られた解答である。[18]

悪名は名声を凌駕してしまう

ここまで見てきて、有名になる時期、名声の上がる速さと忘れ去られてしまう速さ、さらには職業による名声の変化の仕方の違いは明らかになった。それでも、名声とnグラムの話を終える前に、どうしても触れておかなければならない単純な疑問がある。結局のところ、過去二世紀の間に生まれた人物の中で、飛びぬけて著名なのはだれなのだろう?

それを調べるには、これまで利用してきた手法を少し変えなければならない。姓名、つまりフルネームでの言及を追跡するというこれまでのやり方は、一人の人物や同じ職業グループの名声の変化を時系列的に調べるのには申し分なかった。だが、個々の人物の知名度を比較する段になると、人名に言及する際に見られる独特の特徴の影響を受けるために、フルネームでの言及頻度を調べるのはうまいやり方ではなくなってしまう。

たとえば、まったく意外でも何でもない次のような事実を考えてほしい。人名に言及する際、著作家は大半の人名についてはフルネームを出すよりも姓、すなわちラストネームを使いがちである。たとえば、文章中にEinstein（アインシュタイン）とあったら、その前にAlbert（アルベルト［アルバート］）が書かれている可能性は一〇回に一回しかない。

一方、姓と名のどちらも（英語の）一音節分の長さしかない人物の場合は、フルネームを記述されるケースがはるかに多くなる。一例をあげれば、Twain（トウェイン）という語の前にくるのがMark（マーク）である可能性は五〇パーセント以上ある。

この問題を解決するもっとも簡単なやり方は、フルネームの追跡を止めてラストネームを追跡することである。このやり方には、先に述べた理由から、さらに多くの言及を捕らえられるという利点もある。一方、大きな欠点としては、極めつきの著名人の中には、フランクリン・デラノ・ルーズヴェルトとセオドア・ルーズヴェルトのように、ラストネームが同じで紛らわしい人物が入っていることがあげられる。例にあげた二人で「ルーズヴェルト」という言及の大部分を占めているが、われわれの手持ちのデータからでは、それぞれの人物への正確な言及回数を算定することはできない。

もう一つ、述べておかなければならない重要な問題がある。それは、われわれのやり方では名声と悪名を区別できないことだ。nグラム・データからは十分な文脈は得られない。nグラム・データでは、人名の前ないしは後に出てくる単語は、問題の人物に肯定的な意味で言及しているのか否定的な意味で言及しているのかを決めるだけの長さがない。

残念ながら、こうした悩ましい問題があるのは確かでも、ひとまず脇において先に進まざるをえない。研究の現時点では、われわれが作った著名人のリストはまだ発展段階にあるとしか見なせない。現段階での名声を測定する手法は、性能で言えば、せいぜいライト兄弟が自作した風洞程度でしかなく、LENS－X風洞でないことは確かである。

それはともかく、過去二世紀の間に生まれた著名人の上位一〇人を第一位からあげると、アドルフ・ヒトラー、カール・マルクス、ジークムント・フロイト、ロナルド・レーガン、ヨシフ・スターリン、ウラジミール・レーニン、ドワイト・アイゼンハワー、チャールズ・ディケンズ、ベニート・ムッソリーニ、リヒャルト・ワーグナーの順になる。

史上最悪級の非道を働いた人物の一人に数えられるアドルフ・ヒトラーが一位の座を占めるという事実には、衝撃を受けざるをえない。それどころか、大量殺戮を指揮した人物の少なくとも三人が一〇位までに入っているのだ。ヒトラー、ヨシフ・スターリン、ベニート・ムッソリーニである。ヒトラーのナチス政権下では一〇〇〇万人から一一〇〇万人の無辜《むこ》の市民と捕虜が殺害され、ソ連の指導者スターリンが権力の座にあった時代には約二〇〇〇万人の国民が殺された。イタリアがヒトラーのドイツと同盟を結んでいた間、独裁者として君臨したムッソリーニは、数十万人が犠牲となったエチオピアでの集団虐殺を主導した。
殺人と知名度は分かちがたく結びついている。現在のアメリカをめぐるおぞましい事実は、時折、銃を手にした人物による、狂気の沙汰としか思えない無差別殺人が起きることだ。この恐ろしい出来事には逆説的なことがいくつもあるが、その一つに、事件が起きるまでまったくの無名だった犯人が、どれだけ注目を集めてマスコミを大騒ぎさせるかがある。この種の事件が広く報道されることが重要なのは、何が起こったかをできるだけ多くの人に知ってもらう必要があるからだ。だが半面では、犯行によって注目されるようになることが殺人の動機にもなりうる。ジョン・レノンを射殺したマーク・デーヴィッド・チャップマンは仮釈放委員会に出頭した際、これと同じことを語っている。彼は「注目を引きたくてやった。ある意味では、ジョン・レノンの名声を横取りして自分のものにしたかった」と言ったのだ。[19]
残念なことに、歴史の記録をできるだけ広範囲に調べてみると、殺人が知名度に及ぼす影響には変わりがないように思われる。われわれはｎグラムを利用して時間をさかのぼり、過去二〇〇年にわたって、各年の著名人上位一〇人のリストを作成した。一九四〇年ころの上位一〇人を調べると、ヒトラーもスターリンも入っていなかった。しかし、前例のない大規模で無慈悲な残虐行為があった後の一九五〇年には、ヒトラー、スターリン、ムッソリーニがそれぞれ一位、二位、五位に躍り出る。対照的に、エイブラハム・リンカーンは、アメリカの大統領の中でも飛びぬけて偉大で、道徳面でも傑出した勇気の持主だったと思われるのに、五位より上に行くことはなかった。

これまで見てきたように、ｎグラムを利用して名声を探るのは、興味深い場合もあると同時に当惑を覚えることもあり、さらには楽しみになることもある。しかし、ｎグラムの中には暗い闇の部分も隠れている。有名になる上では極悪非道な行為に勝るものはないというのだから、これ以上不気味な秘密はない。知名度を上げるもっとも確実な手段は殺人を犯すことなのだ。そんな世界に生きているわれわれはお互いのために、その意味するところに思いをめぐらせなければならない。

有名になるにはこの手段に限られるのだろうか？　ここでもｎグラムがヒントを与えてくれる。なぜなら、ヒトラーよりも前に著名人の一位の座を占め、一八八〇年から一九四〇年までその地位を保ちつづけた人物は、大量殺人犯ではないからである。作家、社会批評家だったその男は、「にこやかで慈愛にあふれるひょうきん者」で、彼が善良な人物だということはほぼ衆目の一致するところだった。彼はだれにでも「メリー・クリスマス」と声をかけることさえしたかもしれない。

その人物はチャールズ・ディケンズである。戦争と平和。最良の時代であるとともに、最悪の時代でもあった……。

たかが二〇分、されど二〇分

ソ連による一九五七年の人工衛星スプートニクの打ち上げは、世界中の人々の想像力を捕らえると同時に、宇宙開発競争の幕を切って落とすことになった。この競争で勝利を収めたのはアメリカだった。それは一九六九年七月二一日（協定世界時）のことで、この日、二人のアメリカ人宇宙飛行士が月面に降り立ち、着陸船の周囲を歩いたのである。

もっと詳しく言うと、宇宙開発競争の勝者となったのは、地球から三八万四〇〇〇キロメートルを旅して、人類として初めて遠くの世界、月の表面を歩いたニール・アームストロングである。たぶん読者もこの名には聞き覚えがあるだろう。

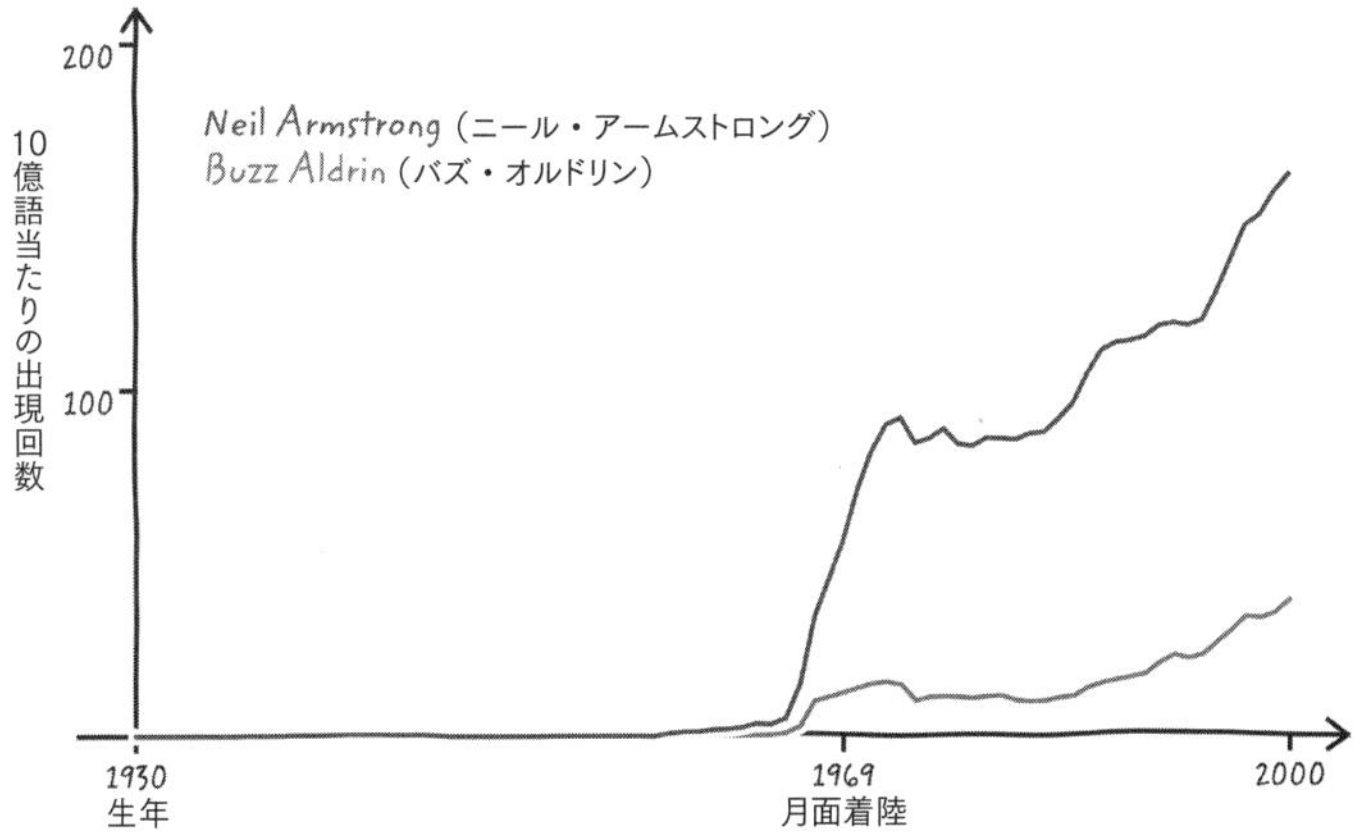

図4－7

だが、もう一人のアメリカの英雄バズ・オルドリンの名には、はるかに馴染みがないだろう。オルドリンも月面を歩き、人間がおそらく一万年も前から共通して抱いていた夢を実現させた。しかも、それはアームストロングと同じ一九六九年七月二一日のことだった。だが、オルドリンは最初ではなかった。彼が月面に小さな足跡を残したのは、アームストロングの一九分と一〇〇分の一秒後だった。その結果、オルドリンの名声の大きさ（知名度）はアームストロングの五分の一にも満たない。[20]

教訓　長く語り継がれるような大きなことをやろうと考えているなら、二〇分の休憩を取ってコーヒーを飲むのは後回しにすべし。

第5章

言論弾圧の痕跡を測る

「焚書で思想は抹殺できない」は本当か？

本が燃やされるところでは、いずれ人が焼き殺されることになるだろう。[1]
ハインリヒ・ハイネ
（一七九七〜一八五六。ナチスが好ましくない人物の一人にあげたドイツ系ユダヤ人の詩人）

本の中に反映されている大勢の人々の「声」は、長きにわたるわれわれの文化と歴史の魅惑的な物語を語ってくれる。しかし、いま残っている本にすべての人の声が記録されているわけではない。記録に残ることなく消えた声は後世に何も伝えてくれず、時として、その時代に関するあらゆる情報が欠落してしまうこともある。

その声が危うくわれわれの文化から消えそうになった人物の一人に、ヘレン・ケラーがいる。一八八〇年に生まれたケラーは、生後一九か月のときに罹った病気のせいで視力と聴力を失ってしまった。そのため、彼女は眼も見えなければ音も聞こえず、話すこともできなくなってしまった。当時は、彼女のような障害者が高等教育を受けるのはほとんど不可能だった。それでもケラーはやり通した。学士号を得た最初の盲目の聾啞《ろうあ》者になったのである。ケラーはのちに大きな影響力をもつ著述家、社会運動家となり、障害者が支援を必要としていることを強く訴えた。ケラーは多くの人々の敬慕の的となった。彼女は大きな困難に打ち勝った人間の精神の偉大さを象徴する人物だったのだ。

だが、人類の歴史の中でも飛びぬけて暗い時代がやってくると、ケラーはふたたび、他の大勢の人々の声とともに彼女の「声」も消してしまおうとする企てに立ち向かわなければならなくなった。

一九三三年にドイツの政権を獲得したナチスは、政府、国民ばかりか文化さえ統制下におこうとした。その動きの現われの一つは、当局が「非ドイツ精神」の反映と考えた書物の抑圧である。ナチスの指導者たちに煽られた学生の集団は、そうした本を図書館や書店から力ずくで持ち出して焼き捨ててしまった。焚書はドイツ全土に広がった。危険人物としてリストアップされた著者の中にヘレン・ケラーも入っていた。

ドイツでの焚書に対して、ケラーは『ニューヨーク・タイムズ』紙などの第一面に掲載された公開書簡で応えた。それはいまも変わることのない、時代を超えた心からの叫びである。

一九三三年　五月九日
ドイツの全学生へ
思想を抹殺することができると考えているなら、あなたたちは歴史から何も学ばなかったことになる。これまでも、暴君や独裁者はたびたび同じことを試みたが、思想はそれ自体の力で立ち上がり、彼らを破滅させてきた。
あなたたちはヨーロッパの優れた人々の著作や私の著作を燃やすことはできても、本の中に埋め込まれた思想は無数の経路を通って浸み出し、これからも変わることなく人々の精神を刺激しつづけるだろう。私はこれまでずっと、先の世界大戦で失明したドイツの兵士のために本の印税を全額寄付してきたが、その際、心中にあったのはドイツの人々に対する愛と思いやりだけだった。
複雑で悲惨な状況があり、それがあなたたちの心の狭さにつながったことは認めよう。だからこそなおさら、私はあなたがたの行為による汚点が次世代の人々に引き継がれることの不条理さと愚かさを嘆き悲しんでいる。
海を越えたこちらでは、ユダヤ人に対する自分たちの蛮行は知られていないなどと思わないでほしい。神はすべてをお見通しで、審判を下すためにあなたたちのもとにその姿を現わすだろう。あなたたちにとっては、石臼を首にかけられて海に沈められるほうが、すべての人から憎まれ蔑まれるよりはましかもしれない。
ヘレン・ケラー[2]

ケラーの熱い思いが込められた「思想を抹殺することができると考えているなら、あなたたちは歴史から何も学ばなかったことになる」という一文は、世界中の人々の心の琴線に触れた。激しい怒りの声が世界中から湧きあがり、ついにはナチスの宣伝組織も、政府は焚書に関与しておらず、あれは「ドイツ学生連盟の自主的な行為」だったと取りつくろわざるをえなくなった。

世界の世論という法廷で勝利を収めたとはいえ、ケラーの意見は本当に正しく、思想や考え、信条といったものを抹殺するのはどうやっても不可能なのだろうか？　この疑問を追求して答えに到達するには、表現という行為に伴う暗黒の側面に取り組まざるをえない。[3]検閲や抑圧、悪名が幅を利かせる世界に足を踏み入れなければならないのだ。こうした暗い現実を垣間《かいま》見る「窓」としては、ステンドグラス窓の制作者として群を抜く知名度を誇る画家、マルク・シャガールの生涯に勝るものはほとんどない。

シャガールの初期の名声の推移

「ばかだなあ。図書館で本を借り、その中の好きな挿絵を写せばいいじゃないか」。絵の描き方を教えた中学時代の友人のこの一言が、モイシェ・シャガールに並外れた画家としての人生を歩ませることになった。[4]現ベラルーシ領のヴィテブスク出身のニシン商人の息子として生まれた彼は、「二〇世紀の代表的なユダヤ人画家」[5]、マルク・シャガールへと変貌をとげたのである。[6]
モダニズムの先駆者だったシャガールは、二〇世紀中期の第一級の画家だった。彼はとりわけステンドグラス窓でその名を知られている。色彩と光とガラスを見事に融合させた『エルサレム・ウィンドウ』はイスラエルを象徴する作品で、同国の郵便切手にも描かれている。シャガールのステンドグラス窓はニューヨークの国連本部ビルを飾っているほか、ヨーロッパ各地の大聖堂に光彩を添えてもいる。パブロ・ピカソはかつて、「マチスが死んだら、色彩の何たるかを本当に理解している画家はシャガールだけになる」と述べたことがある。[7]
前章に登場した著名人の多くと同じように、シャガールも若くして頭角を現わしている。ロシア革命後の一九一七年、まだ三〇歳だった彼は、ソ連の視覚芸術部門の人民委員への就任を要請された。[8]だが、当時のソ連は内戦と飢饉にさいなまれていた。その後間もなく、ソ連では飛びぬけて知名度の高い若手画家であったにもかかわらず、シャガールは西欧のパリへ向かうことになる。
一九二三年にパリにやってきたシャガールは、ソ連国内ほどには名を知られておらず、この地で名声を獲得するには懸命に絵を描きつづけるしかなかった。自分で選んだこととはいえ、彼はパリへの移住が自身の名声と評判に及ぼす影響をひどく気にしていた。シャガールはソ連にいる収集家で批評家のパヴェル・エッティンゲルに宛てた手紙の中で、そうした不安を打ち明けている。

一九二四年三月一〇日
ソ連の人々が抱いている私の「イメージ」が……少しずつ色褪せていることに不安を覚えます……それも当然です。絵画の故郷であるこの地に暮らして、もうかなりの年月になりますから。私のことをあなたにどう伝えればいいのでしょう。いくらでも言えるのですが、手短にしなければなりません。フランスでは徐々にではありますが、私は注目されるようになっています……[9]

手短に述べる必要があったので、シャガールは自分が置かれている最近の状況を「フランスでは徐々にではありますが、私は注目されるようになっています」と要約しているが、その一方で、故国での自分の「イメージ」が色褪せていることへの不安を吐露してもいる。彼が抱いていたこの懸念は、ずっと親しく文通してきた相手への手紙の眼目となっているが、注目しなければならないのは、これを定量化できることだ。他の人々はどのくらいの頻度で、シャガールのことを思い浮かべたり話題に取り上げたり文章に書いたりしていたのだろう？

もちろんシャガール自身には、自分の知名度と、それが上がっているのか下がっているのかを正確に知るすべはなかった。だが少なくとも、名声のおかげで彼の名が本の中でどの程度言及されるようになったかは、われわれなら容易に調べること

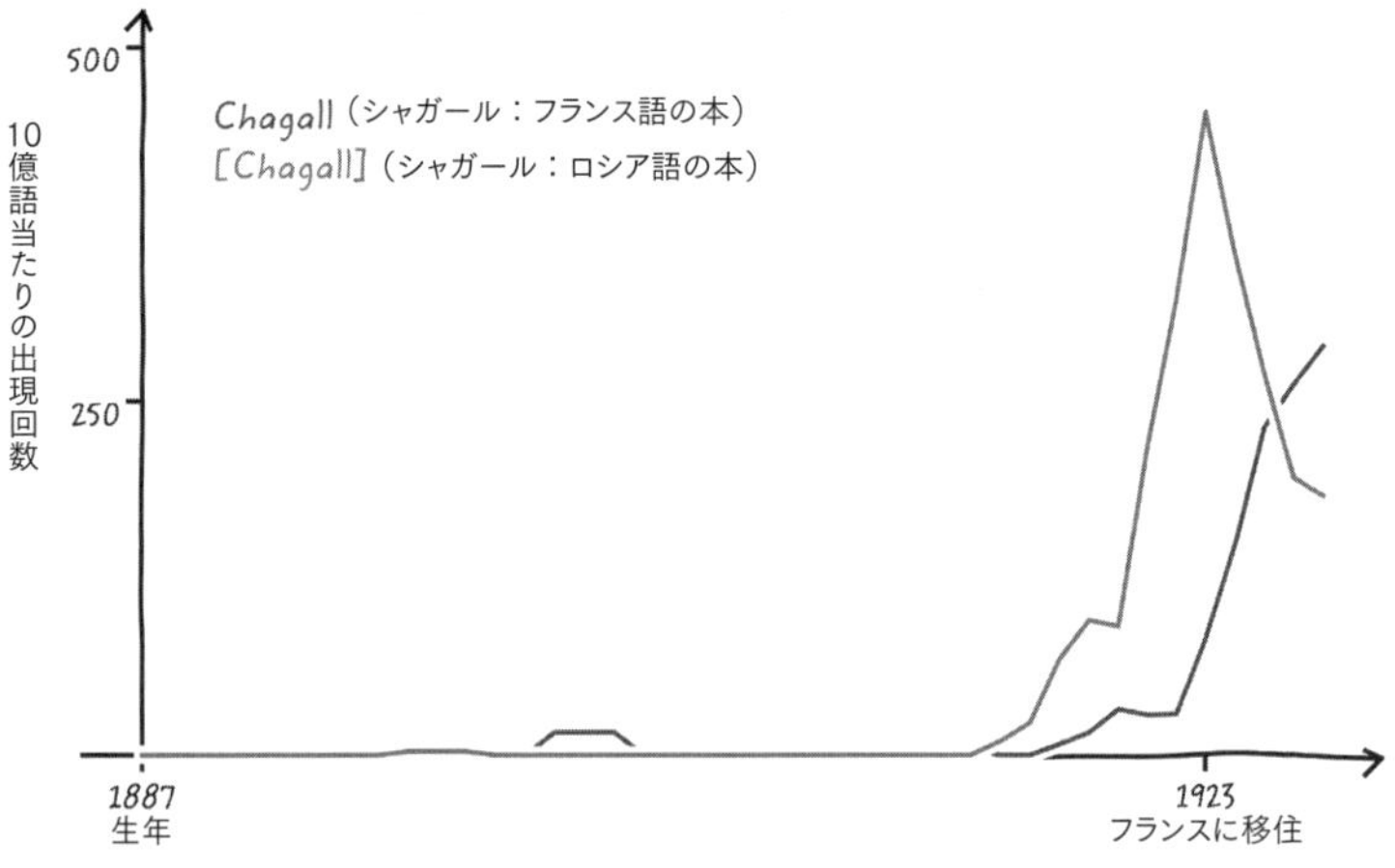

図5－1

ができる。

シャガールの自己評価はきわめて正確だった。図5-1を見れば、フランスへの移住を選択した影響を容易に見て取ることができる。しかもその影響は、シャガールがエッティンゲルに宛てて手紙を書いた一九二四年の時点で早くも顕著に現われている。

だがしばらくすると、フランスでのシャガールの卓越した地位も、彼にはどうすることもできない出来事の影響を受けるようになる。ライン川の対岸の地では、褐色の制服に身を包んだ一団（突撃隊）が集結しはじめていた。やがて、シャガールなどの前衛的な芸術家は「非ドイツ的」と見なされるようになる。しかもシャガールはなおさら危険な状況におかれていた。彼はユダヤ人だったのだ。

ナチスによる「退廃芸術」の規制

一九二〇年代のドイツは芸術の楽園だった。ダダイスム、バウハウス、表現主義、キュビスムはいずれもこの地に根づいた。だが、アドルフ・ヒトラーはこうした芸術スタイルをひどく嫌悪した。彼は守旧的な画風のために画家としては挫折していたからだ。加えて、こうした新たな芸術運動の自由奔放な性格は、文化を社会統制の一手段として利用するという彼の目論見《もくろみ》とは相容れなかった。

ヒトラーはドイツ文化を厳格に統制したいと考えており、ナチス・ドイツはそれを正当化するために、一九世紀末の医師で社会批評家でもあったマックス・ノルダウという人物の唱える説に大幅に依拠した。ノルダウの論ずるところによれば、前衛芸術などの現代文化に見られる多くの特徴は、視覚領の機能不全をはじめとする精神的異常の産物にほかならなかった。この見解をもとに、ナチスはドイツ文化からそうした現代文化の悪しき影響を取り除く必要があると主張した。しかも、ノルダウ自身は実際にはユダヤ人であった上にシオニズムの重要な主導者だったのに、ナチスはドイツ文化に悪影響を及ぼしているのはユダヤ人だと決めつけた。[10] 一九三三年九月、ヒトラーは第三帝国の国民啓発・宣伝担当の大臣だったヨーゼフ・ゲッベルスに帝国文化院の設立を許可した。ゲッベルスの任務は、ドイツ文化の純化というヒトラーの目論見を実行に移すことだった。[11]
ゲッベルスのもと、帝国文化院はドイツでの芸術家の生き方にきわめて大きな影響を及ぼす団体になった。ゲッベルスは、「これからは、われわれの文化的生活の中で作品の制作を認められるのは、帝国文化院会員だけになる」と宣言し、続けて「会員は入会条件を満たした者に限られる」と述べた。[12] その条件の中には、アーリア人の家系であることを証明する書類の提示や、帝国文化院の理念に喜んで賛同していることを示す具体例の提出も入っていた。「したがって、これで害を及ぼす望ましくない要素を取り除くことができる」。ゲッベルスは問題なくそう結論づけることができた。ナチスは不条理な会員資格を利用して芸術家たちを骨抜きにするだけでは満足しなかった。ゲッベルスは一九三七年六月、ヒトラーお気に入りの画家だったアドルフ・ツィーグラーを帝国文化院内に新設された委員会の委員長に任命した。この委員会の任務は、ナチスが退廃的と見なした作品をドイツ国内の個人および公共のコレクションから押収することにあった。
ユダヤ人のシュールレアリストだったシャガールは狙いをつけられ、彼の作品はすぐにドイツから姿を消しはじめた。それと同時に、他の「退廃的」な作品の多くが押収された。その中には、ジョルジュ・ブラック、ポール・ゴーギャン、ワシリー・カンディンスキー、アンリ・マティス、ピート・モンドリアン、パブロ・ピカソをはじめ、現在では世界的にきわめて著名なモダニズムの芸術家の作品が含まれていた。押収された作品の中には破棄されたものもあれば、ナチスの指導者たちのもとに置かれたものや、アルタッセ岩塩鉱山などに隠されたものもあった。こうした蛮行が芸術の世界に及ぼした影響を軽く見ることはできない（二〇一二年にニューヨーク近代美術館にエドヴァルド・ムンクの『叫び』が展示された際、かつてその絵を所有していたユダヤ人銀行家の子どもたちは、ナチスの権力掌握後に父がこの絵を強制的に売却させられたことを教えるただし書きを付すべきだと主張した）[13]。

史上もっとも人気を博した展覧会「退廃芸術展」

前衛的な芸術作品を押収したり、そうした作品の制作を禁止したりするだけではまだ足りなかった。ゲッベルスとツィーグラーは、モダンアートをドイツから一掃するだけでなく、その評判を貶《おとし》めたいと考えていた。そのために、彼らは二つの美術展をミュンヘンの近接した場所で開催することを企てた。一方の美術展の呼び物は政権のお墨付きを得た芸術家たちの作品だった。もう一方はツィーグラー一派が押収に努めた作品を大々的に取り上げていた。ツィーグラーは展覧会の開会の辞で、「ドイツ国民よ。この場に来て自ら判断せよ」[14]と来場を呼びかけた。

「大ドイツ芸術展」と呼ばれた前者の美術展は、近現代史の中でもきわめて豪勢な展覧会だった。実を言えば、出品されていたのは美術作品だけではない。展覧会は会場となった「芸術の家」の柿落《こけら》としでもあった。新たに建造されたこの記念碑的な美術館自体が、ナチ党員だった建築家の展示作品だったのだ。館内に展示された多数の作品を手がけたのはすべてナチス公認の芸術家たちで、たとえば、新古典主義を踏襲して肉体的に非の打ちどころのない裸体像を彫刻したアルノ・ブレーカーもその一人である。

もう一つの美術展は「退廃芸術展」の名を冠せられ、ツィーグラーらが押収した多数の非常に有名な作品が出品されていた。シャガール、カンディンスキー、マックス・エルンスト、オットー・ディクス、マックス・ベックマン、パウル・クレー、モホリ＝ナジ・ラースローらの作品が展示されていたのである。[15]だが、展示の仕方は芸術の家に展示された作品とは違っていた。

退廃芸術展が催されたのは記念碑的な新美術館ではなかった。作品はいずれも、かつてドイツ考古学協会が入っていた建物の二階の狭小なスペースに押し込まれていた。その場所に通じているのは一本の狭い階段だけである。作品は隙間もないくらいにぎっしり並べられ、掛け方もお粗末で、額縁のないものも多かった。ほとんどの作品には、美術館が購入した際に支払った金額を書いたラベルが付けてある。作品の多くはドイツが超インフレに見舞われていた一九二〇年代に購入されたので、金額の数字は著しく常軌を逸しているように見えた。

展示の大半はまとまりに欠けていたが、ナチスが宗教やドイツの軍人および家族の生活に対する冒瀆と見なした作品を集めた部門だけは例外だった。その展示がある壁は、「国防の意図的妨害」、「理想像――白痴と娼婦」、「病める精神の見た風景」、「ドイツ女性に対する侮辱」、「未開地に対するユダヤ人の憧れの正体――ドイツの退廃芸術における黒人の人種的理想化」といった落書きまがいのスローガンで覆いつくされていた。作品が展示された一一〇人の画家のうちユダヤ人は六人だけで、彼らの作品は「ユダヤ的な、あまりにもユダヤ的な」と名づけられた別室に置かれた。とはいえ、これらの展示の底流にあったのは、モダンアートは「ユダヤ人共産主義者」によるドイツの価値観に対する陰謀という考え方だった。
要するに、退廃芸術展は通常の意味での展覧会を意図したものではなかった。むしろそれはモダンアートへの強烈な反論としての展覧会であり、それを政府が後援したということなのである。宣伝を目的とした一種の演出で、その目的は卑劣な手を使ってモダンアートの評価を貶めるとともに、モダンアートを道徳性に欠けた商業主義まみれのものとして提示し、税金をそんなものに使うのがいかに無駄であるかを示すことにあった。
退廃芸術展は興行的には大成功だった。来場者は開幕からの四か月間だけで二〇〇万人を超えた。一日当たりほぼ一万七〇〇〇人が見に来たことになる。来場者数は芸術の家での大ドイツ芸術展の五倍に達した。これほどの来場者数は前代未聞であり、退廃芸術展を上回った美術展は現在にいたるまで一つもない。[16]
退廃芸術展がいかに盛況だったかを理解してもらうために、近年の二つの美術展を取り上げてみよう。一つは二〇一一年にブラジル銀行文化センターで開催された「エッシャーの不思議な世界」展である。世界最大級の来場者があったこの展覧会でも、一日当たりの来場者は九六七七人で、退廃芸術展のそれのほぼ二分の一にしかならない。もう一つ、二〇一〇年にニューヨーク近代美術館が催した「ニューヨーク抽象表現主義」展も大規模なものだった。この展覧会は、その地域に根ざして活動しているモダンアートの作家たちの作品を展示したので、テーマは退廃芸術展とやや重なるところがある。ニューヨーク抽象表現主義展もその年に開かれた最大級の展覧会で、七か月間に一一〇万人を集めた。一日当たりでは五六〇〇人になるが、それでも退廃芸術展の数分の一でしかない。

退廃芸術展の人気は統計に現われた数字だけでは語りつくせない。群れ集まった来場者たちは、作品から受けた自身の印象を大げさな身ぶりや言葉で表現した。それ自体が一つの見ものだった。要するに、来場者たちが展示の一部と化したのである。ある来場者はその様子をこんな風に述べている。

どうしようもない閉所恐怖症に捕らわれたような感じだった。大勢の人々が押し合いへし合いしながら歩を進め、あざ笑いながら展示作品への嫌悪を露《あらわ》にしていた。それはまるで、敵意をむき出しにした怒りの雰囲気をかもし出すために、演出されたパフォーマンスをしているかのようだった。だれもが何度も繰り返して大声で値札を読みあげ、笑ったり首を振ったり「俺たちの」金を返せと叫んだりしていた。[17]

要するに、退廃芸術展は視覚芸術とパフォーマンス・アートの複合物だったのだ。モダンアートの作品を誤解を生むような悪趣味な形で展示したのは、大衆の怒りと嘲りを引き起こすためだった。こうしたあらゆることが、個々の来場者のアートとの邂逅を創り出したのである。大当たりを取ったこの企画はすぐにドイツの他の都市を巡回するようになり、モダンアートは軽蔑すべきものだというそのメッセージはドイツ全土に行き渡った。総計では、ドイツ国民の五ないし一〇パーセントが退廃芸術展に足を運んだことになる。おぞましいことではあるけれど、退廃芸術展は全時代を通してもっとも人気を博した美術展だった。[17]
退廃芸術展後のドイツでは、モダンアートの作家たちは事実上、作品の制作が不可能になった。マックス・ベックマン、マックス・エルンスト、パウル・クレーなど、国外に逃れた画家もいた。ドイツ国内にとどまった者も創作活動は禁じられた。そうした禁圧に直面したエミール・ノルデは、油性絵の具の臭いでばれてしまわないように、水彩でひそかに絵を描きつづけた。[18] エルンスト・ルートヴィヒ・キルヒナーはナチスが始めた仕事を自らの手で完成させた。自ら命を絶ってしまったのだ。

では、シャガールはどうだったのか？ たしかに彼の名はドイツ文化から急速に消えはじめていたが、それでも自身はフランスに住んでいたので、最初のうちは肉体的暴力が身に及ぶ危険はなかった。だが、一九四〇年にフランスがドイツに降伏すると、シャガールは身の危険を悟るようになった。一家は偽造パスポートを使ってフランスを離れ、アメリカ合衆国へ渡った。

図5－2は、それぞれの人名のnグラムの出現頻度をドイツ語で出版された本から算出したもので、これを見ると、ナチスによる抑圧がシャガールらの芸術家に及ぼした影響がはっきりわかる。

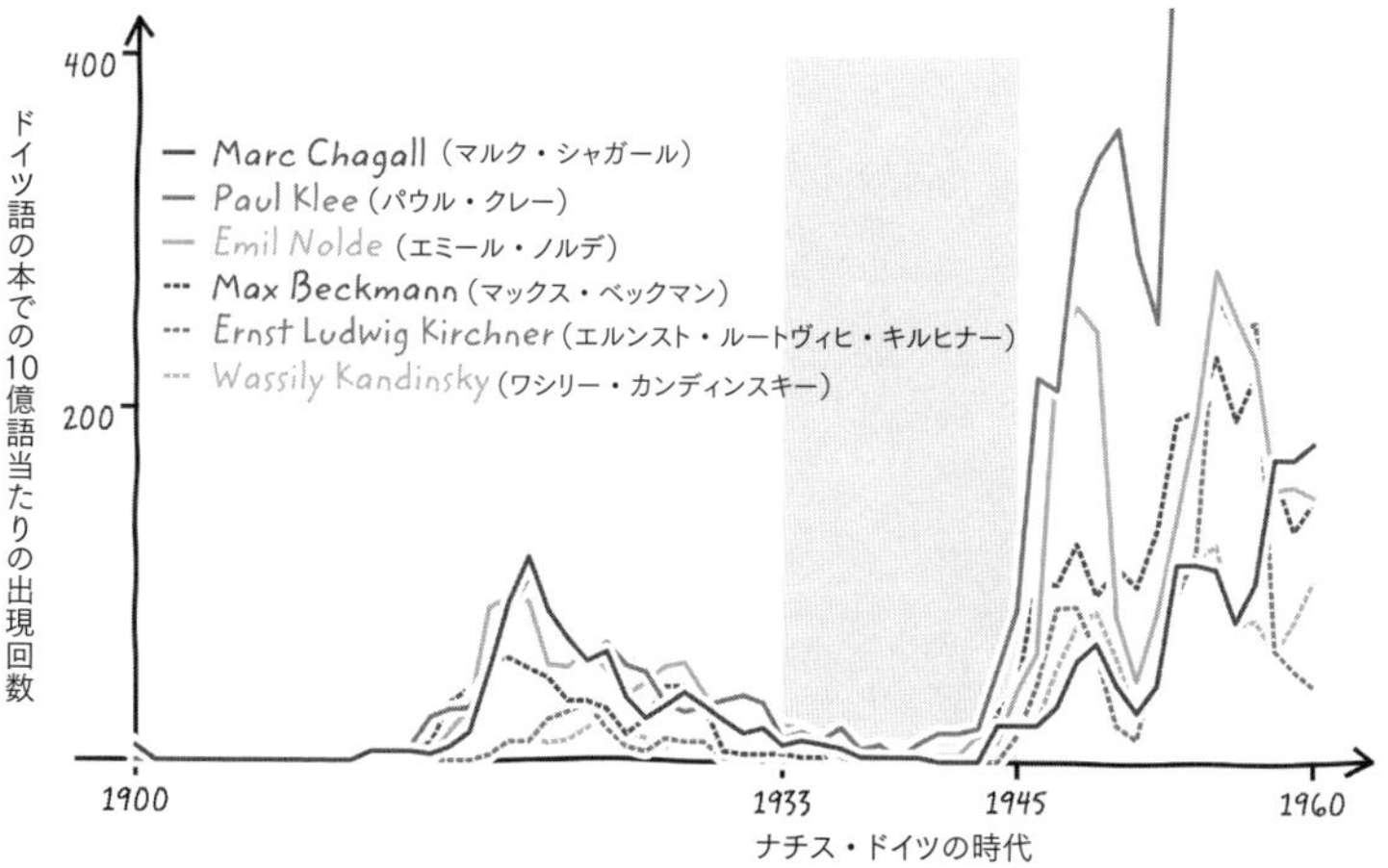

図5－2

一九三六年から一九四三年まで、われわれが分析したドイツ語の本の中でマルク・シャガールというフルネームが現われるのは一回だけなのだ。ナチスはシャガールを「殺す」ことには成功しなかった。それでも、彼らはシャガールを「消す」方法は見いだしたのである。

ナチス政権下の検閲の影響を測る

ナチス政権によるドイツ文化の操作はモダンアートの領域にとどまるものではなく、ドイツのあらゆる思想を方向づけた。ナチスが好ましくないと見なした観念はすべて抑圧の対象になったのである。思想に対するこの組織的運動の中で、早い段階で本が非ドイツ精神を一掃するための戦いの場となったのは当然だった。ヒトラーが宣誓して首相の座に就いてから一〇週間もしないうちに、戦いの火蓋が切られる。

ナチスの影響はドイツ社会に深く浸透しており、そのため第一撃を放つのに政府が直接手を下す必要はなかった。一九三三年四月、ドイツの主たる学生組織だったドイツ学生連盟は、ドイツ文化から好ましくない思想や観念を一掃するための全国的なキャンペーンを開始した。その数日後、学生連盟はかつてのマルティン・ルターの手法を意図的にまねて、「非ドイツ精神に反対する一二か条の論題」を列記したポスターをドイツ全土に貼り出した。[19] その第七条には次のようにあった。

われわれドイツ学生連盟はユダヤ人をよそ者と見なし、ドイツ国民の伝統に敬意を抱くべきだと考える。それゆえわれわれは、検閲担当官に以下のことを要請する。

ユダヤ人の著作はヘブライ語で発表されるべきこと。
もしドイツ語で書かれたものが登場したら、それらを翻訳物と見なすべきこと。
ドイツ文字の乱用に対して断固たる措置をとること。
ドイツ文字の使用はドイツ人に限ること。
非ドイツ精神を公共の図書館から一掃しなければならない。[20]

非ドイツ的なものを一掃しようというナチスの運動の虜《とりこ》となってしまった学生たちは、ドイツが抱えている諸問題の根源はとりわけ図書館にあり、具体的には「非ドイツ精神」を反映した本の形をとっていると信じるようになった。だが、彼らには問題があった。周知のように、図書館にあるすべての本を読んで内容を知ることなどできるわけがないのだ。どの本が「非ドイツ精神」を反映しているかを知るにはどうすればいいのか？
そのために学生たちに必要だった人物が、一九三一年にナチスに入党したヴォルフガング・ヘルマンという司書だった。無名で職に就けない期間も長かったヘルマンは、何年もかけて図書館の蔵書を虱潰《しらみ》しに調べ、道徳的に悪影響を及ぼすと考えられる本をリストにまとめていた。彼はとりつかれたようにこの作業をきわめて綿密に推し進め、政治家、文芸作家、哲学者、歴史家など、著者の職業ごとに好ましくない本のリストを作成した。[21]
こうしたヘルマンの奮闘も、ヒトラーによる権力の掌握とともにヘルマンへの関心が高まることがなかったら、どれ一つとして重要なものにはならなかっただろう。ヘルマンはベルリンの図書館の総点検を任務とする「浄化委員」に指名されたことで、「文学の売春宿」と呼んでいた施設に対する自らのキャンペーンを開始できる地位に就いた。ドイツ学生連盟はこの人物に目を向け、ヘルマンが綿密に準備して作成したリストを自分たちの運動に利用させてほしいと頼んだ。ヘルマンは喜んでリストを提供した。こうして数か月のうちに、ヘルマンは自分の思い通りに動かせる部隊を手に入れ、ドイツ全土の図書館が射程内に入ったのである。

一九三三年五月一〇日、非ドイツ的書物を一掃するキャンペーンは最初の頂点に達した。ヘルマンのリストと松明《たいまつ》を手にした学生たちが、ドイツのほとんどの大学都市で非ドイツ的な本に対する抗議のデモを行なったのである。彼らは書店、貸本屋、学校を襲い、強奪した数万冊の本を炎の中に投げ込んだ。ベルリンではゲッベルス本人が学生たちを指揮した。彼は「ユダヤ人の知識を偏重した時代はいまや終焉を迎えた……これからのドイツ人は、知性の面のみならず品格の面でも秀でることになる」と宣言した。五月末には焚書はドイツ全土に広がっていた。ゲシュタポに押収された本は、重さにして五〇〇トンにもなった。焼かれた本の中にはカール・マルクス、F・スコット・フィッツジェラルド、アルベルト・アインシュタイン、H・G・ウェルズ、ハインリヒ・ハイネらの著作が含まれていた。ヘレン・ケラーの著作が入っていたことは言うまでもない。

しかも五月に各地で行なわれた焚書でさえ序章でしかなく、ナチスによるドイツ国内の本に対する攻撃はその後も続いた。ヘルマンはリストを常に更新していた。問題視された著者の数は一九三三年の約五〇〇人から一九三八年には数千人にまで膨れ上がり、ヘルマンのリストは、ナチ政権に後押しされて絶えず拡大していくブラックリストの中核部分となった。本への攻撃が継続したことで壊滅的な影響がもたらされた。図書館の歴史を研究している司書のマーガレット・スティーグ・ドルトンは、ドイツの工業の中核都市、エッセンの公共図書館では、ナチス政権登場以前に保有していた蔵書の六九パーセントが一九三八年までに姿を消してしまったと見積もっている。[22] 姿を消した本の中には、貸出しの需要がきわめて大きかったものが多数含まれている。インターネットのなかった時代にあっては、これほど多数の情報源が姿を消してしまった影響は、いまでは想像もできないほど大きかった。

　ナチスが創り出した社会では、今日のわれわれにとってきわめて重要な思想や観念の多くが人々の会話の中から消えてしまった。それがどんな社会だったかを思い描くのは難しくても、nグラムを利用すれば、ナチスの検閲キャンペーンがどれほど効果的だったかを統計的にうかがい知ることができる。図5－3は、ヘルマンのさまざまなブラックリストにあげられた著者の知名度（名声）

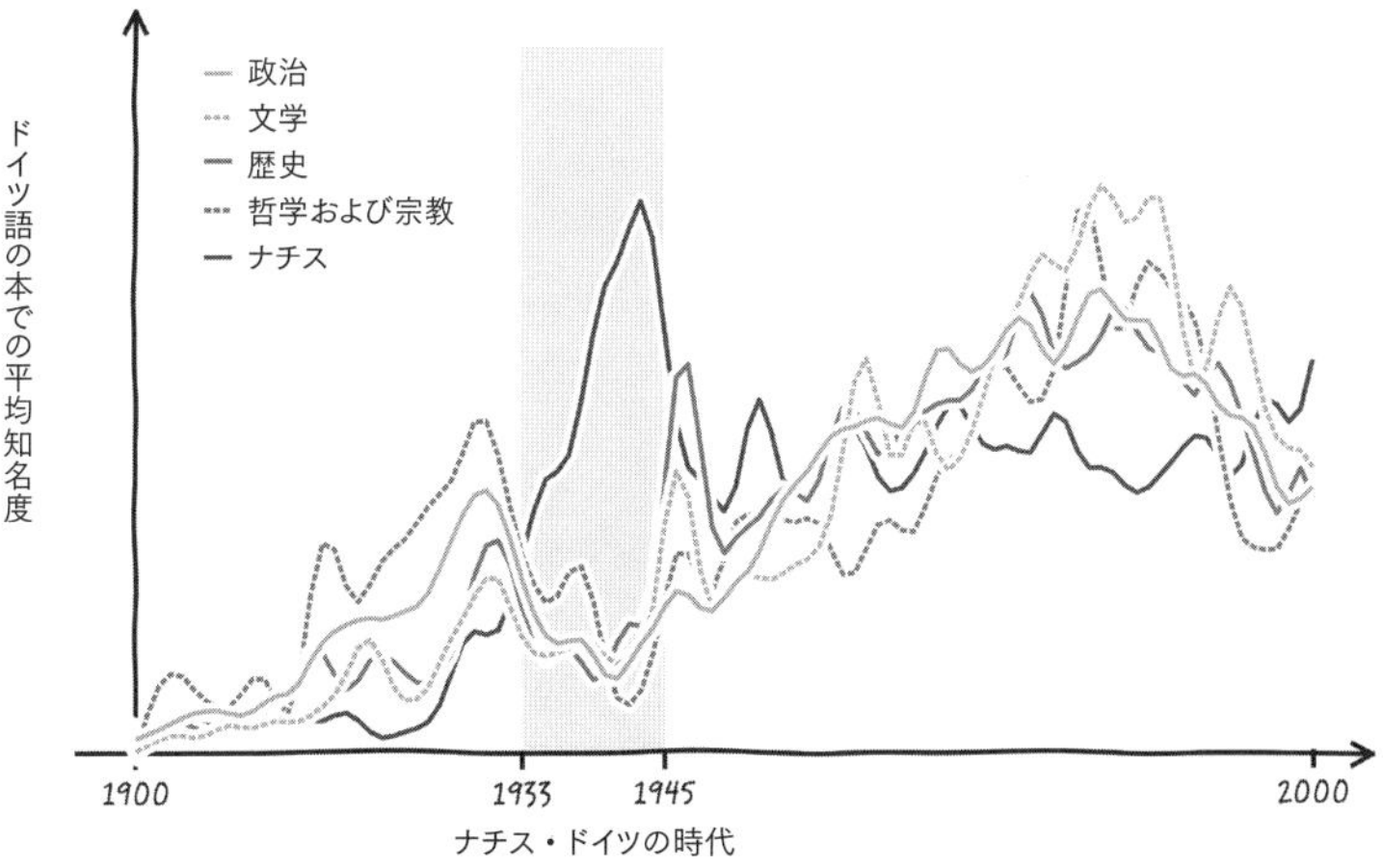

図5－3

の変化を示している。比較のために、図にはナチスの「著名人」のそれも示してある。

ドイツ語の本の中での名前の出現頻度で見る限り、ヘルマンのブラックリストにあげられた知識人とナチスに連なる人々の知名度の変化に著しい相違があることは一目瞭然である。その変化の仕方は、ナチスによる抑圧がどれほど効果的だったかを恐ろしいほどはっきり示している。

これ以外にも言えることがある。意外かもしれないが、ヘルマンのキャンペーンはすべての職種の著者に等し並みに効果があったわけではないのだ。たとえば、哲学と宗教関係の本の著者の知名度は、第三帝国が存続していた期間に四分の一にまで低下している。政治を題材にした著者の知名度は同じ期間に二分の一になっている。哲学と宗教関係の著者よりましだが、それでも下がり方には著しいものがある。これらとは対照的に、同じブラックリストにあげられていても、歴史家が受けた影響は限定的である。知名度は一〇パーセントほど下がっただけなのだ。このようにnグラムを利用すれば、思想や理念に対してナチスが仕掛けたキャンペーンの概要をこれまでより鮮明に理解することができる。

ソ連、アメリカ、中国での弾圧と検閲を測定

ナチス政権下のドイツは、政治と文化に大規模な抑圧が加えられた典型的な例で、証拠による裏づけがもっとも得られている例でもある。ナチス政権下のドイツは極端な例だが、唯一無二の例だとはまず考えられない。ビッグデータは強力なサーチライトさながらに、世界のさまざまなところで起きた弾圧や抑圧の姿を浮かび上がらせてくれる。中には、考えたくもないかもしれないが、思いのほか身近な場所で起き

たケースもある。

ソ連の樹立につながったロシア革命を主導した数年後、レーニンは脳梗塞に見舞われ、政治を主導できなくなった。すぐに権力闘争が始まる。当初は、ボルシェヴィキを指導したレオン・トロツキーがあとを継ぐと考えられていた。だが、やはり革命の英雄だったヨシフ・スターリン、グリゴリー・ジノヴィエフ、レフ・カーメネフの三人がトロツキーを貶めるために手を組んだ。彼ら三人組《トロイカ》の策略は見事に功を奏し、トロツキーは第一三回共産党大会で公然と非難され、三人組がトロツキーに代わって党を支配することになった。スターリンはトロツキーの力を削いでしまうと、今度は陰謀の仲間への攻撃を開始する。トロイカ体制は一九二五年に解消され、スターリンがソ連の唯一の指導者になったのである。

だがスターリンは、自分の地位が上がるだけでは満足しなかった。絶対的権力を手中に収めようとする中で、スターリンはライバルになる可能性のあるすべての人物を弾圧するための組織的キャンペーンを開始し、長年来の敵も最近親しくなった友人も等し並みに片端から追放してしまった。ジノヴィエフやカーメネフなどは孤立を余儀なくされ、党籍を剥奪された。さらに彼らは裁判にかけられ、「大粛清」の名で呼ばれる出来事の中で一九三六年に処刑された。当時トロツキーはすでにメキシコに亡命していたが、ソ連の裁判と同時期に開かれた欠席裁判で死刑を宣告された。彼の余命はいくばくもなかった。一九四〇年、スターリンは判決どおりの死刑を執行するために、暗殺者ラモン・メルカデルをメキシコに送り込んだ。ロシア革命の英雄だったトロツキーは後頭部を斧で打ち砕かれて落命した。

とはいえ、ここに提示した話でさえ、スターリンが政敵に加えた攻撃の全貌を描き出してはいない。スターリンの目標は単に彼らを抹殺することにあったのではない。スターリンが望んでいたのは、抹殺した政敵たちの功績の記録を一掃するとともに、彼らをソ連国民の記憶から消し去ることだった。そうすれば、自分だけが革命を主導した英雄として歴史に残ることになる。スターリンのこの目論見はおおむね成功した。[23]
粛清が開始されてからほぼ半世紀の間、トロツキー、ジノヴィエフ、カーメネフをはじめとする多数の人々が革命で果たした貢献は、非常に矮小化されたり無視されたりした。ロシア語の本の中でのトロツキー、ジノヴィエフ、カーメネフの出現頻度を示した図5－4からわかるように、三人の知名度は大粛清の直後に急激に低下している。一九五三年のスターリンの死も、ニキータ・フルシチョフによる一九五六年のスターリンおよび大粛清への批判も、彼らを歴史上のしかるべき地位に復帰させることはなかった。彼らの名誉は最終的には不完全ながらも回復されるが、それはスターリンの死から何十年もたってからのことだった。

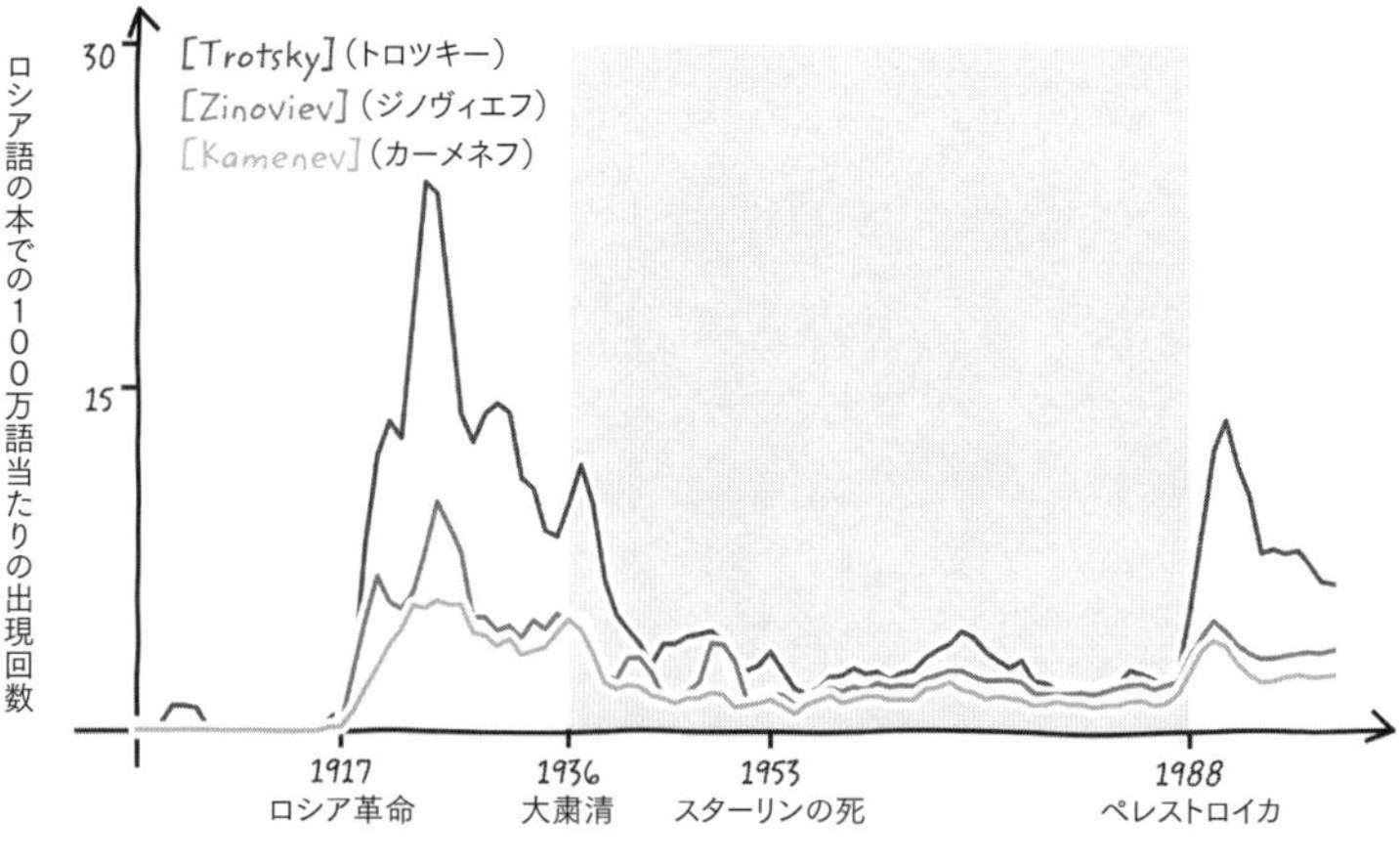

図5－4

ロシア語の本の中での彼らの名前の出現頻度が跳ね上がるのは、ミハイル・ゴルバチョフがペレストロイカ（改革）とグラスノスチ（情報公開）を断行した一九八〇年代後半になってからなのである。

これら古参の共産主義革命家たちとその過激な思想を恐れたのはスターリンだけではない。第二次大戦後のアメリカでは、共産主義への不安が高まっていた。合衆国に共産主義者はいるのか？　いるとしたら、どこで何を企んでいるのだろう？　適切な調査ができるように、議会の下院は一九三八年に設置された特別委員会を一九四五年に常任委員会に昇格させた。それが「連邦下院非米活動委員会」である。

非米活動委員会は映画産業が他国による不法なプロパガンダの場になりかねないことを恐れており、そのため、重点的調査の一つにあげられたのが、ハリウッドに共産主義者の影響がどこまで及んでいるかだった。一九四七年の聴聞会は、委員会に好意的な証人の話を聞くことから始まった。いずれもハリウッドの名士で、委員会がその愛国心をまったく疑問視していなかった人物である。ウォルト・ディズニー、ロナルド・レーガン（のちの大統領も、このときは俳優組合の会長にすぎなかった）らの何人かは、共産主義者が映画産業に及ぼしている影響がいかに大きいかを語った。委員会が次に証人として喚問したのは、委員会に好意的とは言えない人々だった。いずれも共産主義者の疑いがあった人物で、委員会は、彼らが知っている情報をつまびらかにして関係者の名を「ばらす」のを期待していたのだ。大半は重圧に抗しきれず、証言することに同意した。だが、一〇人は証言を拒否した。アルヴァ・ベッシー（脚本家）、ハーバート・ビーバーマン（制作者、監督）、レスター・コール（脚本家）、エドワード・ドミトリク（監督）、リング・ラードナー・ジュニア（脚本家）、ジョン・ハワード・ローソン（脚本家）、アルバート・マルツ（脚本家）、サミュエル・オルニッツ（脚本家）、エイドリアン・スコット（制作者、脚本家）、ドルトン・トランボ（脚本家、監督）の一〇人である。彼らの多くは映画界ですばらしい仕事をしており、アカデミー賞の受賞者さえいた。いまでは彼らは「ハリウッド・テン」と総称されている。[24]
議会での証言拒否を理由に、ハリウッド・テンは議会侮辱罪の容疑で法廷に召喚された。さらに悪いことに、アメリカ映画制作者協会と独立映画制作者協会の代表四八人（その中にはMGMのルイス・B・メイヤーとサミュエル・ゴールドウィンも入っていた）が非米活動委員会の動きに加わった。彼らは、反共産主義者であるとの評判を高めようと躍起になっていた。ニューヨークで会合を開いた彼らは声明を発表し、「容疑が晴れるか、もしくは自ら議会侮辱罪を償い、誓って共産主義者ではないと宣誓しない限り」、ハリウッド・テンには自社の仕事をさせないと宣言した。[25]
声明文とともにブラックリストも作成された。そのため、ハリウッド・テンに加え、のちにはさらに多くの人物がアメリカ国内で仕事を見つけることができなくなった。一〇年以上もの間、ハリウッド・テンのだれ一人、大手映画会社が制作する映画に参画できなかったのである。このことが彼らの人生と経歴に直接的かつ破滅的な影響を及ぼした（図5－5参照）。
赤狩りを主導した上院議員のジョーゼフ・マッカーシーの評判が失墜した後の一九五〇年代半ばになってようやく、下院非米活動委員会の影響力にも翳りが見えはじめた（マッカーシーの目標は非米活動委員会のそれと類似している場合が多かったが、彼は下院の議論を主導する上では何の役割も演じていない）。一九五九年に前大統領のハリー・トルーマンはこうした情勢の転換を強調するかのように、非米活動委員会は「今日のわが国にとって、もっとも非アメリカ的なものだ」と宣言した。[26]国民の共感を得られなくなって、例のブラックリストの意味がなくなるのは時間の問題だった。結局、ブラックリストは一九六〇年に破棄された。その同じ年、ハリウッド・テンの一人だったドルトン・トランボは、いみじくも『栄光への脱出』〔原題はExodus〕と題された映画の脚本を担当して力量を認められることになった。ハリウッドを追放された人々がふたたび「約束の地」へ戻ってきたのだ。

歴史を振り返れば、弾圧や抑圧の事例はいくらでもあり、次から次に例をあげて延々と語りつづけることができる。だが、こうした事件は現代でも頻繁に起きていて、もしかすると昔より増えているかもしれない。現代の弾圧事件の代表的な例は、北京の天安門広場の、いわば負の遺産になっている。

とりわけよく知られた弾圧事件の二つが、天安門広場で起きたことは記憶に新しい。

一つは、共産党内で発言力を増していた紅青らのいわゆる四人組が、天安門広場での抗議と追悼の集会を武力で弾圧した一九七六年の四五天安門

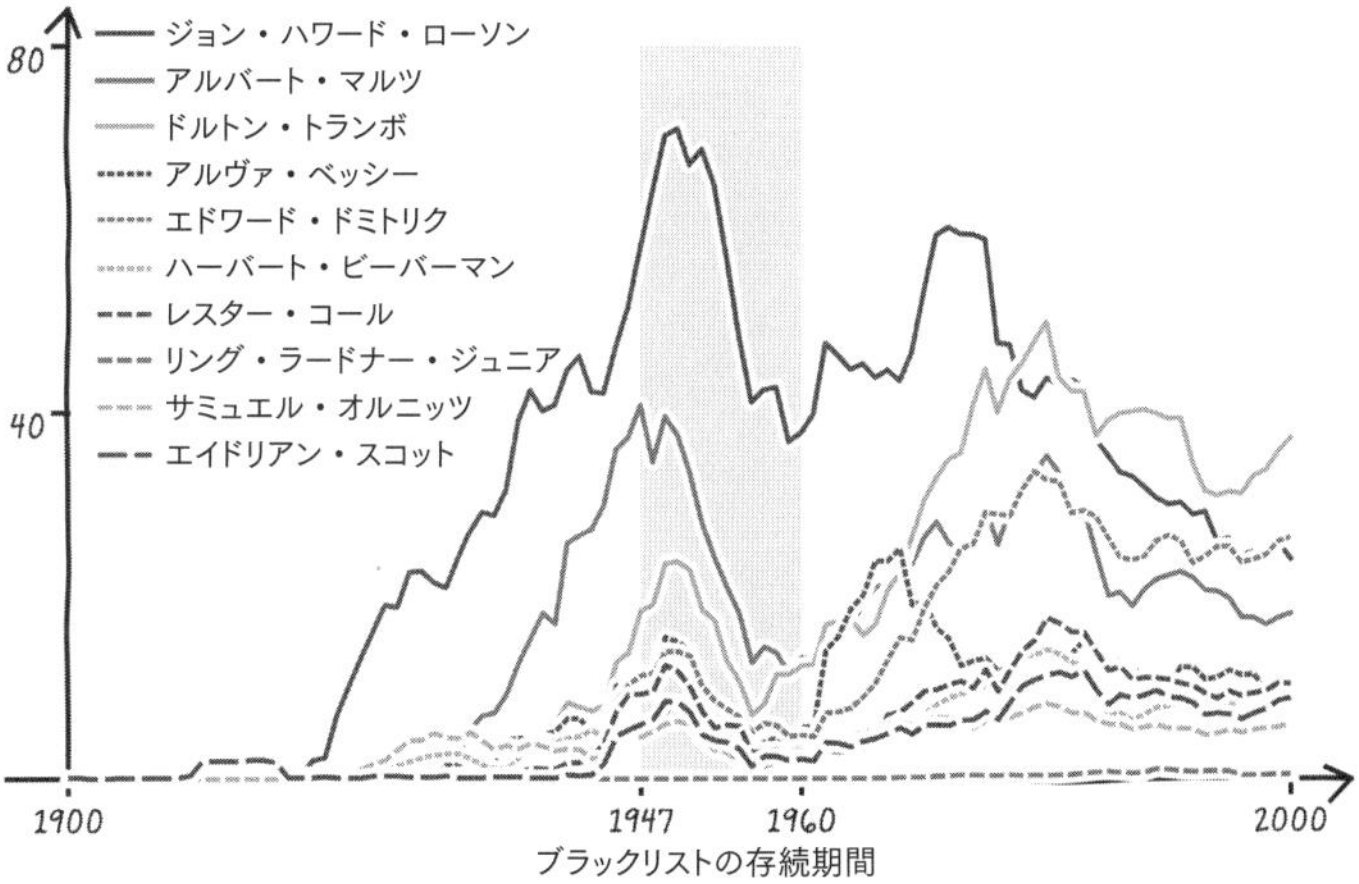

図5-5

事件（四五は事件が起きた四月五日を表わす）である。広場には、尊敬を集めていた周恩来首相の死を悼むために約一万人が集まっていた。広場は警察と軍の武力によって制圧されたが、その際、死者は一人も出なかったとされている。四五天安門事件は中国語のｎグラムの記録に大きな痕跡を残していて、事件直後に中国語の本での「天安门」への言及は急激に増加している（図5－6を参照）。

四五天安門事件よりさらに眉をひそめたくなる――西欧諸国から見てのことだが――のは一九八九年の六四天安門事件（この六四も事件が起きた日付、六月四日の意）で、このときには多数の人命が奪われた。[27]今回の事件のきっかけは前総書記、胡耀邦の死去で、その死を追悼するために集まった学生たちは広場を占拠した。悲しみを表わすための集まりは今回も民主化を求める抗議へと性格を変え、最終的には一〇〇万人近くが列に加わったと伝えられている。中国政府は北京に戒厳令を

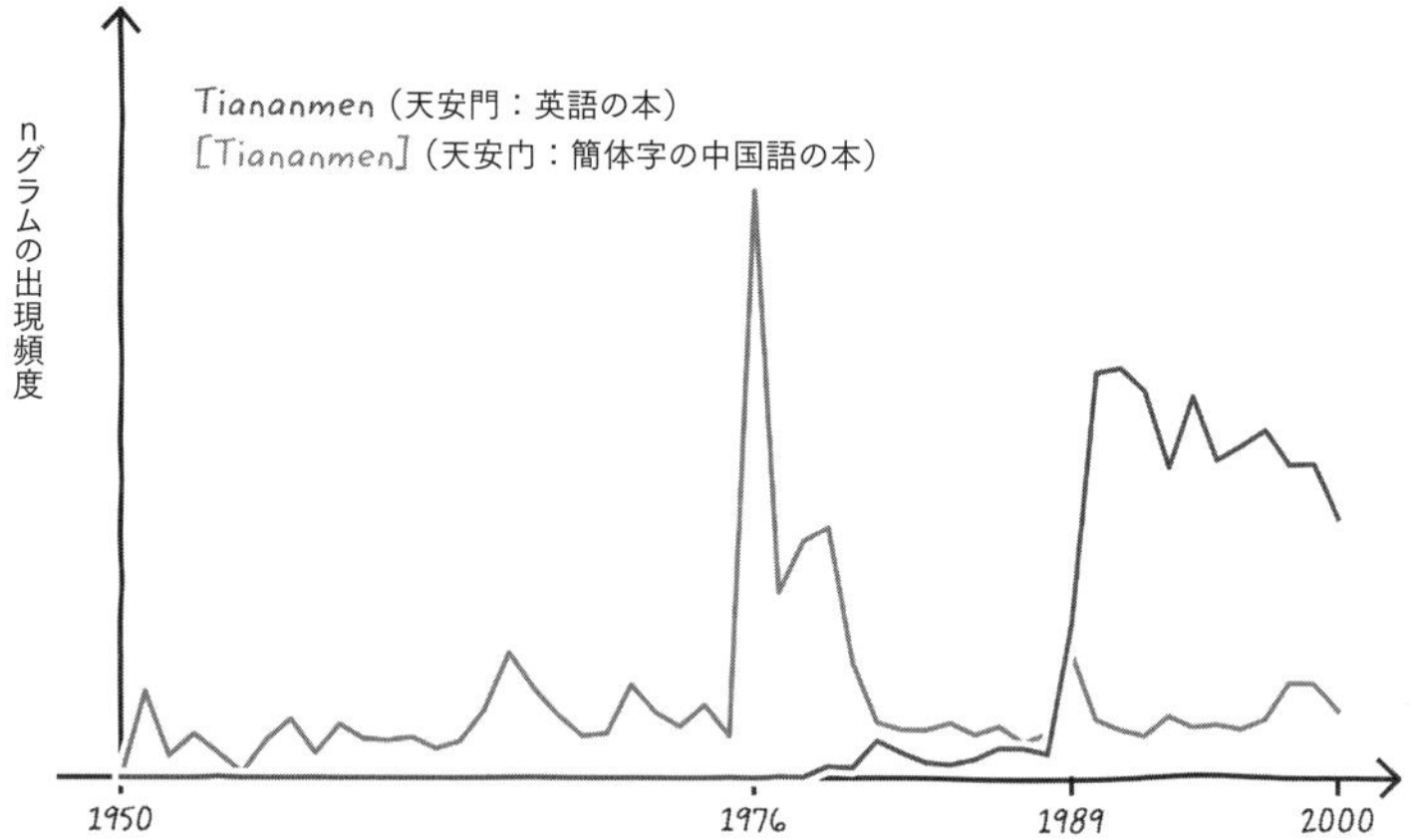

図5－6

敷き、三〇万人規模の部隊を首都北京に投入して対応した。部隊は六月四日に広場に突入し、武力によるきわめて暴力的なやり方で広場を制圧した。正確な数字は現在でも不明だが、数千人が殺されたと考えられている。

一九八九年に天安門広場で起きた大虐殺は、本来なら、中国のすべての反体制派の人々の標語となってしかるべきである。六四天安門事件は対立の火種として、その痕跡を中国文化の中にはっきり残していて当然なのだ。

だが、現実はそうなっていない。

事件後の政府の対応は素早く、すぐに組織的な検閲と言論統制に乗り出した。その広がりの速さと効果の大きさには驚くべきものがある。事件から一年もたたないうちに、数多くの出版社が出版禁止処分を受け、新聞の一割が休刊を余儀なくされた。現在にいたるまで、印刷物で六四天安門事件を取り上げるにあたっては、事件に対する政府の見解に沿った内容になっていることが求められている。組織的で広範なインターネット検閲活動の一環として、デジタルメディアも当局によってつねに内容が監視されている。その検閲体制は、「万里の長城」(Great Wall) になぞらえて「防火長城」(Great Firewall) の名で呼ばれることも多い。*Tiananmen*(天安門)を検索すれば、当局から問題視される部分を注意深く削除してある結果がずらりと並んでいるのを目にするはずだ。グーグルは二〇〇六年から二〇一〇年まで、中国政府に不都合な情報の遮断に同意して当局の取り組みに参与していたが、その後協力関係を破棄して中国から撤退した。こうした検閲の結果、現在の中国の若者の多くは、一九八九年六月四日に何が起きたのかを知っているとしても、その知識はごくわずかなものでしかない。質問された北京大学の学生たちは、天安門広場へ通じる道路で中国軍戦車の車列の前に立ちはだかった果敢な反逆者、中国以外の国では象徴になっているあの「戦車男《タンクマン》」の写真さえわからなかったらしい[28]。

図5－6を見ると、西欧では一九八九年の事件後に天安門への言及頻度が急上昇している。中国国内では束の間、関心が高まったとはいえ、一九七六年の四五天安門事件の時には遠く及ばず、その後は通常の状態に戻っている。

六四天安門事件は中国現代史における重要な出来事の一つである。だが当の中国では、少なくとも実際に活字になった出版物の中では、だれもこの事件を一度も論じていない。多くの人は事件があったことすら知らない可能性がある。悲痛な思いにさせるこの図は、現代中国の検閲体制がいかに大きな効果をあげているかを冷厳に示す証拠である。

検閲や抑圧をビッグデータで自動検出する

検閲や抑圧・弾圧といった行為は、どの地で行なわれているかにかかわらず、特徴的な痕跡を残す場合が多い。特定の語や言葉が突然メディアに登場しなくなるのだ。このような語彙の欠落は、出現頻度の統計的データに顕著に現われる場合が多いので、何が抑圧の対象になっているのかを解明する一助として、ビッグデータの「数の力」を利用することができる[29]。

この手法の仕組みを理解するために、ナチス・ドイツの時代に戻ってみよう。ここでの目標は、一九三三年から一九四五年までの第三帝国の時代に、知名度（名声）がシャガールと同じように下がった人物を探すことである。知名度の下落の大きさは、ある人物の第三帝国時代の知名度と第三帝国成立前および消滅後の知名度を比較すれば、数値として表わせる。たとえば、ある人物の名の本の中での言及頻度が一九二〇年代と一九五〇年代は一〇〇〇万語当たり一回だったのに、ナチス政権下では一億語当たり一回だったとすれば、知名度は一〇分の一に下がったことになる（下落の大きさは一〇という数値で表わせる）。これは、その人物の名前が検閲の対象となって削除されたか、当人が何らかの形で抑圧されていたことを示唆している。逆に、一〇〇〇万語当たり一回だった言及頻度がナチス政権下では一〇倍の一〇〇〇万語当たり一回に上昇していれば、その人物は政府による宣伝の恩恵を受けていた可能性がある。このように、ナチス政権下での知名度とその前後の時代での知名度を比較すれば、さまざまな人物の名を取り上げて、それぞれに知名度の下落の大きさ、ないしは上昇の大きさを表わす「抑圧スコア」を割り当てることができる。

こうしておけば、次はこの抑圧スコアが、社会的に抑圧されていた人物を割り出すのに一役買ってくれる。

この「抑圧自動検出法」を第二次大戦中に存命だった数千人の著名人の名前に適用して作成したのが、図5－7である。図には二つのグラフが描かれている。一つは英語の本をもとにして得られた抑圧スコアを示している。図を見ればわかるように、英語の本では大半の人物の抑圧スコアが、知名度に変化がなかったことを意味する1の近くに集まっている。抑圧スコアが5を超える人々は、1を挟んだどちらの側でも一パーセントに満たない。こちらのグラフには何も特別なものはない。英語の本での結果は一般的に見られるもので、ほとんどの言語でほぼ時代を問わず認められるものと非常によく一致している。

もう一つのグラフはナチス時代のドイツ語の本での結果を示している。こちらは先ほどのグラフとはかなり異なっているように見える。一つは、中心が抑圧スコアの1の位置になく、わずかとはいえ左に移動していることだ。これは、大半の人が少なくとも多少はナチスから抑圧されていたこと、さらに、大多数はナチス政権時代に知名度がかなり下がったことを意味する。だが、違いは中心の移動だけではない。全体の分布も先ほどのグラフより広くなっていて、きわめて大きなスコアが含まれている。グラフの右端に位置するのは少数だが、ここを見れば、だれがナチスの宣伝の恩恵を受けたかがわかるはずである。とはいえ、大きな抑圧スコアをもつ人物の大半は左端に位置している。取り上げた数千人の著名人の一割は知名度が一〇分の一以下に下がっている。

　グラフの左側に登場する名前にはピカソが入っている。芸術、建築、デザインの分野におけるバウハウス運動の創始者、ヴァルター・グロピウスもしかりである。さらに、グラフのずっと左に行くと、ナチスを公然と非難したプロテスタントの牧師、ヘルマン・マースの名がある。彼はユダヤ

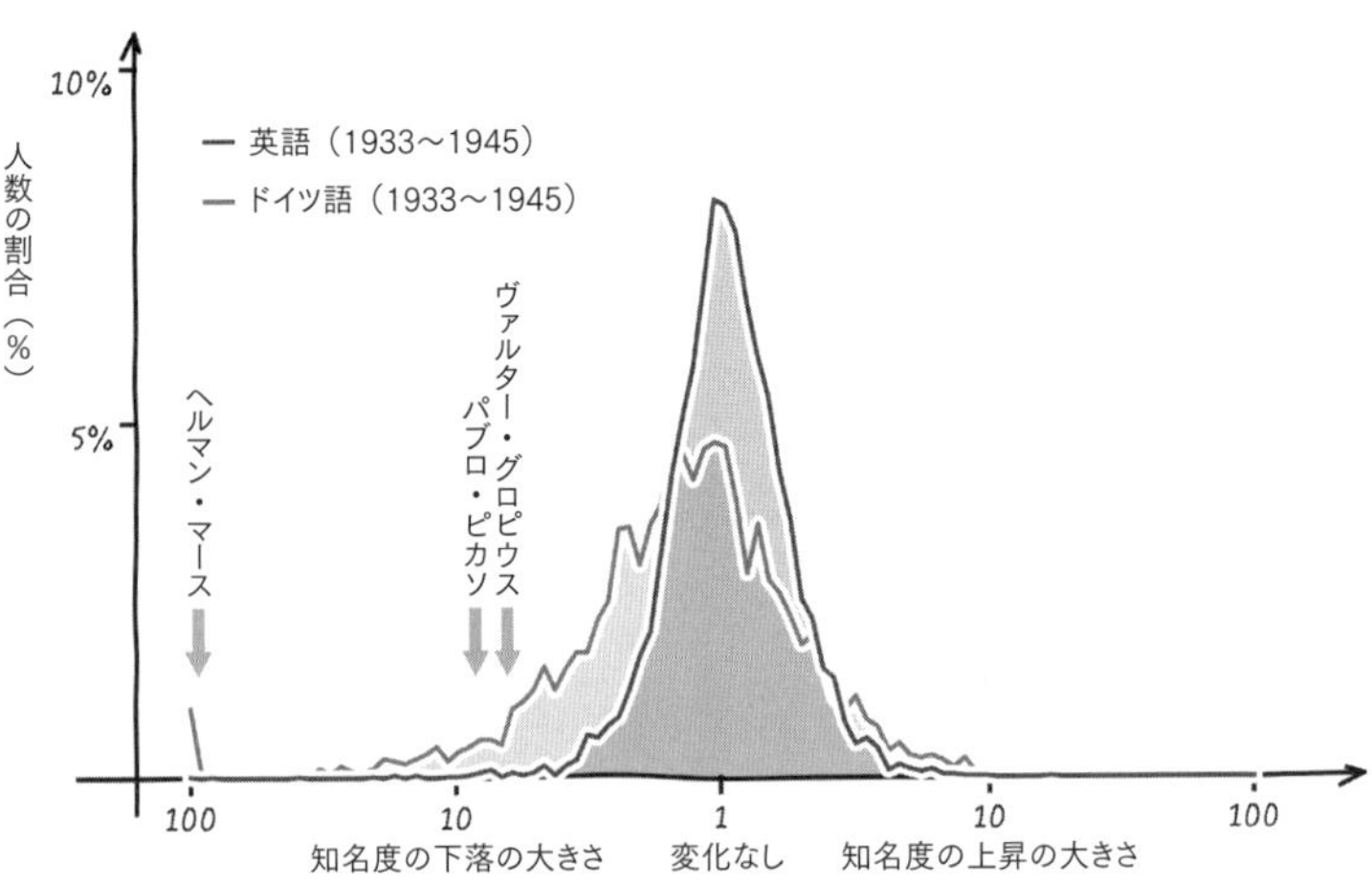

図5−7

人が出国ビザを取得してドイツを逃れるのにも手を貸した。そうした活動のゆえに、マースはナチスによる組織的な個人攻撃の目標になった。もちろん、マースの人並みはずれた英雄的行為に注目したのはわれわれが最初ではない。ナチス・ドイツによるホロコースト（ユダヤ人の大量虐殺）を追悼するために建てられたイスラエルの国立記念館「ヤド・ヴァシェム」は、一九六四年にマースを「諸国民の中の正義の人」の一人と認め、身の危険を冒してユダヤ人を守った非ユダヤ人として顕彰した。

グラフを作成したわれわれは、ヤド・ヴァシェムの女性研究者にある要請をした。歴史学者がふだん使っている手法だけを利用して、どんな人物の名前がグラフのどちらの端に来るかを彼女なりに判断してほしいと頼んだのだ。その際、彼女にはわれわれのデータや得られていた結果はもちろん、依頼の意図さえ伝えなかった。渡したのは前述の著名人のリストだけである。にもかかわらず、彼女が出した答えはほとんどの場合、われわれが得ていた結果と一致した。

したがって、統計的データを利用して検閲や抑圧の存在を検出するわれわれの手法から得られる結果は、表面的には、歴史家が使っている従来の手法で得られる結果と何も変わらない。しかし従来の手法とは違って、われわれの方法ならコンピューターによってほぼ瞬時に分析が行なえる。

検閲や抑圧が行なわれていることを自動的に検知するこうした手法の研究は、現代の日常の暮らしに資する大きな可能性を秘めている。検閲や抑圧の影響、さらには日々接している情報によくある内容の偏りを突き止めることができればいいのに、と思っている人は多いはずだ。現在、検閲を監視している組織は社会に貢献するために、重要な領域や重要なテーマに関してメディアが伝えている内容を注意深く読み、「落とされている」情報を浮き彫りにしようとしている。とはいえ、ますます多くの情報が生み出されているために、すべてに目を通すのは不可能だし、重要な部分だけに絞ってすら、全部を相手にするのは不可能になっている。別の方法が必要なのは間違いない。その強力な代替手段の一つがビッグデータの活用である。

興味深いのは、近年になってウィキペディア(Wikipedia)が、記述内容の偏向を見つけるためにビッグデータをもとにした手法を利用しはじめたことだ。寄稿者の大半が男性という事情によるのだろうが、かねてからウィキペディアの記述には女性に対する偏見が見られるとの議論があった。もっとも、そうした主張が根拠にしていたのは、主として間接的な証拠だった。しかし、新たな取り組みの中では、統計的な手法とnグラム・データにもとづく証拠も議論の場に持ち出されている。その目標は、問題のある記述の仕方や項目を明らかにして、欠陥が是正されるようにすることにある。

現時点では、このような手法の適用はウェブサイトに限られており、従事しているのも大半は、その活動が正しいと信じているボランティアである。それでも将来は、こうした活動は範囲を広げて、政府に公明性を守らせ、国民や思想、信条、理念などの自由を守りつづける上でも有効なものになるだろう。

抑圧の網を通り抜ける

数年という短い期間のうちに、ナチスは優れた思想の多くを一掃するという目標に向かって、かなり大きな成果をあげた。モダンアートを嫌悪したナチスは多くの作品をドイツ国民の目から隠した。唯一の例外となったのは、評価を貶めるために催した退廃芸術展での展示である。シャガールなどのモダンアートの作家たちは、ヨーロッパを追われるか引退を余儀なくされるかで、殺害された者さえいる。モダニズムを追い求める芸術運動は事実上ドイツから姿を消した。

だとすると、ヘレン・ケラーが公開書簡で述べたあの意見、「思想を抹殺することができると考えているなら、あなたたちは歴史から何も学ばなかったことになる」をどう評価したらいいのだろう？

一面では、あらゆる思想はどんな時代をも生き延びてきたからこそ、いま、それらについて語ることができるのは確かである。その半面、それが当然の成り行きだと言い張るのはいささか安易にすぎる。ヒトラーは戦いに敗れた。しかし歴史の展開が異なっていれば、自身の好まない思想を弾圧しようとしたヒトラーの組織的運動も違った展開になっていたかもしれない。

さらに、抑圧や検閲を論じても、抑圧する側の策略がもたらした想定外の結果に言及しなければ、議論は完全なものにはなりえない。たとえば、ナチス支配下のドイツに住んでいる若手の画家を想像してみよう。その画家は周囲の社会から非常に大きな圧力を受けていたにもかかわらず、モダンアートへの関心を持ちつづけていたとする。だとすれば、その画家は憧れの画家たちの作品が多数展示されている退廃芸術展に魅了されただろう。展示場は一種の教室と考えることができる。非常に大きい部屋で、内部はとても騒々しいが、それでも超一流の芸術家が指導してくれる教室なのだ。

実を言うと、これとそっくりな話が実際にあったのだ。一九三六年にやっとのことでベルリン芸術アカデミーへの入校を認められたシャルロッテ・サロモンは、アカデミーで唯一のユダヤ人学生だった。彼女は同アカデミーから賞さえ授与されたが、のちにその栄誉は「人種を理由として」撤回された。サロモンはモダンアートに大きな関心をもっていたので、ドイツ各地を巡回していた退廃芸術展がベルリンで開催されると、彼女にとってそれはモダンアートの作品にじかに触れるまたとない機会になった。何と言っても、ナチスはモダンアートの最高傑作に属す世界的名作を多数集めただけでなく、好都合なことに、サロモンがすぐに足を運べる場所に並べてくれていたのだ。さらに幸いなことに、退廃芸術展は数か月間ぶっ通しで開かれていたから、嘲笑している大勢の来館者のことなど意に介さずにいられれば、開催期間中ずっと鑑賞することが可能だった。

サロモンは退廃芸術展に展示されている作品に大きな刺激を受けるとともに、作品から多くのことを学んだ。のちに彼女はモダンアートのさまざまな手法を巧みに駆使して、自伝を生み出した。それは、二〇世紀に書かれた自伝の中でもとりわけ注目に値する作品となった。それまでには、彼女の母、おば、祖母はみな自ら命を絶っていた。サロモンの回想——三人称で語られ、シャルロッテという名の少女の謎めいた架空の物語という形をとっている——の中では、彼女の分身は重い決断に迫られて苦しんでいる。「自殺を選ぶか、何かとびっきり大きなことを始めるか」を決断しなければならないのだ。

サロモンの自伝を見れば、彼女が第三帝国の闇の中で懸命に生き、ひたむきに芸術を学ぼうとしていたのがよくわかる。特筆しなければならないのは、この自伝が七六九点の絵を介して語られていることで、文章はそれぞれの絵の表と裏に書かれている。サロモンは『人生？　それとも劇場？』と名づけた自伝の最後の部分で先ほどの問題に答えを出し、どんなに数奇な人生でも死ぬよりはましだとの結論に達した。だが悲しいことに、ヨーロッパの広い地域がナチスの支配化におかれていた時代にあっては、最終決定権は彼女にはなかった。一九四三年、サロモンは子どもを身ごもったままアウシュヴィッツで人生の幕を閉じた。[30]

それでも、サロモンの死とともに彼女の作品もこの世から消えてしまったわけではない。『人生？　それとも劇場？』は最後には、戦争中はオランダに身を隠していた彼女の父と義理の母の手に戻った。その後すぐに、『人生？　それとも劇場？』は大変な作品だと認められた。以来、『人生？　それとも劇場？』は「アンネ・フランクの日記の絵画版」の名で呼ばれている。[31]
ヘレン・ケラーが書簡で述べたのとは違って、モダンアートの思想は自らの力で立ち上がってナチスの野望を打ち砕いたわけではないだろう。それでも、少なくとも部分的にはケラーの言ったとおりだった。ナチスはモダンアートを弾圧しようとして野蛮な取り組み——制作の禁止や作品の押収、作品の嘲笑、芸術家の殺害など——を実行したにもかかわらず、モダンアートの思想や理念を抹殺することはできなかった。モダンアートの思想や理念はそれこそ「無数の経路を通って浸み出てきた」だろうし、サロモンが退廃芸術展を訪れたケースのように、予想外のところから浸み出てくることもあっただろう。サロモン自身は殺されても、彼女の作品は最後には「人々の精神を刺激しつづける」ものになった。彼女が後世に残した証言——それは、モダンアートの巨匠たちの作品に魅せられた一人のモダンアートの画家が、モダンアートの言語を使って表現したものだった——はナチスの支配下を生き延び、ナチスが「すべての人から恨憎まれ蔑まれる」ものとなったことをはっきりさせる上で一定の役割を果たしたのである。
シャガールとサロモンは師と弟子の関係にあったが、二人が顔を会わせたことはない。それでもサロモンの死後何年もたって、シャガールは美術展で彼女の作品に接する機会があった。シャガールは深く感動した。彼は「いとおしむように」作品に手を触れた。「シャガールは心を動かされて言った。すばらしい、どれもみなすばらしい[32]」。

追記

一九四四年にドイツ軍がハンガリーに侵攻すると、ナチスは同国内のユダヤ人の殺害に着手した。毎日、一万人を超すユダヤ系ハンガリー人が貨車に乗せられ、強制収容所があるポーランドのアウシュヴィッツへ移送された。ナチスの手を逃れるために、エレツ・エイデンの祖父、祖母、おば、父は身を隠した。それでも祖父は、左腕と額に革の小箱《テフィリン》を巻きつけて、祈りを捧げるために毎日隠れ場所から外へ出てきた。テフィリンの中には、ユダヤ教の信仰告白をヘブライ語で書きつけた羊皮紙が入っている。ユダヤ教の祈禱の言葉を読み上げているところを見つかれば、究極の代価を支払うことになるかもしれない。そんな危険があるにもかかわらず、祖父は一日も欠かすことなくやり通した。

この章を執筆しているさなか、前述の四人のうち最後まで存命だったエレツの父が世を去った。彼は大切に保管してきた品をエレツに託した。エレツの祖父が戦争中に毎日身につけたテフィリンである。大事に守られてきたので、羊皮紙に書かれた文字は一〇〇年近くがたっているのに少しも損なわれていなかった。

思想や信条、信仰が浸み出てくる経路は、まさしく無数にあるのだ。

権利が権利を生む

概念は生物に似ていて、長期間にわたって途切れることなく受け継がれたり、広く行きわたったりする。また生物の突然変異と同じように、元の概念とは異なる概念が派生することもある。そのような概念の例の一つに*rights*（権利）がある。[33]
権利という概念には長い歴史があり、その起源はローマ帝国の時代の「市民権（ius civitatis）」にまでさかのぼる。ジョン・ロック（一六三二〜一七〇四）などの哲学者の説に後押しされた「基本的権利」という考え方は、イギリスの権利章典（一六八九年）、アメリカの権利章典（一七八九年）、フランスの人およぴ市民の権利の宣言（一七八九年）などの制定を

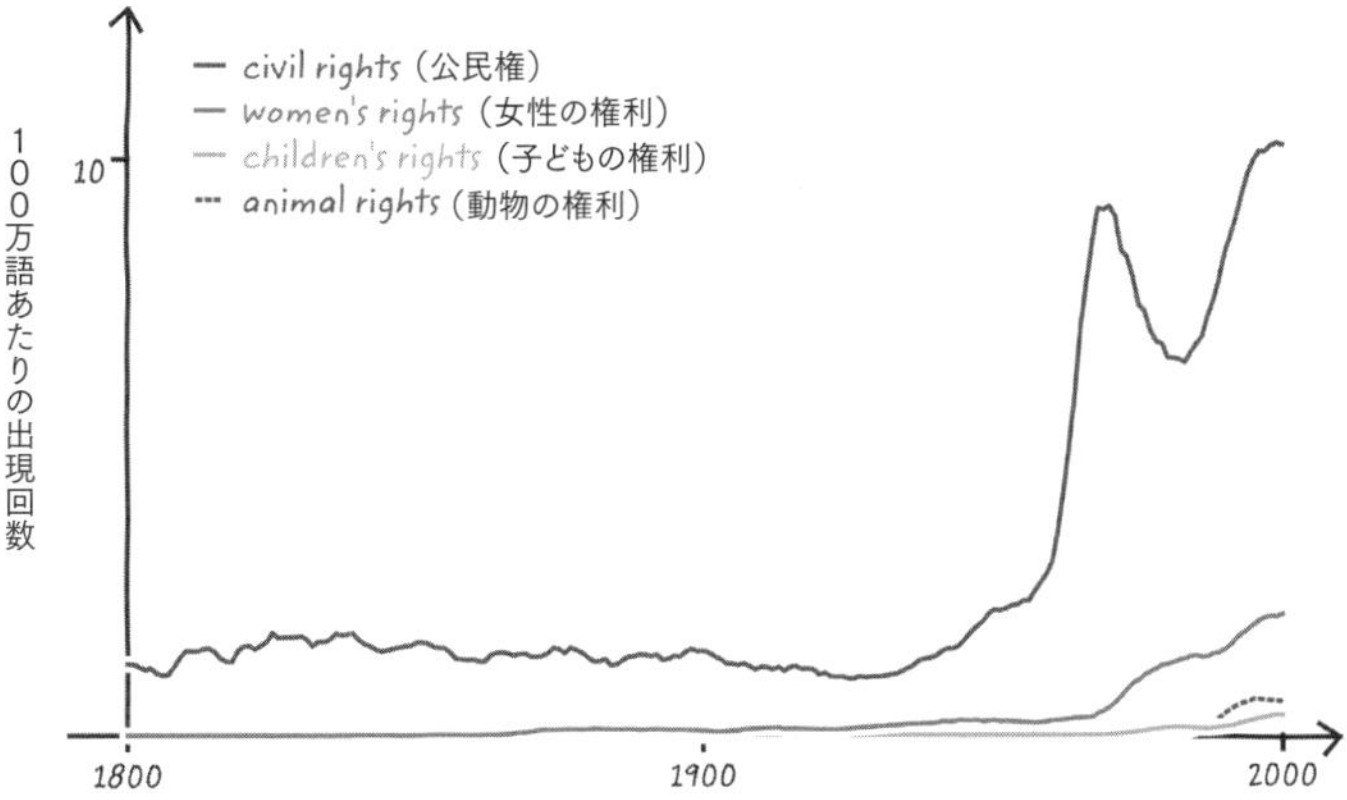

図5−8

通じて、一七世紀から一八世紀に多くの法体系の基礎をなすようになった。アメリカ合衆国では、*civil rights*（公民権）という概念は主として黒人の権利を指すようになった。黒人は、新たに誕生した国が人種的少数派をどう遇するかのモデルケースだったのだ。

公民権運動があげた成果に勇気づけられて、他のさまざまなグループが倫理的な問題を根拠に権利を要求する運動の隊列に加わった。*women's rights*（女性の権利）という概念は南北戦争後の一八六〇年代に初めて現われ、一世紀後の公民権運動の間に急速に広まっていった。最近は、*children's rights*（子どもの権利）と*animal rights*（動物の権利）が浸透しはじめている。現在では、悪をもって悪を征することは正当化されない（two wrongs don't make a right. ＝二つの悪事で一つの正義はつくれない）。しかし幸いと言っては何だが、悪事が多くなると権利を求める運動が起こるようになっている（too many wrongs do make a rights movement. ＝多すぎる悪事が一つのライツムーブメントをつくる）。

第6章

集合的記憶と集合的忘却

ウィーン学団が排除しようとした言葉

次のテーマに行く前に、ある種の概念を一掃しようとした運動をもう一つだけ紹介しておこう。

この運動は前章で述べた検閲や抑圧の取り組みとはかなり性格を異にしている。まず、その運動を主導したのは政府ではない。ケンブリッジ大学の討論会の場で、運動の主たる擁護者だったルートヴィヒ・ヴィトゲンシュタインが運動に異を唱えるカール・ポパーを火かき棒で脅したことはよく知られているが、それでもこの運動で実際に血が流されることはなかった。さらに、その運動はドイツではなく、一九二〇年代に国境を越えたオーストリアで始まったものだった。

当時のウィーンでは、ウィーン学団の名で呼ばれる哲学者たちのグループ[1]が人間が使う言語に辟易《へきえき》していた。彼らの考えでは言語は恐ろしいほどの混乱を抱えていた。ウィーン学団の哲学的取り組みは論理実証主義の名で呼ばれることが多いが、彼らの考えによれば、理解可能なのは実験的に証明可能な言説だけで、意味があるのは計測可能な言葉だけだった。それ以外の言説や言葉は「憶断の禁止」につながるので、なくしてしまったほうが賢明だというのである。想像がつくように、こうなるときわめて多数の言葉や語が判断の俎上に載せられることになる。「愛」は計測可能だろうか？　何かが「正当な」ことや「道義にかなっている」ことを実験で証明できるだろうか？　ウィーン学団の哲学者たちによればそれは不可能で、これらの語は測定不能な対象に言及しているので、言語の一部ではありえない。

ウィーン学団が格好の例としてあげたのは、「民族精神」を意味するドイツ語の「フォルクスガイスト（Volksgeist）」だった。この語は民族の集合的意識や集合的記憶、民族国家の性格とそれが精神に及ぼす影響を指すとされていた（集合的

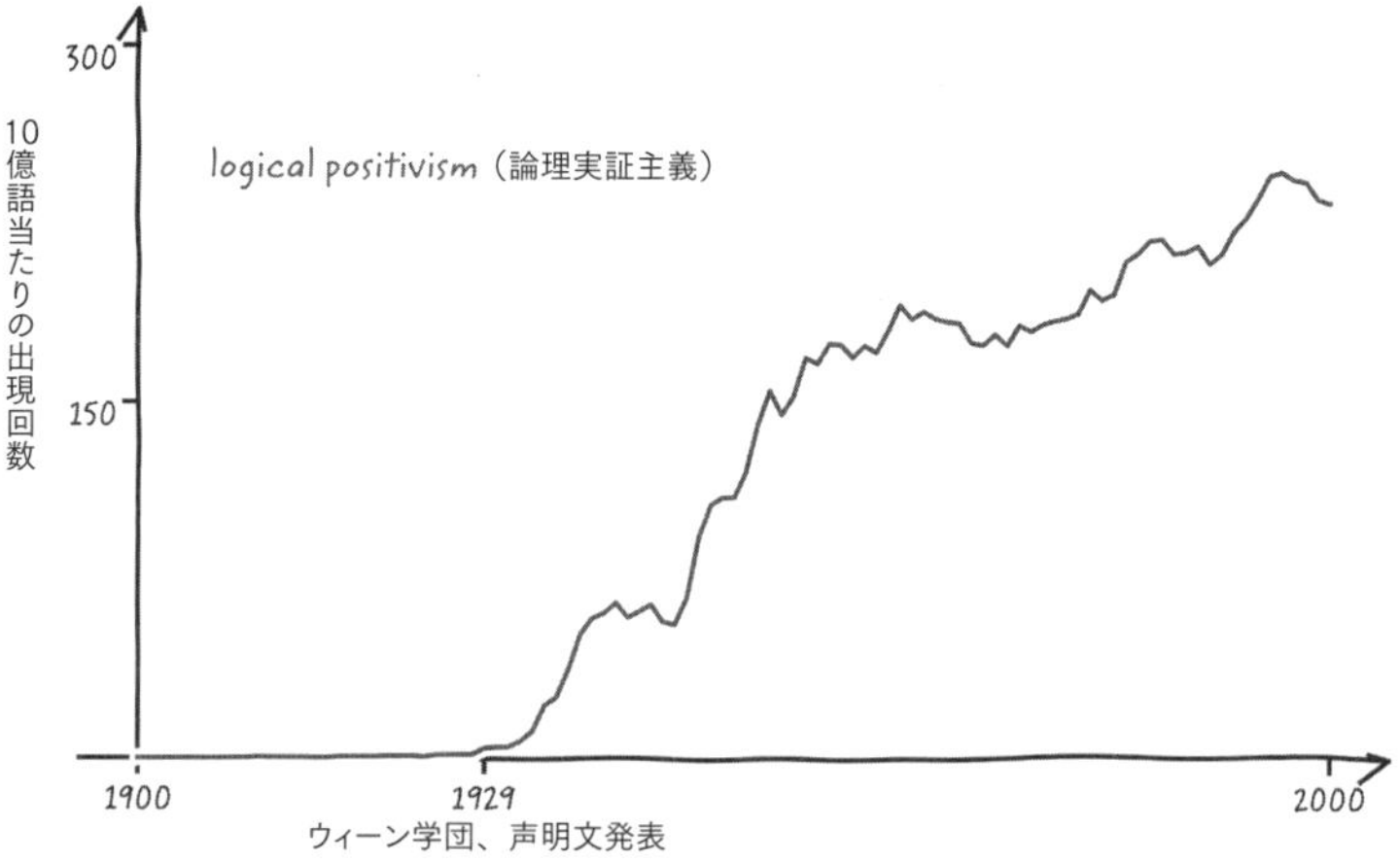

図6－1

意識や集合的記憶は、個人を超えた社会や集団総体としての意識や記憶のこと。以下でも「集合的」という語を同じ意味で用いることにする)。フォルクスガイストはまさにウィーン学団が忌々しく思う曖昧で計測不能な概念だったから、彼らは一九二九年の声明文の中でこの語を特に強調していた。フォルクスガイストという語を完全に消し去りたいと願っていたのである。[2]
ウィーン学団の哲学者たちがある種の言葉に反感を抱いたといっても、それは政治的検閲や抑圧に関係する問題ではなく、科学的に世界を把握しようとする哲学的姿勢の問題だった。
当時にあっては、ウィーン学団の主張は的を射ていたかもしれない。集合的記憶のような概念は、それまで科学的に吟味されることなく有効なものとして使われつづけていたからだ。それでも、思いのままに使えるnグラムがあれば、集合的記憶に近いものを詳細に調べるのもあながち不可能なようには思えない。個々の人の記憶を検査するのと同様のやり方で集合的記憶を計測できるだろうか?

記憶と忘却に関する実験

集合的記憶の計測を試みようとするなら、最初に個体としての人の記憶の仕組みを科学的に理解しておくと役に立つ。そのためには、一九世紀ドイツのヘルマン・エビングハウスという名の哲学者に目を向けなければならない。エビングハウスは人間の心に関心があった。いまで言う心理学の領域の問題だが、エビングハウスの時代には心理学は哲学の一分野で、科学としてはまだ十分に発達していなかった。研究者たちは精神の働きを理論で説明しようとしがちで、実験が行なわれることはまれだった。

エビングハウスはウィーン学団よりずっと前の人物だったが、経験や測定、さらには実験による裏づけが人間の知識の基礎になるという考え方では共通するものがある。もっともエビングハウスの考えはそれほど極端ではなく、心理学の概念のうち、数値で評価されていないものや計測不能と思われるものの大半を語彙から追放して「お払い箱」にしようとまでは思っていなかった。むしろエビングハウスは、精神の研究はもっと実験に重きを置かなければならないと考えていた。その信念を端的に表わしているのは彼が着手した実験である。それは当時にあっては想像もできないようなものだった。自分自身の記憶を実験だけで詳細に調べようとしたのである。

だが、エビングハウスはすぐに問題に直面した。それは、われわれが第四章で述べた名声の研究で直面した問題とよく似ている。名声と同じく、記憶も捉えどころのない概念なのである。エビングハウスは研究の焦点を絞らなければならず、曖昧で広範囲にわたる記憶の過程の全体を、明確に定義されていて観察可能な少数の過程で置き換えることにした。彼が選んだのは、ものを覚える学習の速さと、覚えたことを忘れてしまう忘却の速さの二つである。

調べる範囲を絞っても、まだ大きな難題が立ちはだかっていた。実験できわめて重要なのは、周囲の影響を受けないように制御された環境下で行なうことだが、記憶の実験はこの条件と相容れない面がある。頭の中にあるさまざまな情報は、互いに結びついて一種のネットワーク構造を作っている（この情報どうしの結びつきを連合という）。言い換えると、どんな情報もネットワークの中に埋め込まれていて、関連する事実や考え、人物、感情、場所、日時、出来事などと結びつけられている。こうした複雑な関係は、何かを思い出そうとする際にきわめて重要な作用を及ぼす。そのため、他の情報と切り離された特定の事実だけを記憶する能力を調べるのは非常に難しい。第二章で不規則動詞を取り上げたが、burn/burnt, learn/learnt, spell/spelt, spill/spilt という同じ時制変化のパターンに従う不規則動詞が何世紀も生き残ることができたのは、連合によってまとまりを作っていたからだと言えるだろう。記憶に見られるこのような作用は例外ではなく、人間の記憶がもつ法則性なのである。

この問題を回避するために、エビングハウスは素晴らしい解決策を思いついた。言葉の記憶に連合が生じるのは、言葉の音《おん》もしくは意味のどちらかが関係している場合が大半であることに気づいたのだ。実験にとって不都合なこの影響を極力小さくするために、エビングハウスはでたらめでまったく意味をなさない文字列を記憶することにした。彼は意味のない文字列二三〇〇組からなる「人工語彙」を自ら作りだした。いずれもCUV、KEFのような「子音・母音・子音」で構成される三文字の音節で、発音が実際にある単語のそれと酷似しないよう慎重を期して作成してある。エビングハウスが作りだした「人工語彙」の世界は、ラブ（LUV）が入る余地もなければハグする（HUG）暇《いとま》もない寒々とした世界で、あるのは意味すらもたない語彙だけなのだ。

学習の速さを計測するためにエビングハウスがやらなければならなかったのは、人工語彙の中から意味のない音節をランダムに選びだして、いろいろな長さの音節列を作成することだった。そのあと、それらの音節列を記憶して、一つも間違いなく再生できるようになるまでの時間を計測する。さらに、エビングハウスは忘却の速さを計測するために、手順をもう一段階つけ加えた。リストの内容を完全に覚えたあと一定の時間をおき、その時点でどの程度正確に記憶しているかを調べようとしたのである。

来る日も来る日もでたらめな音節を頭に叩き込まなければならないのは目に見えていたから、そんな役目に魅力を感じて実験の被験者になってくれる人などいそうになかった。だが、エビングハウスが並外れた影響力を及ぼせる志願者が一人だけいた。彼自身である。こうして自身を唯一の被験者として、エビングハウスは記憶の研究に取りかかった。

二年あまりもの間、エビングハウスは過酷なスケジュールを守り通し、毎日長時間ぶっつづけででためで意味のない音節列を一つまた一つと記憶していった。読みと復唱も厳格に管理されていて、時計のカチカチという音に合わせて一定のリズムで行なわれた。エビングハウスはさまざまな条件——音節列の長さ、実験を行なう時間帯、覚えるのに使える制限時間、リストの中にある特定の音節が出てくる位置、反復学習を行なう時間間隔など——の組み合わせを系統的に調べていった。心理学の歴史を振り返っても、彼ほどひたむきに研究に打ち込んだ人物はそう多くはいない。

天はエビングハウスを見放さなかった。努力の甲斐《かい》あって彼は一連のすばらしい発見をなしとげた。たとえば、音節列が長くなったときの影響もその一つで、わずか一つの音節が加わっただけでも、学習時間には不釣り合いなほど大きな影響が生じることがある。覚えた項目数と覚えるのに要した時間との関係を表わすグラフは、現在では学習曲線の名で呼ばれている。したがって、「勾配の急な学習曲線」というような話をするとき、話している当人が知っているかどうかは別にして、間接的にエビングハウスに言及していることになる。エビングハウスは忘却についても重要な事実を見いだした。あくまで自身の場合とはいえ、覚えてからわずか二〇分後には、音節列を構成していた音節のほぼ半分を忘れてしまう場合が多かったのである。それでも、その後の忘却は緩やかに起きるようだった。一か月たっても、約五分の一は記憶していたのである。エビングハウスが発見した忘却と経過時間との関係を表わすグラフは、現在では忘却曲線と呼ばれている。
結論を言えば、学習曲線、忘却曲線、そしてこれらの発見につながった実験的手法は、人間の記憶を科学的に探る現代の研究法の基礎を築いた。まったく意味をなさない音節列を利用するという発想は斬新できわめて有効な考え方だったので、現在でもあい変わらず心理言語学の重要な手法の一つになっている。それどころかエビングハウスの研究は、現代心理学そのものが確立される重要なきっかけにもなった。研究に取り組んだエビングハウスの一途さが尋常なものでなかったのは言うまでもない。心理学の創始者の一人でもあるウィリアム・ジェームズは、のちにエビングハウスの驚くべき熱意について語り、「英雄的努力で真の平均値を追求した」として賞賛した。ジェームズはまた、エビングハウスの記憶の研究を「実験心理学の歴史におけるもっとも輝かしい研究」と見なしてもいた。[3]
初めのうち、集合的記憶を探るのはできそうにない課題のように思えたが、エビングハウスの研究はわれわれに楽観的に考える材料を与えてくれた。人間の文化にはエビングハウスが苦労しながらも測定した対象——学習と忘却——とよく似たものがあり、しかもそれらはnグラムを利用すればはっきりと姿を現わすからである。

歴史的大事件とその忘却

いつになっても忘れられない出来事や事件もある。ハイジャックされた二機の飛行機がニューヨークのワールド・トレード・センターに突っ込んでから一〇年以上がたった現在でも、あの日の記憶がいまもアメリカ人の脳裏を離れることはない。二〇〇一年のアメリカ同時多発テロ事件の一〇年後、『ニューヨーカー』誌の記者リー・アンダーソンは自身の体験を次のように振り返っている。

恐怖感が急速に膨らんでいく中で、もう一機がビルに体当たりするのを見て、これはテロ攻撃だと直感した。そして、ビルが崩れ落ちていったとき、この攻撃は真珠湾《パールハーバー》（Pearl Harbor）攻撃にそっくりだと思った。だから、攻撃を受けたアメリカがすぐに戦いを開始するのはわかっていた。

二〇〇一年のアメリカ同時多発テロ事件と一九四一年の日本軍による真珠湾攻撃との対比はあまり例がないが、適切なものと言っていいだろう。九月一一日の午前に起きた同時多発テロ事件の約六〇年前、アメリカ国民はアメリカの国土が攻撃されたというニュースで叩き起こされた。一九四一年一二月七日（日本時間では一二月八日）の朝、ハワイ、オアフ島の真珠湾上空に飛来した数百機の日本軍機による爆撃と雷撃により、真珠湾一帯は煙と炎に包まれ、多数の犠牲者が出た。わずか一時間ほどの攻撃で、日本軍はアメリカの多数の航空機を破壊したほか、多くの艦船を撃沈・大破させ、アメリカ太平洋艦隊は事実上行動不能になってしまった。この攻撃によるアメリカ側の死者は二四〇〇人を超え、負傷者も一〇〇〇人を超えた。真珠湾が攻撃されたという衝撃的なニュースはアメリカの世論を一変させ、それまで直接手を出すことのなかったアメリカが第二次世界大戦に参戦するきっかけになった。日本による真珠湾攻撃は歴史の針路を変えたのである。

当時は重要な出来事だったとはいえ、それから半世紀以上がたった現在では、真珠湾攻撃が話題になることは以前に比べればかなり少なくなっている(図6－2参照)。現時点では想像しがたいかもしれないが、二〇〇一年九月一一日のテロ攻撃も同じ経過をたどっている。

どうしてこんなことが起きるのだろうか? きわめて痛ましい事件でさえ集合的記憶から消え去ってしまうのはどうしてなのだろう?

出来事の集合的記憶研究の問題点

集合的記憶が薄れていく過程を探ろうとすると、エビングハウスの場合と同様の問題に直面する。忘却も特異な性質をもち、情報どうしの結びつき方に大きく左右されるため、適切な実験を試みるのが難しいのである。

たとえば、大西洋横断航路に就航していたイギリスの豪華客船「ルシタニア(*Lusitania*)」の沈没事件を考えてみよう。同船は第一次世界大戦中

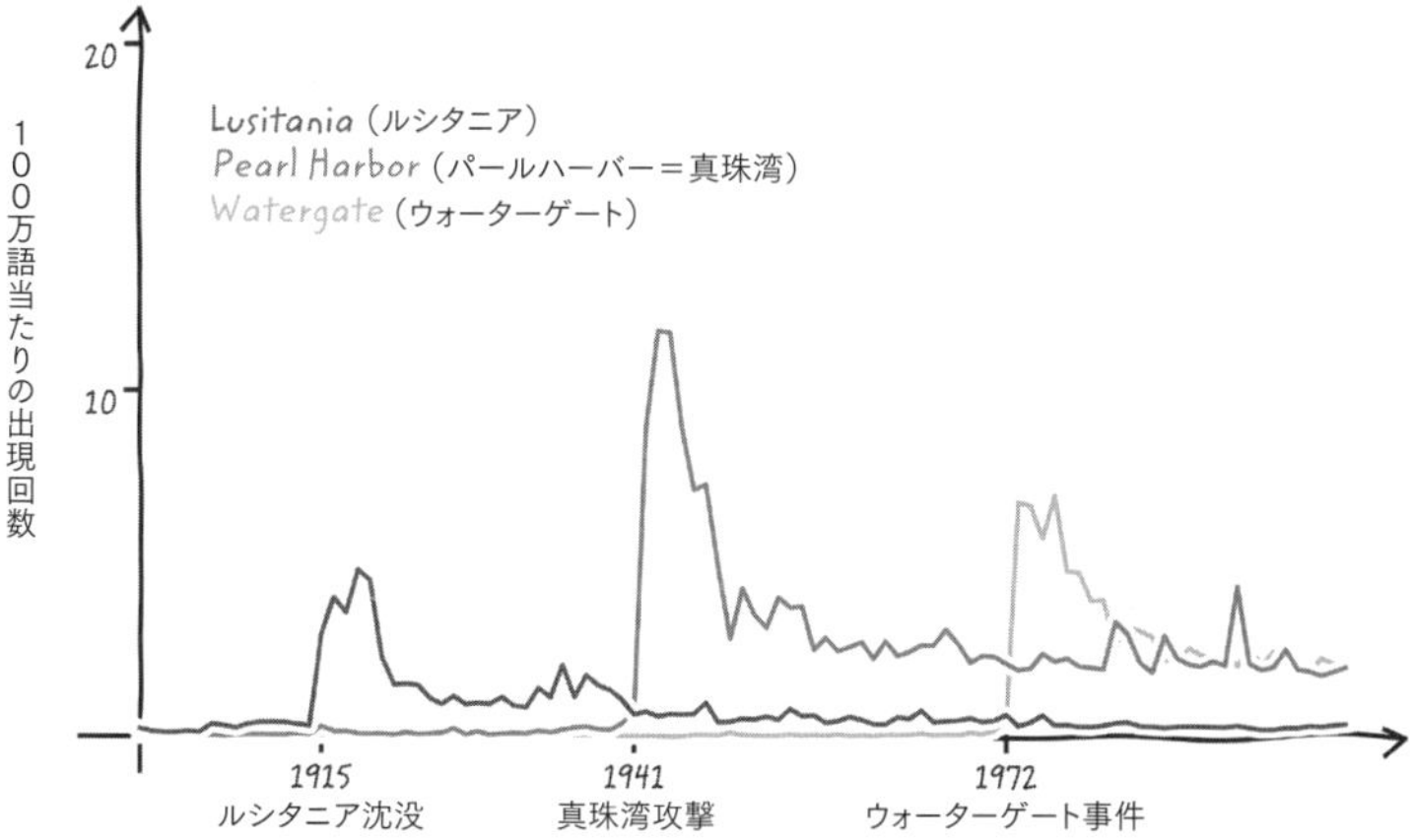

図6－2

の一九一五年にドイツの潜水艦によって撃沈され、一二〇〇名近くの乗客が犠牲になった。犠牲者の中に多数のアメリカ人がいたこともあって、この事件はそれまで中立の立場をとっていたアメリカが参戦するきっかけの一つとなった。この事件から数十年たつと、予想されるとおり、ルシタニアのことは人々の記憶から徐々に消えていった（図6－2参照）。ところが、一九三九年の第二次世界大戦の勃発の直前、ごく短期間とはいえ、記憶がよみがえったかのようにルシタニアへの言及頻度が多少上昇していることがわかる。これはおそらく、第二次世界大戦が始まるのではないかとの懸念が先の大戦時の出来事を思い出させ、「ルシタニア」を意識の水面下から浮上させたためだろう。連合が記憶に及ぼすこうした効果は、実験を行なう際の大きな問題になる。生じる影響を説明するのも予測するのも不可能なのだ。

同じく扱いにくい問題として、時間の経過とともに情報どうしの結びつきが変化し、同じ出来事や事件でも、別の言葉を使ってそれまでとは違う形で記憶されるようになることがあげられる。この場合も、世界大戦が格好の例になる。第一次世界大戦は、そもそもは「世界大戦（*Great War*）」と呼ばれていた。その時点では、西欧文明史における最悪の戦いだったからである。しかし、一九三〇年代の終わりに「第二次世界大戦（*World War II*）」が勃発すると、世界大戦という呼称は急速に使われなくなり、代わって「第一次世界大戦（*World War I*）」が用いられるようになった（図6－3参照）。重要なのは、人々が「世界大戦」を考えるのを止めたわけではないということだ。どちらの大戦も、いまなお集合的記憶にしっかり留まっている。変わったのは戦争に対する人々の考え方で、いずれの大戦もより広い文脈の中で捉えるようになり、その結果、異なる言葉を用いて表現するようになったということなのだ。このような現象もまた、説明するのも予測するのも不可能である。

集合的忘却を測定しようとするなら、エビングハウスに倣って語彙（すなわちnグラム）を慎重に選び、このような連合による影響を極力小さくしなければならない。

その条件をできるだけ満たすために、われわれは西暦の年号に対応する一八一六や一九五二などの数字だけを使って集合的記憶を調べることにした。ある年への言及頻度がわかれば、その年の出来事に関する記憶が人々の中にどの程度残っているかを判断できると考えたのだ。この場合、特に不利をこうむる年もないし、われわれの大ざっぱな調査法の妨げとなるほど他の年と強く結びついている年もない。

だが、変じゃないかと思う読者がいるかもしれない。たとえば、その数字の出てくる文章が「一八七六番の殼つき生ガキとワインはピクプールをグラスで欲しいんだが」だったらどうするのだろう？　このケースでは、一八七六という数字は注

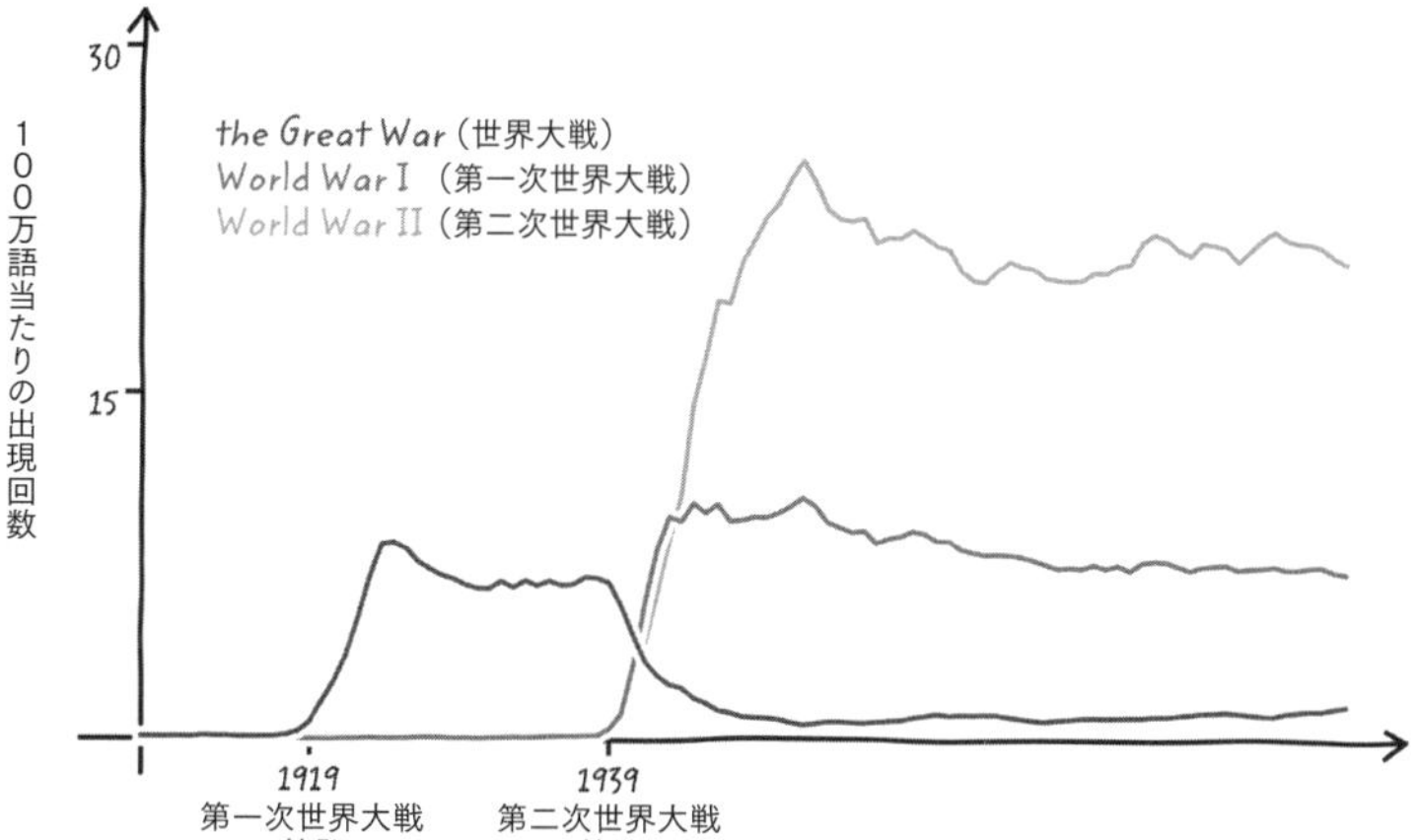

図6−3

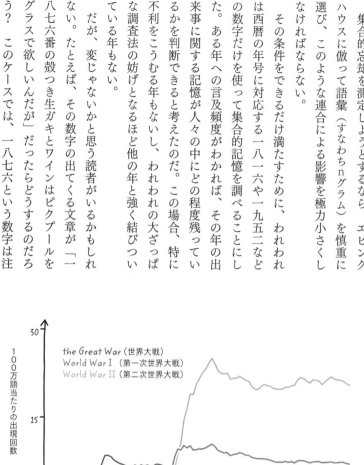

文するカキの番号を指している。

実を言うと、これはそれほど大きな問題ではない。第一に、一八七六番の生ガキを注文するケースはきわめて珍しく、たった一杯のワインと一緒ともなればなおさらだからである。だが、もっと大事なのは、何であれ一八七六という数字のついたものを注文したり申し込んだり記録したりするのは、きわめてまれだということだ。一八七六年という年に言及するケースを除けば、一八七六という数字が出てくる頻度は驚くほど低い。[4] ジョージ・オーウェルの『一九八四年』などの本の書名や、スタンリー・キューブリックが監督した『二〇〇一年宇宙の旅』などの映画のタイトルでさえ、それぞれの数字のトータルの言及頻度への寄与度は無視できるほど小さい。

集合的忘却の研究では、一八〇〇から二〇〇〇までの二〇一個の整数の数字は、エビングハウスが考案した人工語彙が個々の人間の記憶の研究で果たしたのと同じ役割を果たしてくれるはずなのだ。これらの数字から何が明らかになるだろう？

集合的記憶の忘却曲線を見る

ここでは一九五〇年という年について見てみよう。

人類史上のほぼ全期間を通して、だれも一九五〇年を気にしていなかった。一七〇〇年に一九五〇年を気にかけていた人物はいなかったし、一八〇〇年に一九五〇年のことを考えた人物もいなかった。一九〇〇年になっても、だれも問題にしなかった。こうした無関心は一九三〇年代まで続いている（図6－4参照)。

ところが一九四〇年代の初期になると、人々は少し一九五〇年に言及するようになる。一九五〇年がもうじきで、すごい年になるかもしれないと気づいたのだ。

それでも一九五〇年になっても、人々の興味を掻きたてたものは何もなかった。一九五〇年という年そのものが興味を掻きたてなかったのとまったく同じだった。

そんな状況が一変する。だれもが一九五〇年のことが頭から離れなくなる。人々は一九五〇年の出来事、一九五〇年にやろうとしていたこと、一九五〇年に実現すればいいなと思っていた夢のことなど、この年にまつわるあらゆることを止めどなく語るようになる。

実際、図6－4を見ると、一九五〇年という年はその後の数年間にわたって人々を魅了したことがわかる。だれもがこの年のことを知らなくては

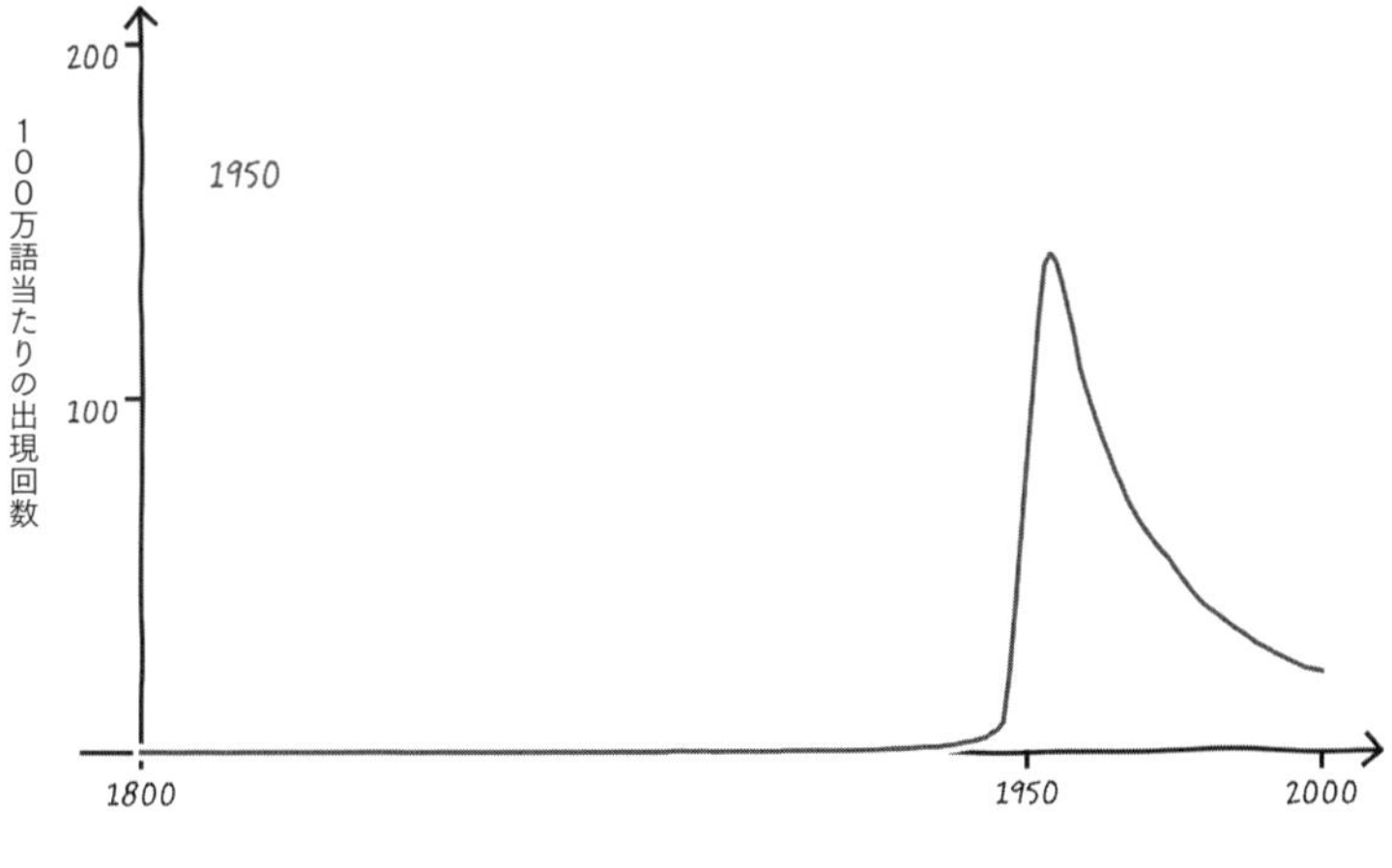

図6－4

と思うようになっていたのである。人々は一九五一年から一九五三年までずっと、一九五〇年にあったさまざまな出来事のことを語りつづける。そしてついに一九五四年になって、だれか――おそらく、流行に敏感な人物だろう――が我に返って、一九五〇年を話題にするのはいささか時代後れだと気づくのだ。

こんな風にして、一九五〇年をめぐるバブルははじけた。

これは一九五〇年にとっては痛ましい話でも、けっして一九五〇年に特有のものではない。一九五〇年がたどった歴史的経過は、われわれが記録に取ったすべての年について言える話なのである。少年は西暦X年を迎え、X年と恋に落ち、やがてX年からもっと新しい年に心を移し、時の経過とともにますますX年のことを思い出さなくなる。どんな数字がXに入っても事情は変わらない。

どの年についても、これと同じ経過をたどることを示す簡単な図を作成できる。どの図を見ても、夢中になってやがて醒めていくという前述の過程をはっきり見て取れるが、そのこと自体は意外でも何でもない。実を言うと、これらの図にはもっと予想外の特徴が現われている。

その一つは、これら忘却曲線全体の形状である。どうやら集合的忘却の過程は二つの部分から成っているように思われる。ある年への関心の低下は最初の数十年間は急速だが、以後ははるかにゆっくり進む。このことから記憶の「想起」に関して言えば、個人と社会には著しい類似性があるといえるだろう。社会にも個人の場合と同様に、短期記憶と長期記憶の二つがあるということである。

具体的な数値に関する疑問も提起できる。たとえば、社会の短期記憶を考えてみよう。ある年への関心の熱狂的な高まりは、どのくらい速くしぼんでしまうのだろう？　その年が終わってしまうと、人々はどのくらい急速に関心をなくしていくのだろう？

こうした疑問に答えを出すための簡単な方法は、ある年への言及頻度が最大値から二分の一の値に下がるまでの期間、つまり集合的忘却の「半減期」を調べることである。集合的忘却の半減期は年によってかなりの違いがある。図6－5に示したように、一八七二年への言及頻度が最大値の二分の一の値に低下するのは一八九六年で、二四年かかっている。図には示していないが、これとは対照的に、一九七三年への言及頻度はわずか一〇年後の一九八三年に最大値の二分の一に下がってしまう。

一八七二年の場合に比べると、一九七三年への言及頻度の低下は速くなっているが、これは全般的な趨勢によるものだ。時代が進むにつれて、集合的忘却の半減期はどんどん短くなっているのである。この事実は、過去に対する社会の向き合い方が変化していることを示唆している。だれもが過去の出来事への関心をますます急速に失うよう

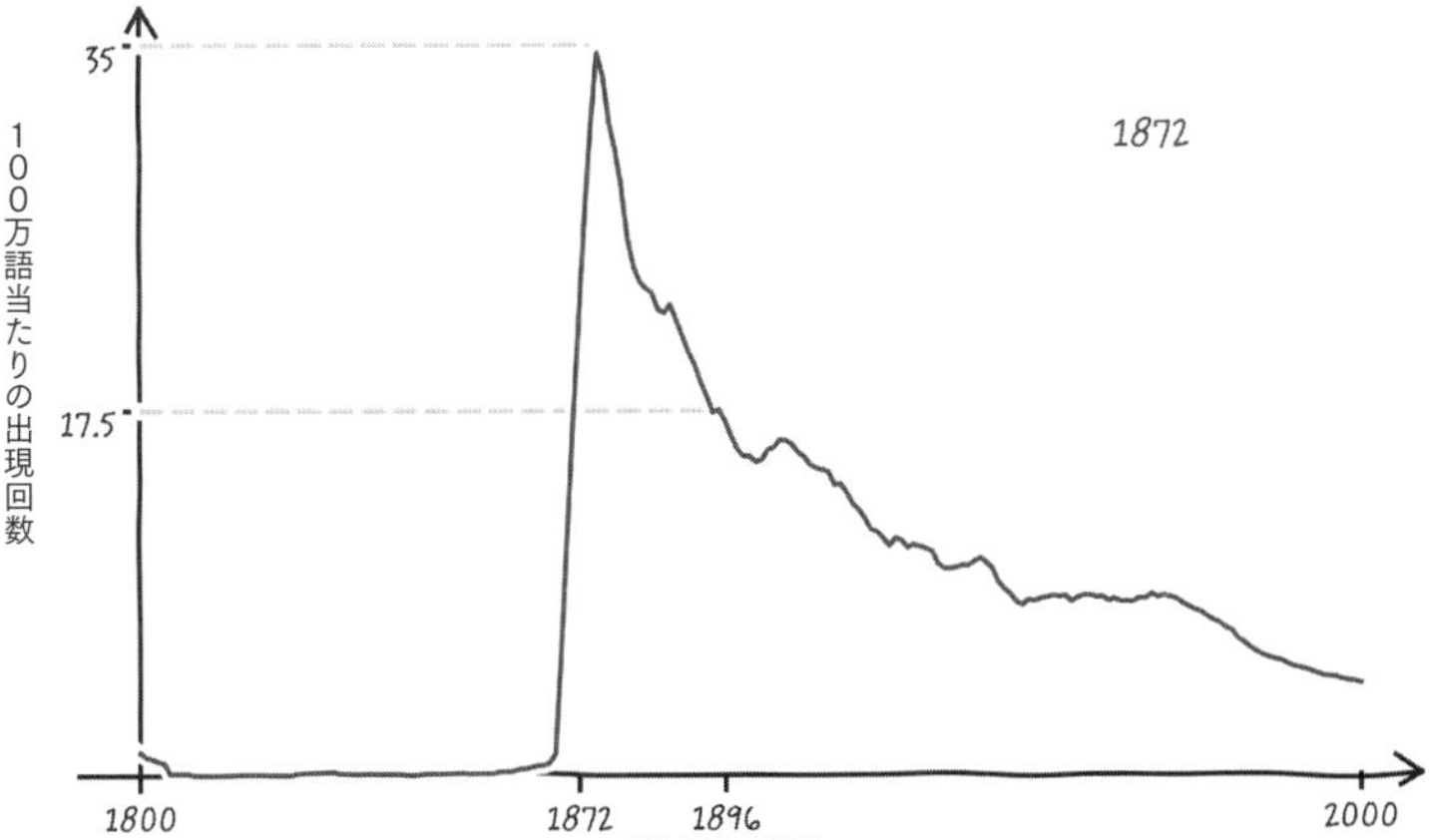

図6－5

になっているのだ。

なぜこんな変化が生じたのだろう？　答えはわからない。いまのところ、デジタルの目という新たな観測装置を通して集合的記憶を探ったときに明らかになったのは、ただの相関関係だけなのだ。変化の根底にあるメカニズムを理解するには、まだしばらく時間がかかるだろう。

集合的記憶や忘却は科学の未開拓の研究分野である。方向を示す地図はなく、根拠のない推量をするばかりで、袋小路に突き当たることも多い。それでも、これほどやりがいのある研究分野がそうはないことも確かなのだ。

新しいことの伝達・学習・浸透は測れるか？

言うまでもないが、集合的意識に伴っているのは忘却だけではない。集合的記憶を理解しようとするなら、忘却とは裏腹の関係にある過程、すなわち、新たな情報がどのように社会に浸透していくのかも調べる必要がある。

現代は情報の時代だと見なされている。情報がある人から別の人に伝わったり、ある場所から別の場所に伝わったりする際の驚くべき速さで特徴づけられる時代なのだ。だが、何世紀も以前の時代に、デジタル化されていない「生の」情報がどれほど速く伝わっていたかは見落とされている。いまとなっては、当時利用されていたシステムがいかに効率がよかったかを完全に理解するのは無理かもしれない。たとえば、一七世紀から一八世紀にかけてのロンドンでは、現在なら普通郵便と呼ばれる郵便物は一日に一五回も配達されていた。ロンドン市内なら、朝手紙を出せば四時間以内に宛先に届いたのだ。eメールに比べればけっして速いとは言えないのは確かだが、現在の普通郵便より速かったことも確かである（一九世紀になると、ロンドン市民は圧縮空気を利用した気送管によって、ロンドンのいたるところに小包を送ることができるようになった。ロンドンの気送管はいまは廃棄されてしまったが、当時はもっとも速い場合、時速四〇キロメートルで小包を移送できた）。人々はこれまでもずっと、重大ニュースがすみやかに伝わる確かな手段を持っていたのである。

ほとんどの本は情報を迅速に伝える手段にはなりえない。本は情報を発信する重要な媒体ではあっても、本を作るのはかなり大変な仕事で、執筆から出版まで数年かかってしまう場合が大半である。これではニュースを知らせるには遅すぎる。

もっとも、集合的忘却に関してなら、本のこの弱点はほとんど問題にならない。なぜなら、集合的忘却――少なくとも、きわめて重要な出来事や事件の集合的忘却――は比較的ゆっくり進行するので、本から得られるnグラムを利用すれば、その経過を数年、数十年、数世紀にわたって容易に図で示すことができるからである。

一方で、情報の多くはきわめて短期間に集合的意識に取り込まれる。数日、数週間、数か月、長くてもせいぜい数年である。前出の図6－5を見ればわかるように、「一八七二」という1グラムの出現頻度がほとんど検知できないレベルからピークに跳ね上がるまで、たった一年しかかかっていない。図では示せないものの、「真珠湾」にいたっては一日なのだ。

厄介なのは、このように出現頻度があまりにも短期間に急上昇するケースを測定するには、本に出てくるnグラムはあまり役に立たないことである。フットボールの試合を撮影するにはシャッタースピードを高速にしなければならないのと同じなのだ。

nグラムを利用して「集合的学習」の過程を理解しようとするなら、重大ニュースより出現頻度がゆっくり変化するものを対象にして調べなければならない。

発明品名のnグラムを調べるという方法

エレツ・エイデンの妻、アヴィヴァ・エイデンが着手した集合的学習の研究法は、きわめて有望なように思われた。それは、発明が社会に浸透していく過程を調べるというものである。大きな成果をあげた発明は集合的学習の縮図にほかならない。そこには、世界についての新たな知識を生み出し、科学と技術の進歩を取り込んで、日々直面する重要な課題を克服する社会の能力が反映されているからだ。しかも発明の場合は、通常のニュースに比べ、はるかに長い時間をかけて社会に広まっていく（図6−6を参照）。

発明と通常のニュースとの決定的な違いは、発明がeメールやかつての馬車便で簡単に伝達できる情報そのものではないことだ。いくら発明をしても、社会に全面的に受け入れられるためには、アイデアを具体的な形にする技術面でのノウハウ、発明を使いこなすための技術的力量、販売と流通を促進するための安価な製品モデル、社会に広まるのを助けるインフラがすべてそろわなければならない。ニュースで取り上げられる出来事や事件とは異なり、発明のニュースが広く伝わるには数十年という歳月がかかる場合もある。

周知されるまでの時間幅が長いことは、nグラムを使えば簡単に調べられるはずだ。そのうってつけの例が、いまではファックスと呼ばれることが多いファクシミリ送信機（fax machine）である。

図6－7に示したように、*fax machine* という2グラムは一九八〇年代に突然のごとく姿を現わし、その知名度はすぐにピークに達している。ニュース速報にそっくりなのだ。この図をもとにすると、ファクシミリ送信機が発明されたのはいつごろだと考えられるだろうか？

八〇年代だろうか？　いや、そうではない。七〇年代？　これも違う。では六〇年代、五〇年代、四〇年代なのか？

やっと正解にたどり着いた。ファクシミリ送信機が発明されたのは四〇年代である。だが一九四〇年代ではない。ファクシミリ送信機の最初の特許は、一八四三年にスコットランドの発明家アレグザンダー・ベインに与えられている。電話の発

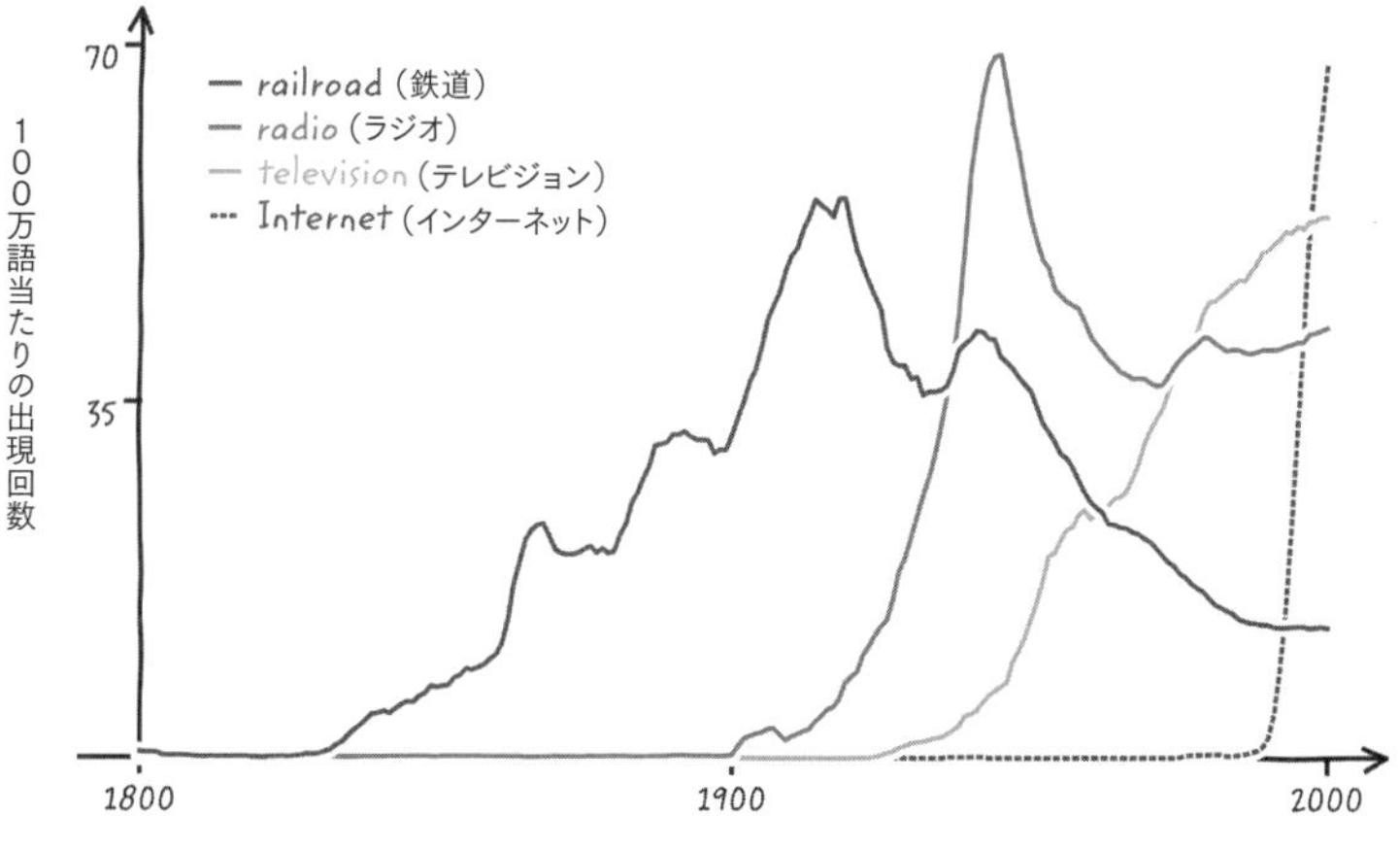

図6－6

明よりも前の一八六五年には、すでにパリとロンドンの間での商業的利用が定着しており、当時はテレファックス（*telefax*）の名で呼ばれていた。つまり、一九八〇年代の最先端技術の一つであるファクシミリ送信機の技術の一部は、フランスの第二帝政の皇帝、ナポレオン三世の時代にまでさかのぼる。[6]重大ニュースは迅速に広まるが、すばらしいアイデアであっても、広く行き渡るまでには時間がかかるということなのだ。

発明の日付を確定できるか？

発明が社会に広まるまでにどのくらいの年月がかかるかを調べるためには、まずはさまざまな技術の長々としたリストを作り、さらにそれぞれの技術が発明された時期を特定しなければならない。

こんなのはたやすい作業のように思えるかもしれない。何世紀も前から、新たな発明には国のし

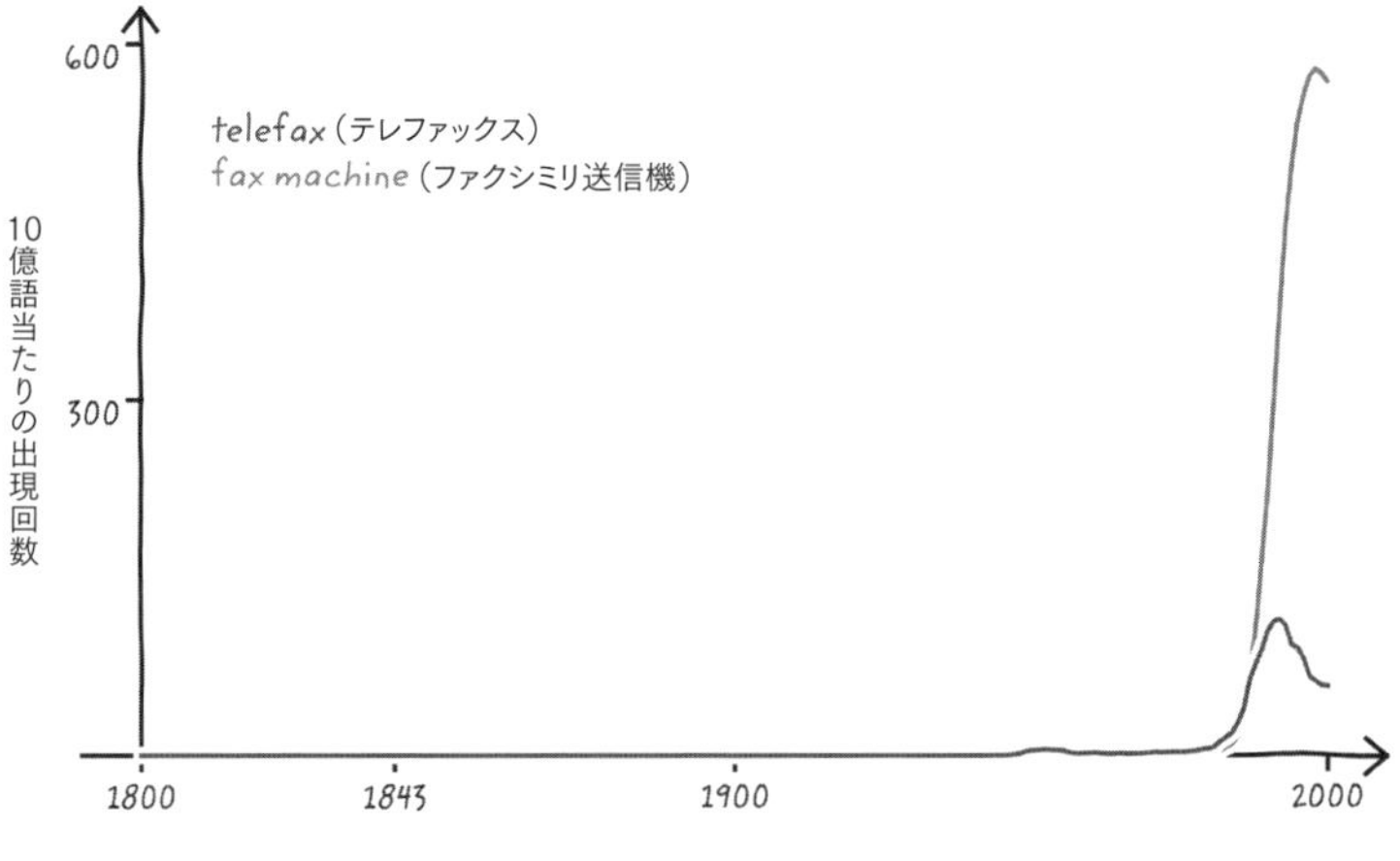

図６−７

かるべき機関から特許が与えられ、発明者にはその発明から利益を得る排他的権利が認められてきたからである。エイブラハム・リンカーン——特許を取得した唯一のアメリカ大統領でもある——が述べたように、「特許制度は天才の燃え盛る情熱の火に利益という油を注ぐ」。特許法で守られているからこそ、発明者は新たに開発した技術をできるだけ速やかに公開しようとする。したがって、発明された時期を特定するには、認可された特許を探し出して、その日付を確認するだけでいいことになる。

ところが、これもまた言うは易く行なうは難しなのだ。

一例として電話（telephone）の発明を取り上げてみよう。アメリカでは電話を発明したのはアレグザンダー・グラハム・ベルだとされている。ベルは一八七六年三月一〇日に、メモ帳に次のように記入している。


それからM［電話の送話口］に向かって大声で叫んだ。ワトソン君、こっちへきてくれ。会いたいんだ。うれしいことに、ワトソンはやってきて、声を聞いて何を言っているかちゃんとわかったと言った。[7]

ベルは後にこの技術を商業化するとともに、いくつもの関連会社を設立した。それらを前身とする企業やそれらから派生した企業は、いまでもアメリカの通信業界で支配的な地位を保っている。アメリカ人にとってベルは技術の英雄であり、彼こそが現代の情報時代を可能にした基礎の多くを作ったのである。

しかしイタリアでは、電話の発明物語はこれとは異なる。イタリア人にとっては、電話の発明者はアメリカに渡ったイタリア人のアントニオ・メウッチなのである。メウッチの主張によれば、彼は一八五四年ころに「テレトロフォノ」を発明して設計の改良を続け、一八七〇年にようやく、電線を通して一マイル以上離れた場所に自分の声を伝えるのに成功したという。それに比べ、一八七六年にベルとともに研究に従事していたワトソンは、ベルの隣の部屋にいたにすぎない。

では、イライシャ・グレイについてはどうなのか？　彼が一八七二年に設立したウェスタン・エレクトリック製造会社は、通信・金融事業を営んでいたウェスタン・ユニオンに通信用の設備と機器を供給していた。グレイはこれらの機器に手を加え、最終的に可変抵抗型マイクロホンを発明するにいたった。可変抵抗型マイクロホンができたおかげで、人の声のようにさまざまな音色で構成された音を電気信号に変換して、電線を通して伝送できるようになった。実際、グレイも電話を発明したのである。

真偽のほどはともかく、電話を「発明した」優

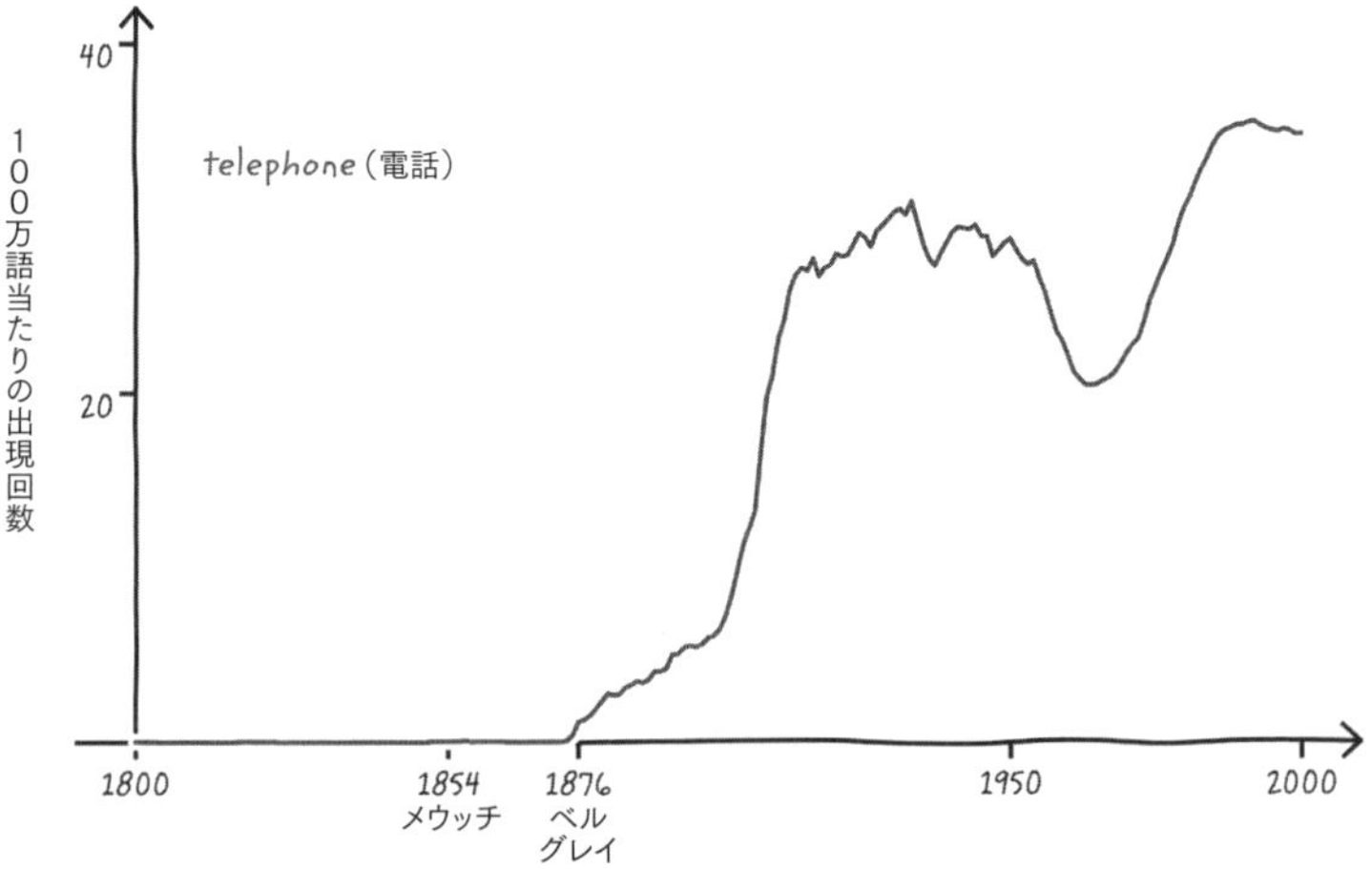

図6－8

秀な人物のリストは、一九世紀の技術革新者の紳士録さながらである。彼らの多くは自分の名で特許を取り、自身の貢献を述べ立てている。前述のメウッチは一八七一年に特許の予告記載――一時的な仮特許のようなもの――を申請し、その中で自身の技術を会話の電気通信と呼んでいた。だとすると、電話を発明した栄誉はメウッチに与えられてしかるべきなのだろうか？　奇妙なことに、メウッチは数年後に予告記載の期限がきてもほったらかしにしておいたので、彼の申請は完全な特許になることなく終わってしまった。さらに言えば、完成させたと主張している装置を本当に作ったのかどうかも不明なのだ。メウッチが予告記載の申請をしてから五年近くがたった一八七六年二月一四日、グレイの弁護士がワシントンD・Cにある特許庁（現、特許商標庁）を訪れ、電話の発明の予告記載を申請した。このことからすると、電話の発明の栄誉はグレイに帰すのが当然だということになる。だが同じ日のもっと早い時間帯に、ベルの弁護士が同じ特許庁を訪れていた。彼が申請したのは――もうおわかりだろう――電話の発明に対する特許だったのだ。[8]
こんな話は発明にはつきもので、白熱電球についてでさえ、語りだしたらきりがなくなってしまう。

発明品の社会への浸透過程を図に示す

この電話の例に限らず、発明された年を明確に特定するのは不可能な場合が多かったので、われわれは妥協せざるをえなかった。選択肢の一つは、電話のように発明を一つ一つ詳しく調べ、証拠をもとにもっとも妥当だと思われる年を推測するというやり方である。しかし、この手法には危険がある。意図的あるいは半ば無意識のうちに、調べているわれわれ自身の先入観が結果に影響してくるかもしれないからだ。これに代わるものとしてアヴィヴァが採用したのは、実行可能な非常に頭のいいやり方だった。自分たちで調べるのは諦めて、ウィキペディアを利用しようというのである。

ウィキペディアには数多くの重要な発明がなされた年が記載されている。中には信頼性に欠けるものがあることは、われわれも承知している。それでも、これらの年はわれわれが自分たちで決定したものではないので、そこにわれわれの先入観は反映されておらず、したがって、実験を台なしにしてしまうような歪みが生じている恐れが少ないことは請け合える。自分たちで調べるより第三者の力を借りたほうがいい場合もある。自分で相手を探すより、第三者の仲立ちで付き合うほうがうまく行くこともあるのと同じなのだ。

アヴィヴァはウィキペディアをもとにした発明の年代を一つ一つ調べ、もっともと思えるかどうかを確かめた。発明の年とされている時点で、非常にかかわりの深い特許の少なくとも一つが申請されており、nグラムで見る限り、その技術を表現したいかなる名称も（たとえば、ファクシミリ送信機とテレファックスのいずれも）それ以前には広く使われていないことが条件だった。記載されている年が怪しい発明はリストから外し、それ以外は残しておいた。

こうして最後に残ったのは、一四七の重要なアイデアとそれが生まれた一四七の年だった。このリストにはありとあらゆるすばらしい新製品が含まれている。その一つに、一八四三年にチャールズ・サーバーが特許を取得したタイプライターがある（おもしろいことに、サーバーはこの機械が「盲人や……神経症の人」を助けるのにとりわけ役に立つと考えていた）。もう一つ、すんなりリストに入ったのは、一九一三年にジークムント・リンダウアーが特許を取得したブラジャーである。このほか、最後までリストに残ったものには、分子（モルヒネやチアミン）、物質（パイレックスやベークライト）、輸送機器（ヘリコプターやエスカレーター）、爆破や攻撃に使うもの（ダイナマイトや機関銃）、さまざまな便利グッズ（ステープラー、帯のこ、安全かみそりなど）、概念（低温殺菌法）も含まれている。われわれのリストは品揃えのいい大きなデパートさながらで、ふつうの人がほしがるものは、ジーパンであろうと白熱電球であろうと何でも揃っている。それどころか、ここならケーブルカーや石油掘削装置《オイルドリル》のような、ふつうの人ならまず必要としないものもいっぱい見つかるはずだ。

最後まで残った一四七の発明とそれらが生まれた年を記載したリストを利用することで、重要な発明がたどった歩み、言ってみればそれぞれの発明の人生の歩み[9]を調べることが可能になった。一四七の発明の中には、リーヴァイ・ストラウスが特許を取得したジーンズ（*jeans*）のように、いまなお社会に与える影響が増していて、物語の核心はまだ始まったばかりというものもある。その一方、セロハン（*cellophane*）のように全盛期を過ぎた発明もある。全盛期を過ぎた発明からは重要な事実が明らかになる。全盛期を過ぎたとはいえ、そうした発明は時たま利用されるかもしれないし、遺産として受け継がれ、次世代の新たなアイデアを生んできたことは確かである。だが、集合的記憶という観点から見れば、いずれももはや時代後れの代物なのだ（図6－9参照）。

言うまでもないが、一四七の発明のリストに関してもっとも興味をそそられるのは、これらをもとにすれば、エビングハウスが考案した無意味な音節列と同じように、学習——ただし今回の場合は社会全体のスケールでの学習——の特性を洞察できることだ。

第四章では、飛び抜けて著名な人物を取り上げ、彼らが文化に影響を及ぼすようになるのは一般に何歳くらいからかを問題にした。今度は人ではなく技術を対象にして同じ疑問を提起してみよう。つまり、nグラムで見たとき、ある発明が文化に及ぼす影響が大きくなって、本の中での出現頻度が最大値の四分の一に達するまで、どのくらいの期間がかかるのだろう？

まずは回転弾倉式連発銃《リボルバー》（*revolver*）を見てみよう。リボルバーの特許は一八三五年にサミュエル・コルトが取得している。この六連発リボルバーの文化への影響は一九一八年に頂点に達し、本の中での言及頻度も、それに十分ふさわしい一〇〇万語当たり六回（ビル・クリントンの名声が頂点に達したときの言及頻度の三倍）になっている（図6－9参照）。リボルバーへの言及頻度が一〇〇万語当たり一・五回――最大値の四分の一――に到達したのは一八五九年である。特許が取得された

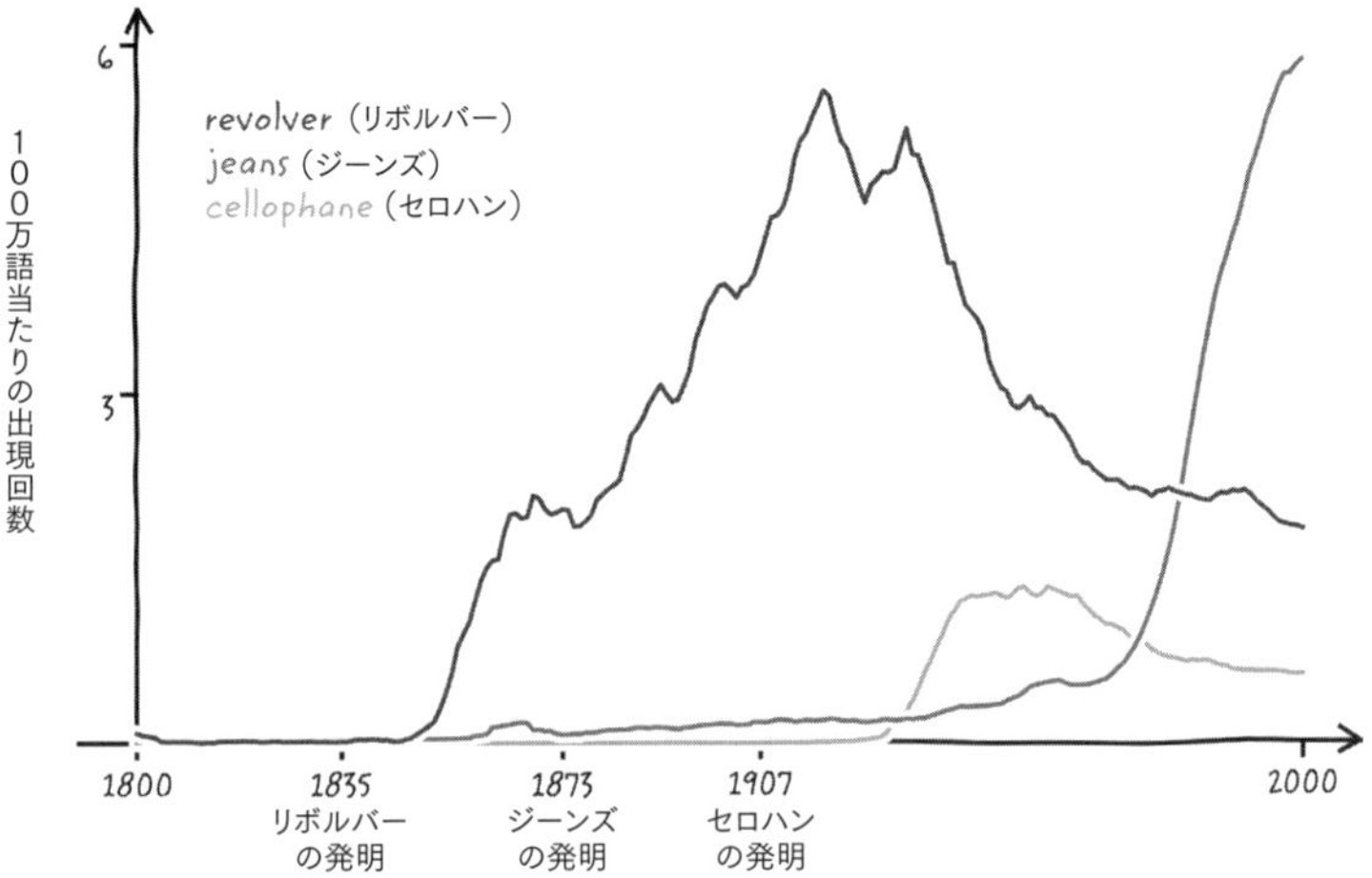

図6－9

一八三五年から二四年かかったわけで、この二四年という歳月の長さからして、リボルバーの場合は社会全体の強い関心に火がつくまで、かなり時間がかかったことがわかる。このリボルバーのケースは、社会がある特定の技術や概念を学習する速さの尺度になる。
発明に関して言えば、言及頻度が最大値の四分の一に達するまでの年数は、著名人の場合のそれよりはるかに幅がある。一九七八年に発明されたソニーの「ウォークマン」は、社会的影響の大きさを示す言及頻度がわずか一〇年で最大値の四分の一に達している。アップルの「ｉＰｏｄ（アイポッド）」も同じようにヒットした——社会にすぐに影響を及ぼす製品を発明したいなら、携帯型音楽プレイヤーを目指すのがよさそうに思われる。一方、セロハンはリボルバーと同じく、言及頻度が最大値の四分の一に達するのに約四半世紀を要している。タイプライターは四五年である。ジーンズは一〇三年かかっている。[10]
しかし、発明が生まれてから社会に広まるまで、ジーンズのように一世紀もかかるとなると、いくらなんでも長すぎるように思われる。現在では、新技術の登場によって日々の生活が変わってしまうのは日常茶飯事だからだ。どういうことなのだろう？　集合的学習のスピードは上がっているのだろうか？

技術の特異点《シンギュラリティ》と集合的学習曲線の推移

実情がどうなのかはｎグラムを利用すれば調べられる。

そこでわれわれは、エビングハウスの手法に触発されて作成した一四七の発明のリストと、アンドヴォードのコホート法（第四章参照）を組み合わせることにした。まず一四七の技術上の発明を年代順に並べなおした。最初にくるのは織機のジャカード（一八〇一年）、最後は初期の電子楽器テルミン（一九二〇年）である。さらに、これを三つの時代区分に分類した。一九世紀初期（一八〇一～一八四〇年）の発明、一九世紀半ば（一八四一～一八八〇年）の発明、世紀の変わり目（一八八一～一九二〇年）の発明である。

時代とともに集合的学習に大きな違いが生じていることは一目瞭然である（図6－10参照）。一九世紀初期の発明の場合、本の中での言及頻度が最大値の四分の一に達するまで六五年かかっている。世紀の変わり目の発明ではわずか二六年にすぎない。集合的学習の学習曲線は時代とともに上昇の仕方が急になっていて、普及の目安である最大値の四分の一に到達する期間は、一〇年ごとにほぼ二・五年ずつ短くなっている。社会は以前よりもますます速く学習するようになっているのだ。

こんなことになった理由はどこにあるのだろ

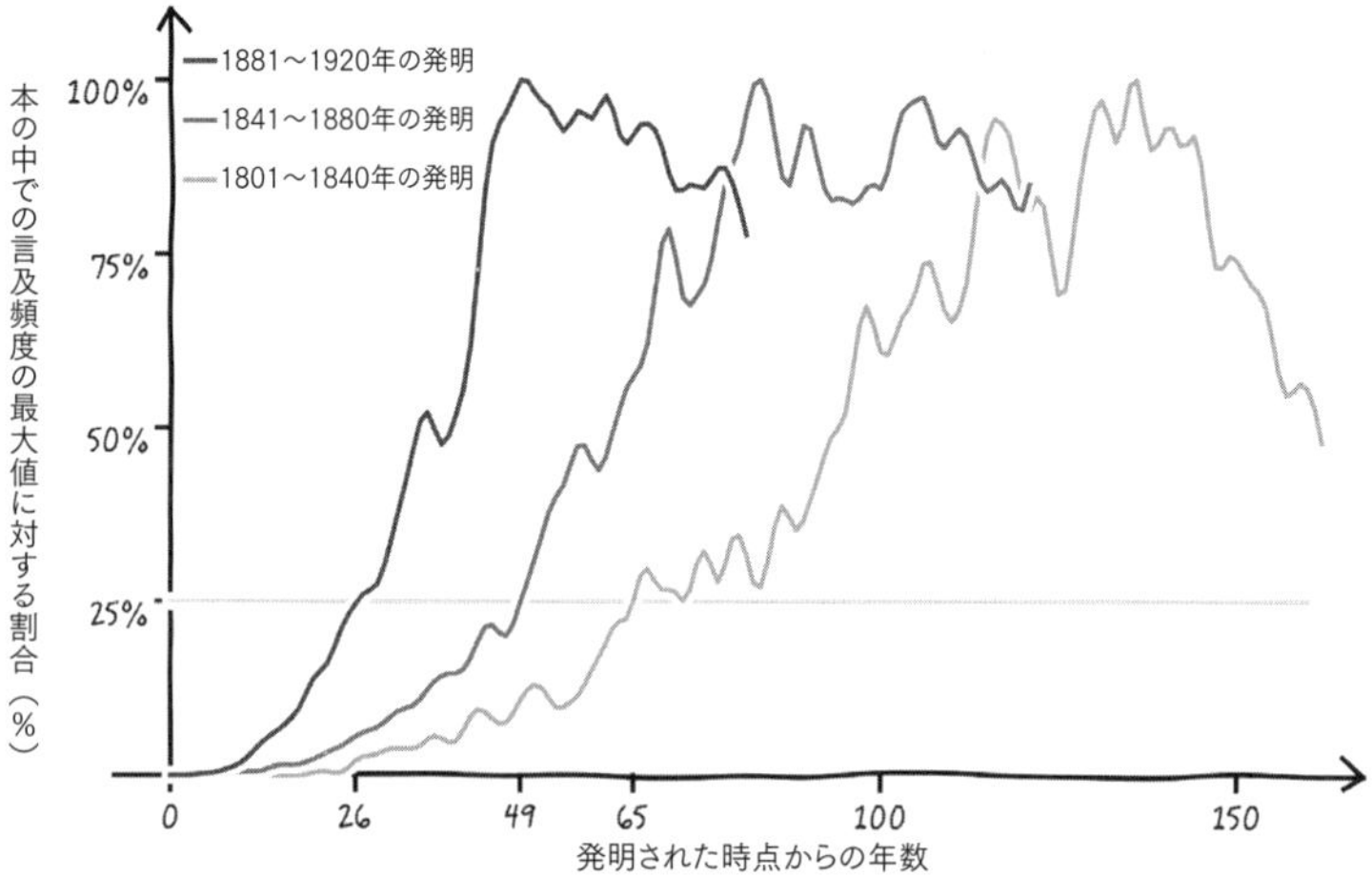

図6－10

う？　先に述べた集合的忘却の場合と同じで、皆目見当がつかない。それでも、この状況からどんなことがもたらされる可能性があるかをじっくり考えてみるのもおもしろいかもしれない。
　集合的学習の学習曲線の上昇の仕方はますます急になっているが、考えられる帰結として非常に興味そそられるものの一つが、数学者・物理学者のスタニスラフ・ウラムと、博識で鳴らしたジョン・フォン・ノイマンの会話の中に登場する。ウラムには大きな影響力をもつ発明の何たるかがわかっていた。水爆開発の鍵となる考えを思いついたのはウラムであり、その意味では水爆の発明者と言っても過言ではないからだ。フォン・ノイマンは高名な数学者で、ゲーム理論を創始したほか、コンピューター科学の生みの親とも言える人物だった（ちなみに、核兵器に相互抑止力があることを意味する相互確証破壊 mutual assured destruction という用語と、その頭文字をとったＭＡＤを造語したのも彼である。二人の間ではさぞおもしろい会話が交わされたに違いない）。具体的な数字をあげて指摘することはできなかったが、フォン・ノイマンは技術の進歩がますます速くなっていると感じていた。ウラムとの話の中で、フォン・ノイマンはこんな見解を述べている。

技術の進歩と生活様式の変化はますます速くなっていて……人類の歴史における重大な特異点のようなものが近づいているように見える。そこを越えてしまうと、われわれ人間のいまの営みは持続不可能になるかもしれない。[11]

フォン・ノイマンの考えを広く知らしめたのは未来学者《フューチャリスト》のレイ・カーツワイルで、彼は、コンピューター・チップの処理能力の増大の速さ――ムーアの法則の名で呼ばれる規則的増大――をもとにすると、二〇四五年には普通のコンピューターでも、地球上のすべての人間の脳を集めても太刀打ちできない処理能力をもつようになると述べている。さらにカーツワイルは、そのときには頭の中で考えていることをじかにディスクにダウンロードできるようになり、機械の中に永久的に残しておけるだろうと予測した[12]。こうした状況の到来こそ、カーツワイルが「技術の特異点《シンギュラリティ》」と呼んだものにほかならない。

技術的特異点という考え方はいっぷう変わっているように見えるかもしれないが、カーツワイルはいたってまともな人間だ。彼は最初に起業した会社をマサチューセッツ工科大学（ＭＩＴ）の学生時代に売却し、広く利用されている数多くの技術を発明してもいる。ビル・ゲイツはカーツワイルのことを「知っている限りでは、人工知能の未来をもっとも的確に予想できる人間」と評していたし、『フォーブズ』誌は彼に「究極の思考機械」の名を与えた。二〇〇一年に賞金五〇万ドルのレメルソンＭＩＴ賞――発明家に与えられる賞金額では最大の賞――を受賞しただけでなく、サラダに入っている大半の野菜より知名度の高いビル・クリントン（第四章参照）からアメリカ国家技術賞も授与されている。だから、カーツワイルが有能なのは疑いない。だが、彼の言っていることは正しいのだろうか？

実を言うと、われわれにはわからない。ｎグラムを利用すれば過去のことはわかる。だが残念ながら、未来は予測できない。あくまで、いまのところではあるけれど。

民族精神、文化、カルチャロミクス

われわれが試みた集合的記憶の大まかな測定をもとに考えると、民族精神という概念を定量的に表わすことは、一世紀近く前にウィーン学団によって不可能だとされたにもかかわらず、集合的意識と集合的記憶のいくつかの側面を実験的に測定すれば達成できそうに思えてくる。
とはいえ、その取り組みには大きな危険が伴うことを述べておかなければならない。民族精神という概念には有害な側面がある。この概念は一八世紀のドイツの哲学者、ヨハン・ゴットフリート・ヘルダーによって導入されたものだが、ヘルダー自身はその危険性に気づいていなかった。むしろ、彼は多様な文化の存在を積極的に支持し、奴隷制、植民地主義に反対したほか、人種間には生物学的に根本的な違いがあるとする考えにも異を唱えていた。ヘルダーは民族間には違いがあり、それが民族精神と呼ぶものを形づくると考えたのである。彼の考えでは、民族間に違いがあっても、それは優劣の問題ではなかった。[13]
しかしながら、民族精神という考え方と過激な国粋主義が結びつけば、ヘルダーの思想が人種差別の「隠れ蓑」になりうるのは容易に理解できるだろう。[14] われわれの民族精神のほうが優れているのだから、われわれのほうが優秀なのだというわけだ。
そんな状況がほんとうに生じたケースもある。ドイツ全土での焚書につながった一二か条の論題の中で学生たちが述べ立てていた文言を考えてみるといい。彼らは非ドイツ精神の反映であるすべてのものを一掃することで、「民族の伝統に敬意を抱いて」いることを示したかったのだ。一九世紀から二〇世紀にかけての人種差別に関して言えば、民族精神という概念がいたるところで利用されたことはすぐにわかる。

その一方で、民族精神に着目した建設的な取り組みもあった。ドイツ生まれのアメリカ人、フランツ・ボアズは、アメリカ文化人類学の父と呼ばれることも多いが、彼の研究はまさしく民族精神という概念に依拠したものだった。ただしボアズの場合は、民族精神を極端な国粋主義のイデオロギーに結びつけることに断固として異を唱えた。両者を結びつけようとするのは危険で、知的にも道徳的にも不毛な取り組みだと認識していたのである。

むしろボアズは、エビングハウス同様、実験や実地調査に重きをおいた取り組みで民族精神を総合的に扱おうとした。ボアズにとって文化は、絶えず変化しているとはいえ、どんな場合でも観察可能で、経験にもとづいて記述できる対象だった。彼は文化を科学的に研究する基礎を築き、その流れは文化人類学の主流となって現在にいたっている。[15]

われわれはボアズのことを念頭において、科学者たちを相手に話をするときには、自分たちの取り組みを「カルチャロミクス（culturomics）」と呼ぶことにしている。

文化（culture）に接尾辞「オーミクス（-omics）」を付けたのは、本来の生物学分野での用法（たとえば、遺伝子（gene）を研究する分野をゲノミクス（genomics）と呼ぶように、生物学では研究対象にこの接尾辞を付けて研究分野を表わしている）を越えて、ビッグデータを象徴するためである。

文化はボアズの言う文化、つまり実験や実地調査によって知ることができ、その多様性が尽きることのない興味と本物の賞賛の対象になる文化のことである。

ｎグラムが図になった日

それは二〇一〇年のことだった。ハーヴァード大学進化ダイナミクス研究所の灯りの消えた部屋には、コンピューターを載せた広い机が置かれていた。ユーアン・シェンはｎグラム・データの入ったハードディスクを携えて、グーグルのマサチューセッツ・オフィスから戻ってきたばかりだった。コンパイル作業を終えたのはほんの数時間前のことである。われわれはハードディスクを接続し、コンピューターのスイッチを入れた。三年かかってようやく手に入れた（と思われる）成果が最終的にどんな形になるかを確かめたくて、みなうずうずしていた。シェンを含めたわれわれ三人はコンピューターが立ち上がるのを待っていた。聞こえてくるのは、回転するディスクが発するブーンという音だけで、それがちゃんと作動しているという安心感を与えてくれた。

ついに、入力を促す画面が表示された。

何から始めよう？

そうだ、われわれをこの研究所に引き寄せたあの言葉、進化（*evolution*）がいい。

ふたたびブーンという音が聞こえてきた。そして一分がたった。さらにキーボードのキーをいくつか叩いた。すると突然、入力を促す画面に代わって図が姿を現わした（図6-11参照）。ソフトウェアによってそこに描かれた波のような形をした線は、何世紀もの時代を超えて語りかけてくる無数の人々の声にほかならなかった。大量のデータをもとに描かれたこの曲線は、進化という概念がたどった歩みを、だれもが理解できる単純で説得力のある形にまで純化していた。

われわれは満足して小さな声で歓声を上げた。よくもここまで来たものだ。まさに進化そのものだった。

今度はポンという音がした。シャンパンの栓を抜く音だ。

だれもが夢中になった試作品

われわれはかつて、ｎグラムの語句の使用頻度を調べられる公開ツールを構築するという考えがどれほどすばらしいものかを、グーグルの関係者に納得させようとしたことがある。そのツールの名としてわれわれが提案したのは、「本の虫《ブックワーム》」である。だが、われわれはすぐに鼻をへし折られた。件《くだん》の人物はこう応じたのだ。「だれがそれを使おうとするんだ？　大学の先生だろ。じゃあ、世界中の教授が一人残らずそのブックワームとやらを使うとしよう。まあ、一〇〇万人といったところだ。

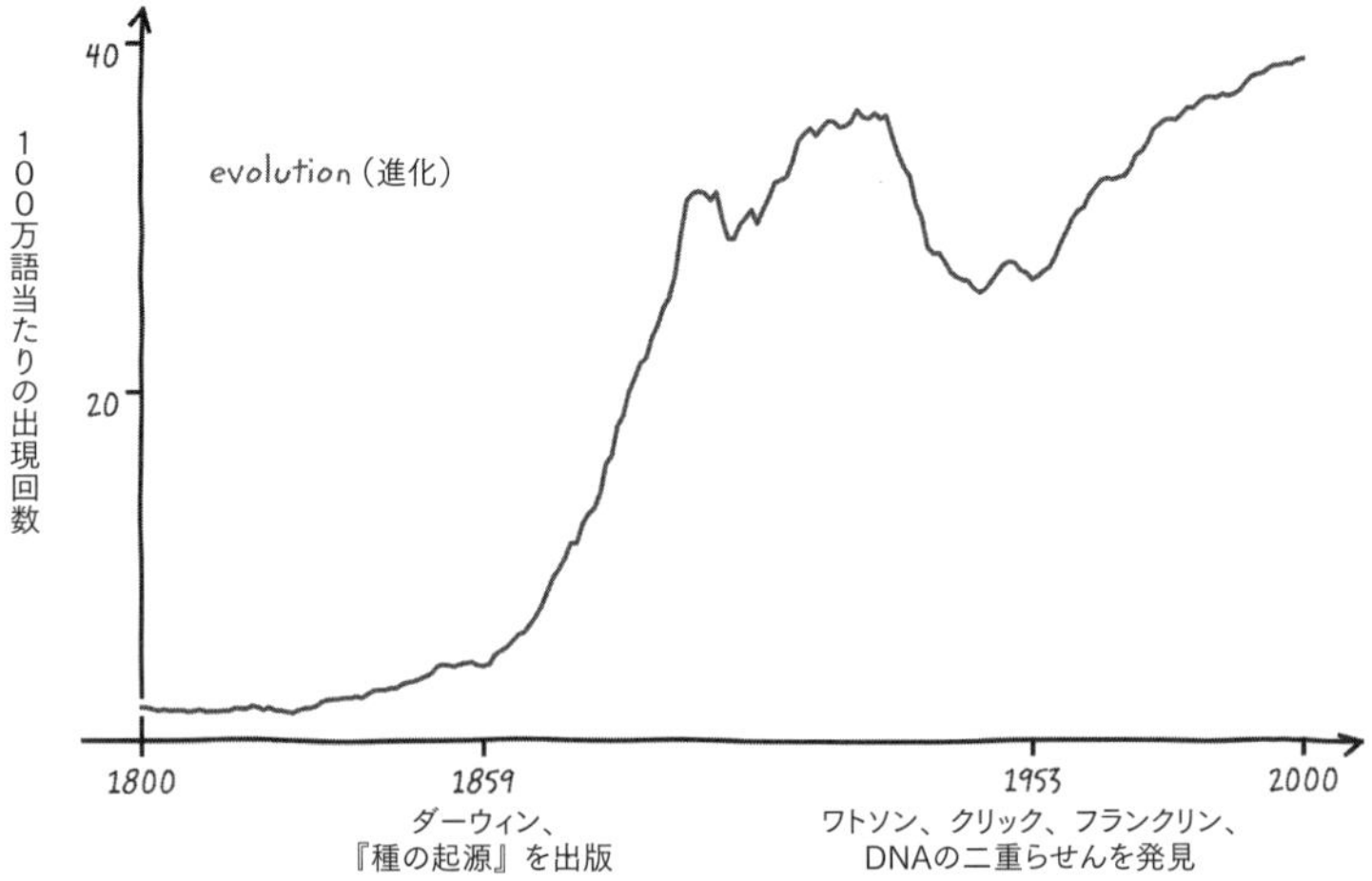

図6－11

グーグルでは、一〇万ではごく小さな変化すら起こせない」。

そう言われては、返す言葉がなかった。

だが、データを入手してさまざまなｎグラムの出現頻度を調べはじめたわれわれは、奇妙なことに気づいた。ｎグラムの虜《とりこ》になってしまい、調べるのを止められなくなってしまったのだ。前述したように、最初に試したのは「進化」である。だが、不規則動詞はどうなのだろう？　歴代の大統領は？　アインシュタインは？　カクテルパーティーの場で、性差別を意味する sexism という語が使われるようになったのはいつごろかとか、いろいろ訊かれるかもしれない。ラップトップは sexism が使われるようになったのは一九七〇年代初期とはじき出してくれる。ドーナツを doughnut ではなく、donut と綴るようになったのはいつからだろう？　これについてもラップトップは、一九五〇年代とはじき出す。ダンキン・ドーナツ（Dunkin' Donuts）創業直後からのことなのだ。

一方でわれわれは、ブックワームでの非常に興味深い発見を論じた科学論文を執筆するためのミーティングも始めていた。論文を発表すれば、研究をさらに前進させる一助となるだろうと考えたのだ。ところが、あるテーマについて書き始めると、きまって新たな一連のｎグラムに執筆を続ける意欲をくじかれて、にっちもさっちも行かなくなってしまう。いろいろなスナック菓子や企業名、さまざまな恐竜といった具合に、興味深いｎグラムを次から次に思いつくからである。ミーティングの最後に気づいたのは、それまで自分たちが非常に興味深いと思っていた対象も、直近に見いだした目を見張らされるような事実に比べると刺激的ではなくなってしまうという現実だった。こうなってしまうのは不可避だった。この一種の「依存症」から何とかして抜け出すにはどうすればいいのだろう？

一息入れて、考えをまとめるための時間が必要だった。そこでわれわれは、nグラム・データベースにアクセスできる四台のラップトップ――ブックワームの試作プログラムを動作させられるラップトップは、世界にこの四台しかなかった――を持ち出し、われわれ三人以外に使ってもらうことにした。一台の行き先はスティーヴン・ピンカーである。ピンカーはすぐにそれを使って出てきたグラフを、執筆中の自著に入れることにした。もう一台はエレッツの妻のアヴィヴァに渡した。彼女はすぐに新たな発見を報告してきた。ドイツ語の「メンデルスゾーン」の出現頻度を調べたのがきっかけとなって、検閲の歴史を跡づける研究を始めるようになったというのである。

三台目はマーティン・ノヴァクの手に渡った。家に帰った彼は何気なく、ブックワームの画面を当時一六歳だった息子のセバスチャンに見せた。セバスチャンが調べたい言葉を入力すると、画面に図が現われた。好奇心をそそられた彼は別の言葉を試してみた。二つの言葉を入力したセバスチャンは、悪いね、とマーティンに言って、ラップトップを持っていってしまった。一〇分ほどしてから、セバスチャンは友人に「来いよ、見せたいものがあるから」と伝えた。友人がやって来ると、二人は夜遅くまで次から次に調べたい語句を入力しつづけた。

最後の一台の行き先は、グーグルが開催した「二〇一〇年図書館サミット」の会場で、われわれはこの場で基調講演をするよう依頼されていた。図書館サミットは基本的には、グーグルが自社の書籍デジタル化計画に関する最新の情報を世界各国の多数の図書館の責任者に開示する場になっていた。

図書館の人間と言えば、穏やかで物静かな人物を思い浮かべるかもしれない。しかし、われわれがサミットの場で実際に目にした人々はそうではなかった。

講演でわれわれの取り組みの基本的な考え方を説明すると、会場に興奮の熱気が渦巻きはじめた——だれもがこんな取り組みは初耳で、少なくとも、これほどの規模で行なわれた例は聞いたことがなかったからだ。われわれは会場を埋めつくした全員の注目を浴びた。いくつかの実例を見せたころには、会場は異様な熱気に包まれていた。講演開始から四五分後、われわれは話を終えてついにブックワームを立ち上げた。そして、会場の人々に「何か試してみたいものがありますか」と尋ねた。あとにも先にも経験したことがないほどの、われんばかりの拍手が湧き起こった。読者も会場にいたら、そのあと図書館の関係者たちが昂《たか》ぶる感情を抑えきれないかのように、大声で叫び出すのが聞こえたはずだ。

「『彼』と『彼女』で試してほしい！」

「『地球温暖化』を入力！」

「『海賊』と『忍者』！」

会場は興奮と好奇心と歓喜の坩堝《るつぼ》と化し、会場のだれもがブックワームに心底魅了されていた。

nグラムの魅力にはだれも抗しきれず、病み付きになってしまう。われわれはあたかも、精製度がまだきわめて低い新種の麻薬を発見したかのようだった。

ついにNグラム・ビューワーとして公開へ

会場の最前列に座っていたグーグル・ブックスの責任者ダン・クランシーは、この小さくて奇妙な仕掛けが、開発した当人や図書館関係者同様、グーグルの利用者にも大いに受けるものになりそうだと見て取った。彼は、グーグルがこの試作品を採用し、グーグル・ブックスの一環として立ち上げると言い切った。それを聞いたわれわれはぞくぞくした。

こうして、一歩一歩着実に進めてきたわれわれの科学プロジェクトは突如として、グーグルに後押しされて一気に進展することになった。カメがウサギに変身したようなものである。驚いたことに、グーグルのすご腕の技術者ジョン・オーワント、マシュー・グレイ、ウィリアム・ブロックマンは、きっかり二週間でブックワームのすばらしいウェブ版を構築してしまった。新たな商標としての認可を得るのに必要な社内の煩瑣な手続きを避けるために、ブックワームの名は捨てるしかなかった。代わりとしてわれわれが与えたのは、もっと技術面に即した名だった。Nグラム・ビューワーである。二〇一〇年一二月一六日午後二時、われわれの研究論文が『サイエンス』誌（電子版）に掲載された。時を同じくして、グーグルはNグラム・ビューワーの供用を開始した。

最初の二四時間だけで、同ウェブページへのヒット数は三〇〇万に達した。インターネットもツイッターも、「病み付き」、「完全に病み付き」、「すばらしい、Nグラム・ビューワーほど病み付きになるツールはない」など、Nグラム・ビューワーを評価する書き込みで大賑わいだった。『マザー・ジョーンズ』誌はNグラム・ビューワーを「おそらくインターネット史上、もっとも時間を浪費させる代物」と呼んだ。翌一二月一七日の朝、『ニューヨーク・タイムズ』紙を手にしたわれわれは、第一面に自分たちの研究が取り上げられているのを見つけてびっくりした。

例の問題は解決した。感覚も麻痺してしまうほどの「nグラム依存症」からは抜け出せなかったにしても、世界中の大勢の人々を道連れにすることはできたのだ。[16]

火星人の生まれ故郷

一六一〇年九月、ガリレオは何夜も続けての火星の観測を始めた。その年の一二月には、驚くべきことが明らかになった。火星はどんどん小さくなっていくようで、いまでは九月に見たときの三分の一の大きさになっていた。ガリレオは、これは火星がわずか数か月のうちに地球からどんどん遠ざかっていったためだと結論づけた。[17]それは地球が宇宙の中心に位置していないことを示す決定的な証拠だった。

だが、ガリレオには火星について、それ以上のことはわからなかった。彼が観測に用いた望遠鏡の倍率は低すぎて、火星表面の様子を見るだけの解像度がなかったためである。

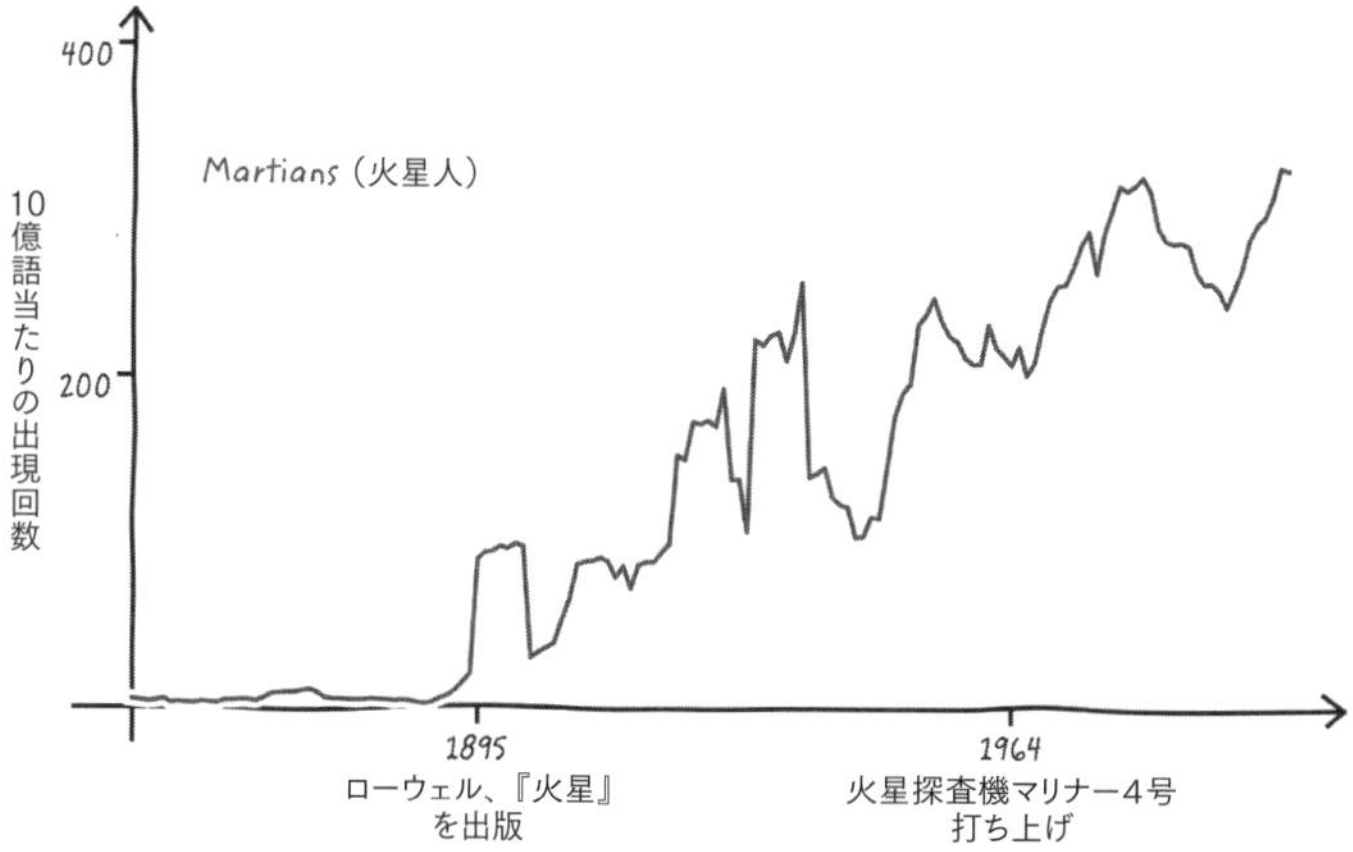

図6－12

ガリレオの時代から数世紀のち、イタリアの天文学者ジョヴァンニ・スキャパレリは、もっと性能のいい望遠鏡を赤い惑星（火星）に向けた。彼もまた驚くべきものを発見した。太い線のようなものが何本も火星の表面を走っていたのだ。[18]スキャパレリの発見に大きな刺激を受けたのはアメリカのパーシヴァル・ローウェルで、彼は一八九四年に、望遠鏡を製作して自分の目で確かめることにした。そしてアリゾナ州フラグスタフの近郊に建設した私設の天文台（ローウェル天文台）で、彼も火星に太い線が縦横に走っているのを観測した。天文台のスタッフも、ローウェルの観測が誤りではないことを確認した。天文台での直接観測をもとに、彼らは火星の精密な地図を作成し、何本もの線が互いに交差しながら、目の細かいネットワークを形成していることを明らかにした。

火星の表面に見られるこの巨大な構造の正体は何なのだろう？

火星表面には水はほとんどなく、唯一の例外は両極の極冠に氷の形で存在する水だけであるという事実は、すでに一〇〇年以上前から広く知られていたが、ローウェルはこの知識にもとづいて火星表面の模様を説明した。それによると、このネットワークは広大な運河網で、惑星としての末期が近づいている火星の住人が、極地方から水を引くために掘削した灌漑システムなのである。[19]ローウェルは望遠鏡で観測した何本もの線をもとに、火星は知的生命が存在するにふさわしい場所だと結論づけた。宇宙にはわれわれ人間だけではないのだ。

科学者の間では、ローウェルの研究をめぐって、かつてなかったほど激しい議論が闘わされた。大多数の科学者は懐疑的だった。それでも、熱狂的に支持する者もいた。のちにアメリカ天文学会の大御所と呼ばれることになるヘンリー・ノリス・ラッセル[20]は、当時、火星人の運河網について、「既存の説の中ではもっとも優れていて、間違いなく想像力をいちばんかきたてられるのは、ローウェル氏と氏のアリゾナの天文台のスタッフが提案している考え方だと思われる」と述べている。[21]
ローウェルの刺激的なアイデアは、科学の外の世界にも影響を及ぼした。ローウェルは一般向けに書いた三冊の著作の中で自説をわかりやすく説明し、世界中の人々を魅了した。驚くようなニュースが次から次に矢継ぎ早に伝えられた。ローウェルの言う運河網にユダヤ教の「全能の神」の綴りが埋め込まれているのを見たと主張する者さえ現われた。一八九八年にはH・G・ウェルズの『宇宙戦争』が出版されている。ローウェルの発見騒ぎが収まるのはまだしばらく先のことで、そのころまでには、少なくとも地球人の頭の中は、火星人に侵略されていたのだ。
科学的見地から言えば、一九一〇年代になると、高性能の望遠鏡での観測結果によって、ローウェルの唱えた説への熱狂的な関心は薄らいでいた。それでも、アイデアの「半減期」は長く、おもしろくて楽しいアイデアともなればなおさらである。そのため、ローウェルの見解と灌漑網を示した地図は、その後も影響力を保ちつづけた。アメリカ航空宇宙局（NASA）が写真撮影を目的に無人探査機を初めて火星に送ったとき、計画の立案に利用された火星儀には、ローウェルが描いた灌漑網を示す印が注意深く描かれていた。[22]一九六四年にマリナー探査機が火星を目指して宇宙空間をものすごいスピードで突き進んでいたころ、火星の生命への関心がふたたび急激に高まった。

初めて火星の近傍を通過《フライバイ》したマリナー4号が地球に送ってきた写真は、期待はずれの最たるものだった。運河も写っていなければ、神の名もなかった。知的生命の存在を示す明瞭な徴候もなかった。ローウェルが見た線も一本もなかった。確認できたのは、どこまでも広がっている赤っぽい荒れ果てた土地と、その中に点在するクレーターだけだった。[23]
われわれは大きな期待を抱き、新しい観測装置でそれまで未知だった世界を見る。だが、そこには大きな危険もある。それは、新たな観測装置に熱狂しているうちに、実際に見たものを置き去りにして、心の中で見たいと願っているものにあまりにも性急に飛び移ってしまうことである。きわめて信頼性の高いデータでさえ、それをどう解釈するかは解釈する当事者に全面的に委ねられる。火星人が生まれたのは火星ではない。火星人の生まれ故郷はパーシヴァル・ローウェルという人間の心の中だったのだ。
文化を見る新たな観測装置であるNグラム・ビューワー（およびその前身のブックワーム）を利用すれば、われわれ自身が見えてくる。Nグラム・ビューワーにかぎらず、新たに登場するどんな観測装置も、対象を見るレンズであると同時に、われわれ自身を映す鏡なのである。

第7章

ビッグデータがもたらす未来

生活と文化の定量化は幸せをもたらすか?

旧約聖書の「サムエル記」には、イスラエルの王ダヴィデが直属の軍の司令官に、イスラエルの民の数を調べよと命じる話が出てくる。九か月後、強壮な戦士の数は一三〇万という調査結果が届いた。だが、民を数えたことにダヴィデは良心の呵責を感じ、主に許しを乞うた。主が示した三つの選択肢のうち、ダヴィデが選んだのは定められた日数の間、イスラエルが疫病に見舞われることだった。[1] この「サムエル記」のダヴィデと同じように、これまでの何千年もの間、多くの人が社会のさまざまな側面を定量的に把握しようとしてきた。だが、こうした試みには危険が伴っている。

本書では、デジタル化された歴史的記録によって、集団としての人間を定量的に考察できるようになった経緯を見てきた。人間の集団を定量的に考察することなど、これまではまったく不可能だったのだ。現在では、もはや単に「羊」の頭数や人口を数えるだけにとどまらない。注意深い測定を行なうことで、歴史、言語、文化の重要な側面を探れるようになっている。しかも、本書で提示してきた図は氷山の一角にすぎない。今後一〇年のうちに、個人に関するデジタル化された歴史的記録は、われわれが自身について考える際の思考法とわれわれを取り巻く世界について考える際の思考法を根本的に変化させるだろう。本書を終えるにあたって、こうした変化がどのような状況をもたらし、科学や人文科学にどのような意味をもつか、さらには地平線上にはっきりと姿が見えてきた「定量化社会」とはどのようなものかの概要を述べてみたいと思う。

加えて、ごく簡単にではあるけれど、究極の疑問、すなわち、こうした進展はすべて「いいことなのか」という問題にも取り組むつもりである。ビッグデータは希望をもたらすものだということになるのだろうか？　それとも、この先下す決断によって、われわれを苦しめる状況がよみがえるのだろうか？

過去の記録のデジタル化は今後どう進むか？

本書で述べてきたnグラム・データは、何百万冊もの本が元になっている。現代の基準で見れば、これは間違いなくビッグデータだと言える。けれども、何年もたってから振り返ってみると、そうは思えなくなるかもしれない。何と言っても、数百万冊の本は文化の広範な産物のごく一部を占めるにすぎないからである。

歴史に名を残したエドガー・アラン・ポーのような人物を考えてみよう。初期の作家の多くとは異なり、ポーはペン一本で生計を立てようと懸命に努力した。だが、国際的な著作権法がなかったから、一九世紀の物書きは食べていくのも容易でなかった。金銭の必要性に迫られていたポーは、機会があれば場や形態を問わず、どこにでも作品を発表した。詩、短編、単行本、戯曲、小説、書評、新聞記事、エッセー、手紙というように、それこそ何でも書いた。ポーは大西洋横断気球旅行を題材にした「ほら話」さえ執筆しており、その作品を何とか発表できた場は、『ニューヨーク・サン』紙の特別版だった。[2]
歴史的記録の将来やデジタル化が歴史的記録をどう変化させるかを考えるとき、ポーのさまざまな著作物一覧を、「やることリスト」のようなものとみなすことができる。彼の全作品のうち、どの程度がデジタル・コモンズとしてだれでも利用できるようになるのだろう？　それを実現する方法は？　デジタル化されなかった作品はどうなるのか？　こうした疑問を考えるため、現在までの歴史的記録を大急ぎで概観する旅に出ることにしよう。

1　本

文化を観測するためにわれわれが開発したあの「装置」、Nグラム・ビューワーは、誕生からまだ日も浅く、当初はこれまでに出版された本の四パーセント、割合で言えば二五冊につき一冊のデータを与えられていたにすぎない。二〇一二年には、グーグルのユーリー・リン、スラーヴ・ペトロフらと協力してグレードアップした結果、Nグラム・ビューワーは本全体の六パーセントをカバーするまでになった。[3] もちろん、Nグラム・ビューワーで利用されているのはグーグルがデジタル化した本[4]のごく一部でしかない。

その三〇〇〇万冊をすべて取り込んでも、カバーする範囲は全体の二〇パーセントほどにすぎない。では、残りの八〇パーセントについてはどうなのか？　残りの八〇パーセントがデジタル化されて「デジタル図書館」に収蔵されるのはいつになるのだろう？

幸いなのは、いまでは新たに世に出る本のかなりの部分が最初からデジタル書籍として出版され、流通していることだ。現在は過去のどの時代よりもはるかに多数の本が出版されているから、これはデジタル形式で現存する本の割合が日を追うごとに急激に増大していることを意味する。

それでも少しばかり厄介なことに、以前に出版されて「紙の本」としてのみ現存するものも残っている。したがって、本のデジタル化の取り組みは、ほとんどの場合、この部分に焦点を合わせて行なわれるようになるだろう。各国の民間企業や政府が紙の本のデジタル化に積極的に取り組もうとしているのは、人類共通の遺産を保存するとともに、そこから有益な情報を得たいと考えているからである。こうした取り組みでは、あい変わらずグーグルが先頭に立っている。同社は現存する一億三〇〇〇万冊の本のうち、すでに約三〇〇〇万冊のデジタル化を完了させている。グーグルの見込みでは、残りも二〇二〇年にはデジタル化が終わるとされている。十中八九、現存する本の大多数は、近いうちにデジタル形式で記録に残るようになるはずである。

もし一億三〇〇〇万冊すべてのデータをNグラム・ビューワーに取り込めば、カバーする範囲は当初の四パーセントから一〇〇パーセント、つまり二五倍も広がることになる。定量化という観点から言えば、これは文化の「観測装置」であるNグラム・ビューワーで何が観測可能かに関して、大きな差をもたらすことになる。第一章で述べたガリレオの天体観測の話をもう一度思い出してほしい。ガリレオは三〇倍の倍率しかない望遠鏡での観測によって、地球をそれまで鎮座していた宇宙の中心から追い出してしまったではないか。

それでも、デジタル化された本を利用するわれわれの取り組みは、大きな障害に直面している。

深刻な問題の一つは著作権法である。かつてのポーの時代に比べると、著作権に関する法規はいっそう硬直化していて完全に時代の流れから遅れており、そのため、われわれが行なっているような研究分野は前進を阻まれている。一九九八年にアメリカで成立した「著作権延長法」がそのいい例である。この法律によって、アメリカにおける著作権保護期間は著者の死後七〇年に延長された。こうなると、二〇一三年時点においては、一九二三年以降に出版されたほぼすべての本は、オンライン上で普及させるのが禁じられたも同然である。しかもこの法律では、デジタル化された本を利用した研究やデジタル図書館の創設への配慮はいっさいなされていない。「インターネット・アーカイヴ」、「ハーティトラスト」、「プロジェクト・グーテンベルク」などの組織は、だれもができるだけ自由に本の利用ができるように奮闘を続けている。けれども著作権法の現状ゆえに、これらの組織が二〇世紀に出版された本を対象にしてできることはきわめて限られている。

こうした状況はそれら以外の「情報の生態系」にも影響を及ぼしている。たとえば、「文化観測所」を自称しているわれわれ研究グループは、Nグラム・ビューワーよりさらに強力なオープンソース・ツールを作り上げており、これを利用すれば本の記録をさまざまな形で細かく分析することが可能になる。[5] これは一例だが、アメリカの男性作家が三〇代に書いた物語詩の中で、「カラスの濡れ羽色」の意味もある raven という単語の出現頻度がどのくらいなのかを瞬時に図で表わせるのだ。だが、こんなことが可能なのも一九二三年までである。法で認められていれば話は別だが、二〇世紀に出た本になると、つねに近くに控えている弁護士――黒っぽい服に身を包んだ見張り役――がいずれこう耳打ちするはずだ。「ここから先はだめです」。

本が直面している脅威には、もう一つ、深刻さの度合いをさらに増している問題がある。デジタル書籍やデジタル情報の重要性がますます大きくなるにつれて、いくつかの理由から紙の本の存続自体が脅かされている。アマゾンが電子書籍リーダー端末「キンドル」を発売したわずか三年後には、アマゾンのデジタル書籍の販売部数が紙の本のそれを上回りはじめた。これはアマゾンに限ったことではない。近年のデジタル書籍への移行は止めようがなく、アマゾンの場合と同様の現象は、さまざまなリーダー端末と小売業全体に及んでいる。[6]長い目で見れば、聖書のような重要で愛着の深い文章が印刷物の形で残るのは間違いない。だが、そのような例はきわめて限られている。ここでも、あのジップの法則と同様の裾野の広い分布のゆえに、印刷本は不規則動詞と同じ運命をたどることになるだろう。もう何年かすれば、本書のような書籍はもはや印刷されなくなるかもしれない。

紙の本はいまでは、本を守る砦であったはずの図書館の中でさえも脅威にさらされている。図書館はこれまで何百年もの間、歴史的記録の保存を使命とする施設としてはもっとも重要な存在だった。ところが、オンラインのデジタル図書館が急速な発展をとげているまさにそのときに、建物の形態をとった図書館のほうは縮小の危機に直面している。近年では、従来型の図書館の六割が予算の固定化や削減の憂き目を見ているのである。資金に余裕がなく、収納スペースに関してはなおさら余裕がないため、新しい本を入れるには古い本を取り除いてスペースを作るしかない。厄介なのは、古い本を無償で欲しい人にあげればいい、というわけではないことだ。本には盗難防止用のタグなどが付いているので、たまたまその本を見つけた善意の人が図書館に返してしまうという事態が起きるのは避けられない。むしろ図書館の側は判で押したように、一般人には想像しがたいように思われるやり方で対処している。公にはしていないが、断裁してしまっているのである。それも驚くほど大規模に行なわれている。大きな図書館の場合、一度に数十万冊もの本を処分してしまうこともある。

図書館はどんな本を処分しているのだろう？　図書館によって違いはあるが、概してかなり行き当たりばったりに行なわれている。しかも、処分した本の記録を残す努力もなされていないのが実情である。最近の例だが、イギリスの首相を務めたデーヴィッド・ロイド・ジョージの蔵書が廃棄されたこともある。グーグルがデジタル化した本を調べて、それと同じ本を廃棄するよう決めているケースもまま見受けられる。結果的に見れば、これは文化遺産の一部に対する全面的な攻撃である。第五章で指摘したように、意外にも、検閲や弾圧が押さえ込もうとした当の思想や理念を逆に応援してしまうことがある。本のデジタル化ではこれと逆の現象が起こりつつある。本をもっと多くの人々に利用してもらおうという取り組みが、本そのものの従来の形での存続を脅かしているのである。[7] 本のデジタル化は複雑な問題を残しそうなのだ。

2　新聞

もちろん、過去の記録は本の中だけに残されているわけではない。たとえば、前述したように、ポーの「ほら話」である『軽気球虚報』が登場したのは『ニューヨーク・サン』紙上だった。昔の新聞が過去の記録の宝庫なのは、その紙面には都市や時勢、他の社会グループについての日々の関心が反映されているからである。では、ポーの『軽気球虚報』のデジタル版が見つかる可能性はどの程度あるだろう?
単純に考えると、その可能性はかなり高いように思えるかもしれない。新聞のデジタル化はかなり進んでいるからだ。現在では、『ニューヨーク・タイムズ』紙や『ボストン・グローブ』紙などの主要紙をはじめとする多くの新聞の全号がデジタル化されている。アメリカ人文科学基金は、植民地時代を含めたアメリカ初期の新聞をデジタル化するという大がかりな取り組みに資金を提供してきたが、この取り組みによって、ページ数にして六〇〇万ページ、期間では一世紀以上に及ぶ新聞のデジタル化が実現した。アメリカ以外の国でも昔の新聞のデジタル化が進められている。オーストラリアの「トローヴ・プロジェクト」だけで、これまでに約一億の記事がデジタル化されている。一時期だったとはいえ、グーグルも新聞のデジタル化事業に参入し、新聞社二〇〇〇社が保存していた新聞をデジタル化している。[8]
だが、こうした目を見張るような進展ぶりにもかかわらず、新聞のデジタル化の取り組みでは、規模においてもカバーしている期間においても、グーグルによる本のデジタル化に匹敵するものは一つもない。『軽気球虚報』は新聞と本のデジタル化の現状の違いを示してくれる申し分のない例である。現在では『軽気球虚報』のデジタル版を見つけるのは簡単だ。だが、それは本のデジタル化が成功しているからであって、新聞のデジタル化のおかげではない。ポーの「ほら話」は非常に有名で、さまざまなポー選集に収録されている。これらの選集は、ポーが上梓したすべての本とともにデジタル化されているのである。
しかし、『軽気球虚報』が最初に活字になった新聞のデジタル版を見つけるのは不可能だ。アメリカ人文科学基金の資金援助によってデジタル化されたのは、『ニューヨーク・サン』紙の場合、一八五九年から一九二〇年に発行された号だけなのである。新聞のデジタル化には大きな欠落部分が多数あり、一八四四年に『ニューヨーク・サン』紙に載った『軽気球虚報』もその中に入っている。また、ポーが書いた新聞記事の大半は現時点ではデジタル化されておらず、いつになったら実現するのかは知る由《よし》もない。

3　活字にならなかった文章

現在のような形での本の出版が始まったのはそれほど昔のことではない。印刷機が登場する以前の時代は、手で書かれた文章が筆写されていた。現存する貴重な文章には、このような写本の形でのみ残っているものが多数ある。「死海写本」をはじめとする有名な写本、さらには大英図書館が所蔵する「ギリシア語写本」コレクションなどの重要な写本は、いずれもデジタル化されている。[9]
活版印刷の発明によって本の出版が盛んになったあとでも、公表を意図せずに書かれた文章が多数あったことは言うまでもない。ポーは四二二通の手紙を遺している。これらの手紙がデジタル化されているのは、『軽気球虚報』のケースと同じく、ポーが非常に有名で、手紙の類も選集に収録されたためである。
このほかのポー直筆の文章や彼に関係するさまざまな資料は、テキサス大学オースティン校のハリー・ランサム・センターなどがポーに焦点を合わせた取り組みの中でデジタル化されてきた。ハリー・ランサム・センターに行けば、ポーの自筆原稿や彼宛の手紙の類、彼自身が没にした作品のデジタル画像を見ることができる。[10] 同センターには、エドガー・アラン・ポーを描いた数種類のタバコカード——プロ野球選手カード（ベースボールカード）がこの独特な文化的ニッチを占有する以前は、映画俳優やモデル、作家の写真や顔を描いたカードが煙草の販売に一役買っていた——さえ保存されている。

しかし未公刊の資料に関しては、ポーが遺したものはきわめて典型的な例とは言いがたい。ポーのような人物は歴史の記録の中で一種のスター扱いをされていて、その恩恵を受けているからだ。彼らのような大物に関係するものは何であれ、探し出されてデジタル化される傾向がある。ほかの人が遺したものはどうだろう。残っていたとしても、屋根裏か古いカバンにしまい込まれたメモや雑誌、手紙の類を見つけ出すのは一般にはきわめて難しい。見つかるのはせいぜい一パーセント程度だし、それらをデジタル化しようという直接的な取り組みは例外中の例外である。

こうした資料の発掘の数少ない成功例の一つは、イランの女性に関する研究を行なっているハーヴァード大学の教授、アフサーネ・ナジュマバーディーによる取り組みである。彼女はイランに赴き、女性の暮らしに関する昔の記録が残っていないかどうかを一軒一軒聞いて回った。ナジュマバーディーは見つけたすべてのものを注意深くデジタル画像として記録した。その結果生まれたのが「カージャール朝イランの女性の世界」アーカイブで、www.qajarwomen.org にアクセスすればだれでも自由に閲覧できる。遺書から葉書、婚姻契約まで、あらゆるものの記録が残っているここは、まさに貴重な収集品の宝庫である。どんな社会にもこうした貴重な資料がある。だが、そうした資料も時とともに徐々に失われつつある。残念ながら、その進行を食い止めるための組織的な努力はまったくなされていない。

4 その他の有形物

かつてポーが住んでいたヴァージニア州リッチモンドの古い家の近くにエドガー・アラン・ポー博物館があり、ここにはポーが散策時に使っていた杖、少年時代のベッド、古びた衣服、妻のピアノ、養父の写真のほか、ポーの一総《ひとふさ》の髪も展示されている。こうした博物館の展示物を見ると、人間の歴史は文章だけでは語りつくせないことがわかる。地図や彫刻も過去の記録を留めている。建築物、田畑、衣服も歴史の記録を留めている。食べ物、音楽、信仰の対象である神もまたしかりである。洞窟に描かれた壁画、人類登場以前の生物の化石も過去の記録である。

必然的に、歴史の記録であるこれらの有形物の大半は失われていく。われわれ人間は次から次に新たなものを作り出していて、記録を残す作業はそれに追いついていけない。それでも以前に比べると、有形物の多くが記録として保存されるようになっている。さまざまな取り組みが行なわれているが、その一つであるEUの「ヨーロピアナ」・プロジェクトでは、ヨーロッパ全域の博物館、文書館、収蔵庫などに保管されている多数の文化遺産をデジタル形式で記録し、ウェブ上で検索できるようするための努力が続けられている。[11] 芸術作品をきわめて高解像度の二次元ないしは三次元の写真に撮影することが可能になっており、それにより www.artsy.net などのウェブサイトで、大勢の人が世界でも最大級の重要作品のいくつかを観賞することができるようになった。新石器時代の焼き物のような作品が本当に好きなら、いまでは、三次元で実物をスキャニングしておいて、あとから三次元プリンター（3Dプリンター）を使ってレプリカを作ることさえできる。

われわれは歴史の本当の姿を、それらが失われる前にどこまで捉えることができるだろうか？　現状を大きく変えるには、大きな視野で考える必要がある。

現代はすでに巨大科学《ビッグサイエンス》の時代に入っている。スイスのジュネーヴ郊外にあるハドロン衝突型円形粒子加速器ＬＨＣ（Large Hadron Collider の略）の建設とＬＨＣを利用したヒッグス粒子探索の費用は、九〇億ドルになる。生命の根底をなすゲノムの全塩基配列の決定を目標とするヒトゲノム計画は三〇億ドルである。これらに比べると、人間の歴史を理解するために投じられている資金ははるかに少ない。アメリカ人文科学基金の年間予算は、すべてをひっくるめても約一億五〇〇〇万ドルにしかならない。

歴史の記録をデジタル化するという問題は、人文科学の分野に前例のない機会が訪れたことを意味している。人文科学の分野でビッグサイエンス流の研究に乗り出すならいまなのだ。何十億ドルという費用がかかる科学分野のプロジェクトを正当化するなら、何十億ドルを要する人文科学分野のプロジェクトにも目を向けなければならない。きわめて重要でありながら失われやすい文化遺産を記録して共有し、われわれの世代だけでなく将来の世代にも広く利用できるようにすることが、どれほど大きな影響力を及ぼす可能性があるかをじっくり考える必要がある。科学者、人文科学者、技術者がチームを組んで協力して取り組めば、さまざまな文化遺産に関して、だれもが利用できる非常に強力な情報源の構築が可能になる。おそらくそうした取り組みを核として、次世代のグーグルやフェイスブックが生まれるだろう。何と言っても、グーグルもフェイスブックも、社会のさまざまな側面をデジタル化しようという取り組みが企業としての出発点になっているからである。巨大人文科学《ビッグヒューマニティーズ》は誕生の機を待ちつづけている。

やらなければならないことはまだいっぱいあるとはいえ、過去の記録のデジタル化はすでにかなり進んでいる。先ほど述べたような文化遺産の情報サイトが生まれ、画面をクリックするだけで利用できるようになったことで、過去に対するわれわれの理解は変わりつつあり、以前はルーヴル美術館やスミソニアン博物館に足を運ばなければ見られなかったものも、家に居ながらにして眺められるようになっている。こうした情報源は、文章や芸術、髪型や葉書、戦争や恋愛をはじめとするさまざまなものが、どのようにして現在の形態をとるようになったのかを目で見て理解する一助となり、科学や人文科学の分野における歴史の研究法に変化をもたらすことになるだろう。

現代人のデジタル記録はどうなっているか？

一八四一年に短編、『モルグ街の殺人』を発表したエドガー・アラン・ポーは、彼自身が「推理小説」と呼んだ本格推理小説の生みの親だった。なんとも印象深いことに、このジャンルの原動力になっているのは、ごく普通に見える人でも非常に暗い秘密を隠している場合があるという事実である。歴史を調べる探偵になったとしよう。探りたいのはポーの暗い秘密、つまり彼の精神的内面や、彼が非常に注意深く口に出さないようにしていた考えである。彼の個人的な手紙類から調べを始めれば、有力な手がかりが得られそうだ。彼が遺した四二二通の魅力的な手紙は、すぐにでも調べられるように整理されている。

だが、資料となる記録をポーよりずっとたくさん残している人々がいる。そう、現在のわれわれである。[12]平均的なアメリカ人の成人は、四二二通くらいならeメールで二週間ごとに送信している。さらに現時点で、各人のアカウントには一〇年分のeメールが残っているかもしれない。つまり、ポーが遺した手紙類の何百倍もの資料が残っていることになる。忘れてはいけないのは、これが平均の数字だということだ。二〇一〇年には、二〇億の人々が一〇兆通のeメールを送信した。これはスパムメールを除いた数である。[13]いまや平均的な一人の人間がやりとりした私信は、かつてのアメリカ大統領の信書よりちゃんと保存されている。

このようなeメールの記録は強力な情報源になる。eメールにはそれぞれの人の過去の詳細が記録されているだけでなく、eメールの記録を利用すれば、これまでになかった興味深い手法で自分自身をもっとよく知ることができるようになる。試しに、本書著者の一人、ジャン＝バティースト・ミシェルのeメールを覗いてみよう。送受信トレイや保存フォルダーに残っているメールを簡単なnグラム分析にかけるだけで、ミシェルの人生について多くのことが明らかになる。現在に近づくにつれ、徐々にフランス語から英語を使うようになっていることがわかるが、これは、フランスからやってきた彼のアメリカ暮らしが板についてきたことを物語っている。付き合っている友人もわかるし、疎遠になった友人関係も見えてくる。若いころの熱狂もだんだん冷めていったこともうかがえる。パーティーという語の出現頻度が年を追うごとに低下しているのだ。それと同時に、恋が始まったこともわかる。女性名であるアイナという決定的な1グラムが集中的に登場するからである。このように、eメール中のさまざまなnグラムの出現頻度を調べれば、自分にとってかつては重要でも、その後徐々に忘却の彼方に追いやられた出来事を再発見できる。ビッグデータを前にしてもひるむ必要はない。ビッグデータは自分の人生を定量的に見るための、親しみのもてる「窓」にもなりうるのだ。

デジタル情報として記憶される範囲はeメールをはるかに越えて広がっている。平均で見れば、ふつうの人は毎年一万五〇〇〇通のeメールを送受信しているのに加え、五〇〇〇の添付ファイルをやりとりしている。「いいね!」をクリックする対象の数は一四〇だ。フェイスブックにアップロードする写真は一八点、さらにもう二点を画像共有サービスのインスタグラムにアップロードする。ツイートする回数は九回。ユーチューブに投稿する動画の再生時間は二〇秒。写真や文書ファイルをインターネット上に保存しておくサービスのドロップボックスにアップロードするファイル数は五二。オンラインのソーシャルネットワークで交流する友人の数は四五人である。しかも、これら目を見張らされるような平均値には、創作されたもののネット上で共有されることのない写真、文書、動画、音楽は入っていない。さらにここでは、世界の人口の四分の三近くが、いまだにインターネットを利用できないという事実も考慮していない。

すべてをひっくるめて考えると、これらの情報は何十億という人々の人生を驚くほど詳細に記した記録——ほんの数十年前にはまったく存在しなかった記録——を含んでいることになる。歴史を振り返っても、先例はいっさいない。現代の文明世界で一時間当たりにツイートされている語の数は非常に多く、現存している古代ギリシアのすべての古文書に出てくる語の数など比べものにならない[14]。残っている記録から調べたとすれば、今日のごくふつうの人と比較すると、ポーなどは謎めいた人物になってしまう。

しかしながら現代に生きるわれわれも将来の人々との比較で言えば、これまたまったく不可解な存在ということになってしまうのだ。

未来人のデジタル記録はどうなるか?

第一章で述べたように、現代人は平均では一人当たり毎年ほぼ一テラバイトの情報を生み出している。だが、中にはこの数字を上回る情報量を生み出している人もいる。そんな一人に、ボストンに住むドウェイン・ロイという名の幼児がいる。まだよちよち歩きの子どものくせに、週末だけでも一テラバイト以上の情報を生み出しつづけているのだ。

なぜドウェインはこれほど大量の情報を生み出しているのだろう? 彼は、認知機械研究グループを指揮しているMITメディア研究所の教授デブ・ロイと、ノースイースタン大学で言語音声病理学を研究しているルパル・パテルの間に生まれた男の子である。両親は二人とも、子どもが言葉を覚える過程に強い関心をもっていた。母親のパテルが関心をもっていたのは、彼女の研究対象が言語の学習過程そのものだったからである。父親のロイの場合は、言語の学習と同じ原理を利用して、ロボットに人間の通常の言語で意思疎通する方法を教え込みたかったからだった。二人が気づいたように、子どもの言語習得過程を理解する上での重大な問題の一つは、データがないことだった。これまでだれ一人として、子どもの成長とともに、言葉との出遭いがどのような形で訪れるのかの全容を詳細に記録したことはなかった。

パテルの妊娠がわかったとき、ロイとパテルはこの問題に正面から取り組む決意を固めた。お腹《なか》の子どもが生まれてから三年間の成長の様子を徹底的に記録しようと決めたのだ。自ら「ヒューマン・スピーチョーム・プロジェクト」と名づけた研究にアメリカ国立科学財団からの助成金を得たロイは、自宅に一一台の高解像度ビデオカメラと一四台のマイクロホンを設置した。これらビデオカメラとマイクロホンは、総延長三〇〇〇フィートにもなるケーブルで地下室に設けたデータセンターとつながっていた。この地下室の「前線基地」には日々、ドウェインに関する三〇〇ギガバイトを超す情報が集積されていった。ドウェインの一挙手一投足、ドウェインが立てる音のことごとく、ドウェインが耳にした音と目にしたもののすべてが、科学に役立てるために記録された（カメラをオフにするのは、ドウェインが眠っているときと、言うまでもないが、ドウェインが家の外にいてカメラで追えないときである）。
毎日大量のデータが流れ込むために、しばしば地下室のデータセンターがデータを収容しきれなくなりそうになった。このためデブ・ロイは、ハードディスクのいっぱい入ったスーツケースを定期的に研究所に運んでいかなければならなかった。こうして彼は、研究所に構築したはるかに強力なコンピューター・システムにデータを半永久的に残していった。一人の幼児の成長を記録するために彼が用いたのは、数百万ドルもするCPUグリッドで、これには一ペタバイトのデータを収納できる大容量のディスクが装備されていた。そのコンピューター・システムの名称は実行する作業内容も表わしている。「完璧な」と「記憶」を合わせた「トータルリコール（TotalRecall）」と命名されたのである。[15]
いまの時点では、ドウェイン・ロイは例外的な存在である。すべての人が、日常の行動のことごとくを動画に記録して保存する取り組みの被験者となっているわけではない。それでも、デジタルメディアと人々の暮らしがこれまでにないほど密接に浸透しあうようになれば、こうした記録は当たり前のものになるだろう。
この変化を先導すると思われる機器はすでに登場している。最近グーグルがアメリカで市場に投入した眼鏡型のウェアラブル・コンピューターのグーグル・グラスは、現実の状況に新たな情報を付け加えて表示する現実拡張システムを備えており、装着している人の視界を捉えつづける機能と、その人が見たりやったりしていることに関連する情報をリアルタイムで表示する機能を売り物にしている。ケーキを作ろうとしているなら、グーグル・グラスはその行動をすぐに把握してレシピを探し出し、段階ごとに手順を教えてくれるだろう。向こうから近づいてくる人がだれだかわからなくても問題はない。グーグル・グラスが顔認識システムを使って思い出させてくれるはずだ。グーグル・グラスを装着するのがいささか「だささく」見えるのは確かである。それでも、携帯電話が登場した初期のころ、電話に向かって大声でしゃべっていた人がどれほどおかしく見えたかを思い出してみるといい。グーグル・グラスが順調に軌道に乗るかどうかはともかく、このような技術の将来が明るいことは確かである［グーグル・グラスは二〇一五年一月に販売を中断した］。

グーグル・グラスのようなデバイスがあれば、ドウェイン・ロイの場合と同じように、日常の詳細な記録、すなわちライフ・ログを簡単に残せるようになる。もっとも、最初はだれもそんなことをやろうとは思わないかもしれない。私生活を余すところなく明かしてしまうことになるからだ。けれども、インターネット登場の当初から、プライバシーに関する規範は見直しを余儀なくされてきた。インターネットの普及とともに、日々浮かんだ考えをブログで綴るにせよ交際ステータスを公表するにせよ、だれもが個人に関する情報をますます大量に発信するようになっているからである。その行き着く先は明白だ。自発的に自身の日常のことごとくを記録に取る人が出てくるのは必然で、ライフ・ログの配信サービスを行なうウェブサイトが立ち上げられることになるに違いない。

自分の日常を詳細に記録に取ることにはいくつか利点がある。ライフ・ログがあれば、何かを思い出せないということがまったくなくなる――これまでに五感で知覚した諸々を一つ残らず調べるだけでいいのだ。忘れたいこともあるだろうから、つねにとは言えないが、思い出せたほうがいい場合のほうが多いだろう。記録を取ることは身の安全の役にも立つ。犯行の様子が「生」で配信されていたら、危害を加えようとする者など出てくるはずがない。次にやるべきことに関して、世界中の人からリアルタイムで絶えず助言をもらうこともできる（よく考えてみると、こんな状況にはすぐに辟易《へきえき》しそうだが）。のんびりくつろいでいたり風呂に入ったりしている間は装置のスイッチを切って、記録を取れないようにする場合もあるだろう。おそらく大半の人がそうすると思われるが、記録を取りつづける人もいるかもしれない。

自身のライフ・ログは、周囲の世界を観察する窓となるだけでなく、自分の身体を観察する窓にもなる。すでに市販されている「ナイキ・フューエルバンド」や「フィットビット」などの携帯型活動量計は、一日を通しての歩数、上り下りした階段数、消費したカロリーの記録を取りつづけてくれる。「スキャナドゥー・スカウト」と呼ばれる小型デバイスはさらに欲張った機能をもっている。ポケットに入るこの小型の装置は、体温、心拍数、血中酸素濃度の情報を数秒で読み取って記録する。そればかりか、心電図を取ることもできるし、尿検査もできる。健康状態をチェックしてくれるスキャナドゥー・スカウトは、「スター・トレック」に登場する携帯型医療用分析装置「トリコーダー」の第一段階なのである。身体に関するデータまで計測できるとなれば、ライフ・ログがカルテとしての役割を果たすようになるのは間違いない。そこには生命を維持するために無意識のうちに営まれているさまざまな過程の詳細なデータがいっぱい詰まっているからだ。何か異常があれば、すぐにかかりつけ医に連絡がいく。現在の定期健康診断のあり方も根本から変わるだろう。トリコーダーのような装置にもとづく遠隔医療を利用すれば、医療関係者は患者の一日を通しての行動をいつでも把握できるようになる。何かおかしいところが見つかれば、向こうから受診するよう連絡してくるようになると思われる。[16]
ライフ・ログを取ることで、身体の状態や外界で経験した出来事の圧倒的大部分をデータとして保存することが可能になる。とはいえ、実際に経験したことなのにきわめて記憶から消えやすいもの、すなわち、頭の中に浮かんだ考えについてはどうなのだろう？
SFに登場するような、装着者のすべての考えを無意識のうちに文章化できる読心装置が近いうちに実現しそうだと考えている人はまずいないだろう。実現する上での問題は、機械を「訓練」して通常の脳波を理解できるようにするのが難しいことにある。それでも、この問題を克服する効果的な方法があるかもしれない。科学者たちはここ一〇年ほどの間に、脳波を解析して機械と人との間で電気信号をやりとりする「ブレイン＝マシン・インターフェース（ＢＭＩ）」の開発で大きな成果をあげており、身体障害者が頭の中で念じるだけで義手や義足を動かせるようになっているほか、無線を通じてコンピューターのマウスを動かす指令を送信することも可能になっている。ＢＭＩは、医学的には昏睡状態と判定されてもおかしくないと思われる人との意思疎通にも使われている。さらに、玩具の分野でもＢＭＩの利用が始まっている。
ＢＭＩの拠りどころとなっているのは、通常の脳波は機械的な読み取りが難しいとはいえ、脳を訓練すれば機械に読み取りやすいように脳を活動させることができるという事実である。実際には、機械が認識できる特定のニューロン信号を意識的に発生させればいい。どのようなＢＭＩ――脳内の血流を調べる機能核磁気共鳴画像装置（ｆＭＲＩ）であれ、脳の電気的活動を記録する脳波図計や埋め込まれて脳細胞の一部とつながっている電極であれ——でも、機械が実行しているのは、決められた特定の信号を捕らえて、あらかじめプログラムされている形で応答することである。BMIを利用する取り組みはきわめて大きな成果をあげている。[17] こうしたシステムによって、念じるだけでさまざまな機器を操作したりメッセージを送ったりできるようになると想像するのは難しいことではない。さらに言えば、そんなこともほんの序の口にすぎないのかもしれない。

頭の中で考えていることは、語句が連続した言葉の形を取っていることが多い。この現象を指す特有の表現がある。それが「意識の流れ[18]」である。意識の流れが存在することには、いささか驚きを覚えざるをえない。そもそも言葉は、他者と意思疎通を図るための手段だからだ。自分以外にはだれもいない場合でも、頭の中で考えをまとめる際に言葉が用いられる理由はわかっていない。だが、それを実際にやっているのは確かなのである。

脳の営みという観点から見れば、機械に伝えられるニューロン信号と口から出る言葉の間に大きな違いがあるわけではない。もとになっているのは、どちらもニューロンの発火のパターンだからだ。主たる違いは、ニューロンが発する「言葉」を利用して、人と話をするか機械と話をするかである。何かを考えるのは頭の中で「独白」しているようなものだが、その際、考えている内容に対応する言葉を付随させ、それをリアルタイムで字幕にして視聴者の脳内の機械に表示するようになるというのは、馬鹿げた考えではない。さらにこうしたシステムとコンピューターを組み合わせることで、頭の中で考えたことも記録に残せるようになるかもしれない。

原理的には、五感で知覚したもろもろの出来事、心臓の拍動、お腹の鳴る音、さらには頭をよぎる考えのことごとくを記録に取って残すことができる。実際にこうした記録が取られるようになれば、日々の暮らしは大きく変わるだろう。どんなふうに変わるかは現時点では想像しがたいとはいえ、目を見張るようなものになるのは間違いない。これらの記録は日々の暮らしを変えるだけではない。そうしようと思えば、自分の人生の記録を死後に残すこともできる。生きていたことの証《あかし》として、自身の完璧な年代記を子孫に残せるのだ。その年代記を見れば、先祖の偉業、悔恨、知恵、愚かさを知ることができる。死んだあとも、デジタルの余生があるようなものだ。その気になれば、ライフ・ログを企業に売ったり、科学や人文科学の研究者と共有したりすることもできる。未来の図書館では、伝記部門の棚に並んでいるのは人生の物語だけではない。それぞれの人物に関するあらゆる記録を載せた「ノーカット版」もそろっているだろう。

デジタル記録が正義をもたらすとは限らない

二〇一三年四月一五日（現地時間）、ボストン・マラソンのゴールから約二〇〇メートル離れた場所で、二つの爆弾が爆発した。ゴール付近に集まっていた大勢の観客の中に破片が飛び散った。その際、三人が死亡した。負傷者は数百人に達し、少なくとも一四人が手足の切断を余儀なくされた。事件後の数日間、アメリカ連邦捜査局（ＦＢＩ）は必死に手がかりを探したが、証拠はほとんど残っていなかった。リュックの中に隠されていた爆弾は圧力鍋を利用して作られており、内部には釘、ボールベアリングの鋼球、金属片が詰められていた。いずれも、だれでも簡単に入手できる品だった。五〇万もの人がレースを見にきていた。この中のだれが爆弾を仕掛けたのか？　それはまさしく、想像しうる最大規模の推理小説そのものだった。

それでも、ＦＢＩには強力な切り札があった。デジタル情報として残された当日の記録である。ＦＢＩも認識していたが、犯行現場に大勢の観客がいたのは捜査には好都合だった。観客は写真を撮るからだ。通り沿いの店も防犯カメラを設置していた。狭い範囲に多数のカメラがあり、短時間のうちに多数の写真と映像が撮影されていたから、どれかにリュックを抱えた犯人の鮮明な画像が残っているのは確実だと思われた。[19]

勘は当たっていた。事件から数日後には、犯人――二人だったことが判明していた――の写真が公開された。チェーン百貨店のロード＆テイラーの防犯カメラから得られた画像に、犯人の姿がはっきり映っていたのだ。多数の情報が寄せられはじめた。その多くは、偶然にも犯人の顔を捉えていた高解像度の写真だった。写真がウェブのいたるところに広まって追いつめられた彼らは、最後まで狂暴に抵抗し、警官隊と血みどろの銃撃戦を繰り広げた。犯人の一人は警官に射殺され、もう一人は逮捕された。彼らはボストン以外でも爆弾テロを実行する計画を立てていた――ニューヨークのタイムズスクエアが標的だった――が、こちらは未然に防ぐことができた。悪事を企んでいる輩《やから》はこのことを肝に銘じておかなければならない。ビッグデータがあれば、どこのだれかを突き止めることができるのだ。

しかし、デジタル形式で残された記録は悪人を追いつめるだけではない。何の罪もない人を傷つける場合もある。

報道されているところによると、悲劇の発端は二〇一一年の一一月の事件だった。パーティーに出かけたカナダの一五歳の少女が四人の少年に集団で暴行されたというのである。少年たちは写真まで撮っていた。その写真はeメールやフェイスブックを通じて拡散した。彼女の仲間たちは被害者である少女を元気づけようとするどころか、彼女の人生を悪夢のような状態に陥れた。執拗ないじめを受けた少女は転校し、一家は転居もした。少女は数週間、入院したこともあった。だが、どうやっても屈辱感から逃れることはできなかった。ネット上やそれ以外の場所でのいじめからも逃れられなかった。いつまでもネット上に残る写真をどうすることもできなかった。二〇一三年四月、少女は首を吊った。[20]

ビッグデータのもつ力をどう制御するか？

写真には当初からいささか奇妙な迷信が付いて回った。写真を撮られるとき、わずかとはいえ、魂がカメラに吸い取られるというのだ。ありえないことではあるが、この迷信にも一理あると言えなくもない。さっき見たように、たった一枚の写真でも、写っている人の人生に大きな影響を及ぼす場合があるからである。ではビッグデータはどうだろう？　ビッグデータも個人の人生に大きな影響力をふるうようになるのだろうか？

これは喫緊の問題である。以前はじっくり考慮した上で子孫に何を遺すかを決めるのが常だったから、個人の記録として残るものはほとんどなかった。しかし、石の塊に記録を刻んでいた時代ははるか昔のことである。近いうちに、身をもって経験したもろもろの出来事の大半はきわめて簡単に跡をたどれるようになり、その結果、気がついてみると、特別に何かをしなくても、まさしくあらゆることをかなり簡単に記録に残せるようになっていたというケースが多くなるだろう。こうなると、何を記録から外すかを慎重に決めることが必要になる。その結果、情報をどう残すかは、技術的な問題から倫理的ジレンマに変質する。このジレンマは、ごく少数の問題に帰着する。記録にとどめるべきでない情報とはどのようなものなのか、そして、記録が残されているとしたら、それを利用する権利はだれにあるのか、である。

こうした疑問にどう答えたらいいかは簡単には言えない。なぜなら、技術の未来の姿を推測するのはかなり容易だが、これに比べると、この先、倫理的・社会的価値観がどのように変化するかを推測するのははるかに難しいからだ。ドウェイン・ロイのケースを取り上げてみよう。研究の動機は科学を前進させることにあったとはいえ、二歳の幼児にアメリカの大統領よりプライバシーがないことを本当に正当化できるのだろうか？　あんなやり方で記録を取られてもいいという人は少ないはずだ。だが、インターネットを経由するソーシャル・ウェブは、情報の共有に関する社会の規範を驚くほどの速さで変化させている。いまオンライン上で共有されている情報の多くは、二〇年前はもちろん五年前でさえ、厳重に保護されていただろう。もしかすると、ドウェインの世代の子どもたちは、そんなことは気にもかけないかもしれない。むしろ、幼児期のライフ・ログがないことをどうしようもない時代後れだと思うかもしれないのだ。

だが、気にするほうが時代後れだと言われても、述べておかなければならないことがある。ライフ・ログを残すことが可能になるのは間違いないと思われるが、ライフ・ログの共有という考え方が非常に危険なことも、同じように明らかだと思われる。さまざまな業者がライフ・ログを利用して、うんざりするほど大量の広告を送りつけてくるようになるのは論をまたない。いまでもすでに、大手チェーンストアのターゲット社は独自のデータ解析法を利用して、顧客のだれが妊娠しているかを突き止められるまでになっている。実際、一〇代の娘の妊娠をまったく疑わなかった両親が、同社の送ったクーポン券によってその事実を初めて知ったというケースもある。他のことはともかく、市場調査会社やグローバル企業が何ら規制を受けることなくライフ・ログにアクセスできるようになったら、多くの人がどれほど不愉快な目に遭うかは容易に想像がつく。[21]
企業による私生活への干渉は、懸念される最悪の事態ではないかもしれない。ライフ・ログを利用すれば、政府が全国民を四六時中追跡することも可能になる。すでにグーグルやフェイスブックなどの企業は、国家の安全が脅かされている場合には、自社がもっている情報を連邦政府に開示することにしている。また、企業の意思にかかわらず、政府がさまざまな手段を駆使して情報を入手する場合もある。二〇一二年九月には、ツイッター社がニューヨーク市の刑事裁判所から、ウォール街占拠デモに参加したマルコム・ハリスの私的なツイート記録を提出するよう命じられている。二〇一三年には、エドワード・スノーデンが国の関与による個人情報収集の実態を暴露したことから国民の怒りが爆発し、オバマ大統領が国民を安心させるために、「だれの電話であれ、盗聴などされていない」と言わなければならない事態になった。どこが合法的な公共の利益と独善的な国家の利益との境になるのだろう？　境はなければならない。権力の側があらゆる人のライフ・ログをいつでも提出させることができる社会では、権力への抵抗は実にむなしいものになってしまうからだ。[22]
いつの日か、頭に浮かんだ考えを記録して残すことが技術的に可能になれば、さらに悪い状況が生まれかねない。想像できるのは、ユートピアとは正反対の恐ろしい世界である。これは一つの可能性だが、全体主義国家はすべての国民に、頭に浮かんだあらゆることを記録するよう強制するかもしれない。記録しない場合は罰せられるようになれば、個人的な考えなどというものはもはや存在しなくなってしまうだろう。だが、これさえ最悪のシナリオではない。頭に浮かんだ考えを記録に取ることが義務として政府から強制され、学童が「忠誠の誓い」や教理問答書を暗唱するのと同じようなやり方で、特定の考えを繰り返し想起してログに残すことを求められたらどうなるかを想像してみるといい。国民は強要された意識の流れにどっぷりはまり込み、洗脳された状態から抜け出せなくなってしまうだろう。

このように、ライフ・ログの将来には大きな懸念材料がある。ライフ・ログを取ることがようやく可能になったばかりの現時点でも、すでに記録を取ることに反対する動きの萌芽を見て取れるようになってている。シアトルのバー、ファイヴ・ポイント・カフェのオーナーは、ライフ・ログの記録装置が店内に持ち込まれれば、客たちはいつものように羽目を外してふざける気になれなくなるのではないかと心配した。自由に振る舞える雰囲気がなくなれば商売にも差し障りが出る。そこで、バーではグーグル・グラスの使用を禁止したのである。[23] ウェブ関連の新興企業スナップチャットは、ユーザーの送ったメッセージが一定時間経過後に消去されるサービスを提供している。[24] ライフ・ログがますます一般的になるにつれ、記録の対象外にすべき場や時間、情報のやりとりを定める必要性が生まれるだろう。

一人ひとりの日常の暮らしは、デジタル・データとして痕跡を残す。その膨大なデータに関する闘いは始まっており、個人の過去の記録の所有権とその利用を制限する権利はだれに帰属するのかをめぐって争われている。ビッグデータの共有はこの先、広大な公園のようなすばらしい場を提供するまでに成長するのだろうか？　法による強制を実行するための強力な手段と化すのだろうか？　何世代にもわたる人々の経験や教訓を伝える遺産となるのだろうか？　監視国家を支える屋台骨になってしまうのだろうか？　いずれにしても、二一世紀にはこうした問題をめぐって、きわめて重大な倫理的・社会的対立が生じるだろう。

科学と人文科学の境界こそフロンティア

二枚のレンズを向かい合わせに組み合わせた望遠鏡を使ってガリレオが行なった観測は、西欧文明の転換点となった。望遠鏡を通して彼が見たのは、キリスト教の教義とは相容れない世界だった。苦労して観測した甲斐もなく、ガリレオは異端審問所から断罪され、フィレンツェ郊外に蟄居《ちっきょ》させられた。だが、教会といえども彼の思想を閉じ込めることはできなかった。ガリレオに負うところがかなり大きかったことは言うまでもないが、これ以降、長きにわたって西欧の人々の精神を支配してきた教会の影響力は弱まりはじめる。

ここに、キリスト教の教義に代わって、現代まで続く二つの大きな知的伝統が根づいた。その一つが科学で、その役割は、実験にもとづく観測によって宇宙の本質を明らかにすることにあった。もう一つは、注意深い冷徹な分析を通して人間の本質を研究する人文科学である。この両者があいまって、西欧文明は多大な恩恵を受けてきた。自由や民主主義という考え方から技術とそれを応用した製品にいたるさまざまなものが、この兄弟のような二つの知的伝統からもたらされたのである。

しかしながら、同じように新たな力強い知の潮流になったとはいえ、科学と人文科学との関係は長い間、疎遠だった。現在でさえ、学生たちは科学か人文科学のどちらを集中的に学ぶかを決めなければならないのがふつうである。研究者たちも一般には、いずれか一方の分野に身をおいている。科学と人文科学を分かつ境界はさまざまな形を取りながら、小学校、中学校、高校、大学、さらには知の生態系の中に埋め込まれている。だれもが数学を学ぶし、シェイクスピアも学ぶ。だが、両者を合わせた形で学ぶことはない。

少なくとも、少し前まではそんな状況だったが、ようやく変化の兆しが見えてきた。たとえば、スタンフォード大学に籍をおく人文科学者フランコ・モレッティは、多数のデジタル書籍を利用してシェイクスピアの作品に登場する人物の交流関係を調べる取り組みに乗り出した。これは、コンピューター科学と統計物理学の研究法や手法をまったく新しい領域に応用した取り組みと言えるだろう。また、ネブラスカ大学の文学の教授マシュー・ジョカーズは、一九世紀のさまざまな著者による小説の間の隠れた関係性を突き止めるのに成功している。彼の研究は、小説に含まれる代名詞の統計的分布のように、一見したところでは、きわめて難解に思える事柄にもとづくものだ。さらに、アメリカ、イギリスなどの四か国の研究助成団体による共同の取り組みとして、大規模データを活用した人文・社会科学研究プロジェクトへの助成を目的とした「ディギング・イントゥー・データ・チャレンジ（Digging into Data Challenge）」というプログラムも行なわれており、アメリカ人文科学基金ではブレット・ボブリーがこの活動の中心になっている。これらはいずれも、数理科学的研究が行なわれてこなかった領域を目指した動きである。

そうは言っても、数理科学が踏み込んできたこともないわけではない。ダートマス大学では、数学者のダニエル・ロックモアがデジタル書籍を利用して、著者どうしの間で文体がどのように影響を及ぼし合っているかを調べている。モレッティに比べると、ロックモアははるかに数学に重きをおく一方で、調査した本の数ははるかに少ない。それでも二人が目指している方向は同じである。また、テキサス大学オースティン校の心理学者ジェームズ・ペネベーガーは、文章中に出てくる代名詞の統計的分布に、その時の著者の気分がどの程度反映されているかを研究している。ペネベーガーとジョカーズの専門分野はまったく異なる伝統をもつとはいえ、二人も目指している方向は一致している。さらにアメリカ大統領府科学技術政策局では、オバマ大統領その人の命を受けて、トーマス・カリルがビッグデータ利用の新たな戦略の構築を主導している。ロックモアとモレッティ、ペネベーガーとジョカーズ、ボブリーとカリルは気の合った者どうしなのだ。

過去の記録のされ方がその性格を変化させるにつれ、科学と人文科学の境界は明確ではなくなってきている。その結果、両者の融合はさまざまな名のもとで進んでいる。科学的手法を取り入れて研究している歴史学者は、「デジタル人文科学者」を自称する傾向がある。大学の言語学科には「コーパス言語学者」がいる。心理学者と社会科学者は「数理社会科学者」という名称を好む場合もある。科学と人文科学との融合の機は熟しており、シリコン・ヴァレーの新興企業の中では日常的に新たな考え方が次々に生まれている。

徐々にではあるが、科学と人文科学との深い溝を埋めるべく、さまざまな分野の優秀な知性の持ち主たちが寄り集まるようになってきている。二〇一三年の春にメリーランド州で開かれた学術会議の場には、アメリカ国立衛生研究所、アメリカ人文科学基金、アメリカ国立医学図書館によってさまざまな研究グループが集められた。参加した研究者たちの専門分野は驚くほど多岐にわたっており、歴史学からアフリカ言語学、コンピューター科学、微生物学から修辞学、詩学、動物学にまで及んでいた。この会合で基調講演を行なったのは、世界有数の大製薬企業グラクソ・スミスクラインの前取締役、デーヴィッド・サールズである。この学術会議はアメリカ国立衛生研究所とアメリカ人文科学基金が同時に後援したはじめての会議となった。基調講演のタイトル「データ、生物医学、デジタル人文科学」からは驚くほど楽観的な考えが窺われる。それは、歴史学者、哲学者、芸術家、医師、生物学者がともにデータについて考えれば、それぞれが単独で取り組む場合より個々の理想を推し進めることが可能になるというものである。会議自体の名称「共有された地平」も的を射たものだった。[25] 科学と人文科学の境界にこそ、これからの知的体系のもっとも興味をそそられる領域が横たわっているからだ。

科学と人文科学が融合した取り組みをどう呼んだらいいのかはわからない。現時点では、そうした取り組みがどこへ向かうかもまったく不明である。だが、確かなことが一つある。科学と人文科学がふたたび同じ目標をもって、同じ方向を目指しはじめたことである。ガリレオは一七世紀に望遠鏡を利用した観測によって、人々の世界に対する理解を大きく変えた。それとまったく同じように、向かい合わせになった二つのレンズである科学と人文科学は、二一世紀にガリレオの望遠鏡と同じ役割を果たすことになるだろう。

過去のビッグデータから未来は予測できるか?

……ガール・ドーニックは非数学的概念を使って心理歴史学の何たるかを述べた。それによれば、心理歴史学とは数学の一分野であり、一定の社会的・経済的刺激に対する人間の集団の反応を扱うもので……

これらの詳細な説明において暗黙の前提となっているのは、対象となる人間の集団が十分に大きく、統計的扱いができることで……必要とされるもう一つの前提は、人間の集団の反応が本当にランダムなものであるためには、その集団自体が心理歴史学的分析に気づいていないことが必要なことだ……
――アイザック・アシモフ『ファウンデーション』

飛びぬけて有名なSF作品の一つ、『ファウンデーション』の中に、作者のアイザック・アシモフはハリ・セルダンという名の数学者を登場させた。想像上の人物であるセルダンの偉大な功績は、精緻な数学理論と任意の時間における社会の状態の詳細な測定を組み合わせて、未来を予測する手法を考案したことにある。もちろん、セルダンもある特定の人物の行動は予測できない。個々の人間はあまりにも行き当たりばったりだからだ。だが、社会全体がどうなるかなら解明できる。たとえば、セルダンは長きにわたって銀河系に君臨してきた銀河帝国の滅亡が間近であることを予測する。セルダンが確立した予測理論でも、だれが帝国を滅亡に導くのかまでは予測できないが、滅亡が差し迫っていて、滅亡のあとに混乱の時代が訪れることはわかるのだ。

このような集団としての挙動に関する理論は、科学の世界では珍しいものではない。風船を膨らませてから、口を縛らずに手を離したとしよう。その様子を見れば、風船の口から空気が流れ出し、風船は小さくなりながら飛んでいって、最後には地面に落ちることは、子どもでもわかる。物理学者ならさらに進んで、風船の口から空気の分子が漏れ出す速さや風船が縮んでいく速さ、風船が空中を動き回る速さを算出できるだろう。だが、個々の分子がどのような順番で風船から飛び出していくかはどうやってもわからない。個々の分子の運動はあまりにも乱雑すぎるからだ。内部の空気と風船は予測可能な挙動をするとはいえ、それはあくまで風船内の空気を集団として扱った場合のことなのである。

アシモフの発想——彼はそれを心理歴史学と名づけた——は、集団としての人間を扱う取り組みなら、集団としての人間の文化の未来を予測できるというものである。

現代の社会科学者は、心理歴史学という文化決定論の人気ブランドとはまったく相性が合わないかもしれない。経済学が例外なのはよく知られているとはいえ、社会科学の大半の分野では、決定論という考え方はほとんど受け入れられていない。だが、この事実はちょっと意外に思えてしまう。アシモフの考え方は実際には、社会科学の黎明期に唱えられたものだからである。一九世紀の初期、社会学の生みの親で社会科学の基礎を築いたオーギュスト・コントは、注意深い実証的な研究を行なえば、物理現象の綿密な研究が根底にある数学的原理を明らかにしたのと同じように、最終的には人間社会の動きを支配している法則を明らかにできると考えた。コントはのちに、人間社会を研究するこの分野を社会学と呼ぶことになるが、彼が与えたそもそもの名は「社会物理学」だった。コントは、社会学の法則を理解すれば、それらの法則を利用してよりよい社会を構築できるようになると信じていた。物理学の法則を理解すれば、より高性能のトースターを作れるようになるのと大差ないのだ。[26]『ファウンデーション』の中で、ハリ・セルダンが心理歴史学的計算をもとに銀河系の混乱を最小限に抑えるための行動を取るとき、セルダンはコントが思い描いた状況を体現しているのである。

もうすぐ社会科学の分野にも押し寄せる大量のデータのことを考えると、どうしても、これほど大量のデータがあればコントの夢が現実のものになるかもしれないと思いたくなる。

だが、その一方で、歴史の流れを前もって予測しようとするのは難題中の難題のようにも思われる。

そこで最後に、さまざまなnグラムを利用した実験をもう一つ紹介しておこう。実験の目的は、歴史的傾向の予測が可能かどうかを検証することである。検証の対象に選んだのは、できるだけ予測が簡単に行なえるもの、「文化の慣性」とでも呼ぶべきものである。「文化の慣性」とは、出現頻度が上昇しているnグラムはその後も上昇傾向が続き、出現頻度が低下しているnグラムはその後も低下傾向が続くことを言う。株式市場の値動きにはこうした「慣性」は認められない。もし慣性があれば、だれでも投資で一儲けできるだろう。もし人間の文化に慣性があれば、あるnグラムが及ぼしてきた影響を調べることで、そのnグラムがこの先どのような影響を及ぼすかについて、多くのことがわかるだろう。

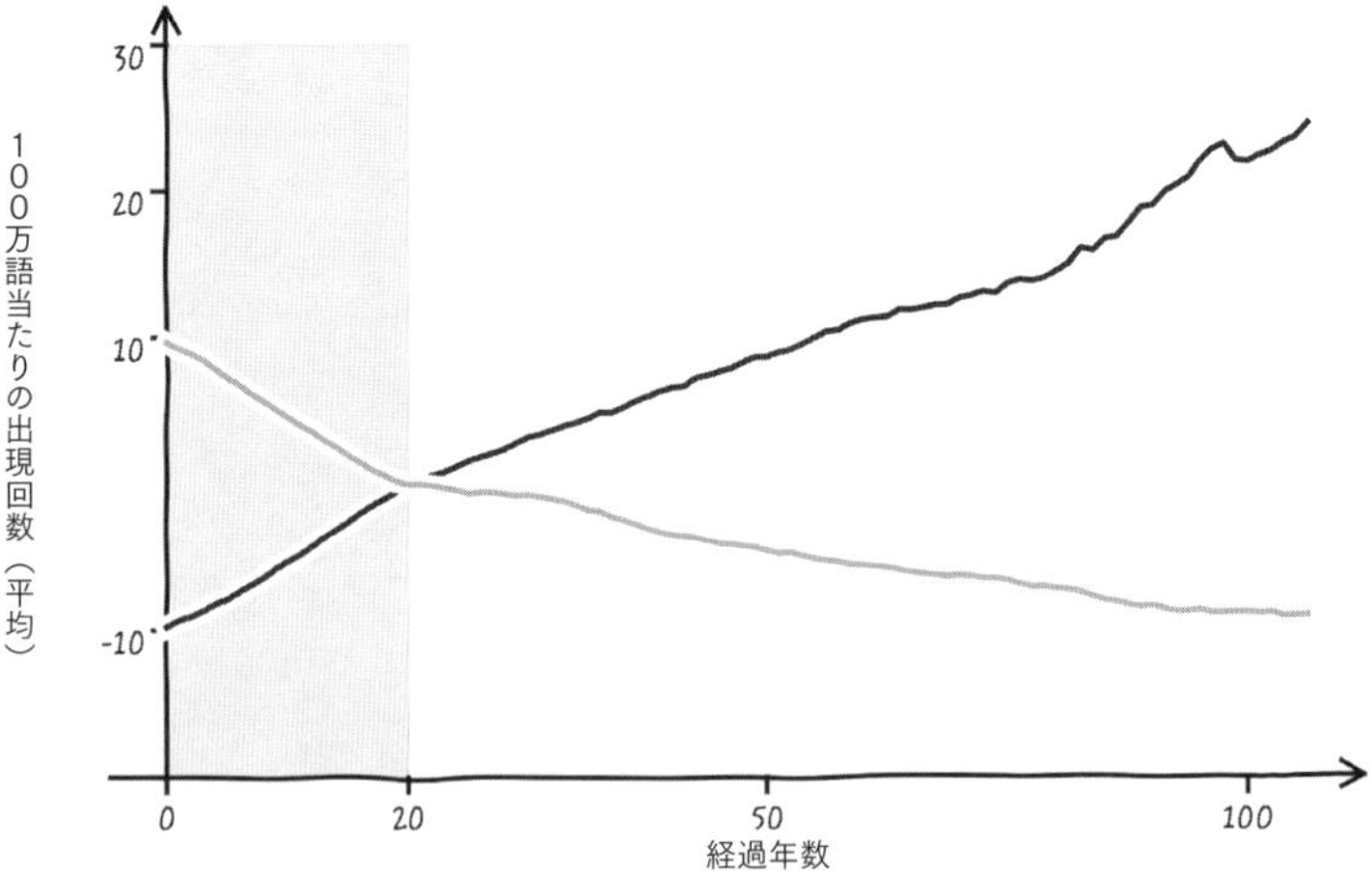

図7−1

実験結果を表わしたのが図7－1である。図の薄い色の曲線は、出現頻度が二〇年間、一貫して低下している多数のnグラムの平均出現頻度を示している。出現頻度の低下傾向は二〇年を過ぎた後も続くのだろうか？　まさにその通りである。もう一方の色の濃い曲線は、逆のケースを調べた結果で、二〇年にわたって出現頻度が一貫して上昇しているnグラムの集団を対象にしている。測定可能な範囲で見る限り、劇的な上昇傾向は二〇年を過ぎた後も続いている。これでおわかりいただけただろう。出現頻度が上昇傾向にあるnグラムは上昇傾向を、低下傾向にあるnグラムは下降傾向を維持するのだ。もっと一般的、というか物理学的な言い方をすれば、「運動している」nグラムは（外部から心理歴史学的力が作用しなければ）その運動を続けるということである。

本当にもしかするとだが、予測の科学としての歴史学がありうるのかもしれない。これも本当にもしかしてのことだが、人間の文化は決定論的な法則に従っているのかもしれない。そして本当にもしかすると、大量のデータのおかげで、過去の歴史から将来を予測し、文化を支配している法則を読み解くことが可能になる状況が生まれつつあるのかもしれない。

しかし、たとえ総体としての社会や文化についてのこうした理解に到達できるとしても、それが本当に多くの人が求めていることなのだろうか？　コントはそう考えた。コントは、客観的な測定と反証可能な予測なくしては、人間の歴史も社会も文化もきわめて不毛なものになってしまうと考えていた。だが、文化人類学者のフランツ・ボアズは異論を唱えた。彼は次のように述べている。

物理学者は同じような一連の事実を比較して、それらすべてに共通する一般的な現象だけを抽出する。

そのあとは、一般的な法則だけに重きが置かれるようになるにつれ、物理学者にとって個々の事実はますます重要なものではなくなる。
一方、歴史家にとっては個々の事実が重要で興味深い対象であり……
この二つの手法のうちどちらのほうの有用性が大きいだろう？　その答えは主観的なものでしかありえず……[27]
結論。ときには図式で考えたいこともある。じっくりといい本を読みたいこともある。それなら、われわれのデジタル化されていく未来における歴史学は、歓迎されるものだ。どちらのやり方も使えるのだから。

謝辞

二〇一〇年一二月一六日午後二時、われわれの論文が『サイエンス』電子版に掲載された。それと時を同じくして、グーグルがNグラム・ビューワーを立ち上げた。われわれは二人ともほっとして、安堵のため息をついた。とうとうやったのだ！

一息入れていたのも束の間、五時四〇分にマックス・ブロックマン――現在はわれわれのエージェントを務めている――からeメールが届いた。タイトルはごく簡潔な「本の執筆について」だった。提案してくれたブロックマンにお礼申し上げる。われわれは細部にこだわって完璧を追い求めるあまり、ユリの花をもらえば余計な装飾を加えたり、チョコレート漬けにしたり、はてはたっぷりの油で揚げたりしてしまうようなタイプである。にもかかわらず、そんなわれわれの常軌を逸した本の構想をつねに変わることなく支持してくれたことにも感謝しなければならない。

編集を担当してくれたローラ・パーシアセペの超人的な努力がなかったら、本書は常軌を逸したアイデアのままで終わっていたはずである。本書が日の目を見たのは、彼女がわれわれのアイデアを現実のものにするために懸命に奮闘してくれたおかげである。彼女はわれわれにとってつねにアイデアの源だった。さまざまな提言や教えも頂戴した。彼女からのeメールには、われわれが目を通しておくべきさまざまな本が記されていて、受け取るたびにわくわくしたものだ。その情報はいわば非公式の「今月の課題図書」であり、もっとも根源的なところでは、彼女がくれた情報が本書を形づくったと言えるだろう。さんざんお手数をおかけしたリヴァーヘッド・ブックスのデザイナーと校正担当者にも心からお礼申し上げる。広報を担当してくれたケイティー・フリーマンにも感謝している。

本書はほかにも多くの方々から力添えをいただいた。中でもジュリー・ザウツマーは特別である。彼女は原稿に何回も目を通してくれ、文章全体の構成からカンマの位置にいたるまで、彼女が提供してくれたさまざまなアイデアは本書を完成させる上で大きな力となった。ジョン・ボーナン、ニーヴァ・チェルニアフスキー・デューランド、ジャン・ザウツマーもたびたび文章を読んで吟味してくれた。この三人からは鋭い指摘と励ましも頂戴した。原稿を読んで意見を頂戴した以下の方々にも感謝したい。サミュエル・アーブズマン、イヴァーン・ボチコフ、ペドロ・ホルダーロ、アンドレア・ブレス、エリシェヴァ・カールババハ、オルガ・ダドチェンコ、イッツィー・エーレンベルク、スー・リバーマン、オリヴァー・メドヴェディク、アリーナ・オマー、スーハス・ラオ、ベンジャミン・シュミット、エレナ・スタメンノヴァ。

科学とはある意味、対話である。本書に登場するアイデアは、リストアップできないほど大勢の方々との対話から生まれた成果である。以下にあげるのは、力添えをいただいた素晴らしい方々のごく一部である。アヴィヴァ・エイデン、ユーリー・アロン、ジョン・ボーナン、マーティン・カーマーチョー、ニコラス・クリスタキス、ロバート・ダーントン、ダニエル・ダナー、ニーヴァ・チェルニアフスキー・デューランド、サラ・アイスマン、ジョルジュ・フールネイ、ジョーゼフ・フルヒター、アンソニー・グラフトン、ジョー・ガルディー、ジョー・ジャクソン、エリク・ランダー、カロル・ラゼル、マーク・リバーマン、ユーリー・リン、マイケル・ロペス、セイラ・ジョンソン、マイケル・マコーミック、ラディーカ・ナグパル、ジェレミー・ラウ、チャールズ・ローゼンバーグ、トレーシー・ロビンソン、ジョナサン・サラゴスティ、ベンジャミン・シュミット、ジェシー・シェイドロワー、ユーアン・シェン、スチュアート・シーバー、ランディー・スターン、ティーナ・タン、ウェルナー・トレース、アドリアン・ヴェレシュ、ベン・チマー。『AHD』編集部のジョー・ピケット。『ブリタニカ百科事典』編集部のジョージ・コーツ、カーメン＝マリア・ヘトレア、デール・ホイバーグ、クーナル・セン。グーグル・ブックスのチーム、とりわけベン・ベイアー、ダン・ブルームバーグ、ウィリアム・ブロックマン、ベン・バンネル、ダン・クランシー、マット・グレイ、ピーター・ノーヴィグ、ジョン・オーワント、スラーヴ・ペトロフ、アショカ・ポパット、リアニド・テーヒャー、レスリー・イエイ、アルフレッド・スペクター。重要な役割を演じた方々をきわだたせている会話の一部は、本文および注に登場する。本書にはこれらの方々に関する逸話が登場するが、それぞれにつき、残念ながら紹介するのを断念せざるをえなかった話があと五、六はあることをお断りしておく。マーティン・ノヴァクとスティーヴン・ピンカーの名は、ここでもう一度出しておくのが当然というものだろう。二人はわれわれの研究を推し進める触媒となってくれたからである。

われわれも、そしてわれわれの分析も、ここまでくることができたのは、これまでに読んだ論文や本のおかげである。参考にさせていただいたすべての本と論文の著者の方にこの場を借りて心からお礼申し上げる。

エレツ・エイデン&ジャン＝バティースト・ミシェル

解説――経済物理学における周辺研究

高安美佐子（東京工業大学）

コンピュータを使った新しい文章の読み方

通常、文章の書き手は、どういう順番で話を展開すれば、読み手に内容を伝えられるかを考えながら言葉を一つひとつ選び、それらをつないでいく。そして読み手は、初めの単語から順番に読み解き、その内容を理解する。しかし、本書のテーマとなっているように、コンピュータを用いた分析技術を用いれば、人間が文章を理解する方法とはまったく異なる数理的な方法で文章を〝読む（解析する）〟ことができる。文章をその最小の構成要素である単語に分解し、現れた単語の数の変動や分布から定量的に文章の特徴を抽出する方法である。

解析対象の文章は、かつては個々の公式記録文書や小説や雑誌や新聞記事であった。それを本書著者の研究は、グーグル・ブックスのデータを利用して過去数世紀分の書籍、数百万冊を対象にできるようにし、それを一般の人でも利用可能なものにした画期的なものだ。だが、その研究成果であるグーグル・Nグラム・ビューワーは、残念ながら日本語には対応していない。

とはいえ、日本でも、インターネットや携帯端末の普及により、収集可能な文章が大きく広がった。インターネットを日常的に使う人の数は、現在、日本だけでも一億人を超え、ブログやＳＮＳなどの利用者も数千万人のレベルになっている。これだけ多数の人が毎日利用しているので、ブログやＳＮＳなどの書き込み記事を分析することでさまざまな興味深い情報を引き出すことができる環境が実現している。また、インターネット上では、新たに書き込まれたブログなどの記事を自動的に収集するシステムがさまざまな企業によって提供されており、日々、どのような言葉が使われているかを網羅的にリアルタイムに近い状態で観測することができる。

もちろん、このようにコンピュータを利用し、統計的な手法を用いて文章を解析して得た知見は、人間の脳が行っているような文章の理解とは異なるが、人間には読み取れないような発見、たとえば「ブームに見られる人間の集団行動の特徴」「言語が持つ普遍的な特徴」などが見えてくる。本書著者らの研究は、数年単位の時間スケールのものだが、その研究で見られるような人間の集合的な行動の特徴が、ネット上の書き込みの分析では、数週間・数日・数時間の時間スケールで観察できるのである。

言葉から見える、ブームに見られる人間の集団行動の特徴

従来、人々がどのようなことを考えているのかを知るためには、電話や街頭でアンケートを行うなど、手間とお金をかけて調査していた。しかし、インターネット上のブログ記事を活用すれば、人々の生活の様子などの膨大な記録を調べることが可能となる。ブログの解析は、数千万人の生活をリアルタイムで観測する電子顕微鏡の役割を担うことが期待され、消費者の声を拾うために企業側でも利活用が盛んに行わ

れている。

一日ごとに、たくさんの人によって新規に書き込まれたブログの記事を寄せ集め、書き込まれた文章を単語に分解し、それぞれの単語の出現頻度を時系列にする。その時系列変化を解析することで、人々の関心の移り変わりを特徴づける単語を自動的に抽出する研究も盛んに行われている。たとえば、「KY（空気読めない）」という言葉は、女子高生などの間で流行していた造語であったが、二〇〇七年以降、急激にメディアなどで使われはじめ、指数関数（tを時間、aを定数としたとき、$y=a^t$の形の関数）的に使用頻度が増加した。二〇〇八年にピーク期を迎え、その後、ゆっくりと減衰し、日常的な日本語の単語として定着している様子が観測できる。人気がある芸人さんなどの話題や、流行しているスイーツなども、KYと類似した関数でブームを迎える。まさに社会の中でどのようにブームが形成されていくのか、その関数形が観測できる。

ブログの中の単語の出現頻度の時系列は、その特徴から次の四つに大雑把に分類することができる。

1 非流行語――流行で使われている言葉でなく、出現頻度は一定値のまわりでランダムに時間的にゆらぐ変動（「しかし」「ともかく」など）
2 流行語――時間とともに指数関数的に数年単位で増加し、ピークを迎えて、指数関数で減少する変動（「KY」、「パンケーキ」、映画タイトルなど）
3 ニュース語――突然、不連続的に劇的に増加し、その後、べき乗の関数（$y=1/t^a$の形の関数）で減少する変動（「津波」、「マイケル・ジャクソン」など）

4　イベント日語——特定のイベント日付に向かってべき乗で増加し、その後、べき乗で減少する変動（「クリスマス」、「こどもの日」など）

この中で3の「ニュース語」の典型的な事例として、図1に、「津波」という単語の出現頻度の時系列を紹介する。二〇一一年三月一一日、東日本大震災の日よりも前には、津波という単語は日常語の一つで、少ないが安定した数でブログに書き込まれていた。震災の当日、この単語の出現数は何万倍にも増加し、時間とともにゆっくりと減少していった。グラフを両対数でプロットするとほぼ直線的に書き込み数が減少しており、べき関数（$y=1/t^a$ の形の関数）で近似することができる。この関数形が持続するものと仮定すると、津波という言葉の出現数が以前の日常語のレベルになるまでに、およそ二五年かかるという推定ができる。企業不祥事などのニュースも、一気に話題になり、

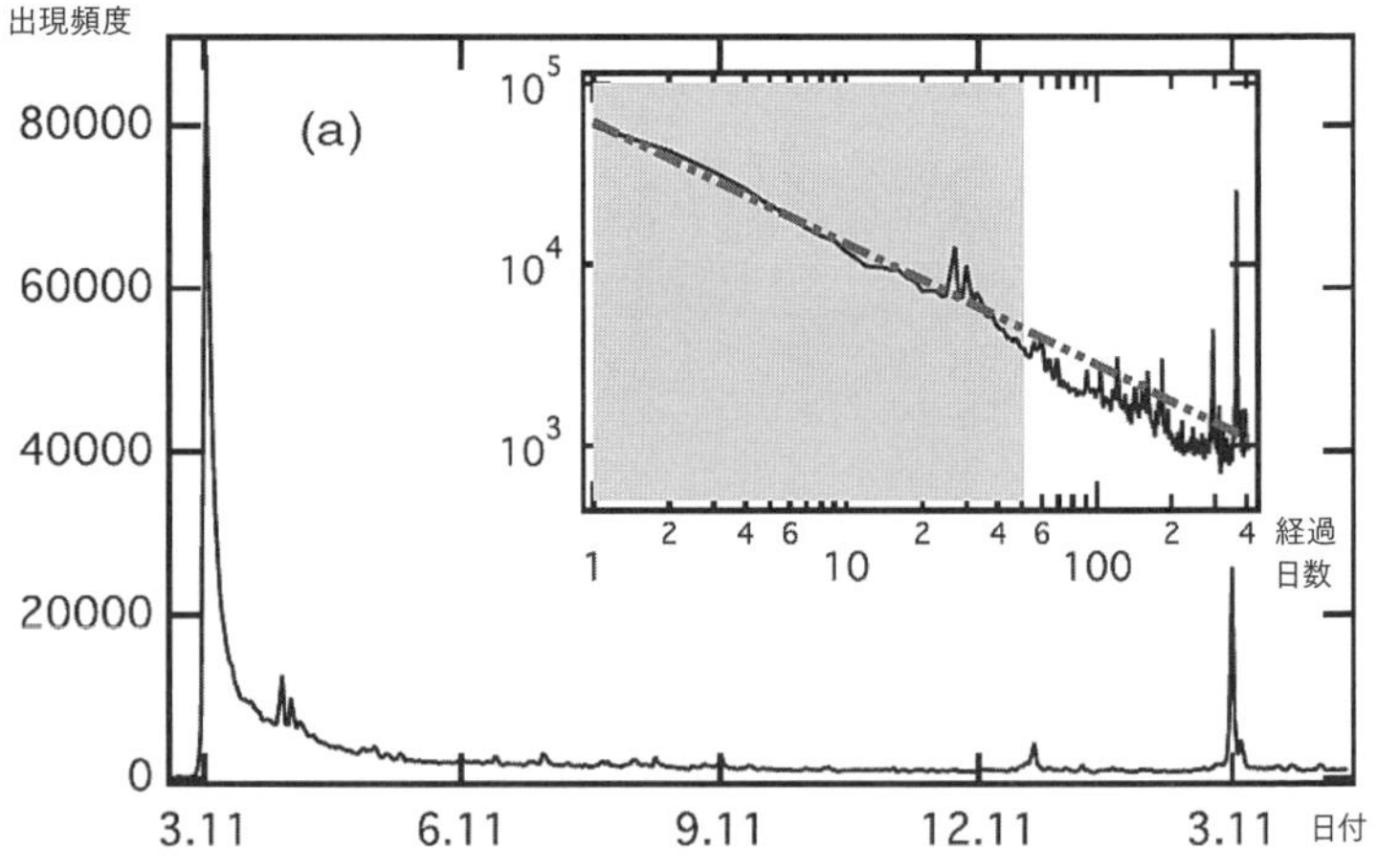

図１　「津波」という単語のネット上での出現頻度推移

同様の関数に従うことが知られている。

4の「イベント日語」の典型は、たとえば、二月一四日の「バレンタインデー」のようにイベントの日程が決まっているような単語で、その日に向かって期待がどんどん高まり、急激に口コミ数が増加する。しかし、イベントが終わると、急に関心がうすれ、時間的に急速に減衰するような振る舞いを示す。この関数形は、ちょうどその当日に発散するような、べき関数で近似できることが多いことがわかっている。このような特性を利用すると、イベント当日までにどれくらいの書き込み数があるかを、ある程度予測することが可能となる。通常で観測できるブログにおける単語の出現頻度の時系列では、1から4までの振る舞いの融合で、複雑な振る舞いをすることが知られている。

最近、そのような時系列変化を、簡単な規則に従いつつランダムに動くたくさんの人間の行動のモデルを構築し、シミュレーション実験を行うことで理解できるようになってきた。そのようなモデルを用いると、どのような関数でブームが進行し、イベントなどを開催する効果がどのようにあるのかなどを、シミュレーション実験であらかじめ定量的に予測できるようになる。

このようなシミュレーションによる研究から、2の指数関数で口コミ頻度が増減するブームは、直近の期間での増加分や減少分に比例して、新たにその言葉が書き込まれるようになるというメカニズムが背後にあることがわかる。つまり、どのくらいその言葉がソーシャルメディアなどに出現するのかに敏感に反応して、個々のブロガーが新たにその言葉を用いる確率が変化するのだ。ブームの背景のメカニズムは、たくさんの人間が集まったときの集団行動の特質として、金融市場の価格変化などいろいろな現象との類似性があり、ビッグデータが利用可能な時代の新たな社会科学として関心が持たれている。

言語が持つ普遍的な特徴

コンピュータを用いれば長い文章でも容易に、文章の初めから数えて何単語目に、今まで使ったことのない新しい単語が出現したかを調べることができる。文章の書き出しでは、当然、すべての単語が初めて出現した単語となるが、文章の中ほどになると、すでに使った単語を繰り返すことが多くなり、新しい単語の出現頻度は低くなる。何十万語からなるような文学作品などを調べてみると、最後の方になっても、なお新しい単語がときどき出現する。このような特性は、「最初からN単語目までの中に使われている異なる単語の数」を$F(N)$としてこれを計算することによって定量化することができる。そして、この関数$F(N)$の曲線の形から、Nを無限大にした極限を想定することができ、書き手の潜在的な語彙力を推定することもできる。いわゆる文豪の文章の場合には、この関数は、Nが何十万という値になっても一定に増加を続ける傾向があり、潜在的な語彙数が非常に多いことがわかる。一方、文学作品などと比較すると、手軽に書き込めるブログなどでは、用いられている語彙数が少なく、比較的小さなNの時点で、$F(N)$の増加が止まる傾向がある。

しかし、文豪であっても、素人の書き手であっても変わらない特性もある。さまざまな言語で確認されている〝言語が持つ普遍的な特徴〟の筆頭が、本書にも登場するジップの法則である。「文章を単語に分解し、出現頻度の多い順にランキングすると、第k番目の単語の出現頻度が$1/k$に比例する」というジップの法則は、さまざまな言語で書かれた書籍などの解析から、かなり普遍的に成立することが知られている。最近では、作家が書いた小説でなくても、ブログ記事のような一般人の電子的な書き込みであってもこの法則が成立することが確認されており、人間が用いる言語の普遍的な特性として知られている。

ブログ記事では、ランキングに出てくる単語そのものは、書き手の個性によってかなり異なる。料理好きのサイトであれば料理名や素材名などが頻繁に登場し、また、漫画やゲームに関する記事であれば、作品名や登場キャラクター名がたくさん出てくる。それにも関わらず、ランキングごとの単語の出現頻度は、おおよそジップの法則を満たすというのは、驚きである。

ジップの法則が成立するのは、単語の出現頻度に限らない。たとえば、日本国内には100万社以上の企業があるが、それらの企業の年間売り上げの分布もジップの法則に従うことがデータから確認されている。企業を売り上げの大きい順にランキングをすると、ランキングがk番目の企業の売り上げは、おおよそ、ランキングが1位の企業のk分の1になっているのである。この特性は、日本だけでなく、世界のさまざまな国でも成立していることが知られている。その他にも、人口などで見た都市の大きさ、ヒット曲の売り上げなど、社会で見られるいろいろなランキングがジップの法則に従っており、その数理的な背景の理解に注目が集まっている。

ジップの法則とべき分布

ジップの法則は、数理的には、「べき分布」とよばれる分布の特殊な場合である。べき分布に従う身近な例は、ガラスを硬い床に落として大小さまざまな破片が生じた際の大きさの分布である。数少ない大きなゴロゴロとした破片、結構たくさんある中くらいの大きさの破片、そして、数えきれないほどの小さな破片にいたるまで幅広いスケールに大きさが分布する。このような分布は、「累積分布」とよばれる量を観測することで、特徴を定量的に評価しやすくなる。累積分布は、注目する大きさをxとしたとき、任意に選んだサンプルの大きさがxよりも大きい確率、$P(>x)$によって定義され、この関数がべき関数$1/x^a$に比例するとき、「指数がaのべき分布」とよぶ。ジップの法則とは、この指数aがちょうど1の場合である。

ランキングと累積分布は密接につながっている。あるサンプルの大きさがx、ランキングがk位であるということは、xよりも大きなサンプルが自分自身を含めてk個あるということを意味する。したがって、ランキングの順位を全数で割るだけで累積分布$P(>x)$が得られる。

指数aが1でない場合にまで拡張すると、べき分布が観察される物理現象は、非常に広範な領域に見出すことができる。ガラスの破片の場合には、xを破片の体積とすると、指数の値はほぼ3分の2であることが知られている。これと同じ指数が3分の2のべき分布は、小惑星の大きさの分布、地震のエネルギーの分布においても確認されている。河川の流域の大きさの分布、樹木の枝の大きさの分布などもべき分布で近似される。海の中の魚の群れの大きさの分布も、大気中を漂う微粒子であるエアロゾルの大きさの分布も、べき分布に従うことが知られている。

社会現象ではジップの法則で紹介した企業の大きさ分布、都市の人口の分布のほかにも、本の発行部数、ヒット曲の売れた数、株価や為替の市場価格の変動や個人の所得の分布、銀行間で送金されるお金の量などもべき分布で近似される。これらの多くの例からもわかるように、人間社会や経済現象の場合には、とくにべき分布が多く観測される。企業の売り上げの分布では指数はほぼ1であるが、企業の大きさは、売り上げだけでなく、従業員数や取引相手の数でも測ることができる。従業員数の分布で見ると、指数は

1・3程度、取引相手数の分布でも指数は1・3程度になることがデータから確認されている。ちなみに、取引相手数の分布がべき分布に従う特性は、複雑ネットワークの科学では「スケールフリー」とよばれる重要な特性である。スケールフリー性を有する複雑ネットワーク構造は、空港間の路線のネットワーク、人間関係のネットワーク、インターネットのホームページ間のリンク関係などさまざまな分野で見出されており、複雑なシステムに関する基本的な構造の理解を深めるための科学的研究が進められている。

書き込みの解析で社会のレジリエンスを高める

日本語で書かれたブログ記事を収集して解析することで、人々がどのような感情に関わる言葉を書き込んでいるのか、その時間変動を定量化することもできる。POMSとよばれる心理分析の手法にしたがって、「緊張、抑鬱、怒り、活力、疲労、混乱」の6つの基本的な感情に対応する単語群を特定し、それらの単語の増減によって感情の変化を定量化できる。たとえば、二〇一一年の東日本大震災をきっかけに、書き込みに見られる感情が大きく変わったことがわかる。

感情と経済活動は関係が深い。感情の中で、とくに「活力」の変動は、株価ともかなり連動性が高いことがわかっている。また、景気に関する書き込みの良し悪しと景況感を表す既存の指標との相関関係を調査し、景気と連動するような口コミの指標を計算する研究も現在進んでいる。順調に研究が進めば、これまで集計に時間がかかっていた景気指標を、リアルタイムに近い形で提示することができるようになる可能性もある。このような試みは企業などでもすでにいくつか行われているが、本当の相関ではない偽相関のある単語をたくさん収集してしまったり、あるいはサンプルデータの特徴に過剰に適合した予測をしてしまうオーバーフィッティングにより、未来のデータとは整合しなくなるという問題が生じやすく、科学的に慎重に単語選びと数理モデル化を行う必要がある。

もうひとつ、関連した分野の研究として、ブログやSNSでの誤情報の拡散による社会的な損失を減らす方法の開発に関する研究プロジェクトを紹介する。二〇一一年の大震災のときに実際に起こったことであるが、東京湾沿岸のガスタンクが爆発した直後、「毒を含んだ雨が降る可能性があるからカッパなどの雨具を用意した方がよい」という誤情報がSNSを通して広まった。「天然ガスなので毒は発生しない」という正しい情報を発信する人もいたが、震災直後で過剰に人々が誤情報に反応して、誤情報の方が速く広く拡散してしまった。その後、ガスタンクのある市の公式のホームページにこの誤情報のことが発信され、それを契機に急速に誤情報を訂正する書き込みが増加

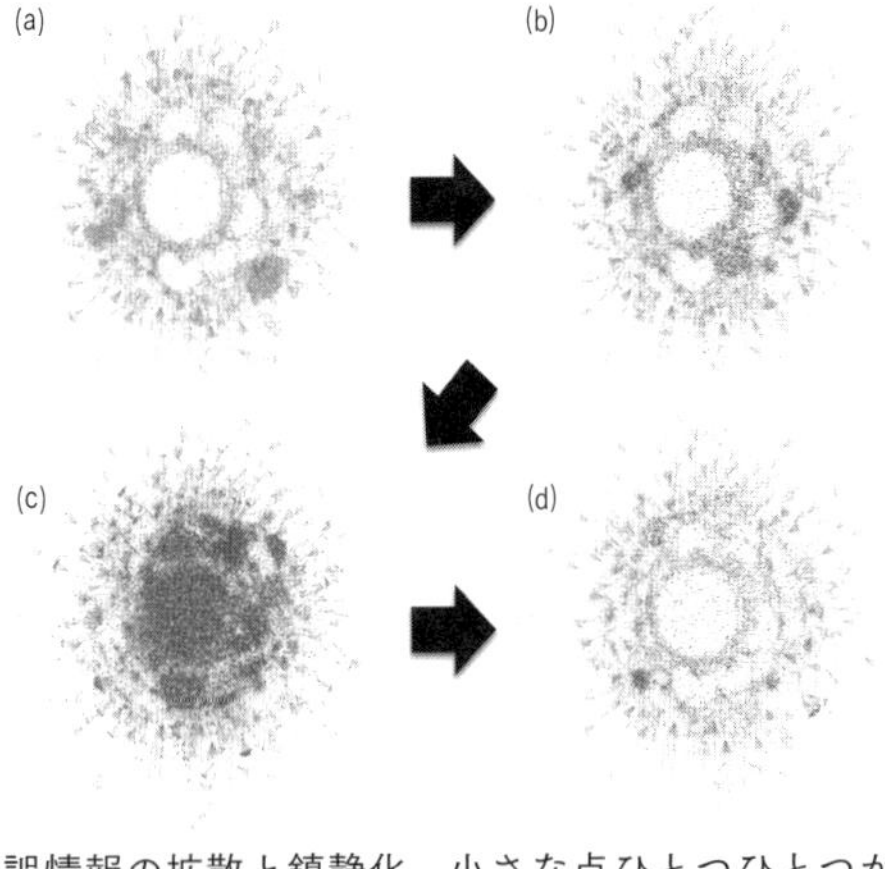

図2　SNSでの誤情報の拡散と鎮静化。小さな点ひとつひとつがツィッターのユーザーを表す。濃い点（東日本大震災時の誤情報）がツィッターのユーザーネットワーク上を拡散している。
M.Takayasu et al, PLoS ONE 10(4): e01221443 (2015)

し、まもなく完全に鎮静化した。このような噂の伝播は、従来は口伝えだったので記録が残らなかったが、ブログやSNSを使った場合には、タイムスタンプ付きの時系列として記録が残るので、後からどのように噂が拡散したのかを科学的に検証することができるようになった（図2）。

インターネットの中の噂の伝播を数理モデル化し、どうすれば誤情報をいち早く修正し、鎮静化することができるかをシミュレーションによって解明しようという研究を、私達は、今、イスラエルの研究チームと共同で進めている。上記のガスタンク関連の噂は大きな害を及ぼすことはなかったが、噂はときとして、人々を実際の行動に駆り立てることもあり、そのため社会に大きな損失を生じさせる可能性がある。とくに災害時など、人々が不安な感情状態にあるとき、どのようにすれば人々が冷静さを保ち、正しい情報を選択し、いち早く平穏な状態に回復することができるかという研究は、社会のレジリエンスを高くする重要な基盤となる研究であると期待している。

付録図版

せめぎ合う言葉たちの歴史

「Dilemmas（ジレンマ）」

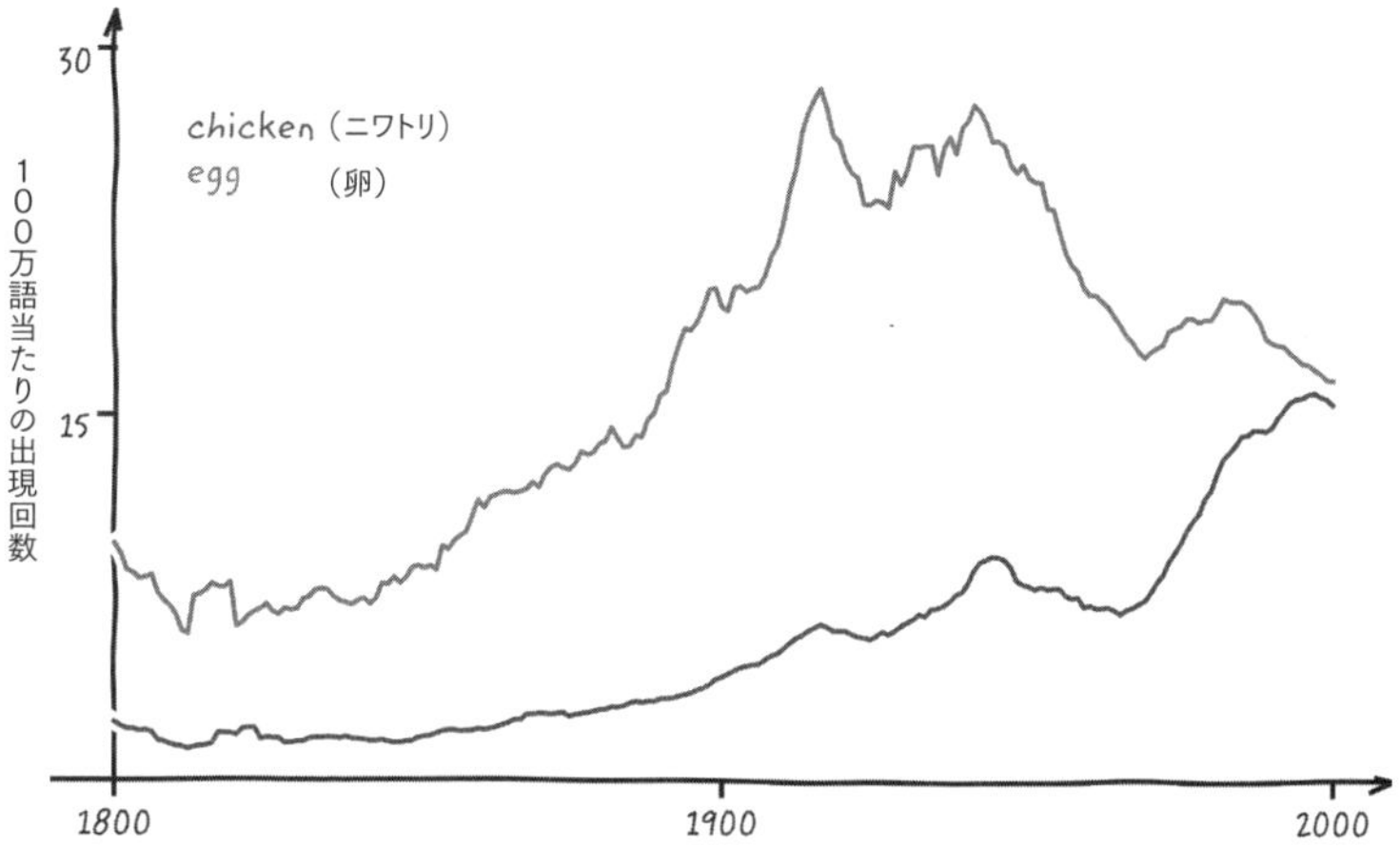

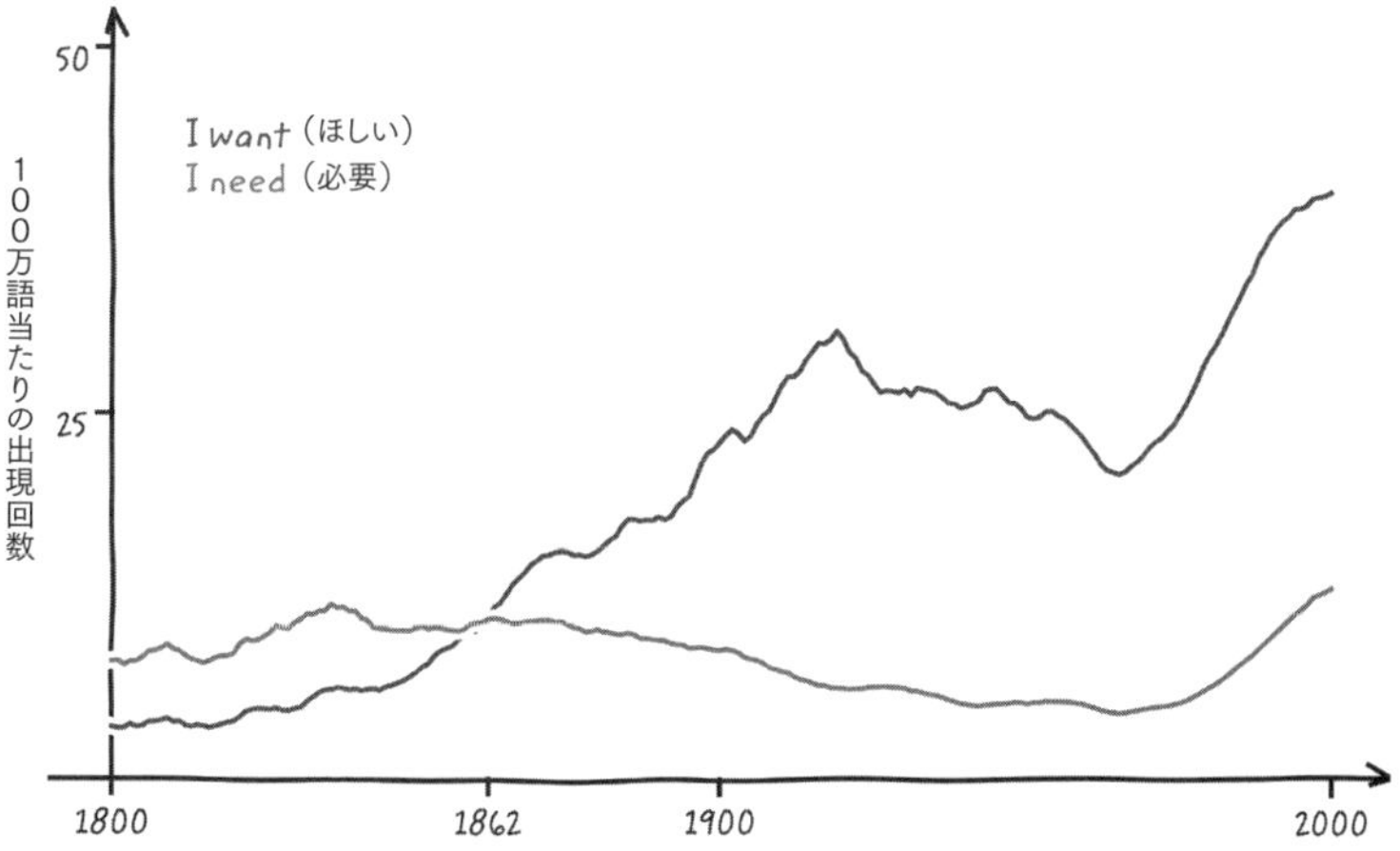

「Duels（対決）」

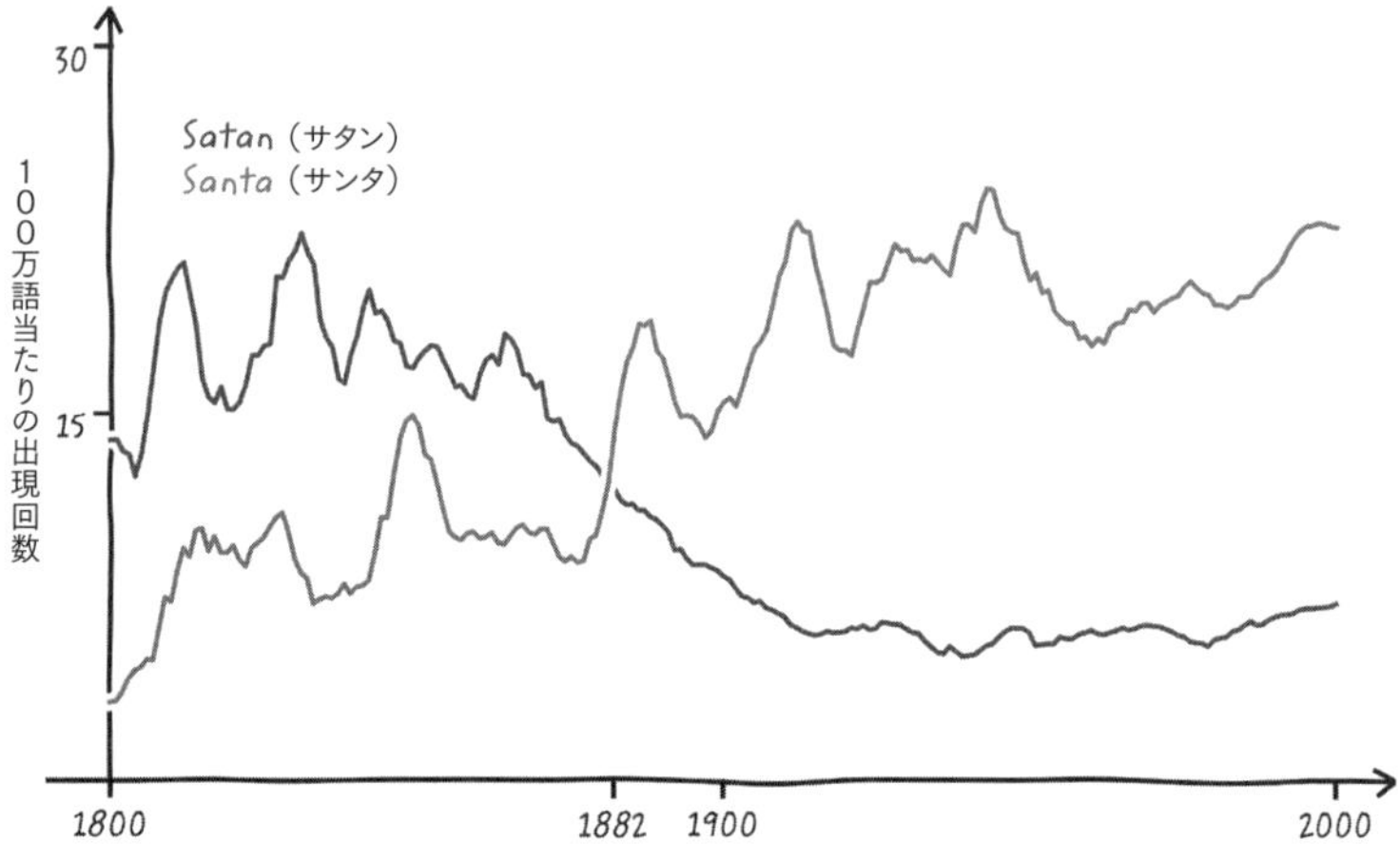

30
15
Satan（サタン）
Santa（サンタ）
100万語当たりの出現回数
1800
1882
1900
2000

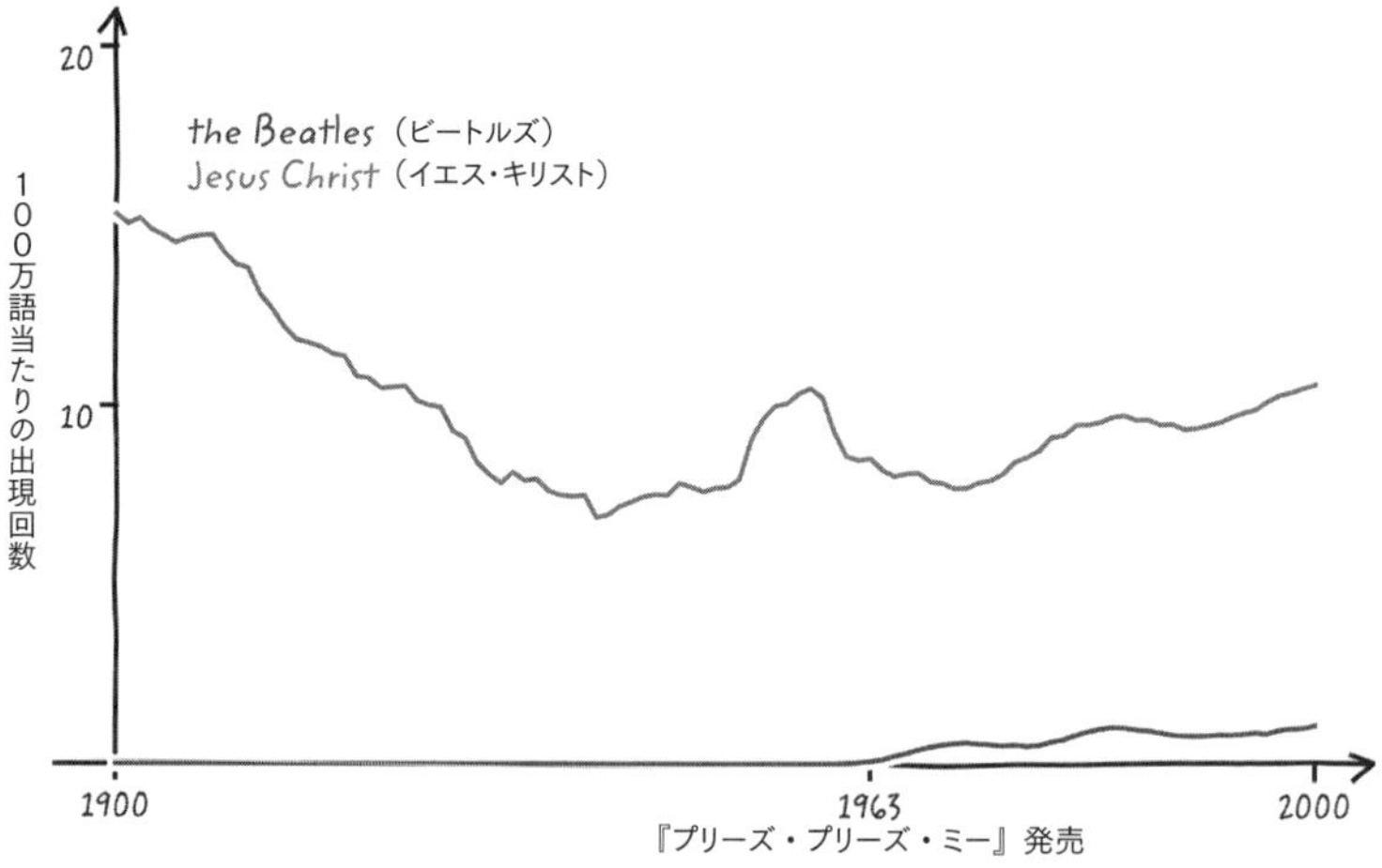

20
10
the Beatles（ビートルズ）
Jesus Christ（イエス・キリスト）
100万語当たりの出現回数
1900
1963
『プリーズ・プリーズ・ミー』発売
2000

「Religion（宗教）」

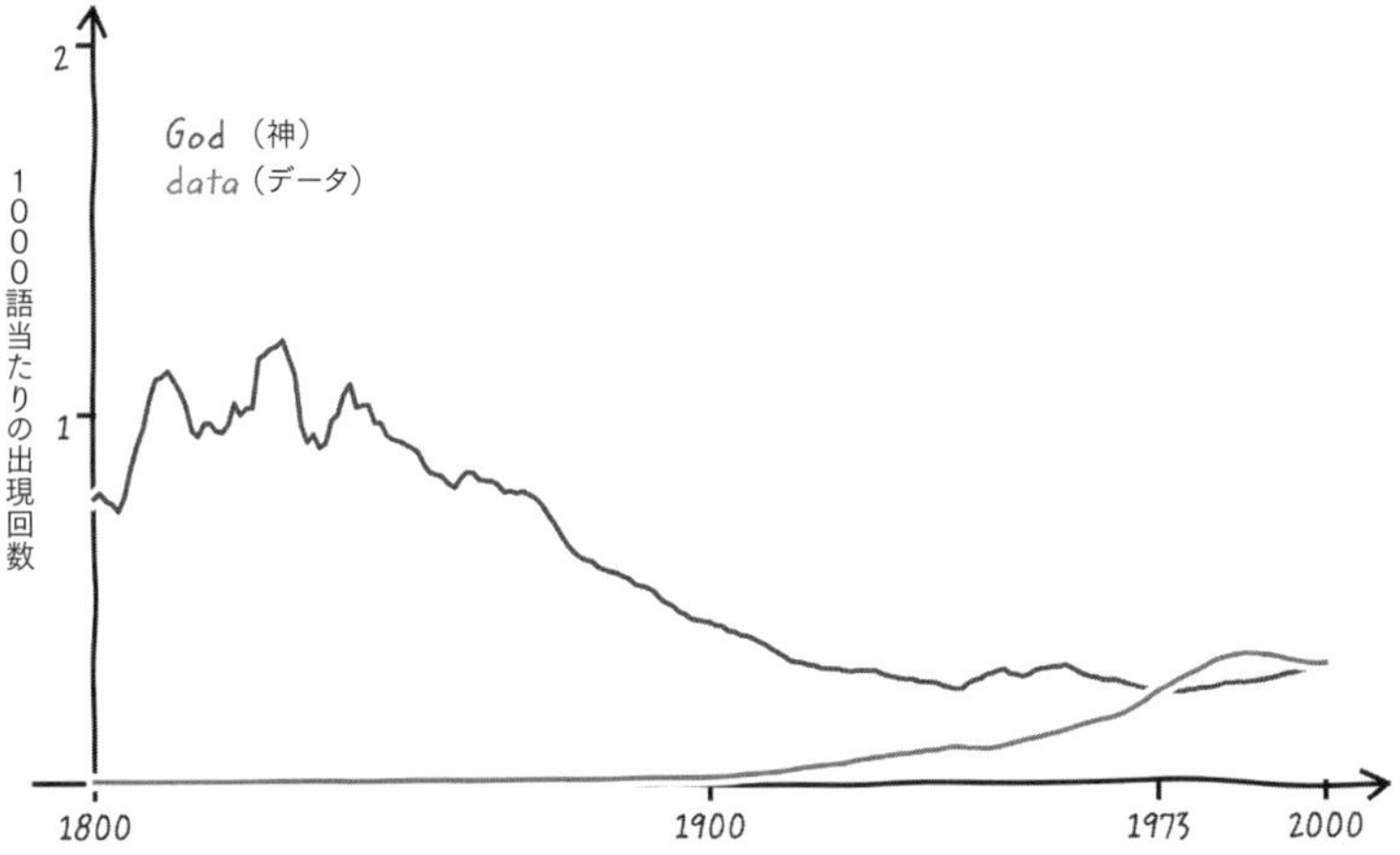

2
1
1000語当たりの出現回数
God（神）
data（データ）
1800
1900
1973
2000

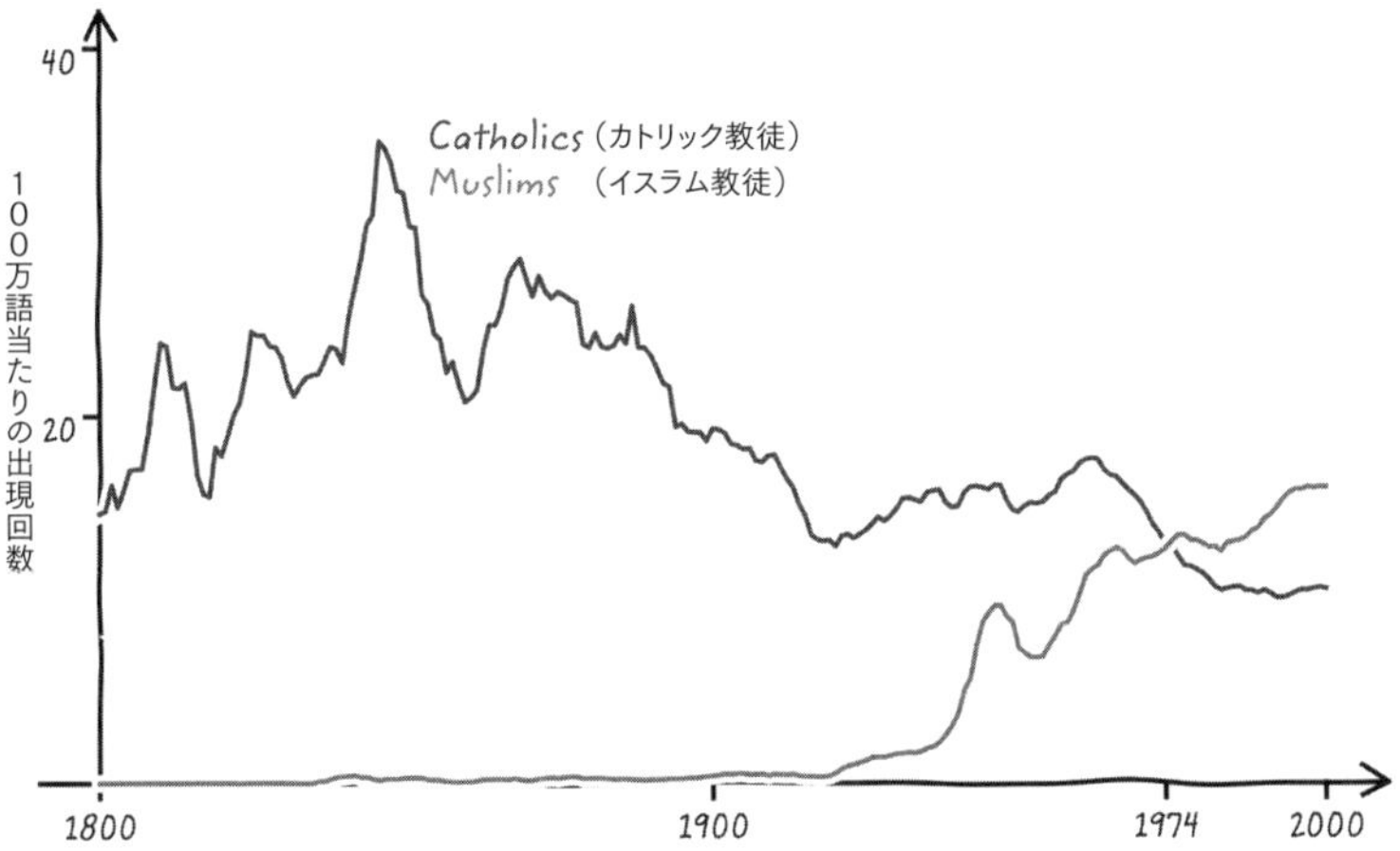

40
20
100万語当たりの出現回数
Catholics（カトリック教徒）
Muslims（イスラム教徒）
1800
1900
1974
2000

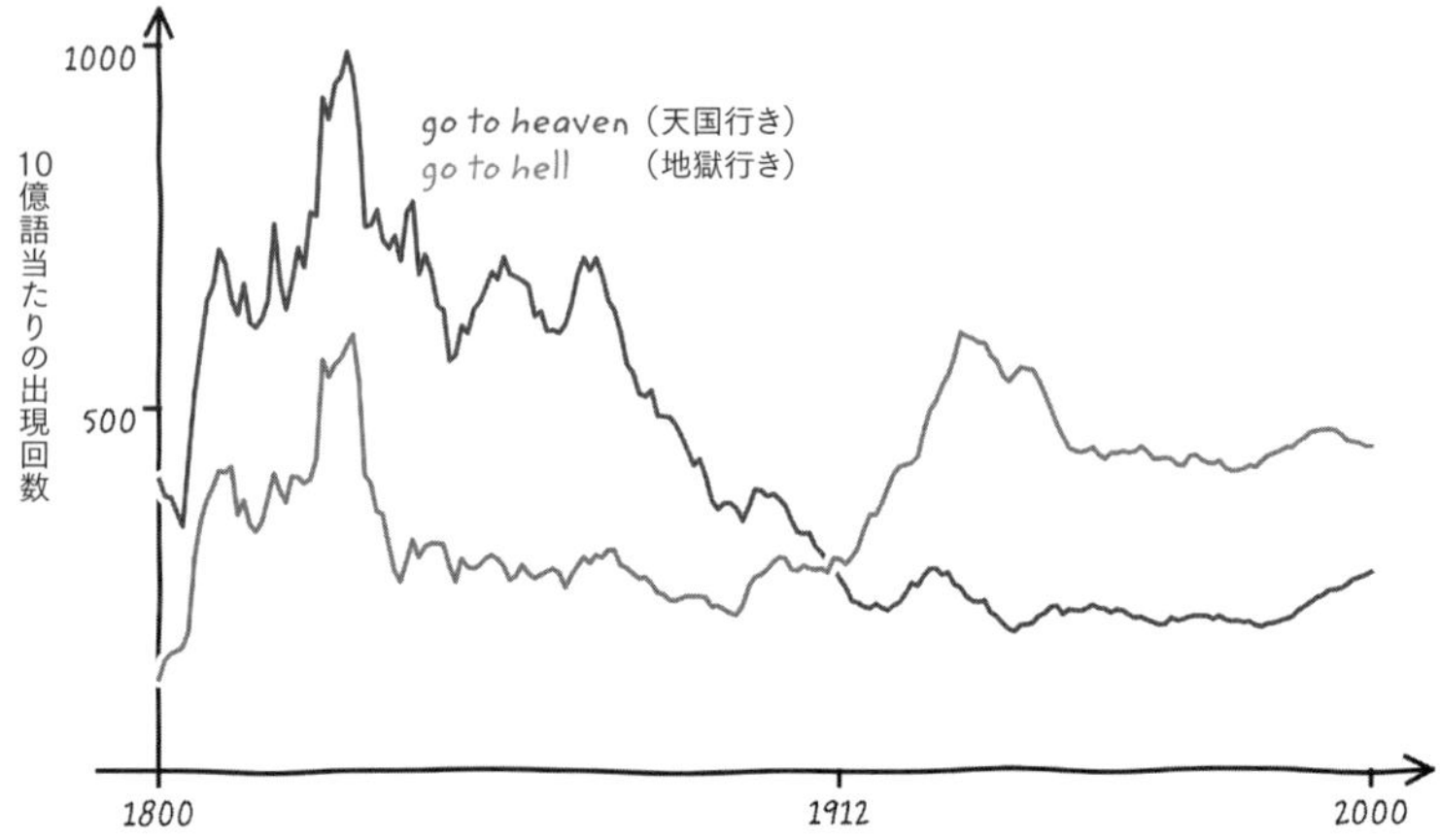

1000
500
10億語当たりの出現回数
go to heaven（天国行き）
go to hell（地獄行き）
1800
1912
2000

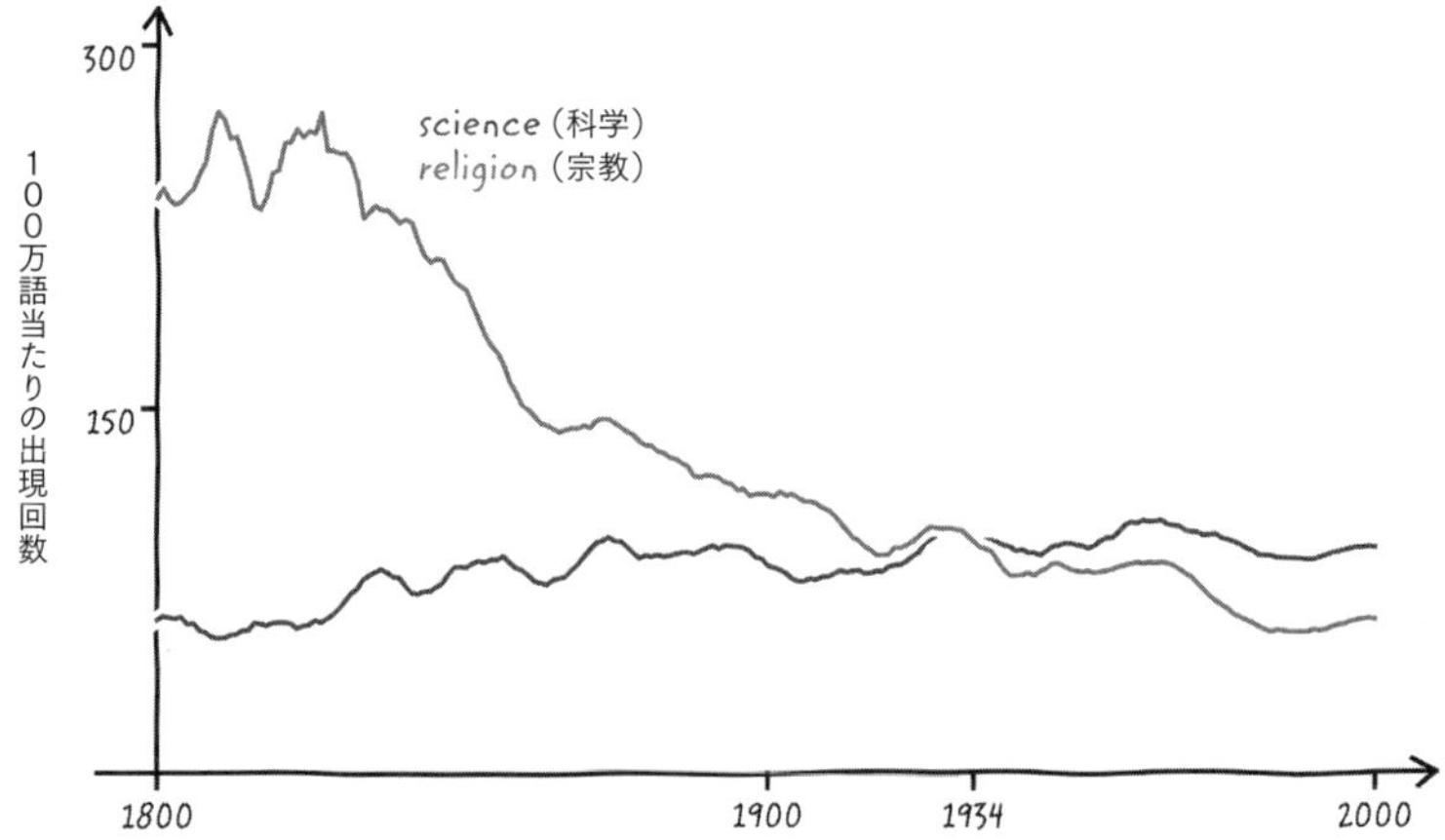

300
150
100万語当たりの出現回数
science（科学）
religion（宗教）
1800
1900
1934
2000

「Science（科学）」

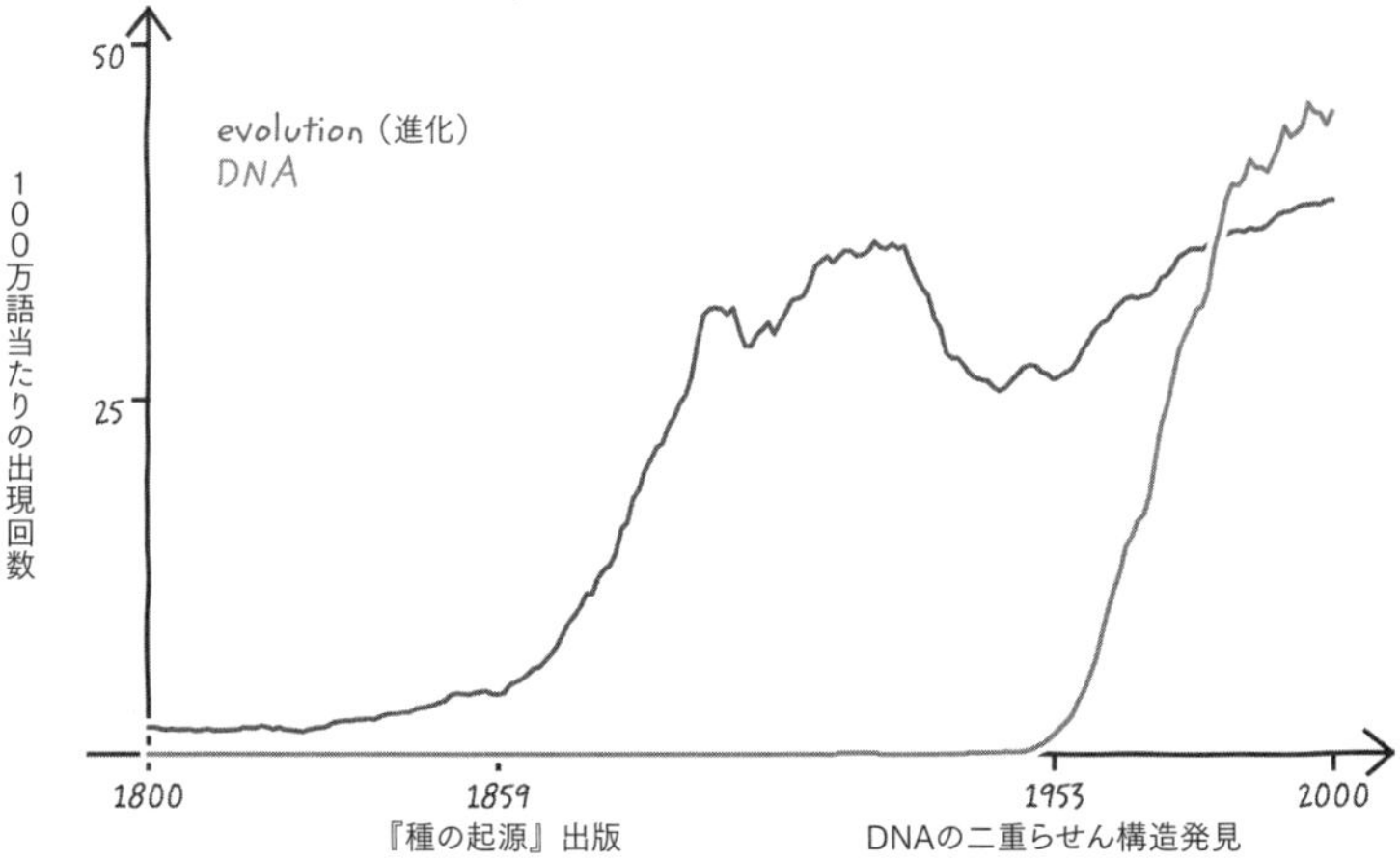

50
25
evolution（進化）
DNA
100万語当たりの出現回数
1800
1859
1953
2000
『種の起源』出版
DNAの二重らせん構造発見

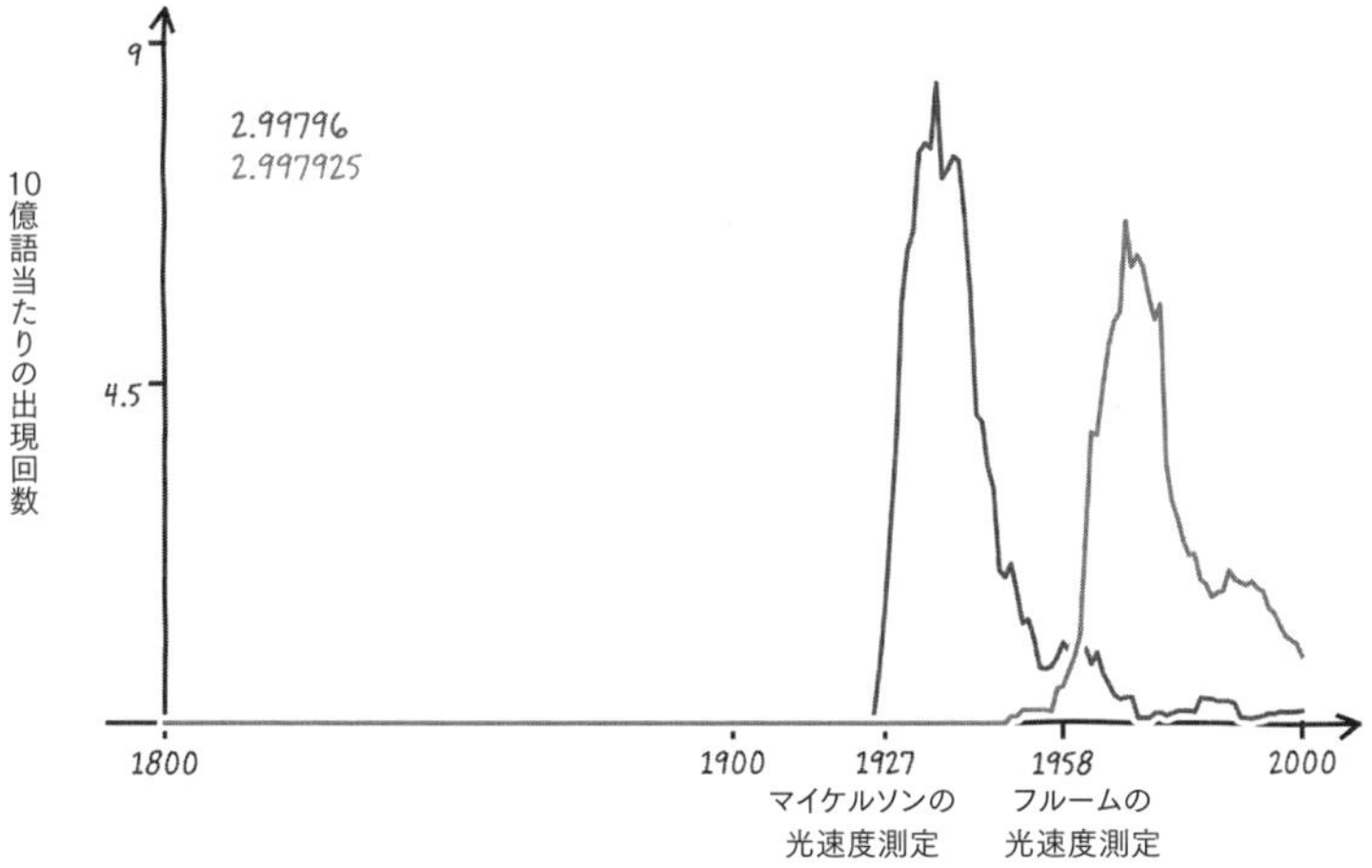

9
4.5
2.99796
2.997925
10億語当たりの出現回数
1800
1900
1927
1958
2000
マイケルソンの
光速度測定
フルームの
光速度測定

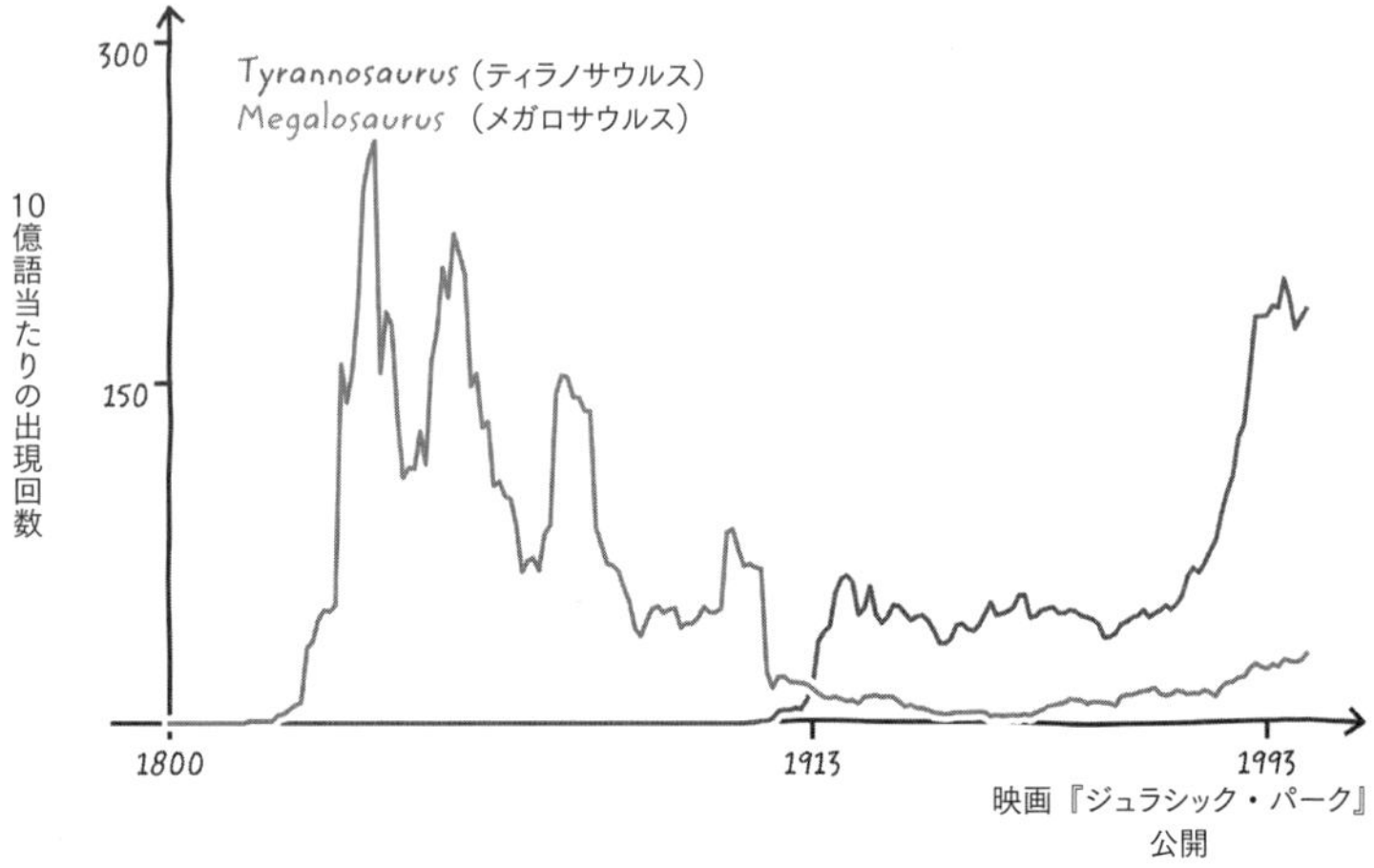
300
150
Tyrannosaurus（ティラノサウルス）
Megalosaurus （メガロサウルス）
10億語当たりの出現回数
1800
1913
1993
映画『ジュラシック・パーク』
公開

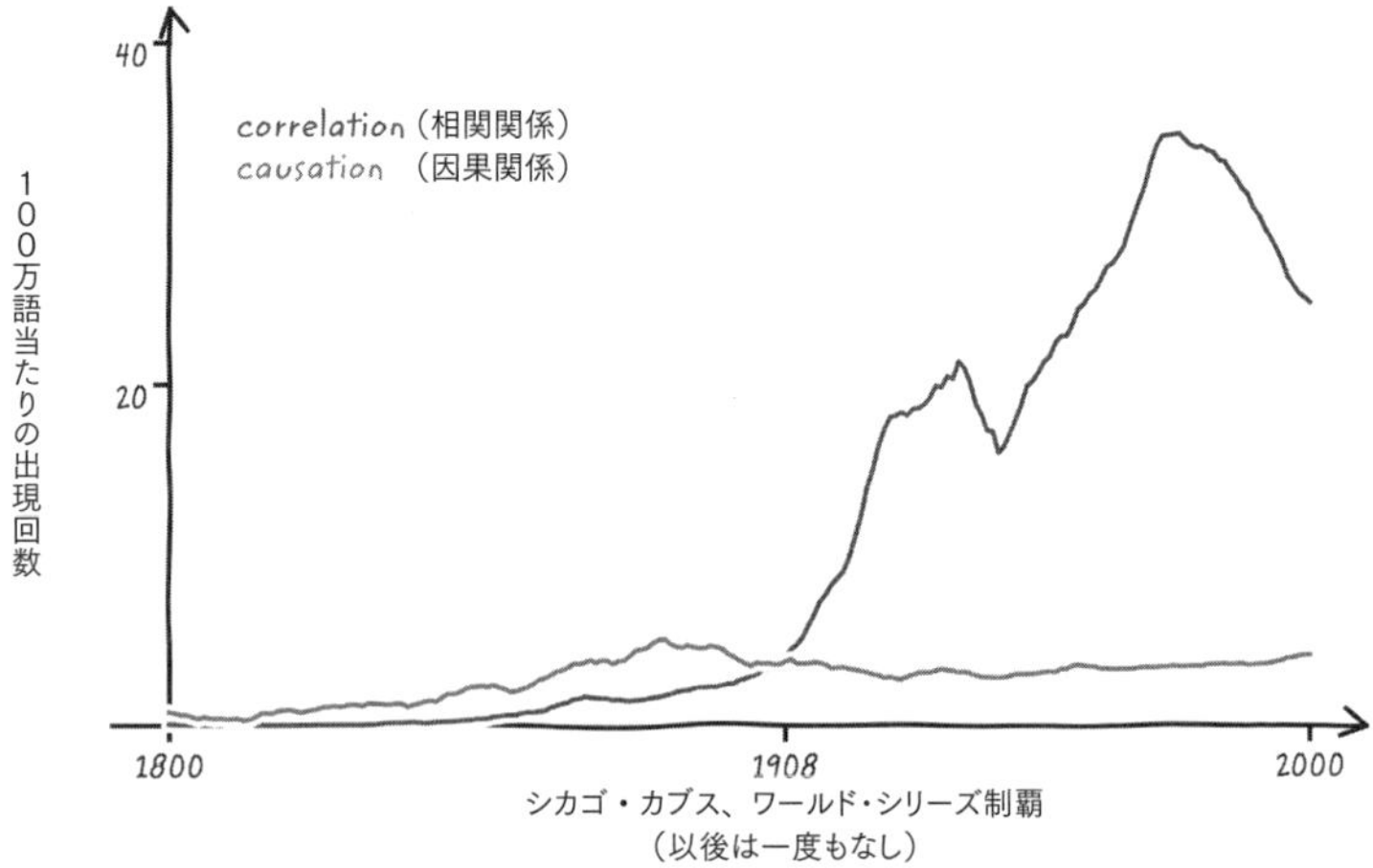
40
20
correlation（相関関係）
causation （因果関係）
100万語当たりの出現回数
1800
1908
2000
シカゴ・カブス、ワールド・シリーズ制覇
（以後は一度もなし）

「Politics（政治）」

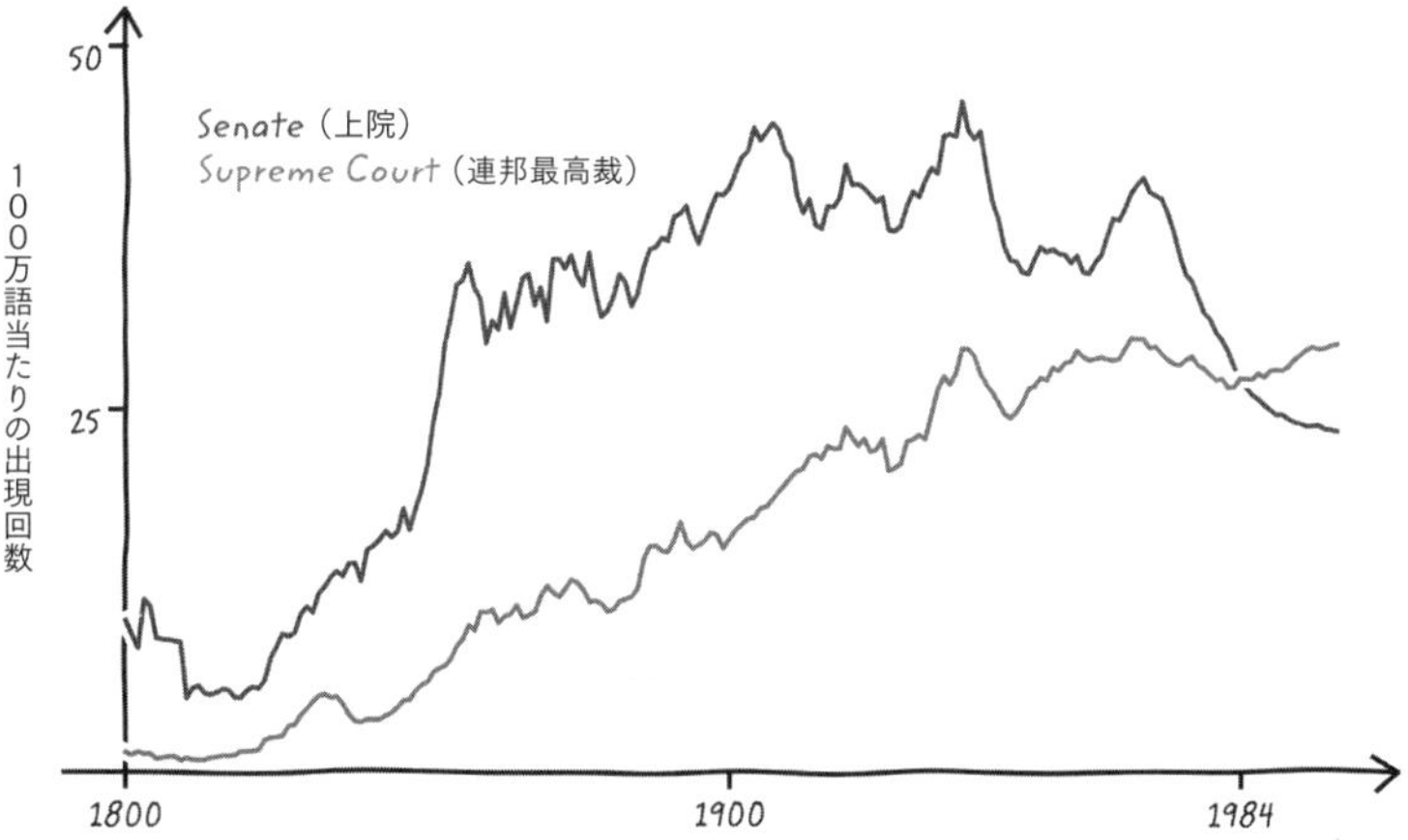

50
25
Senate（上院）
Supreme Court（連邦最高裁）
100万語当たりの出現回数
1800
1900
1984

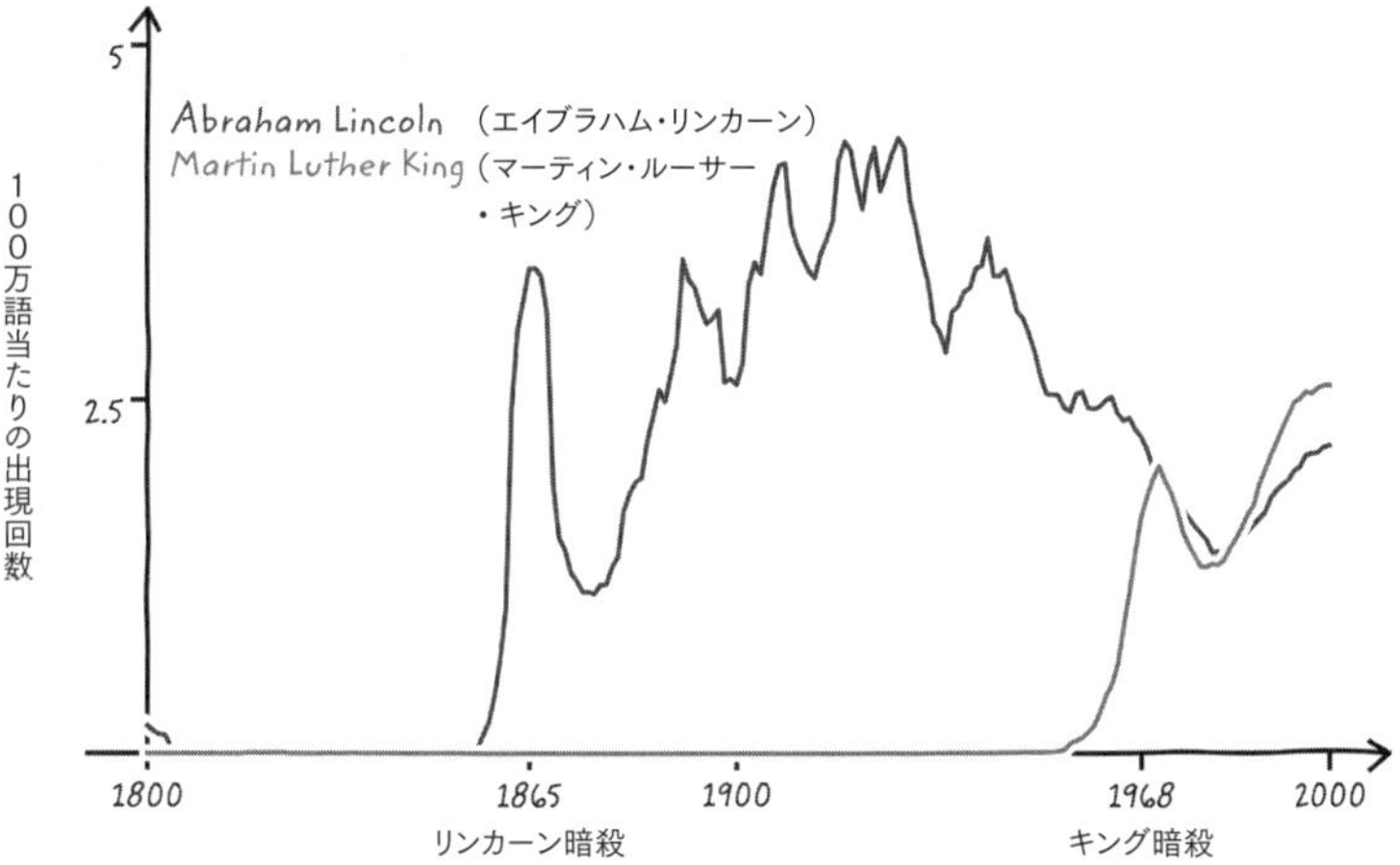

5
2.5
Abraham Lincoln（エイブラハム・リンカーン）
Martin Luther King（マーティン・ルーサー・キング）
100万語当たりの出現回数
1800
1865
1900
1968
2000
リンカーン暗殺
キング暗殺

「Social Change（社会の変化）」

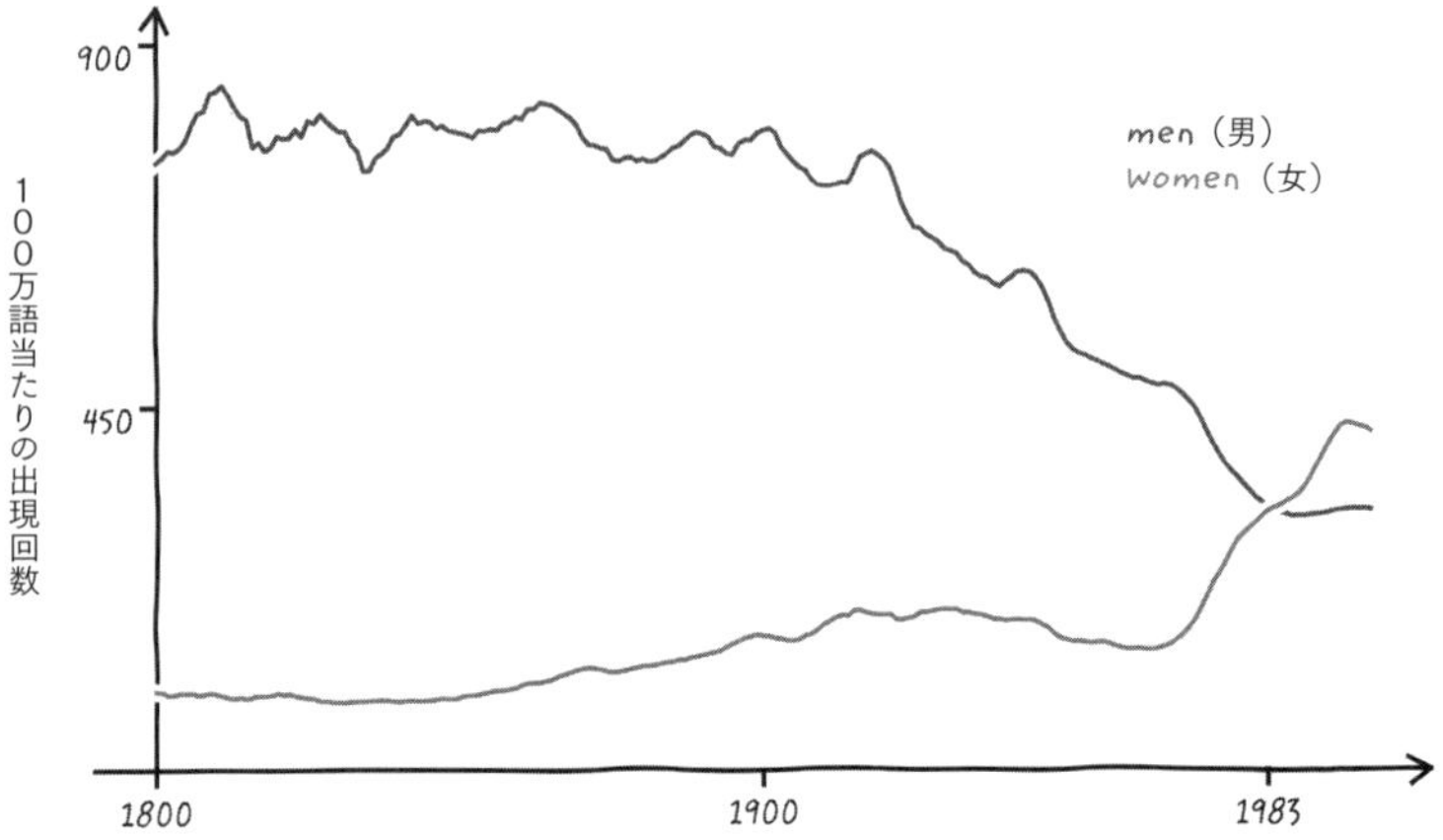

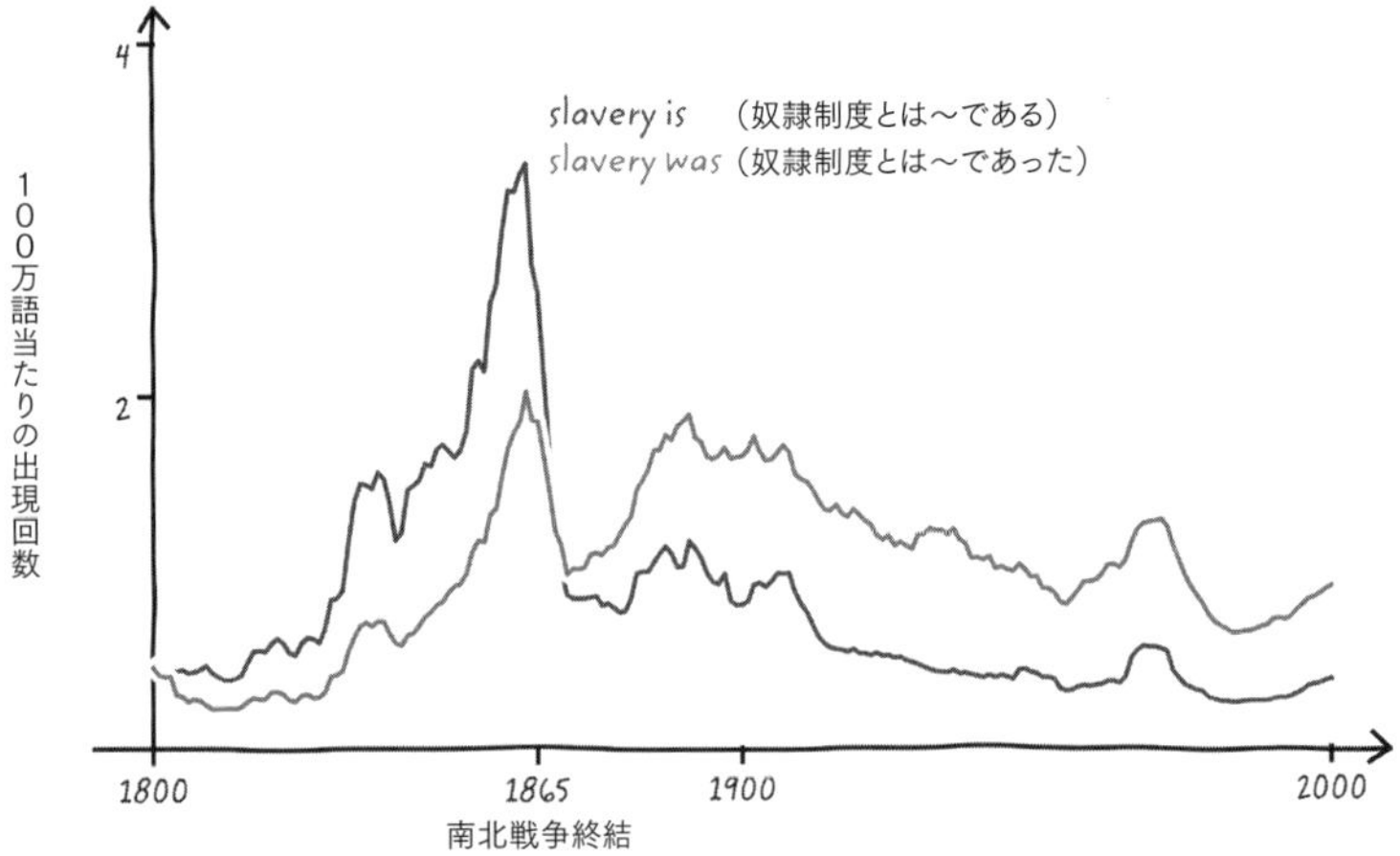

「Economics（経済学）」

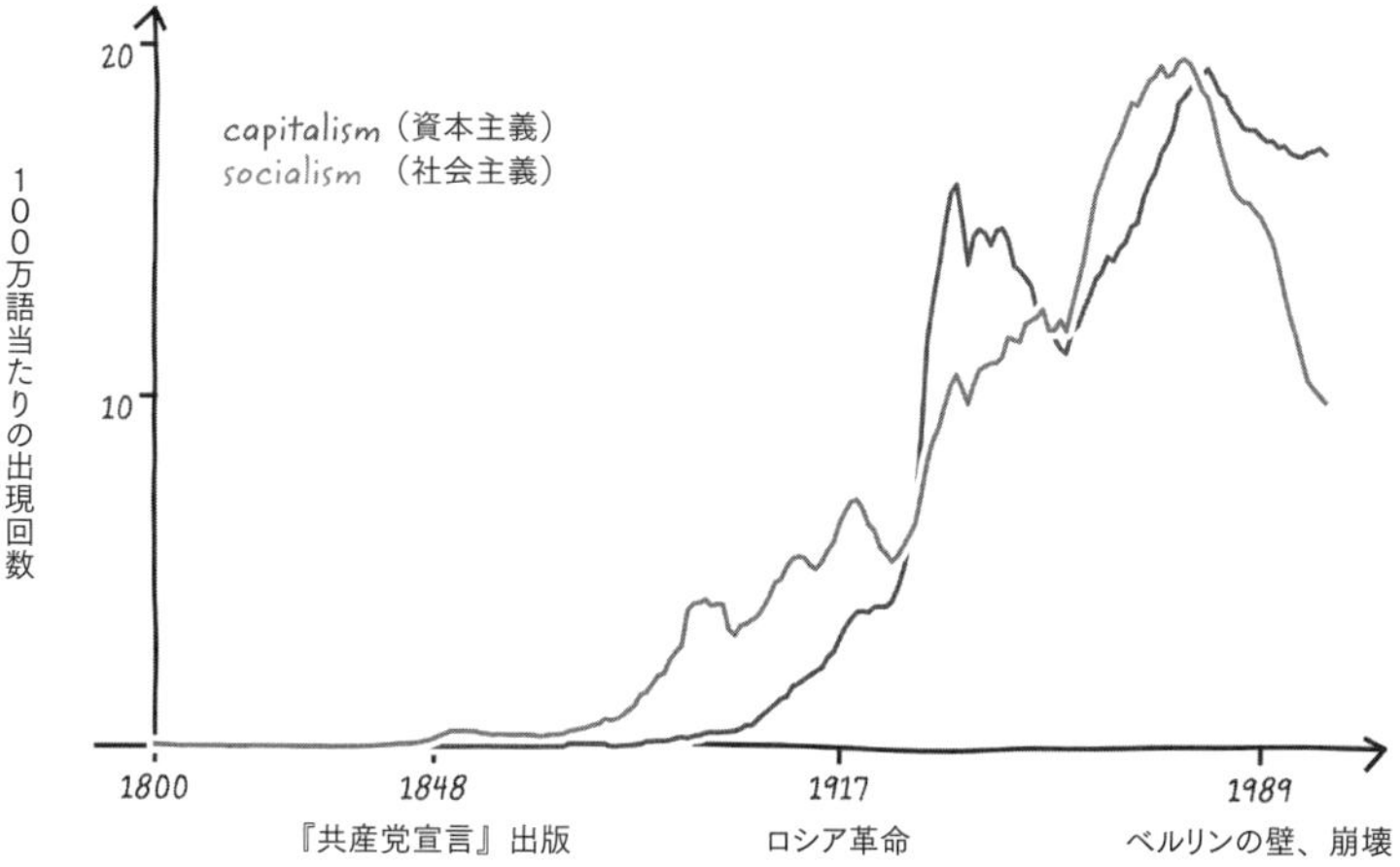

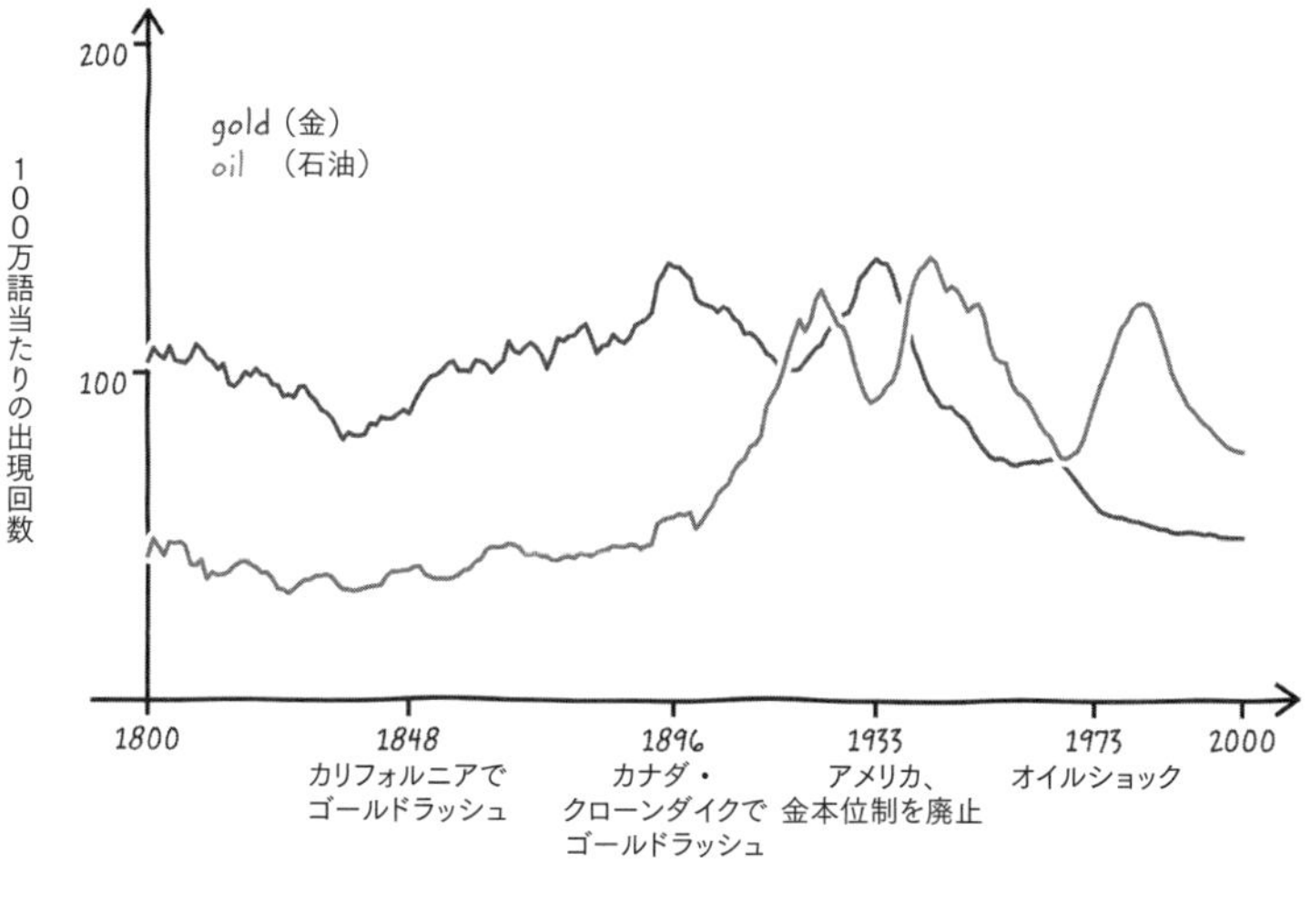

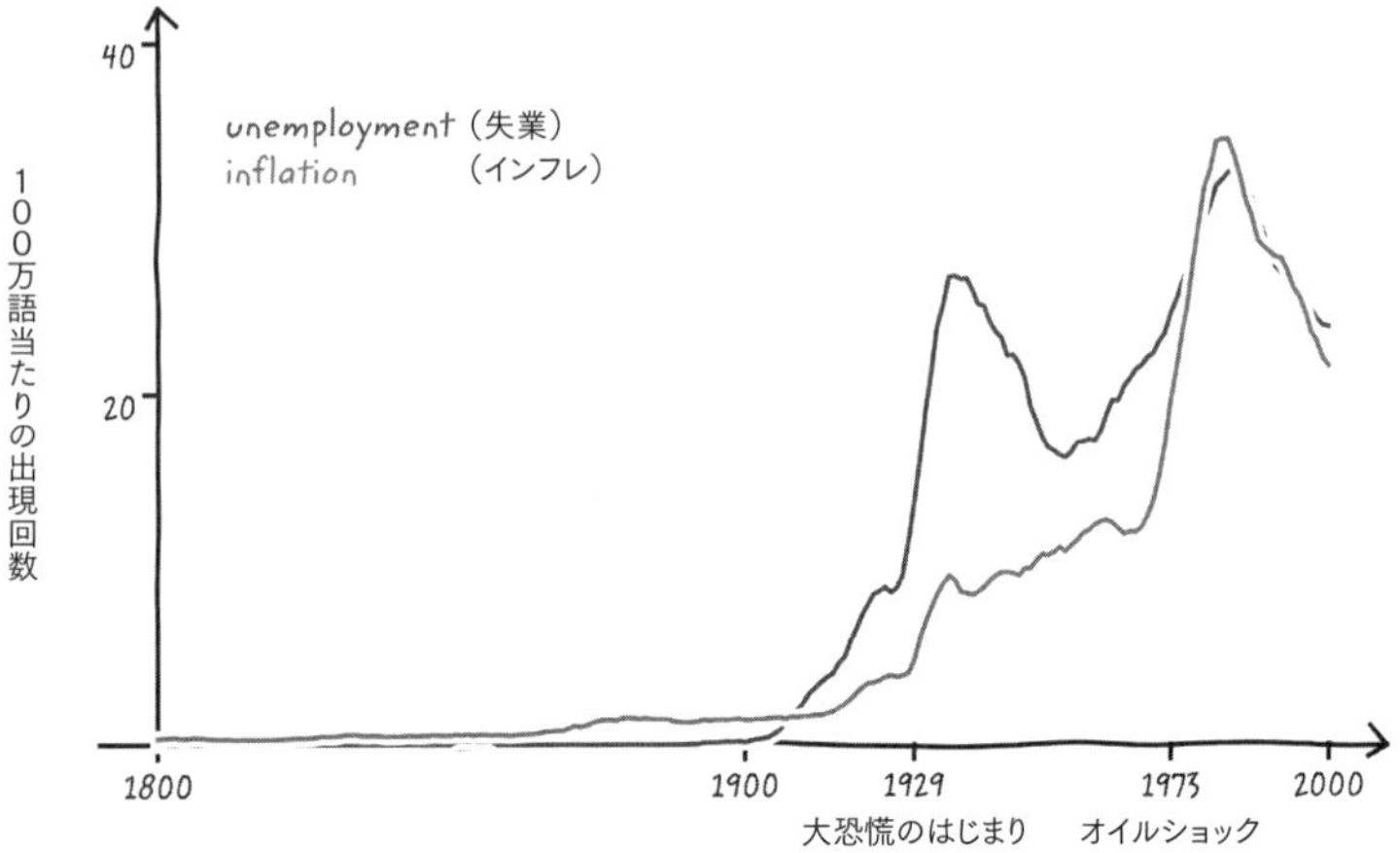
40
20
100万語当たりの出現回数
unemployment（失業）
inflation（インフレ）
1800
1900
1929
1973
2000
大恐慌のはじまり
オイルショック

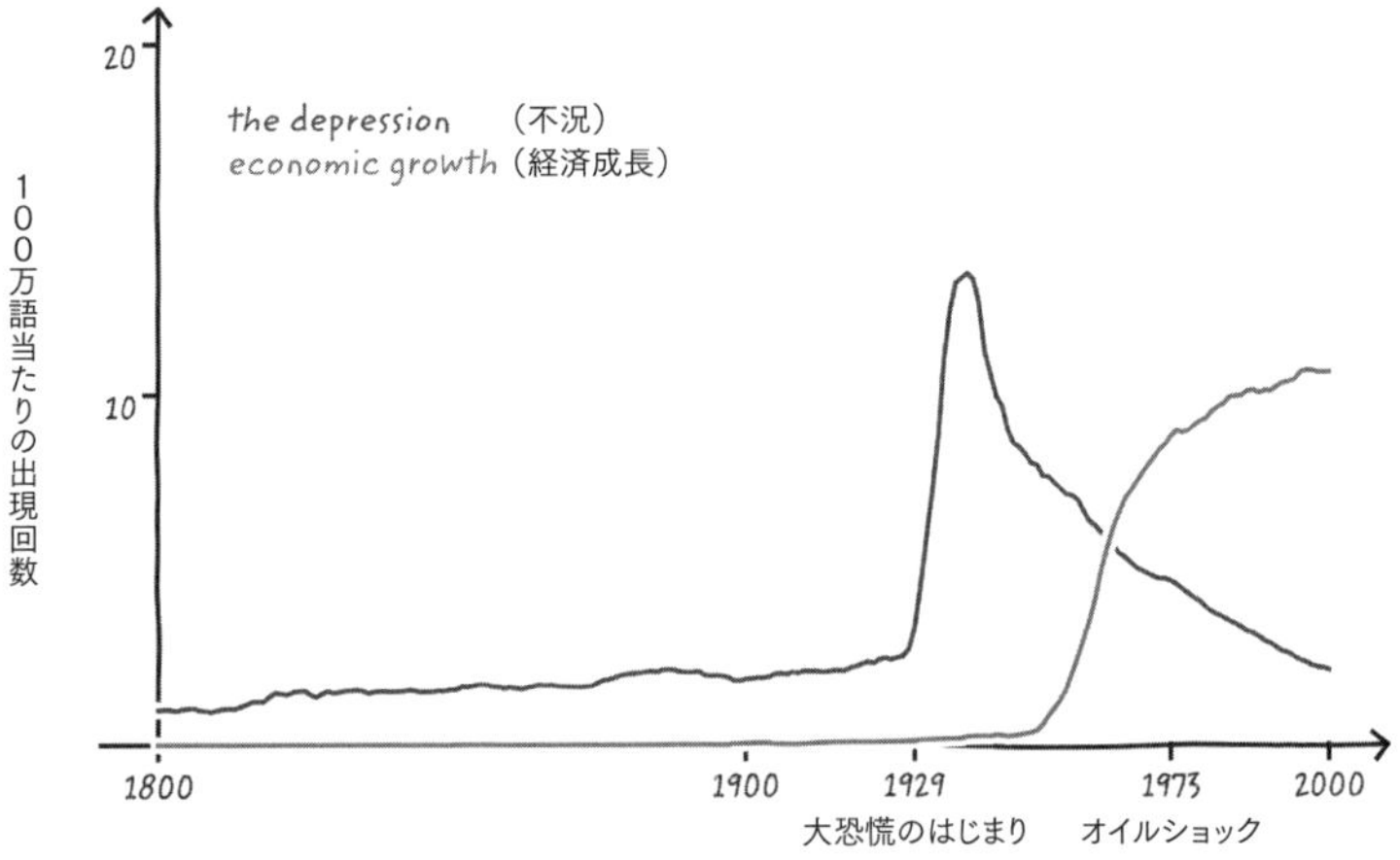
20
10
100万語当たりの出現回数
the depression（不況）
economic growth（経済成長）
1800
1900
1929
1973
2000
大恐慌のはじまり
オイルショック

「The Environment（環境）」

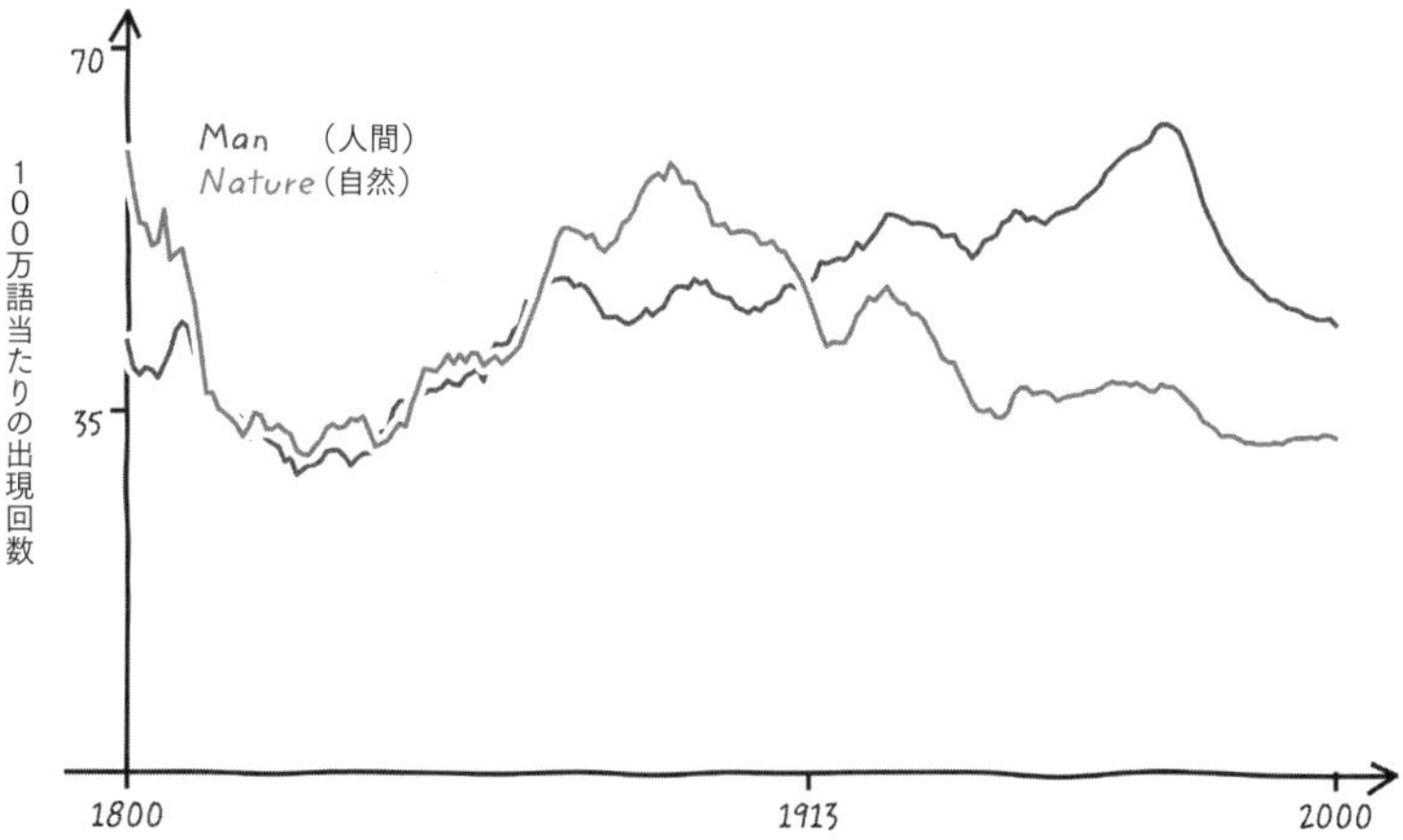

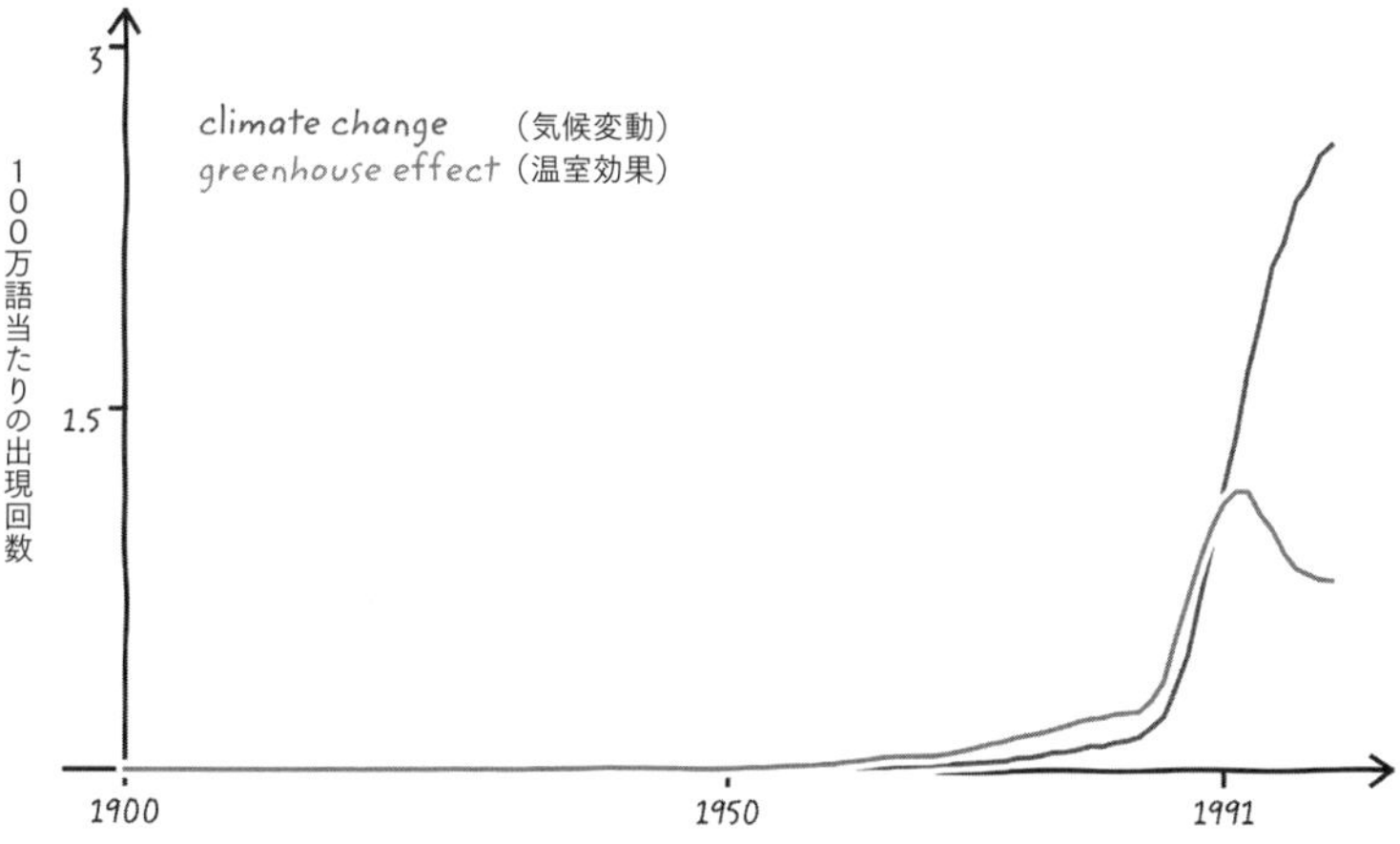

「The World（世界）」

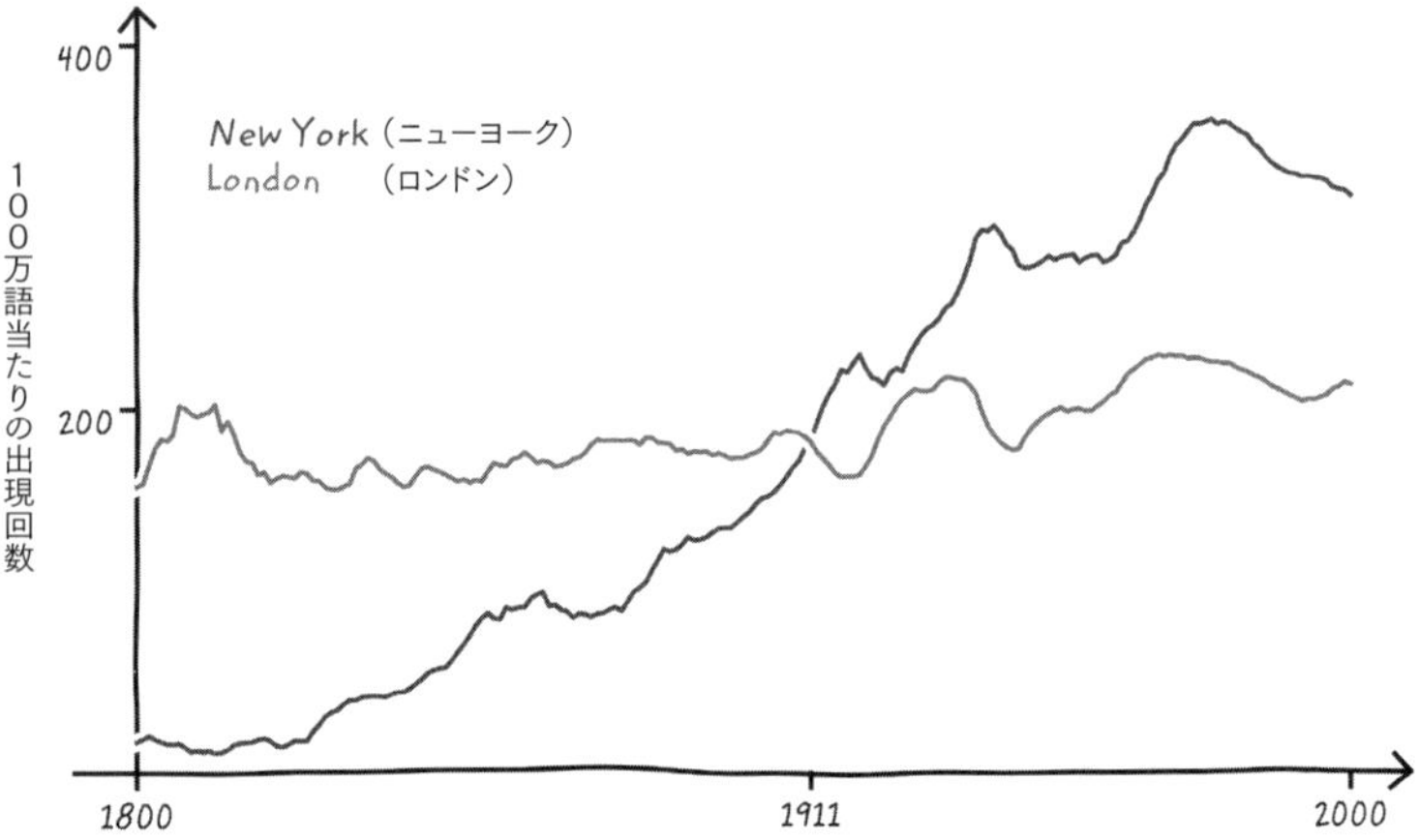
400
200
100万語当たりの出現回数
New York（ニューヨーク）
London（ロンドン）
1800
1911
2000

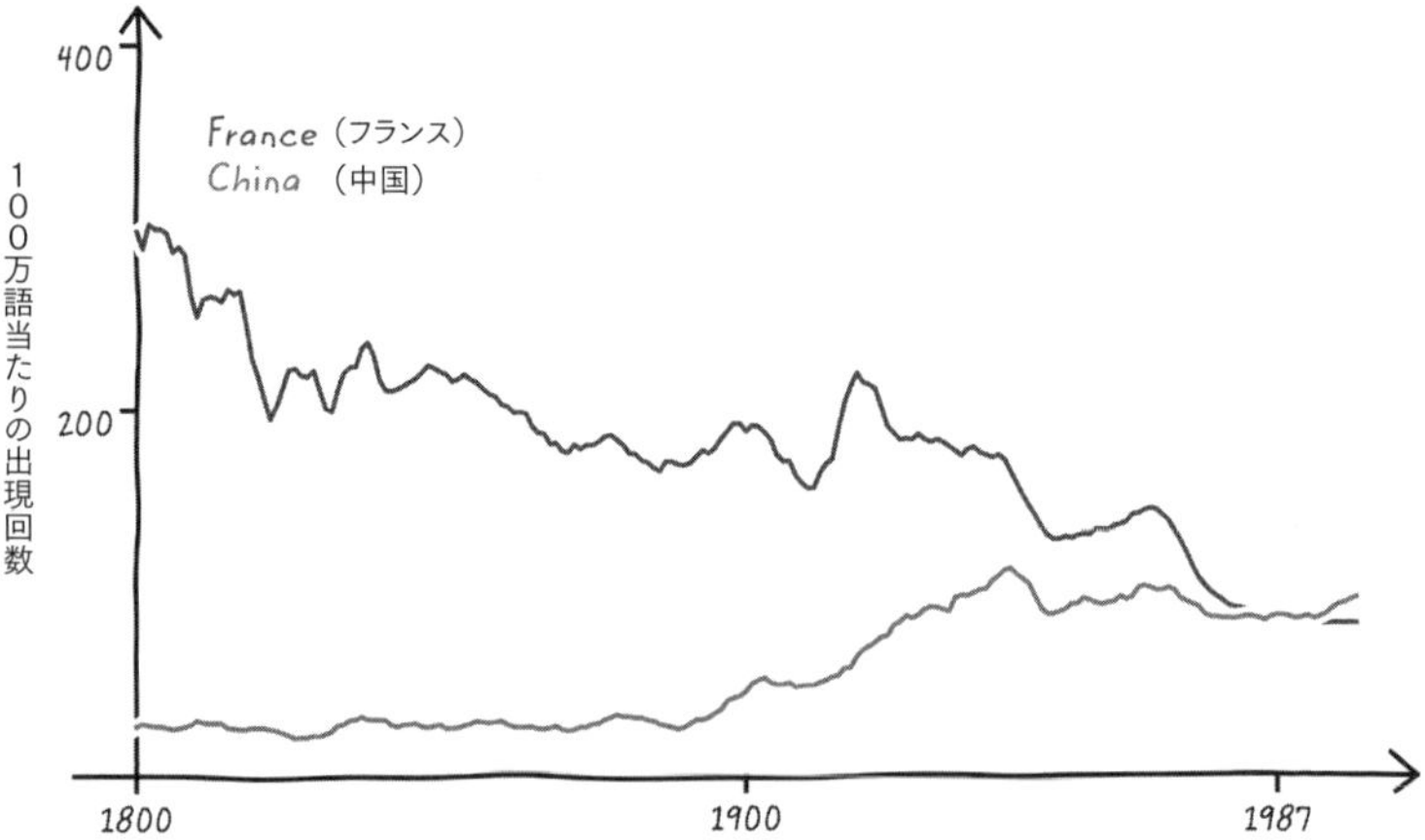
400
200
100万語当たりの出現回数
France（フランス）
China（中国）
1800
1900
1987

#「Engineering（工学）」

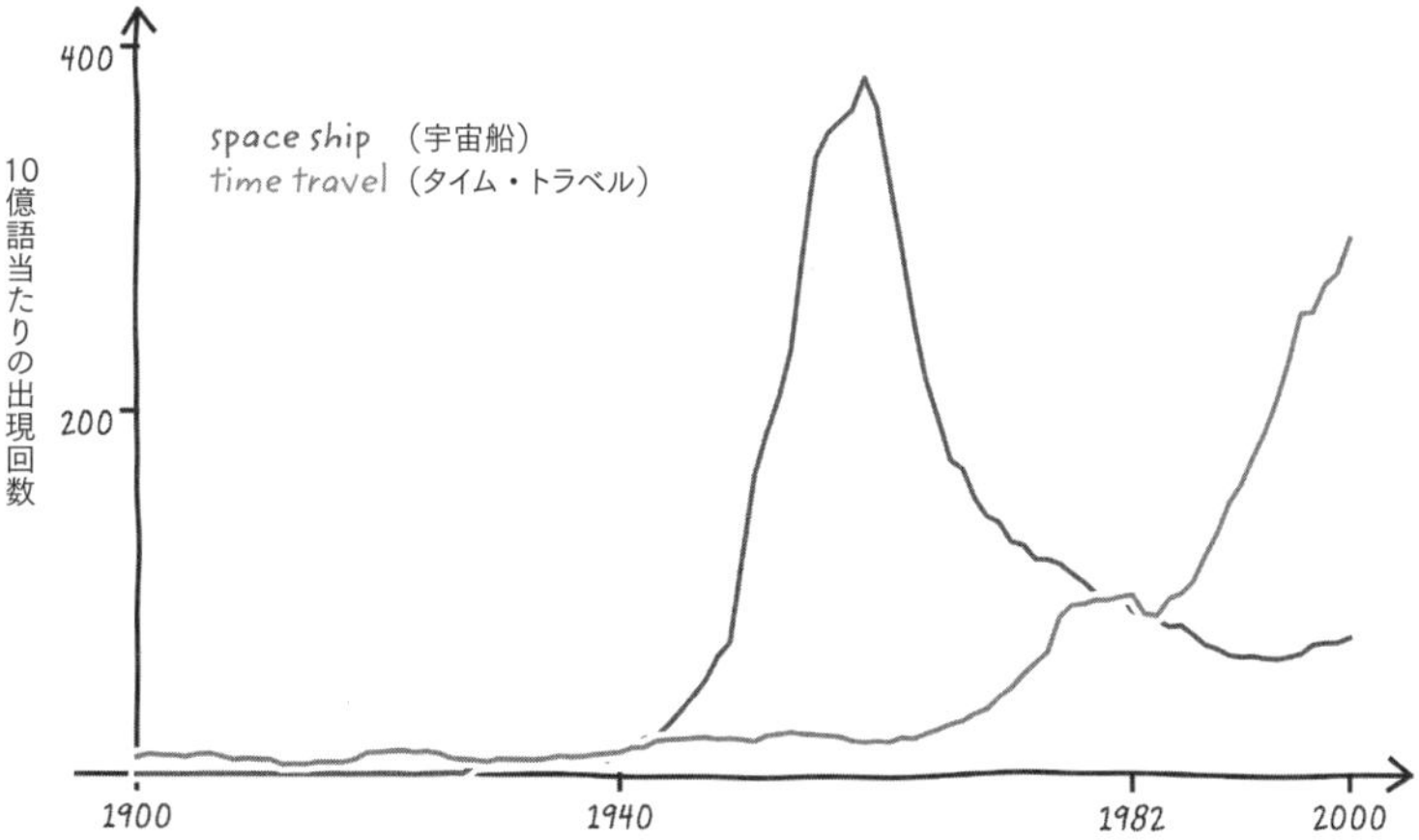

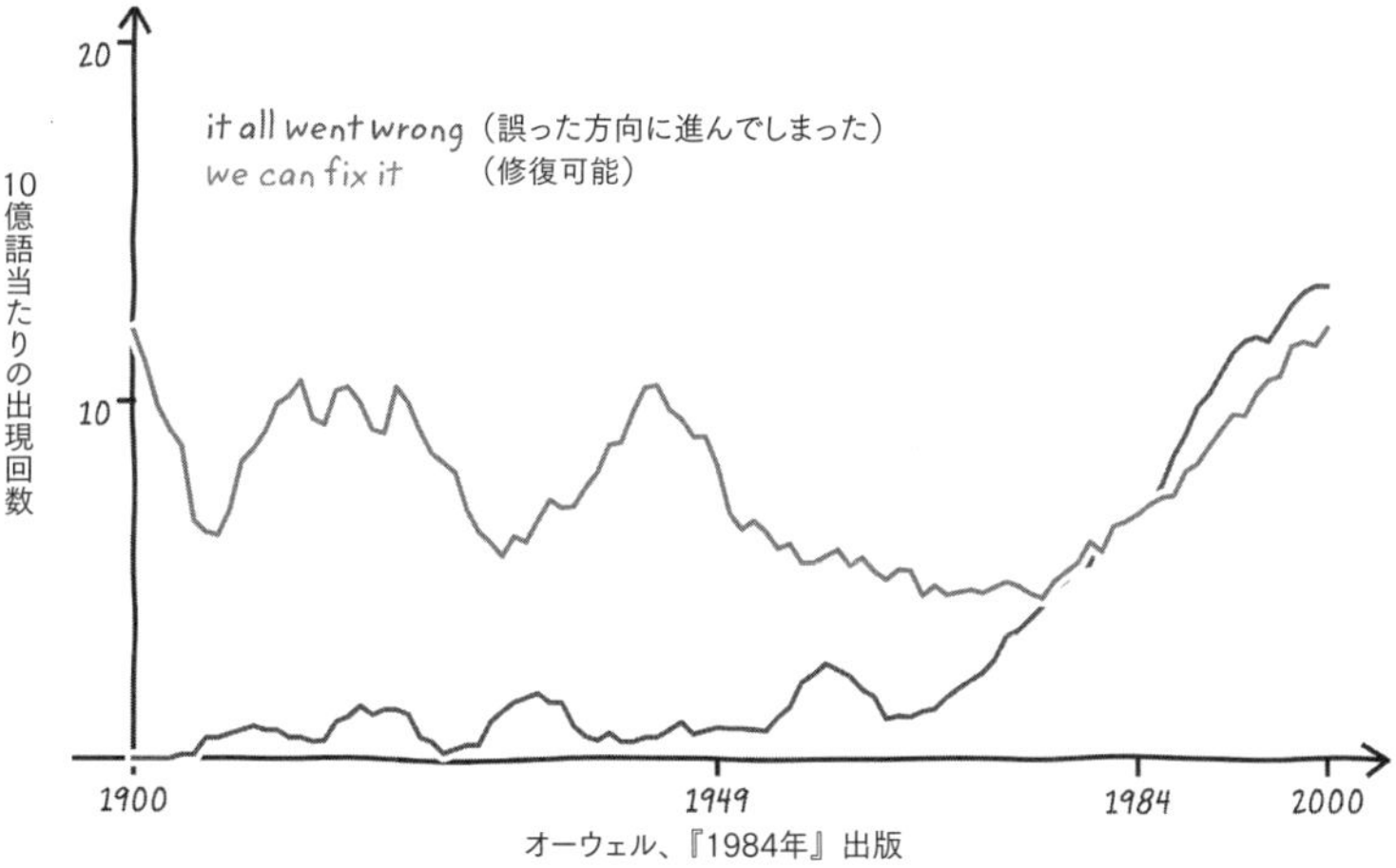

「Fight Night（戦争の悪夢）」

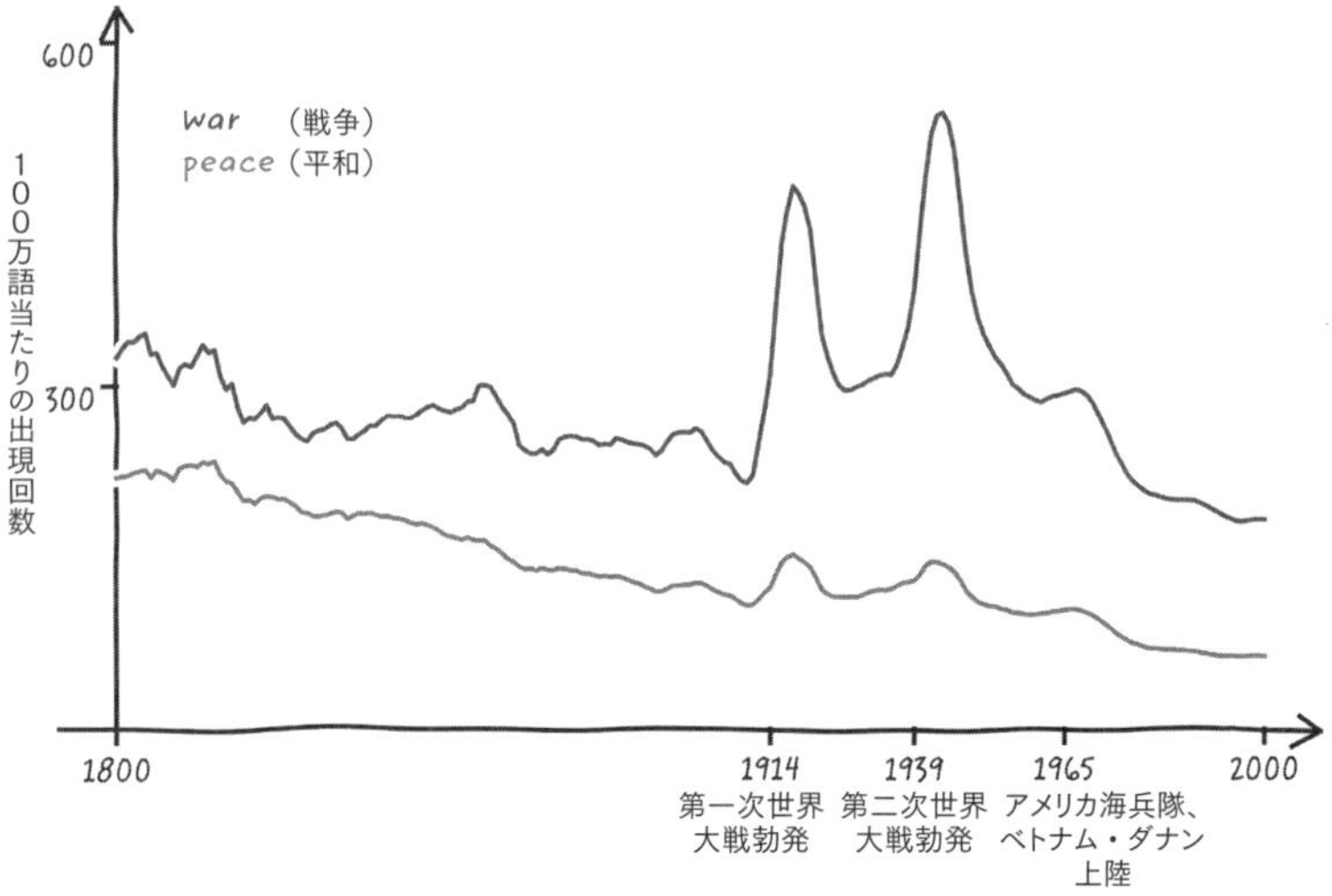

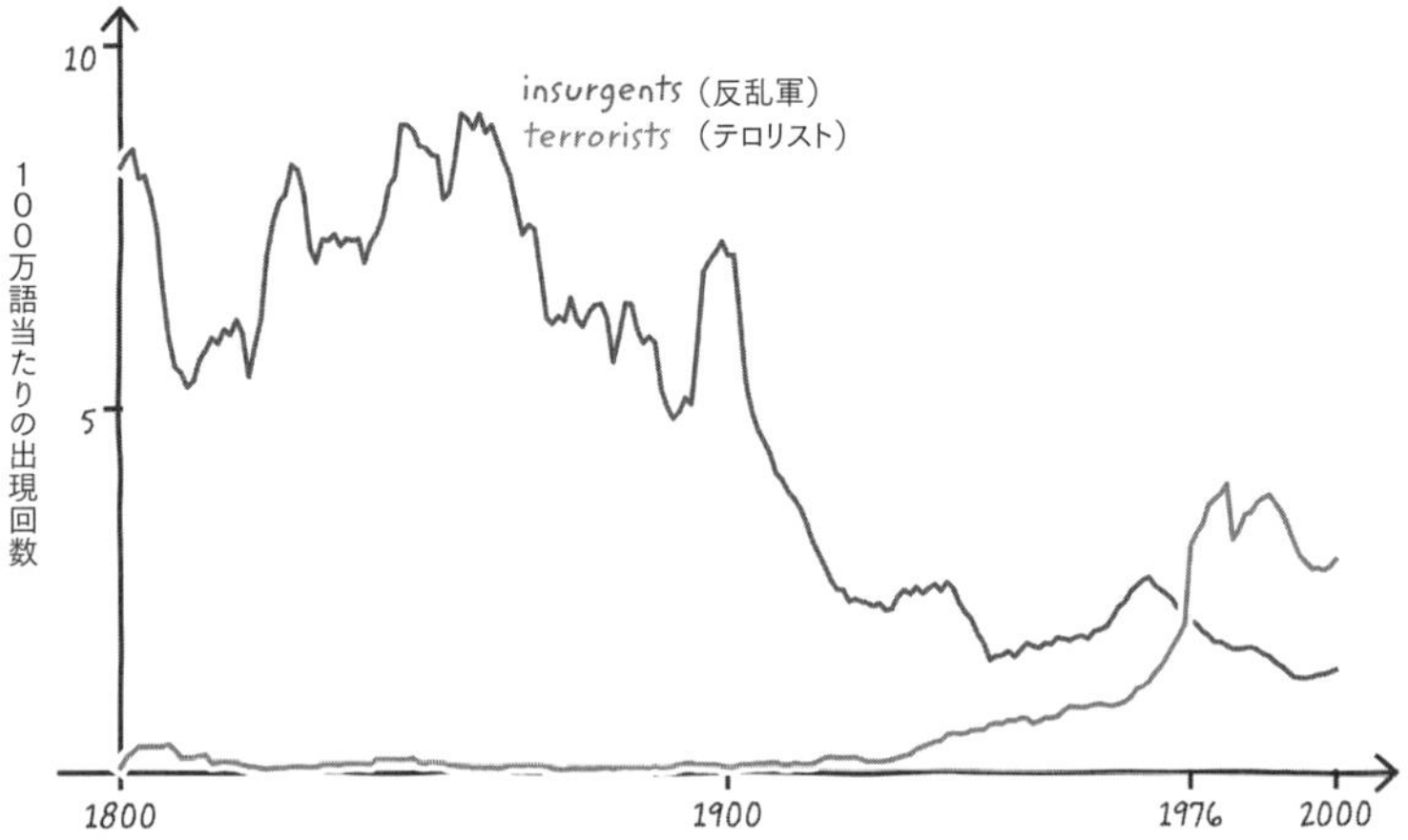

「Disease（疾病）」

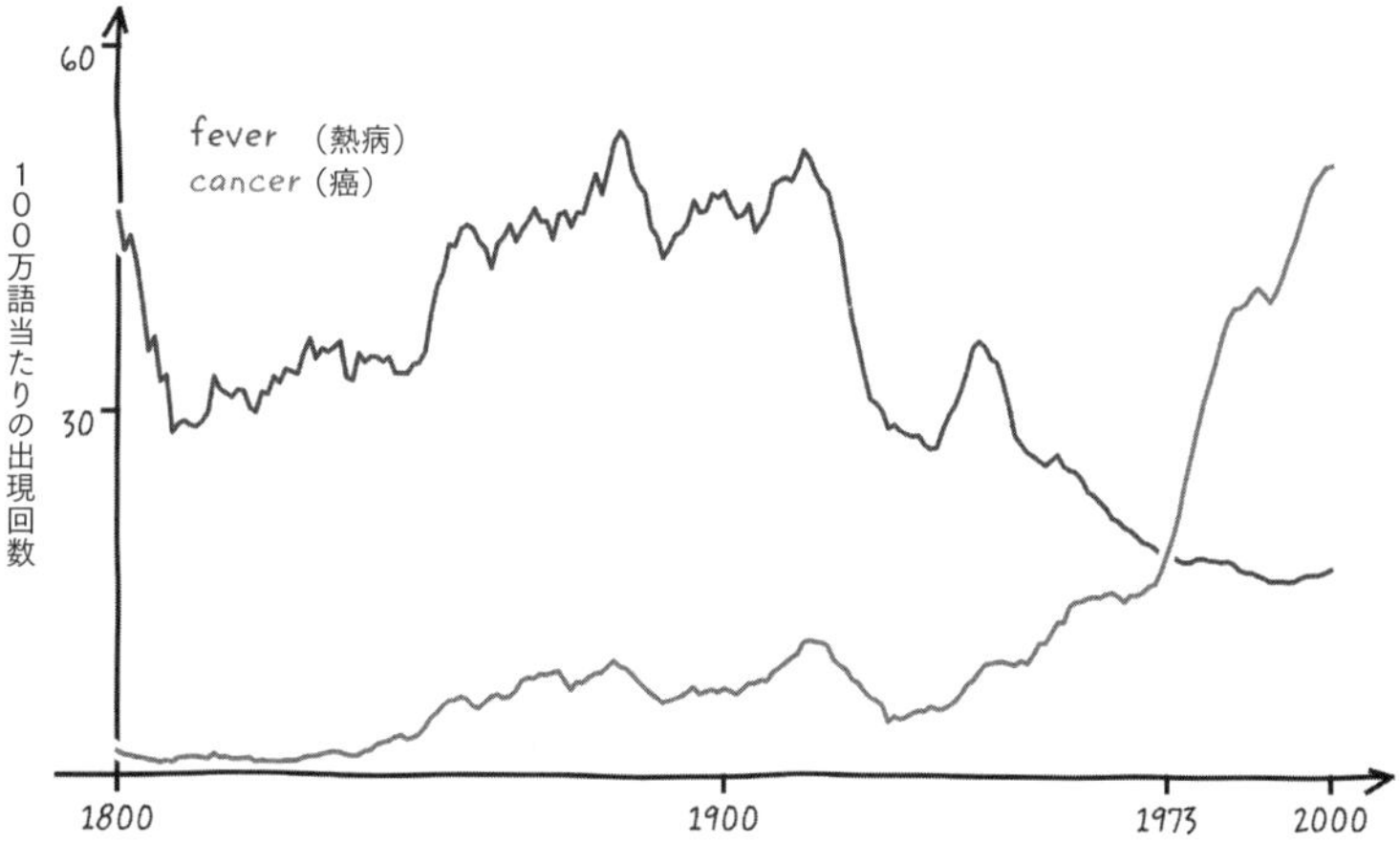
60
30
fever（熱病）
cancer（癌）
100万語当たりの出現回数
1800
1900
1973
2000

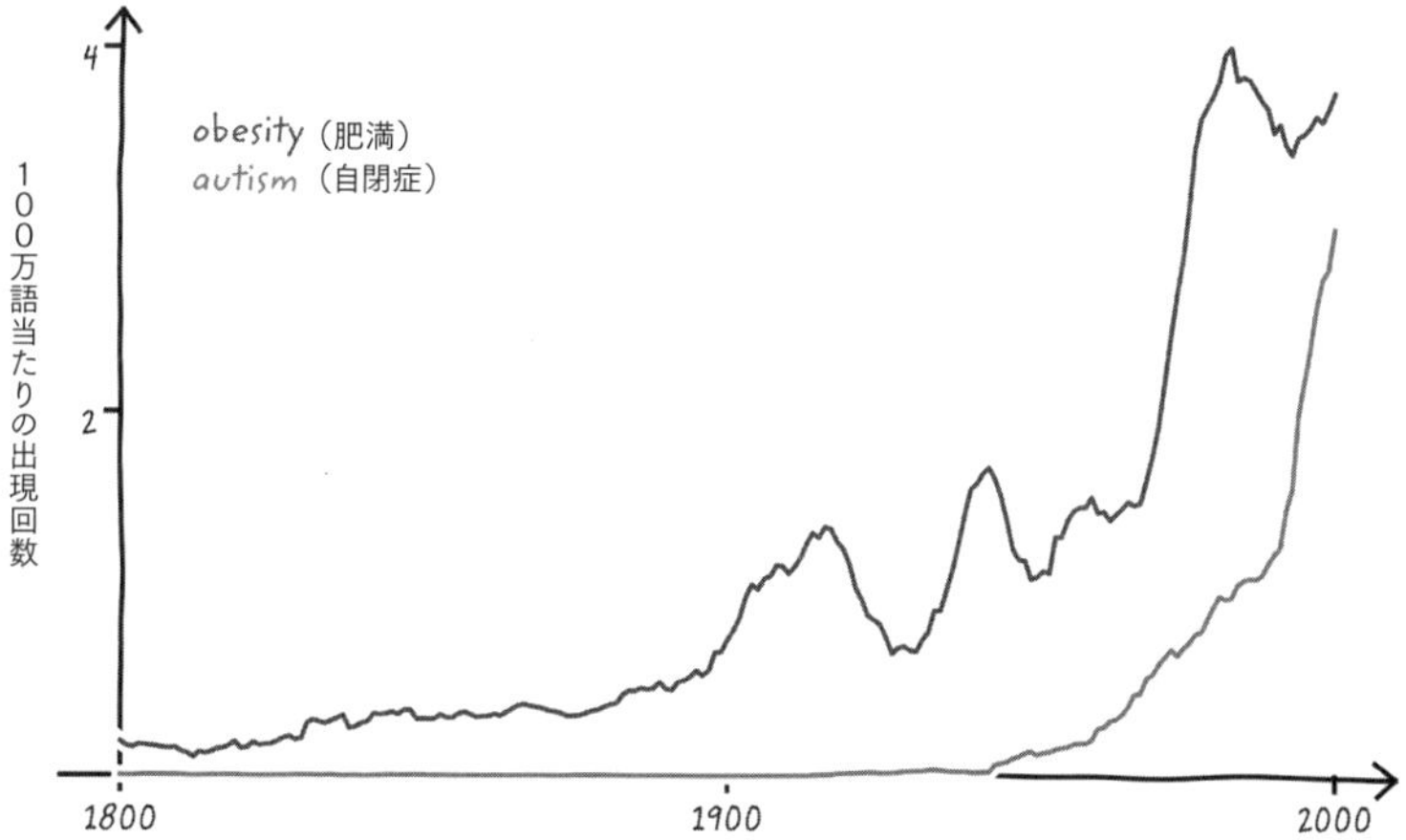
4
2
obesity（肥満）
autism（自閉症）
100万語当たりの出現回数
1800
1900
2000

「Medicine（医学）」

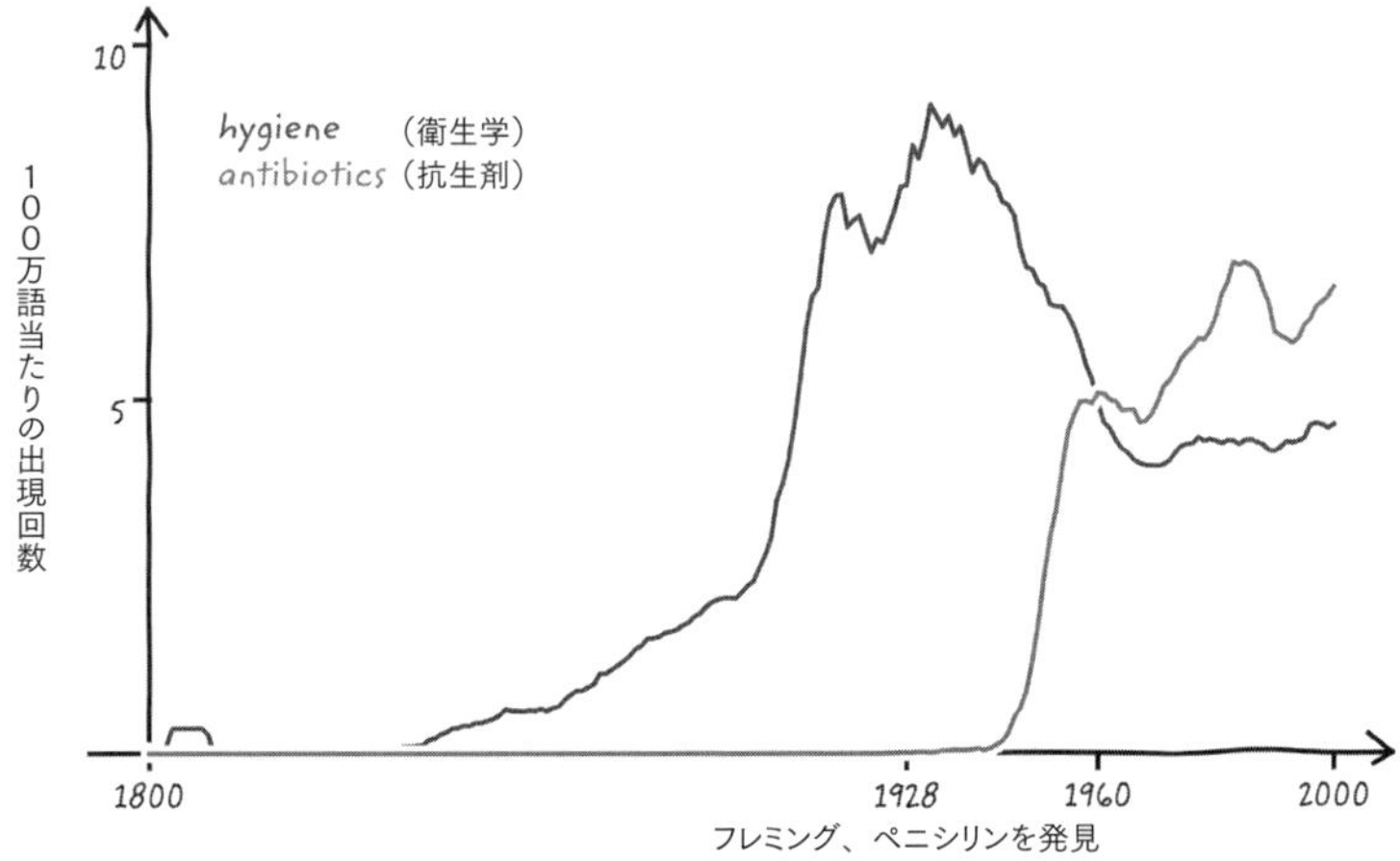
10
5
100万語当たりの出現回数
hygiene （衛生学）
antibiotics（抗生剤）
1800
1928
1960
2000
フレミング、ペニシリンを発見

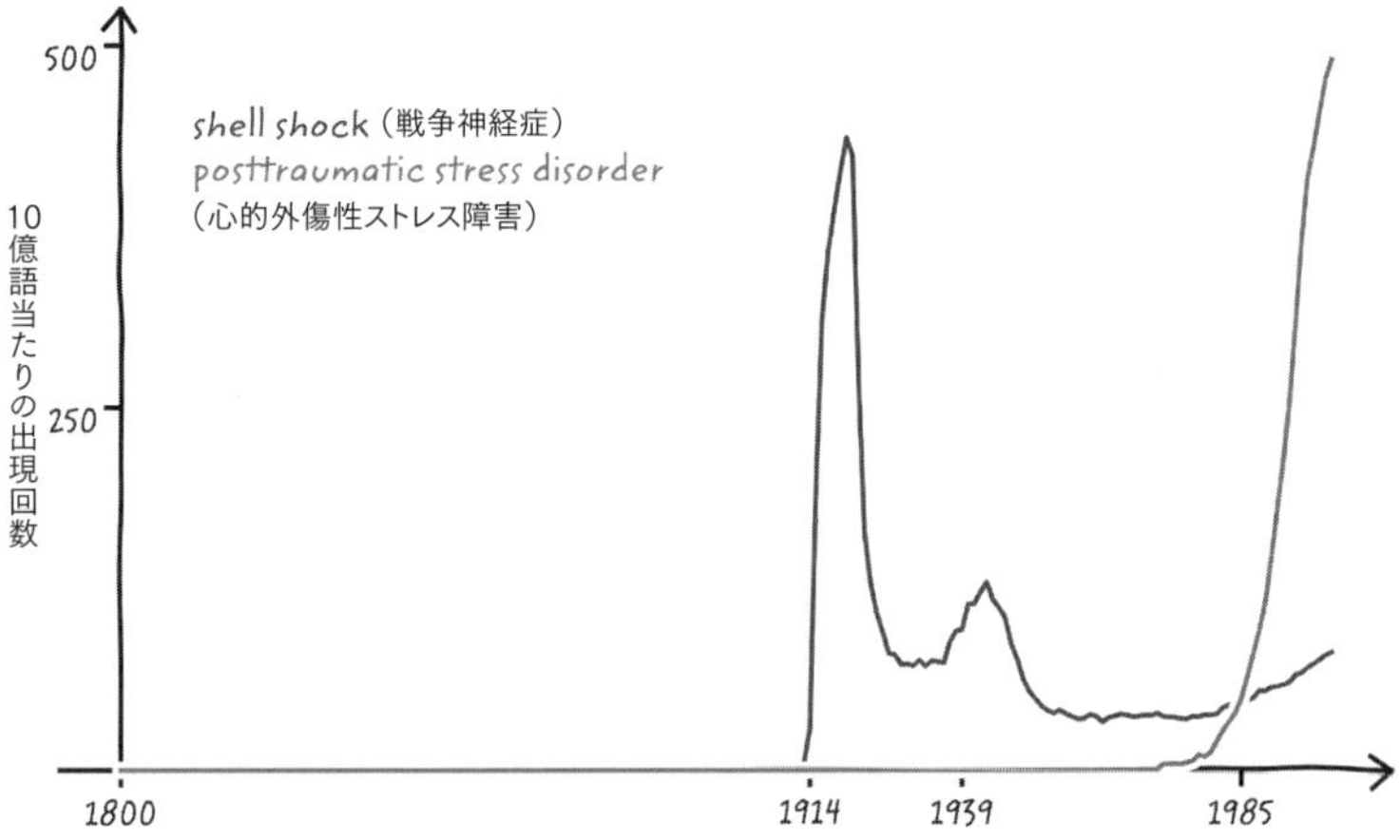
500
250
10億語当たりの出現回数
shell shock（戦争神経症）
posttraumatic stress disorder
（心的外傷性ストレス障害）
1800
1914
1939
1985

「Eat Something（食べ物）」

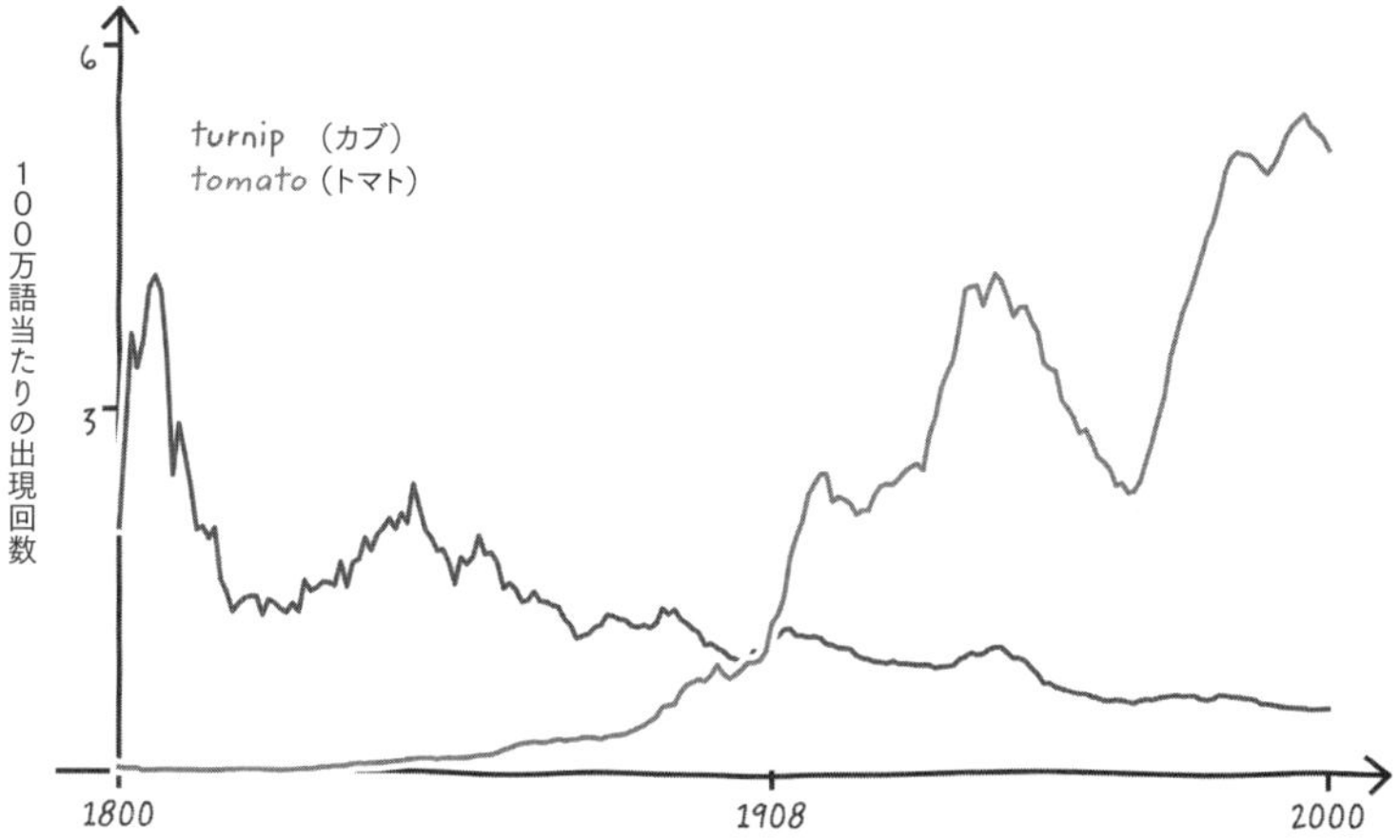

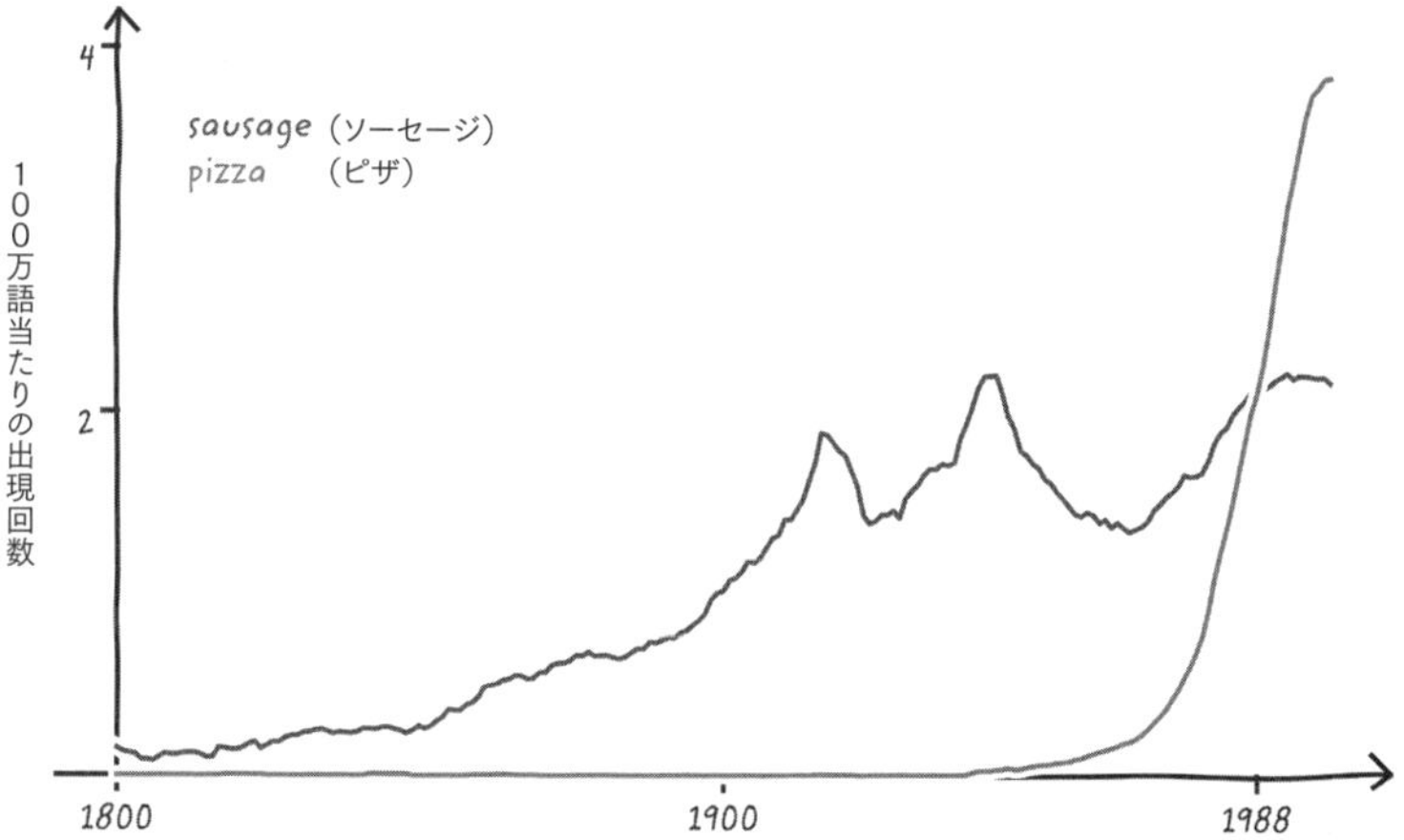

「Drink Up（飲み物）」

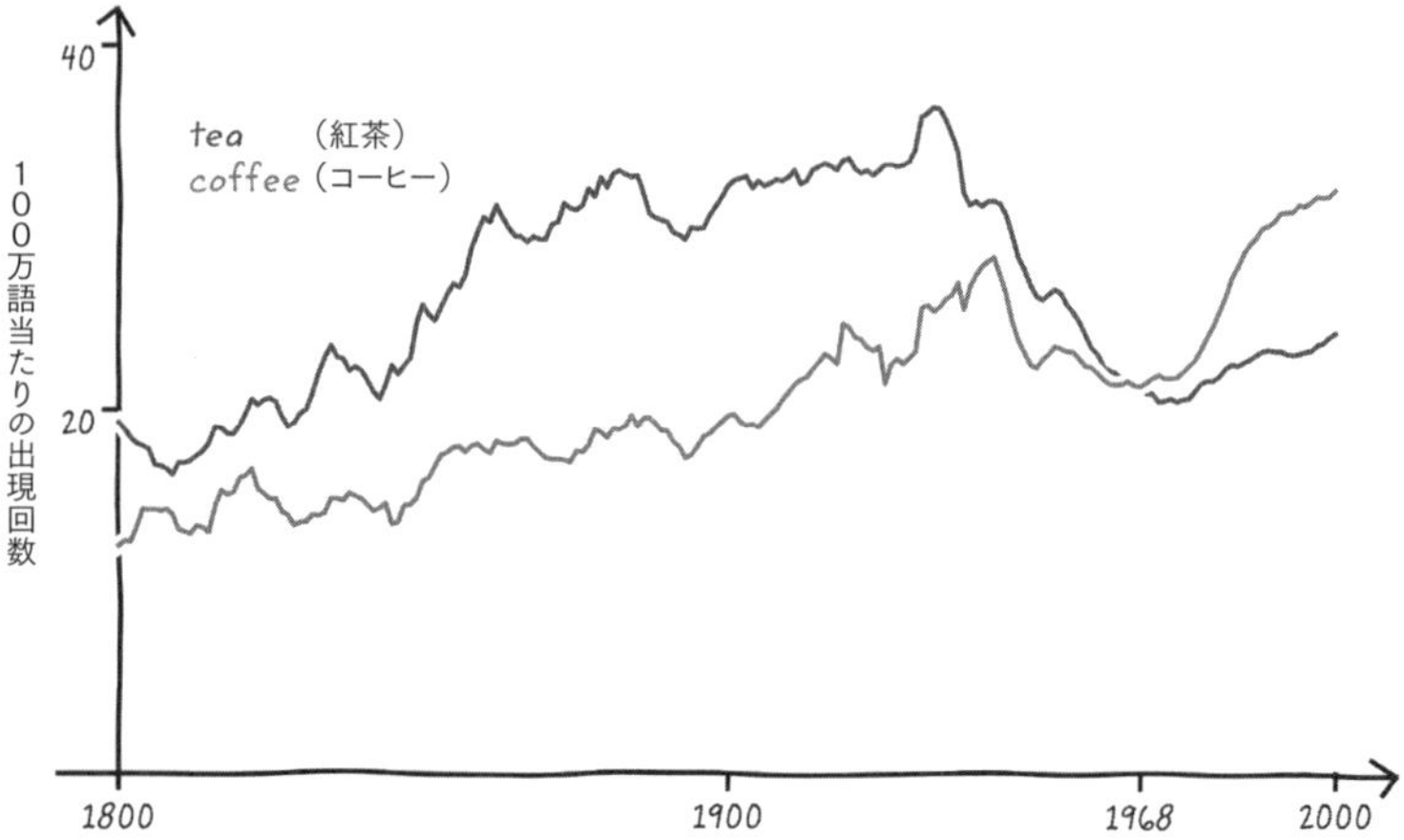
40
20
tea （紅茶）
coffee（コーヒー）
100万語当たりの出現回数
1800
1900
1968
2000

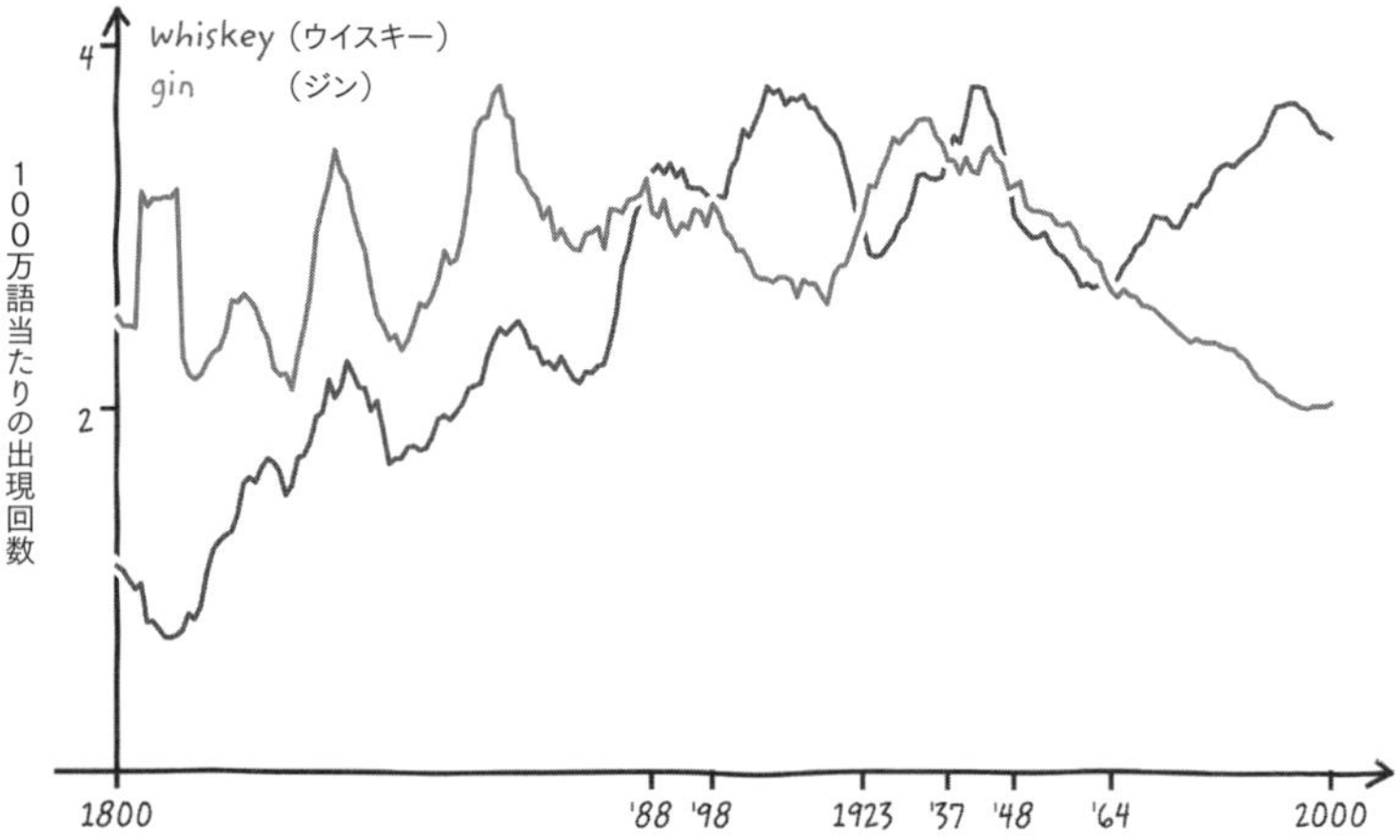
4
2
whiskey（ウイスキー）
gin （ジン）
100万語当たりの出現回数
1800
'88
'98
1923
'37
'48
'64
2000

「Fun and Games（娯楽）」

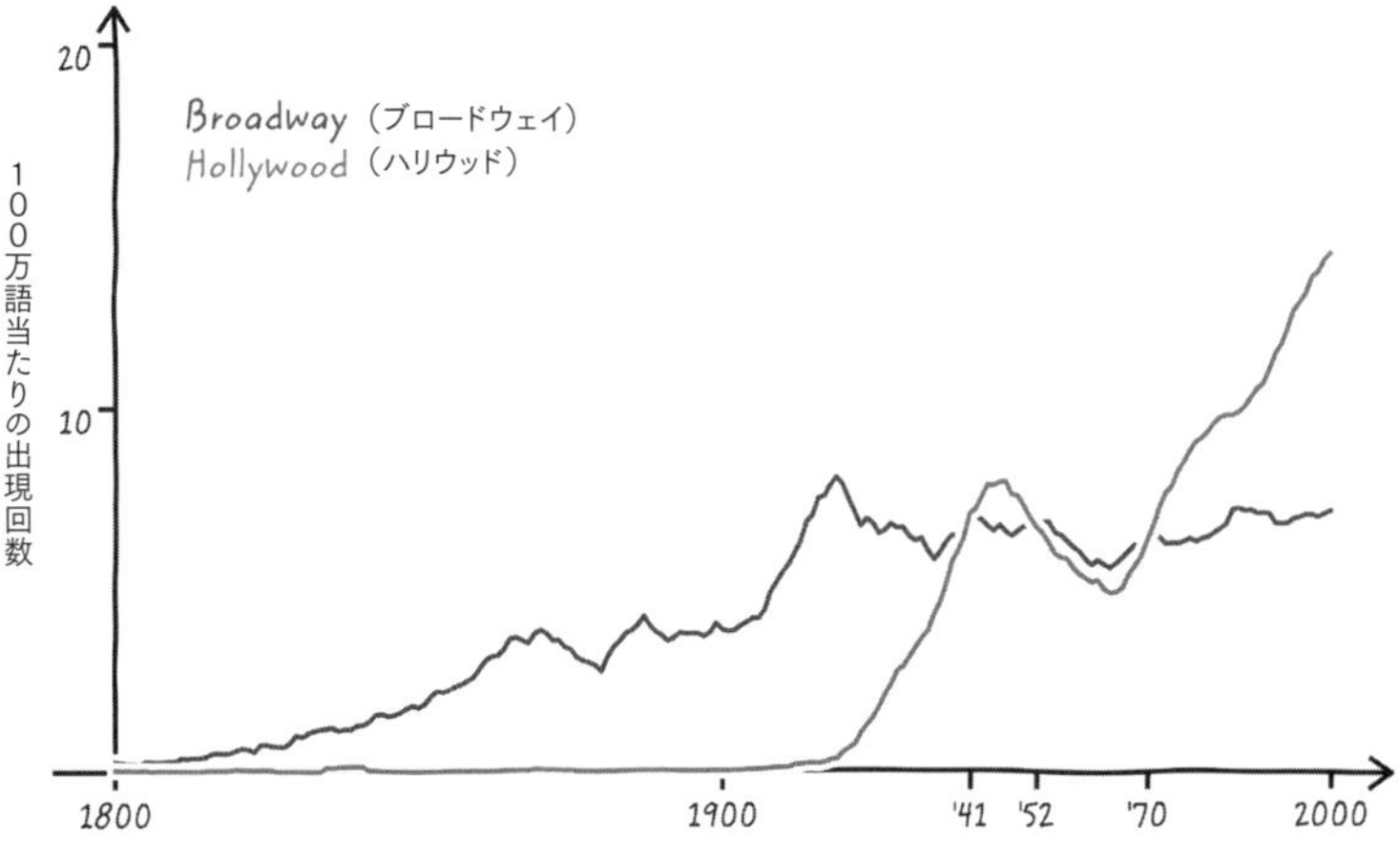

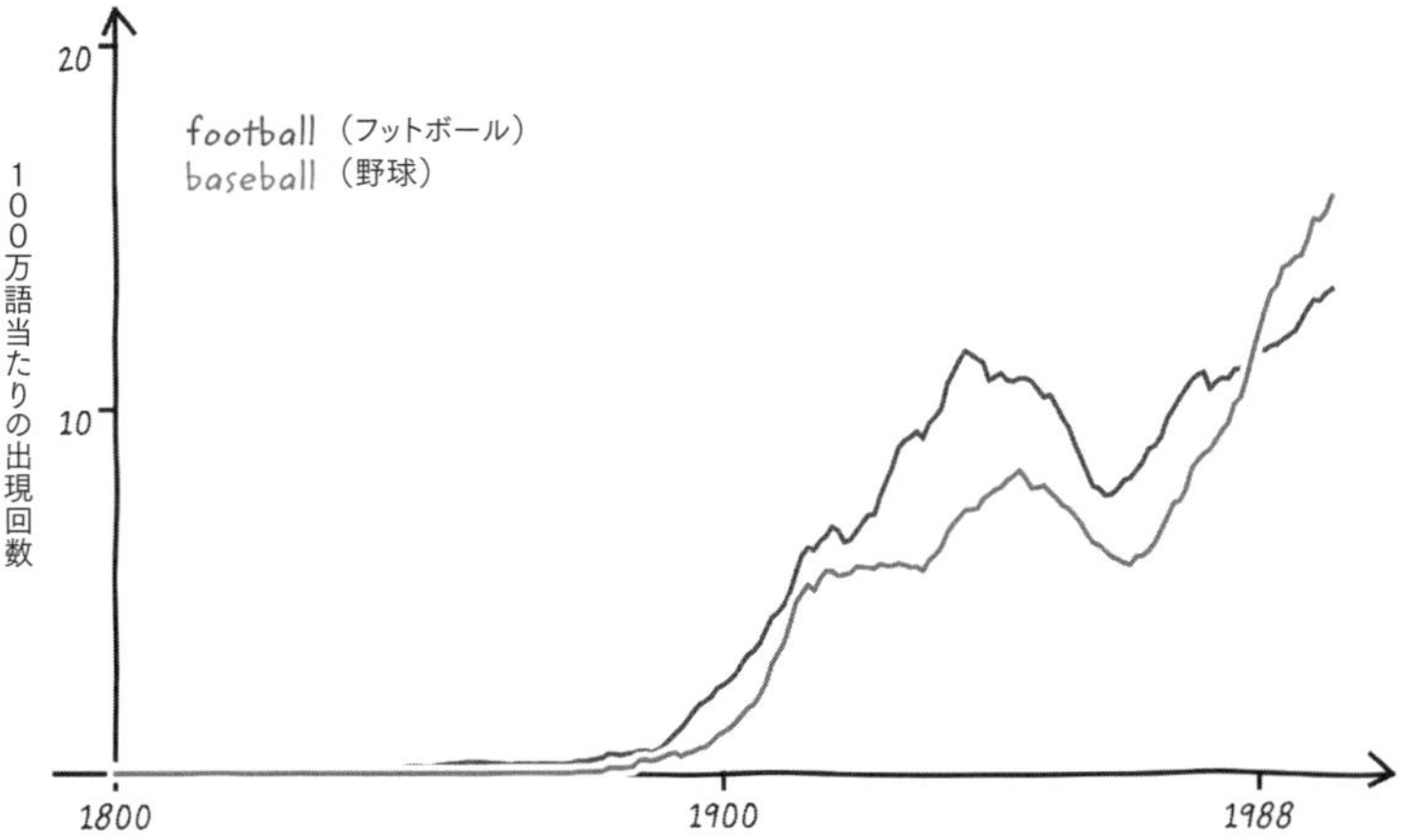

「Nightlife（ナイトライフ）」

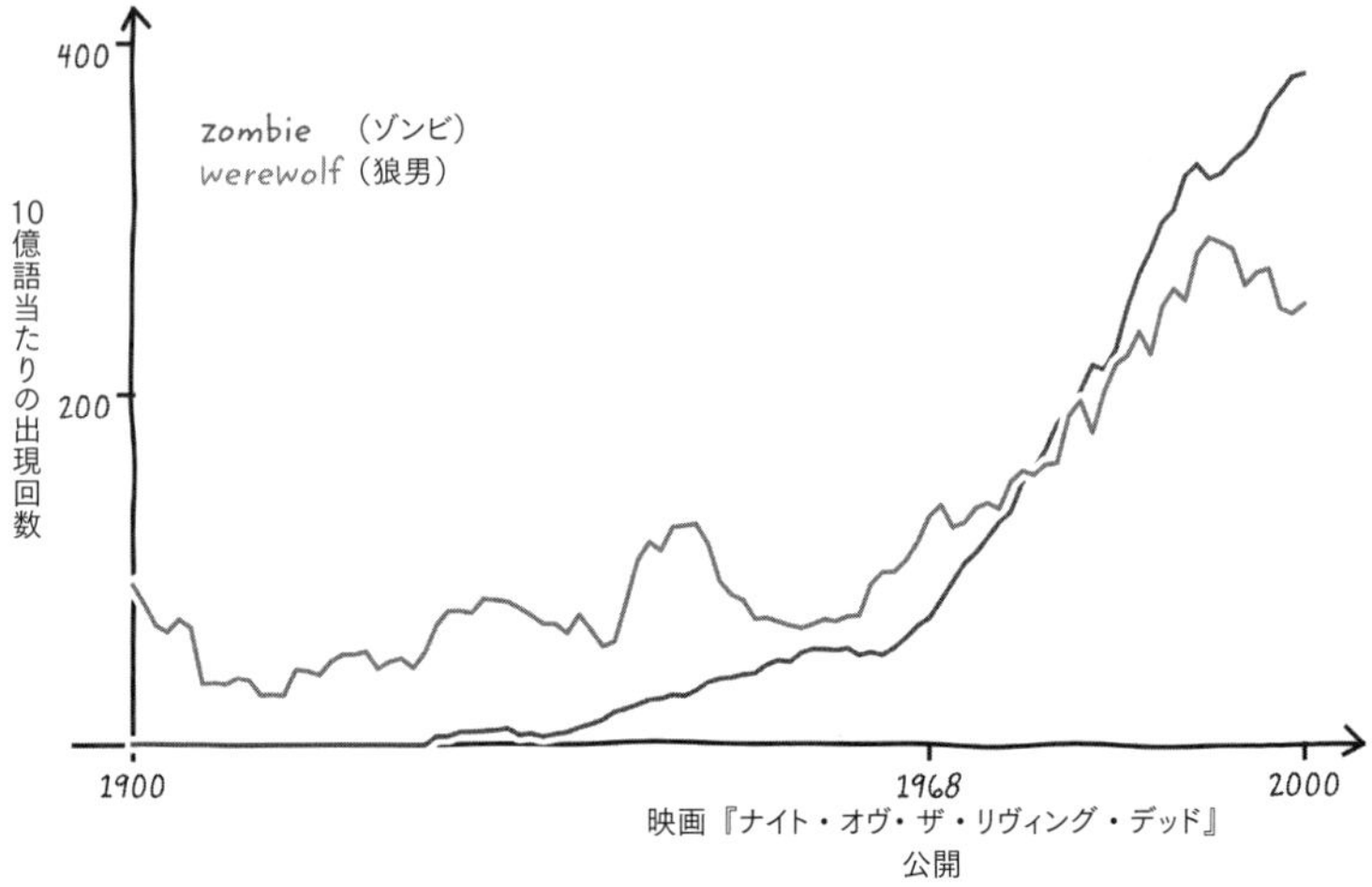

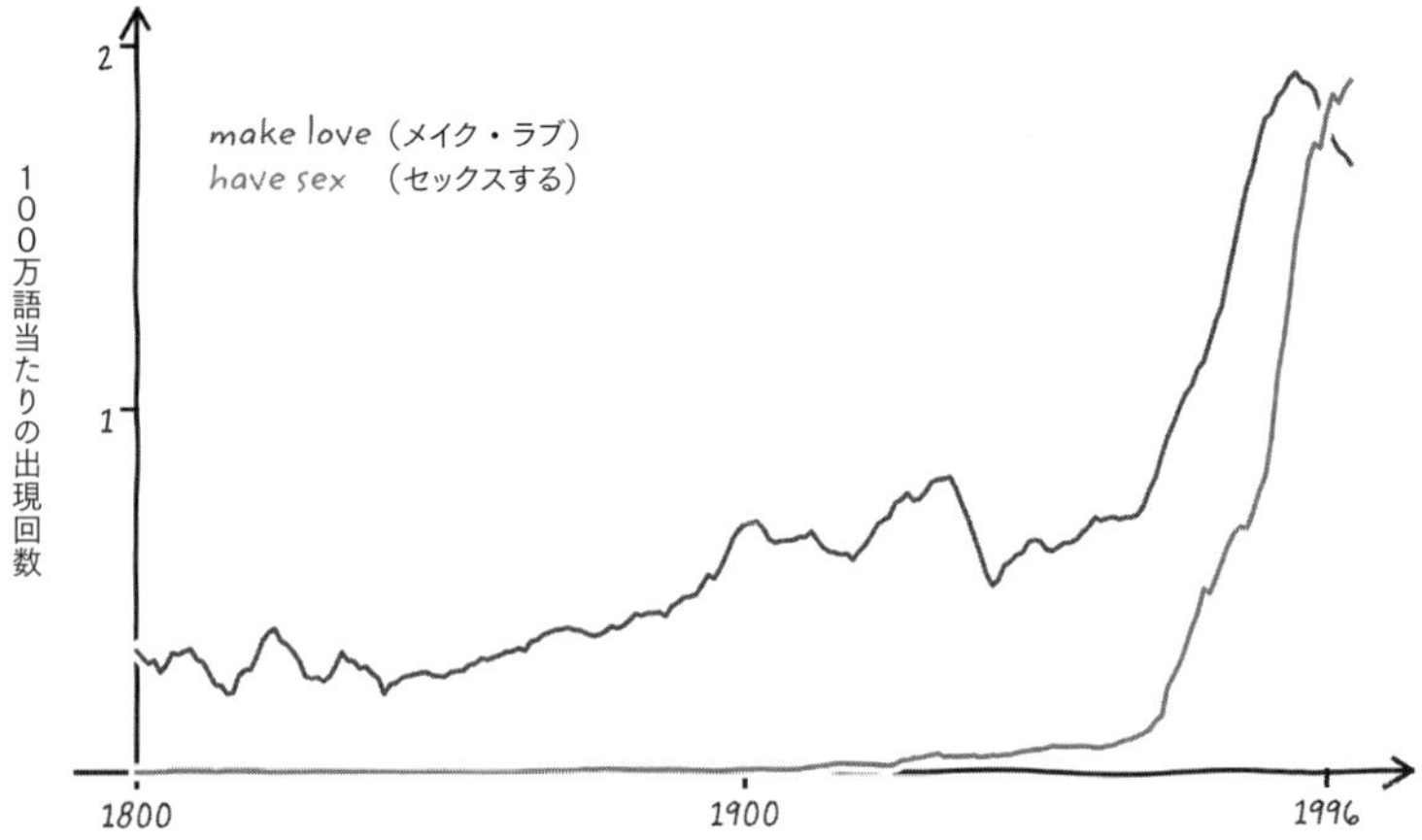

「Life Is Hard（人生は辛いよ）」

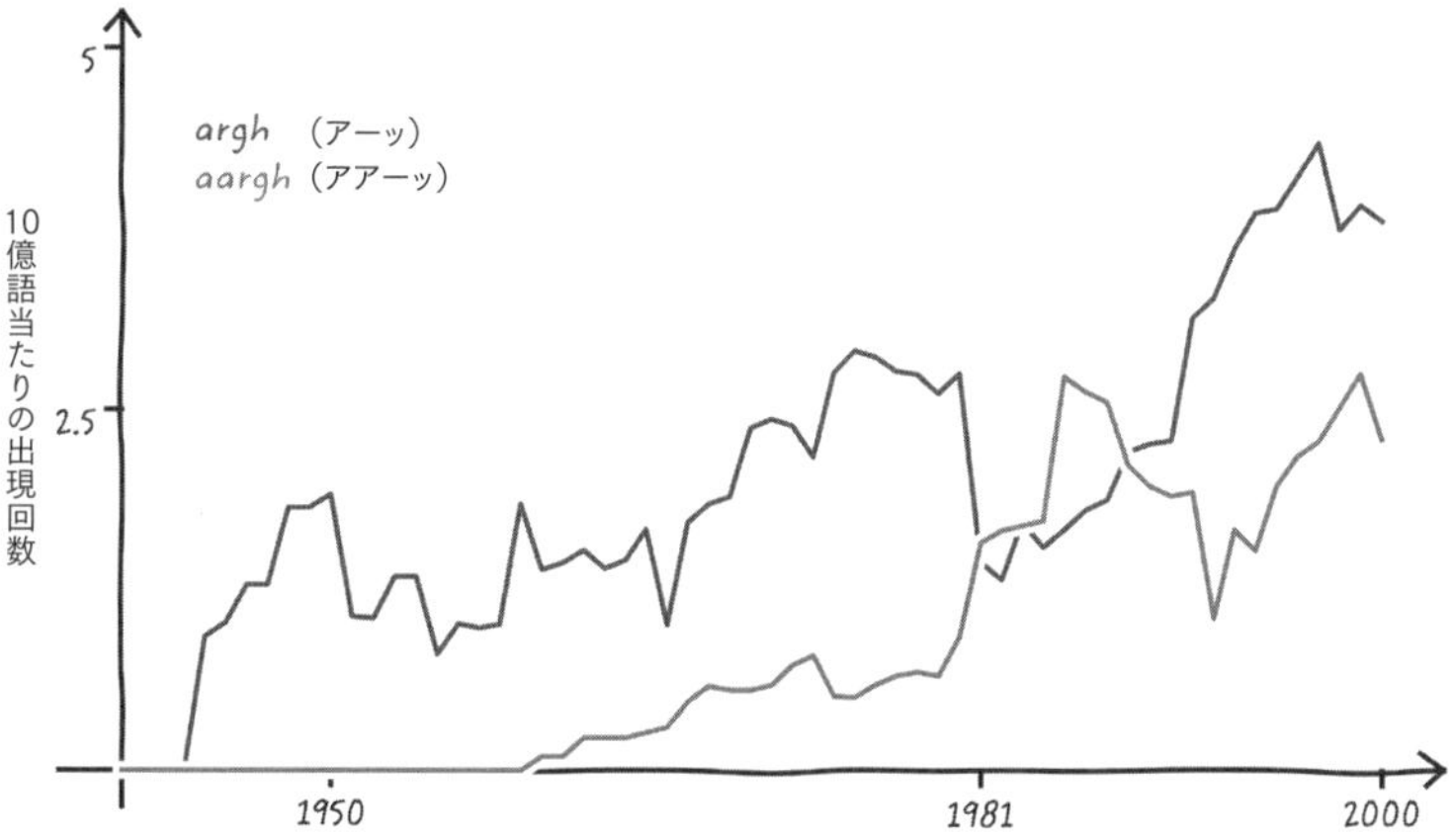

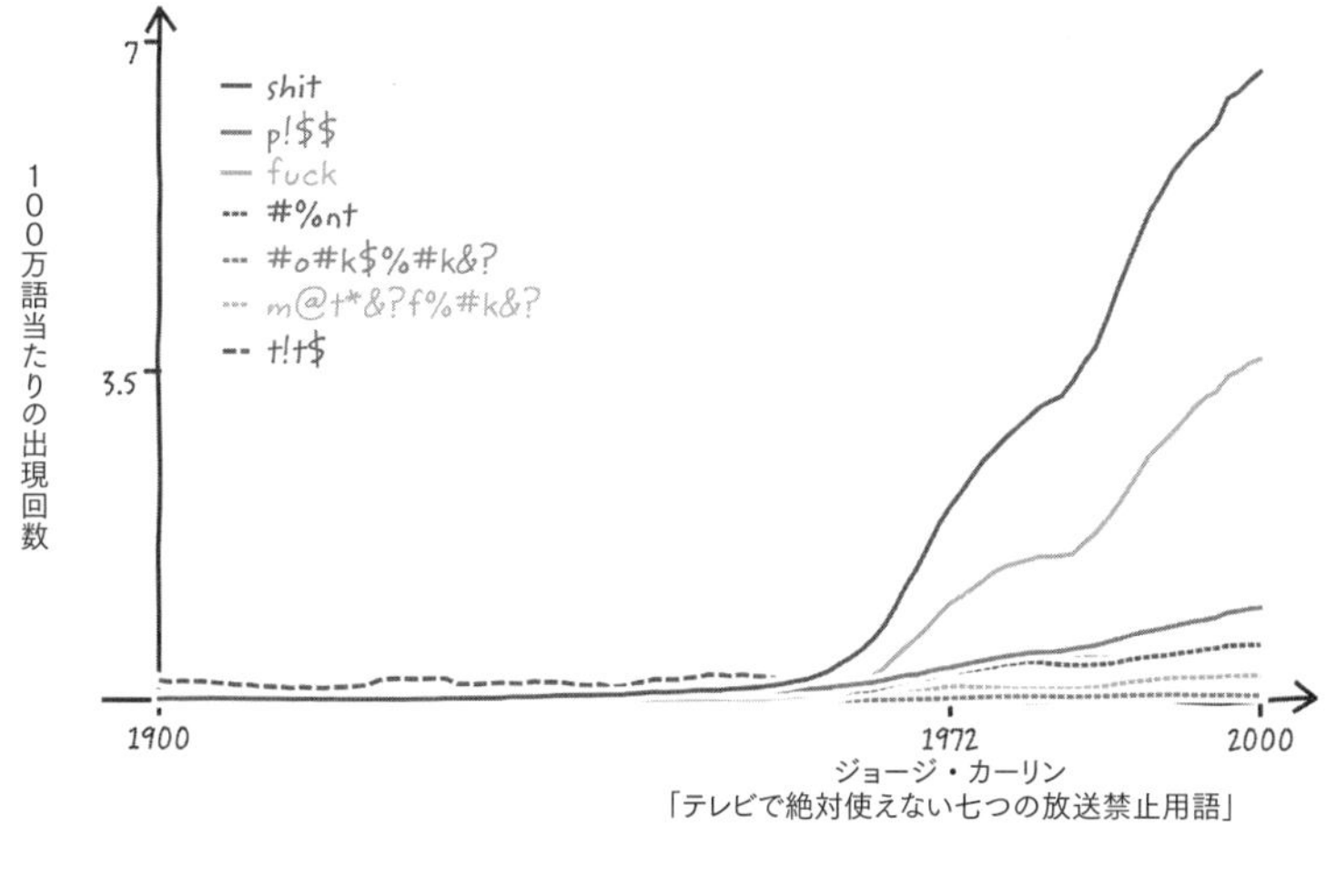

「Modern Times（現代）」

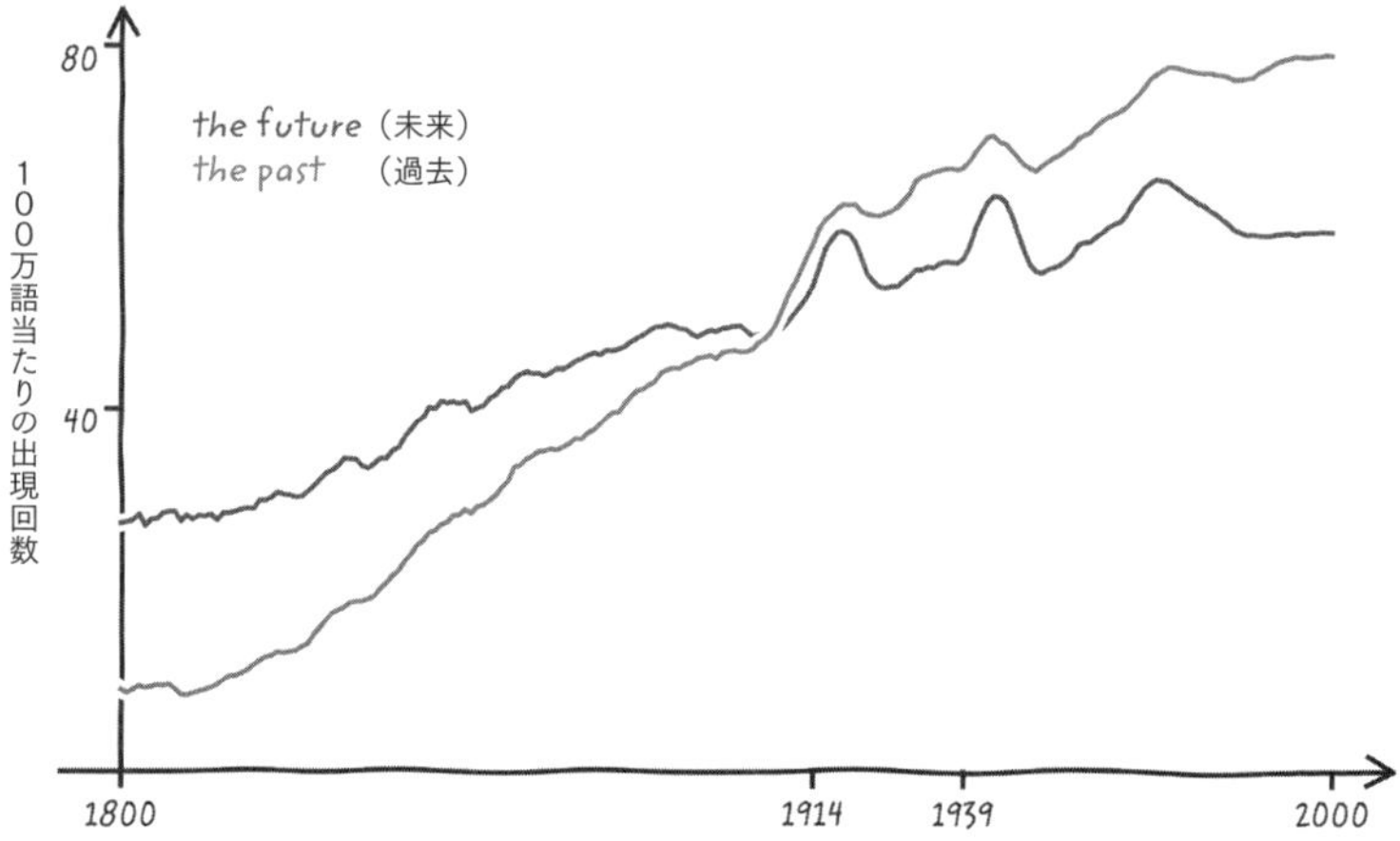

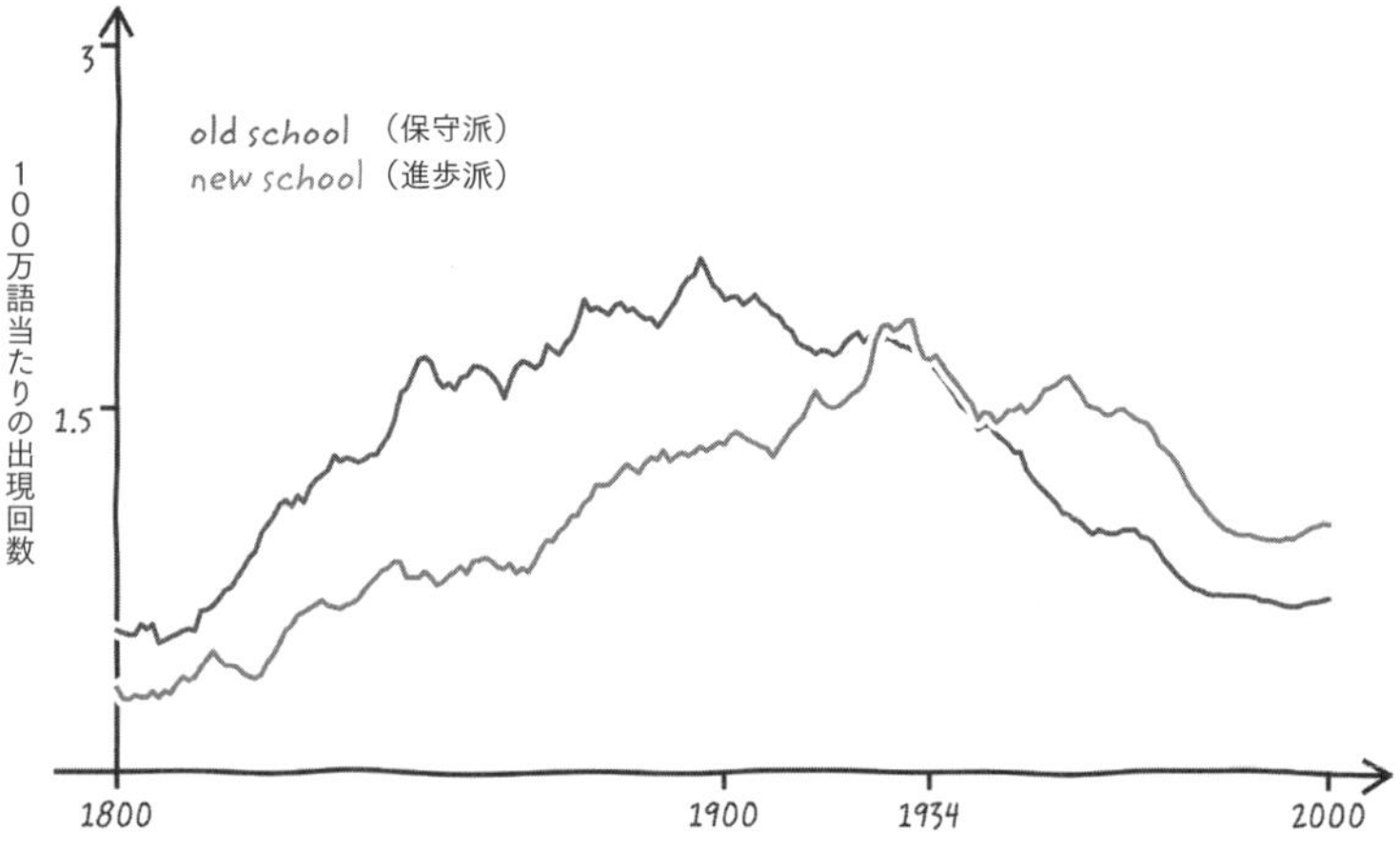

「Great Minds（偉大な知性）」

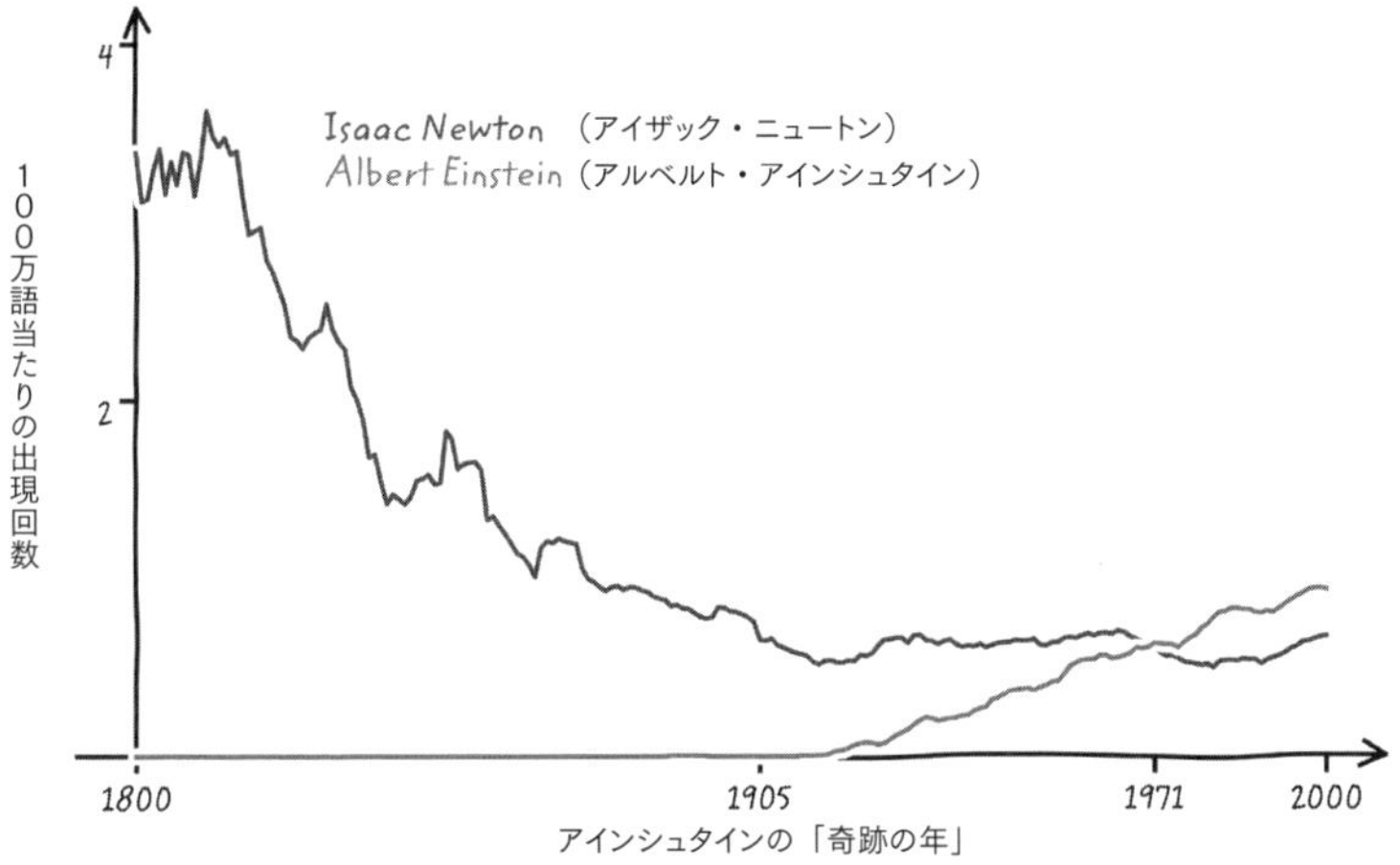

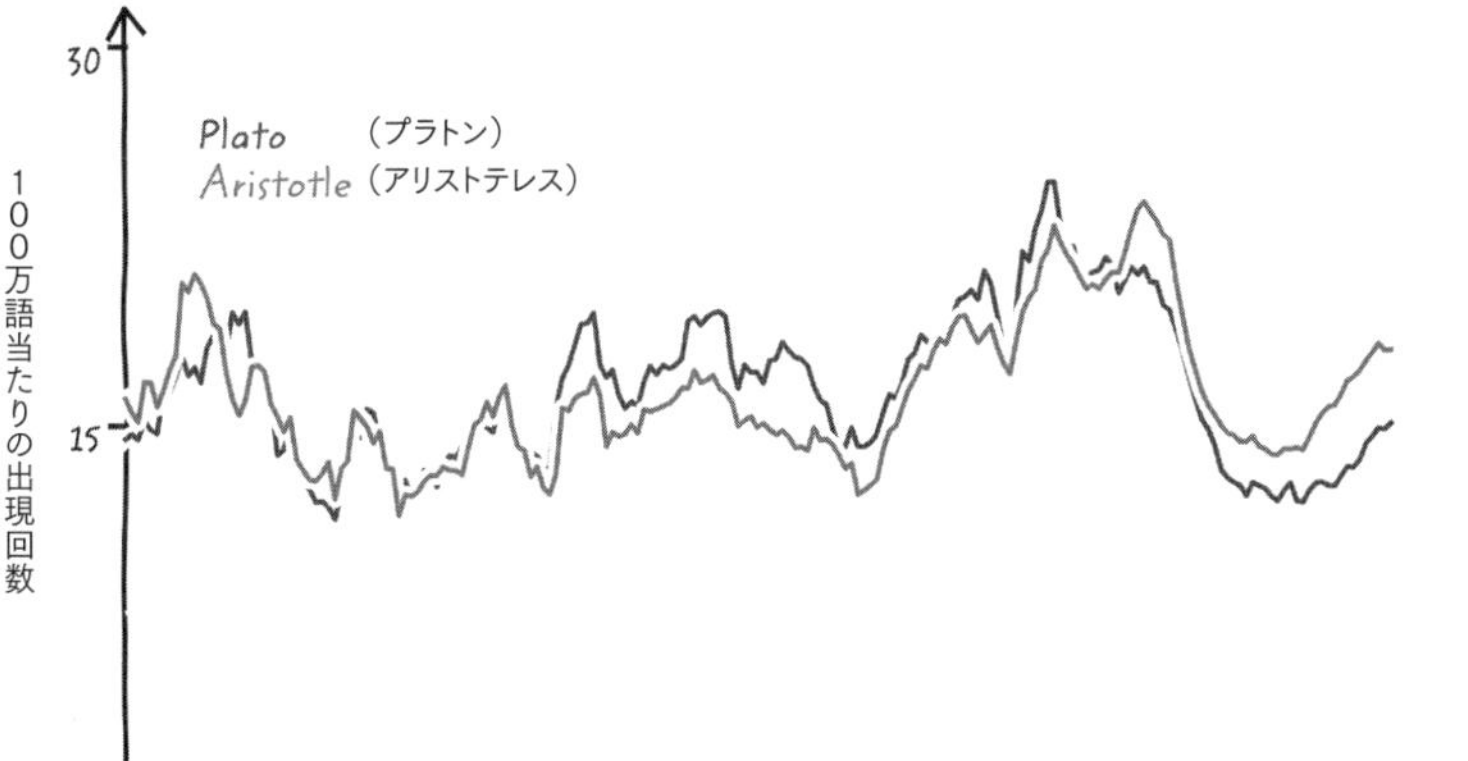

「Words of Wisdom（賢人の言葉）」

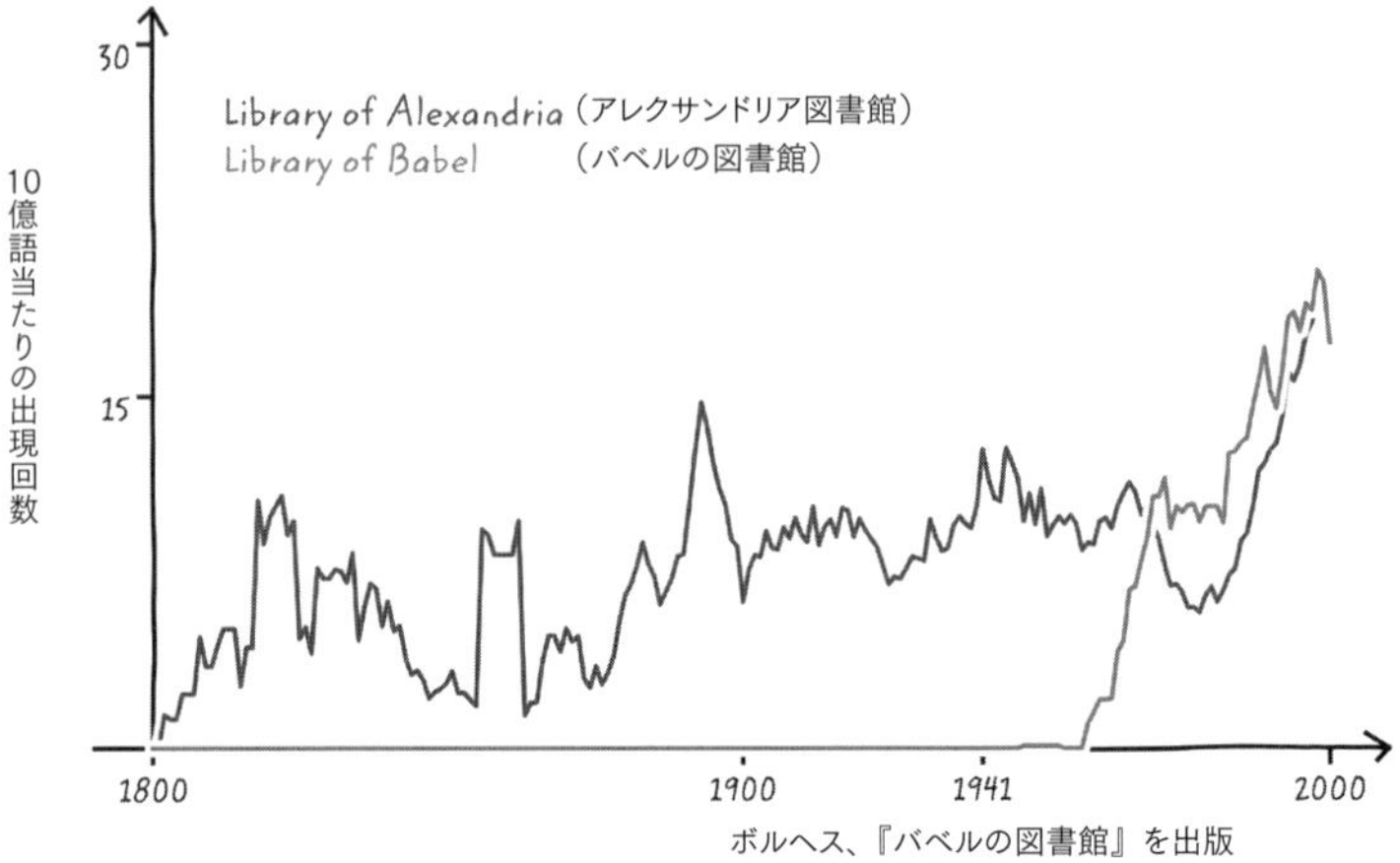

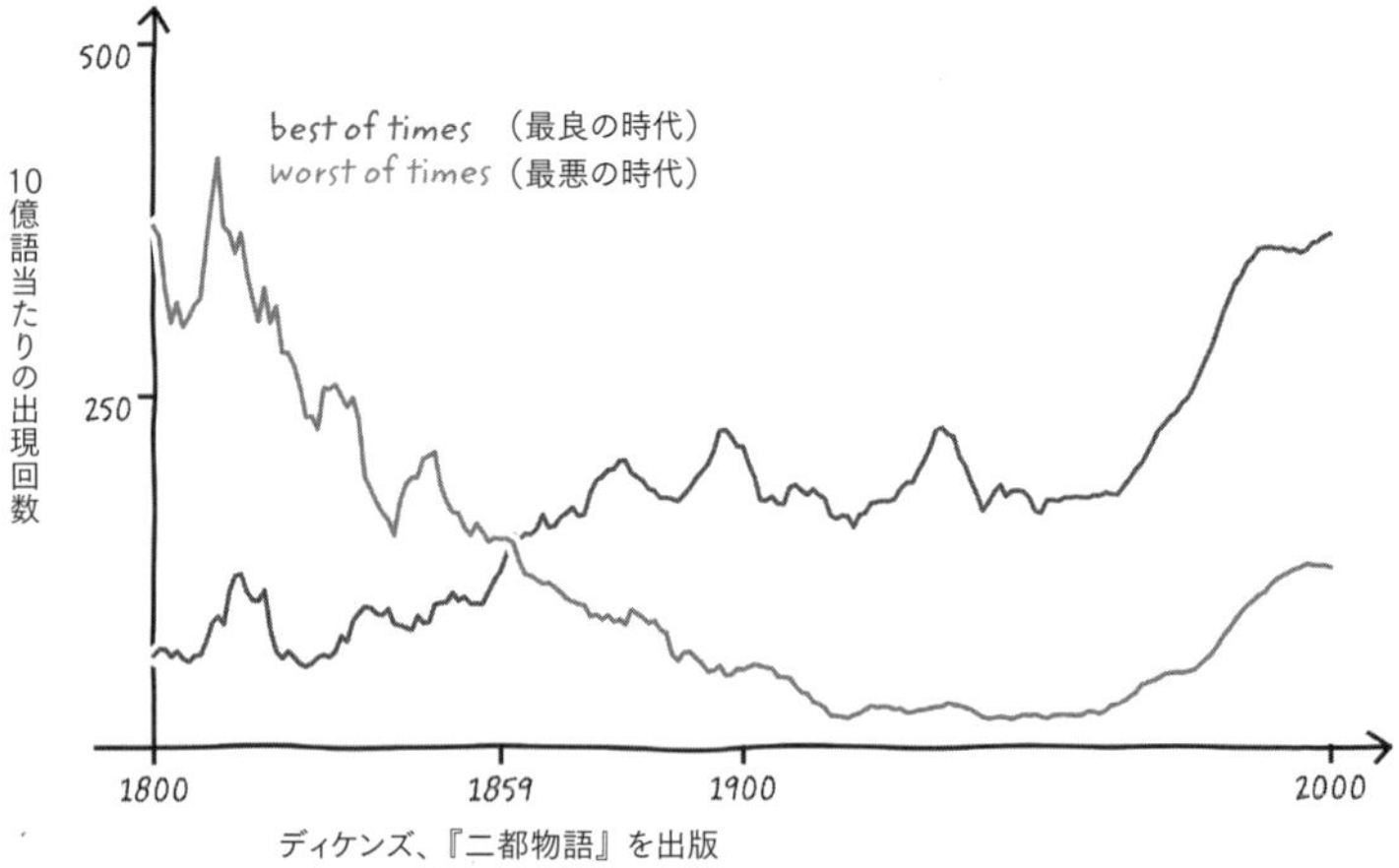

原 注

＊URL は原書刊行当時のものです。

図版について

本書の図は、ランダル・マンローによる魅力あふれるウェブ・コミックのサイト、「xkcd」の描画法をヒントにしている。xkcd スタイルの図を自動的に描くというアイデアを提案したのはデーマン・マクドゥーガルで、本書のグラフを実際に作成するに当たっては、ジェーク・ヴァンダープラスが作成したコード（スクリプト言語「パイソン（Python）」で書かれた）に修正を施したものを利用した。さまざまな n グラムの出現頻度を示す図をインタラクティブで作成するには、グーグルの N グラム・ビューワーのスタイルなら http://books.google.com/ngrams に、xkcd スタイルなら http:// xkcd.culturomics.org にアクセスすればいい。われわれとしてはマンローが気にしないでくれることを願っている（http://xkcd.com/1007や http://xkcd.com/1140を参照。また http://xkcd.com/ngram-charts には、彼がお気に入りの n グラムの出現頻度を調べた図が多数載っている）。

n グラム・データでは大文字と小文字が区別されていること、また出現頻度の図はいくつかのパラメーターに左右されることを心に留めておいてほしい。特に触れていなければ、本書に載せた図は2012年の英語コーパスを利用して3年のスパンでデータの平滑化を行なったもので、N グラム・ビューワーで得られる結果と完全に一致する。なお、図を作成する基礎となる n グラム・データは http://books.google.com/ngrams/dataset でダウンロードできる。

なお、n グラム・データを出版物の中で使用する際は、われわれが共同で『サイエンス』誌に発表した以下の論文（オンライン版に発表したのは2010年12月16日）への言及をお願いしたい。

Jean-Baptiste Michel, Yuan Kui Shen, Aviva Presser Aiden, Adrian Veres, Matthew K. Gray, The Google Books Team, Joseph P. Pickett, Dale Hoiberg, Dan Clancy, Peter Norvig, Jon Orwant, Steven Pinker, Martin A. Nowak, and Erez Liberman Aiden, “Quantitative Analysis of Culture Using Millions od Digitized Books,” *Science* 331, no.6014 (January 14 ,2011): 176-82.

第1章

1　英文中のイタリック体は著者による強調。
2　合衆国憲法自体は合衆国を複数形の名詞として扱っている。たとえば、反逆罪の構成要件について規定した第3条第3節を参照。
3　ベンジャミン・ハリソン大統領の下で国務長官を務めたジョン・W・フォスターが複数扱いと単数扱いのメリットを論じた一文を『ニューヨーク・タイムズ』紙に寄稿した1901年の時点では、複数形か単数形かの問題にまだ決着がついていなかったことは明らかである。John W. Foster, “Are or Is? Whether a Plural or Singular Verb Goes with the Words United States,” *New York Times* (http://goo.gl/Q160b)を参照。
4　James M. McPherson, *Battle Cry of Freedom* (Oxford University Press, 1988), 859. 本書ではこのあと、賞賛を受けて当然の同書の誤りを明らかにするが、マクファーソンはそのことをあまり気にしないでほしい。ここで取り上げたのは、歴史に対する

マクファーソンの洞察力を批判するためではなく、彼が歴史家として超一流の人物だからなのだ。本を機械的に読み取って分析する手法の有用性を実証するには、卓越した歴史家たちにもこの手法が役に立つことを示すのが最良なのである。
5 *Washington Post*, April 24, 1887. Ben Zimmer, "Life in These, uh, This United States," *Language Log*, November 24, 2005, http://goo.gl/Ug8iX に引用されている。
6 The の最初の文字を大文字にしないと、「合衆国上院議員は」(The Senate of *the United States is*) のような不要なフレーズも取り出してしまう。上記の文の場合、言及しているのは合衆国上院議員であって、合衆国ではない。
7 レンズと光学機器の詳細な発達史については Vincent Ilardi, *Renaissance Vision from Spectacles to Telescope* (Philadelphia: American Philosophical Society, 2007)を参照。
8 本書の執筆中にエイデンはスウェーデンのウプサラ大学を訪れ、フックの『ミクログラフィア』(1665)の初版本を目にする機会を得た。現代の基準に照らしても、顕微鏡で見た世界を手描きしたフックのイラストは見事なものである。当時彼のイラストが見る者をどれほど驚かせたかは想像もつかない。『ミクログラフィア』は科学書としては最初のベストセラーであり、一般向け科学書の原型とも言える本だった。残っている初版の部数はきわめて少ないが、本の分野でのデジタル革命のおかげで、いまではだれでもオンラインで『ミクログラフィア』の初版本をじっくり見ることができる。Robert Hooke, *Micrographia* (London: Jo. Martyn and Ja. Allestry, 1665), online at http://goo.gl/KSnaH を参照。
9 微生物の存在を最初に発見したのはアントン・ファン・レーウェンフックで、彼は「小動物」と呼んでいた。Cliford Dobell, *Antony van Leeunhoek and His "Little Animals"* (New York: Harcourt, Brace, 1932)〔邦訳:『レーベンフックの手紙』〕を参照。人間の体内には人間の細胞の10倍ほどの数の微生物の細胞が存在する。D. C. Savage, "Microbial Ecology of the Gastrointestinal Tract," *Annual Review of Microbiology* 31 (1977): 107, online at http://goo.gl/hzVlrR を参照。人間の体内に生息する微生物の数は世界の人口の10^{14}倍にもなる。
10 ガリレオが最初に製作した望遠鏡の性能はこれより劣っていた。最大倍率が30倍に達したのは、何回か改良を重ねたあとのことだった。以下を参照。Richard S. Westfall, "science and Patronage: Galileo and the Telescope," *Isis* 76, no. 1 (March 1985): 11-30, online at http://goo/gl/eiPt3U; Henry C. King, *The History of the Telescope* (London: C. Griffin, 1955).
11 ガリレオと現代世界との関係については以下を参照。David Whitehouse, *Renaissance Genius: Galileo Galilei and His Legacy to Modern Science* (New York: Sterling, 2009); David Wootton, *Galileo: Watcher of the Skies* (New Haven, CT: Yale University Press, 2010); Mark Brake, *Revolution in Science: How Galileo and Darwin Changed Our World* (New York: Palgrave Macmillan, 2009); Jean Dietz Moss, *Novelties in the Heavens: Rhetoric and Science in the Copernican Controversy* (Chicago: University of Chicago Press, 1993); Robert S. Westman, *The Copernican Question: Prognostication, Skepticism, and Celestial Order* (Berkeley: University of California Press, 2011).
12 記号や文字を利用した記録の初期の歴史に関しては、デニス・シュマント=ベッセラの先駆的な研究によってかなり明らかになってきた。シュマント=ベッセラが「トークン・システムを解明するロゼッタ・ストーン」と呼んだのは、イラク北部のヌジ遺跡で発見された前2000年期のものとされる中空の粘土製品——古代世界の文字の誕生を解明する考古学上の最大級の発見の一つ——である。その外面に刻まれた楔形文字は次のように読めた。「経産の雌の羊21頭、雌の子羊6頭、

大人の雄の羊8頭、雄の子羊4頭、経産の雌のヤギ6頭、大人の雄のヤギ1頭、雌の子ヤギ3頭、羊飼いジカルの封印」。粘土製品を開けてみると、外側に書かれていた動物の数に一致する49個のトークン(さまざま形状の小さな粘土製の計算具)が入っていた。なぜ、こんな面倒なことをしたのだろう? 外側の文字は読むには便利でも、不正を加えるのも容易である。一方、内部のトークンは確かめるのは不便でも、不正を加えにくい。要するに、契約を交わしたもの同士の間でなにかトラブルが起きた場合は、中空の粘土製品を壊して内部のトークンを見れば、両者の言い分の真偽を判定できるのである。研究者たちの考えによれば、やがて人々は中空の粘土製品の外部だけでなく、内部に封じ込める粘土板にも同じ楔形文字を押印すればいいことに気づき、こうしてトークンの必要性がなくなるとともに文字だけによる正式な記録が誕生した。契約書を作成し、一つは容易に内容を確認できるよう手元においておき、もう一つを問題が起きた際の裁定のために封印しておくというやり方が一般的になった。このような契約書の例が「エレミア書」の第32章10〜11節に出てくる。以下を参照。Barry B. Powell, *Writing: Theory and History of the Technology of Civilization* (Chichester, England: Wiley-Blackwell, 2009); Richard Rudgley, *The Lost Civilizations of the Stone Age* (New York: Free Press, 1996); Denise Schmandt-Besserat, *How Writing Came About* (Austin: University of Texas Press, 1996)〔邦訳:『文字はこうして生まれた』〕; Denise Schmandt-Besserat, *Before Writing*, vol. 1, 2 (Austin: University of Texas Press, 1996). もちろん、研究者の間で意見が一致することはめったにない。筆記はメソポタミアとは独立にエジプトで始まり、登場した経緯もまったく異なっていた可能性があると主張する研究者もいる。Larkin Mitchell, "Earliest Egyptian Glyphs," *Archaeology* 52, no. 2 (March/April 1999), online at http://goo.gl/tM3GEQ を参照。
13 古典的なゲーム「二十の質問」が「2.5バイト・ゲーム」の名で呼ばれることもあるのは、答えを推測するのに先立って、「はい」か「いいえ」を問う質問を計20出して情報を集めることができるからである(20ビット=2.5バイト)。
14 この推計は IT 専門調査会社 IDC の報告書 "Digital Universe" にもとづく。John Gantz and David Reinsel, "The Digital Universe in 2020," EMC Corporation, December 2012, http://idcdocserv.com/1414を参照。また、以下も参照。"Data, Data Everywhere," *Economist*, February, 25, 2010, online at http://goo.gl/VsXh5P; Roger E. Bohn and James E. Short, "How Much Information? 2009," Global Information Industry Center, January 2010, http://goo.gl/pt0R; Peter Lyman and Hal R. Varian, "How Much Information? 2003," University of California at Berkeley, http://goo.gl/vpo9N.
15 ここでは、1ビットの情報量を書きとめるのに必要な長さを6ミリメートルと仮定している。ただし、1は字の幅が狭いので、必要な長さはある程度まで0と1を取る桁の数に左右される。手書きの文章での典型的な文字の大きさについては Vikram Kamath et al., "Development of an Automated Handwriting Analysis System," APPN Journal of Engineering and Applied Sciences 6, no. 9 (September 2011), online at http://goo.gl/4mlkTm を参照。
16 かくして、羊の頭数を数えるという問題は、宇宙が相当膨張しない限り完全に解決したと言える。
17 IDC の見積もりによれば、世界中の人々が痕跡として残すデータは2005年には130エクサバイトだったが、2020年には4万エクサバイトにまで増大する。これだと、ほぼ1年10か月ごとに倍増することになる。注14の文献を参照。
18 "Facebook Tops 1 Billion Users," Associated Press, October 4, 2012, online at http://goo.gl/nfK32P を参照。
19 Liran Einav et al., "Learning from Seller Experiments in Online Markets," National Bureau of

Economic Research (September), online at http://goo.gl/f9ghir を参照。
20 Robert M. Bond et al., “A 61-Million Person Experiment in Social Influence and Political Mobilization,” *Nature* 489, no. 7415 (2012): 295-98, online at http://goo.gl/AQdAS0を参照。
21 Chaoming Song et al., “Limits of Predictability in Human Mobility,” *Science* 327, no. 5968 (2010): 1018-21, online at http://goo.gl/rYlF2v を参照。
22 Jeremy Ginsberg et al., “Detecting Influenza Epidemics Using Search Engine Query Data,” *Nature* 457 (2009): 1012-14, online at http://goo.gl/WHEWW を参照。
23 以下を参照。Raj Chetty, John N. Friedman, and Jonah E. Rockoff, “The Long-Term Impacts of Teachers,” National Bureau of Economic Research (December 2011), online at http://goo.gl/C18JQ; Raj Chetty et al., “How Dose Your Kindergarten Classroom Affect Your Earnings?,” National Bureau of Economic Research (March 2011), online at http://goo.gl/N9O6a.
24 以下を参照。Nate Silver, FiveThirtyEight, http://www.fivethirtyeight.com; Nate Silver, The Signal and the Noise (New York: Penguin, 2012)〔邦訳：『シグナル&ノイズ』〕.
25 「すべての本」とは実際にはどういうことを意味するのだろう？　これまでに書かれたすべての本について、印刷された部数を1冊残らずデジタル化してもあまり意味はない。もちろん、読んだ人が余白に書き込んだメモに興味をそそられる場合もあるから、1冊残らずデジタル化することにまったく価値がないと言っているわけではない。この問題については、Anthony Grafton and Joanna Weinberg, *I Have Always Loved Holy Tongue* (Cambridge, MA: Harvard University Press, 2011)を参照。一方、非常に有名な著作は長期にわたって何度も版を重ねて出版され、版によってかなりの違いが生じているケースもある。こうなると問題はかなり厄介になる。この件については、たとえば Eric Rumsey, “Google Book Search: Multiple Editions Give Quirky Results,” Seeing the Picture, October 12, 2010, http://goo.gl/6YN1d を参照。グーグル・ブックスが目標にしているのは、これまでに書かれたすべての本について、それぞれの各版の1部をデジタル化することである。
26 以下を参照。“The Stanford Digital Library Technology Project,” Stanford University, http://goo.gl/tstLQ; “Google Books History,” Google Books, http://goo.gl/ueobb.
27 建造物としての図書館が所蔵している本の数を数えるのも一筋縄ではいかないのは、一部には注25で指摘した理由からであり、また一部には有形物としての本の定義に曖昧さがあるためである。そんなわけで、各図書館が所蔵する本の数は2013年7月18日時点でのウィキペデイアの記述をもとにしている。これらの数字のすべてが最新のものではないことに注意されたい。スタンフォード大学では、図書館を閉鎖して「本のない」デジタル図書館に置き換える動きがすでに始まっていることも指摘しておく。Lisa M. Krieger, “Stanford University Prepares for the ‘Bookless Library,” *San Jose Mercury News*, May 18, 2010, online at http://goo.gl/Yauezp を参照。
28 Louis F. Klipstein, *Grammar of the Anglo-Saxon Language* (New York: George P. Putnam, 1848)もその1冊で、この本のデジタル版は http://goo.gl/cWR1J で見ることができる。なお、ハーヴァード大学は法的・倫理的問題に鑑みて、グーグル・ブックス・プロジェクトから手を引き、著作権の切れた本についてだけデジタル化を認めている。Laura G. Mirviss, “Harvard-Google Online Book Deal at Risk,” Harvard Crimson, October 30, 2008, on line at http://goo.gl/0tYf1D を参照。
29 「ロングデータ(long data)」は比較的新しい用語で、造語したのは社会的ネットワークの研究者サミュエル・アーブスマンである。Samuel Arbesman, “Stop Hyping Big Data and Start Paying Attention to

'Long Data,'" Wired, January 29, 2013, on line at http://goo.gl/X7oEC を参照。
30 人々の経験が反映されている最良のデータセットの利用は制限されているとはいえ、社会的ネットワークが研究の題材に事欠かない領域であることに変わりはない。以下を参照。Duncan J. Watts and Steven H. Strogatz, "Collective Dynamics of 'Small-World' Networks," *Nature* 393, no.6684 (1998): 440-42, online at http://goo.gl/be3Xmi; Albert-Lászlò Barabási and Réka Albert, "Emergence of Scaling in Random Networks," *Science* 286, no. 5439 (1999): 509-12, online at http://goo.gl/eESUa8; Ron Milo et al., "Network Motifs: Simple Building Block of Complex Networks," *Science* 298, no. 5594 (2002): 824-27, online at http://goo.gl/duzS5L.
31 弁護士の登場が吉兆のこともある。われわれ研究グループの1人は、弁護士と結婚することになったからだ。
32 われわれは研究の成果の要約を最初、4種類の形態で公表した。科学論文、研究手法の詳細を述べた補遺、補遺を掲載した二つのウェブサイトである。以下を参照。Jean-Baptiste Michel et al., "Quantitative Analysis of Culture Using Millions of Digitized Books," *Science* 331, no. 6014 (January 14, 2011), online at http://goo.gl/MahoN; extensive supplemental text, online at http://goo.gl/1e509; "Ngram Viewer," Google Books, 2010, http://books.google.com/ngrams; "Culturomics," Cultural Observatory, http://www.culturomics.org. なお、注では冒頭の二つがしばしば登場するので、"Quantitative Analysis of Culture Using Millions of Digitized Books" および extensive supplemental text を以後はそれぞれ Michel2011、Michel2011S と略記する。
33 注32の "Ngram Viewer" および以下を参照。Erez Lieberman Aiden and Jean-Baptiste Michel, "Culturomics, Ngrams and New Power Tool for Science," Google Research Blog, August 10, 2011, http://goo.gl/FSbbP; Jon Orwant, "Ngram Viewer 2.0," Google Research Blog,. October 18, 2012, http://goo.gl/zOSfg.
34 ニューヨーク州シラキュースにある「アドヴァータイジング・クラブ」でブリスベンが語った話の抜粋は、1912年にアメリカで最初の業界向け商業出版誌である『プリンターズ・インク』に登場した。その抜粋に含まれているブリスベンの表現は記録に残された最初のもので、それによると、彼は「写真を使うことです。写真は千言に値します」と述べていた。その後間もなく、もっと簡略化した「1枚の写真は千言に値する」が現われ、「万言に値する」、「百万言に値する」も使われるようになった。当初はこれらすべての表現がブリスベンの作だとされた。ブリスベンがこの3種類の表現を異なる文脈の中で用いたという可能性も考えられる。*Printer's Ink* 75, no. 1 (April 6, 1911): 17を参照。1925年には、この格言の出所は中国の古い諺にあるとされるようになった。
Management Accounting, National Association of Cost Accountants (1925)も参照。

第2章

1 Karen Reimer, *Legendary, Lexical, Loquacious Love* (Chicago: Sara Ranchous, 1966). 同書は実際にはイーヴ・ライマー(Eve Rhymer)の名で執筆されたものである。ライマーの作品の詳細については http://karenreimer.info を参照。
2 ビッグデータの「流行」はつい最近のことなので、本に関するビッグデータを見いだすのは容易でない。この点については本書の第6章の議論も参照。他のビッグデータならそんなことはないはずだ。グーグル・トレンドの調査によると、グーグルでの「ビッグデータ」の検索ボリュームは2011年まではほぼ横ばいだったが、その後急増したとのことである。英語版ウィキペディアで「ビッグデータ」の項目が作成されたのは2010年8月で、2013年7月14日

時点までに694回手が加えられている。また1か月当たりの閲覧数は15万を超えていて、英語版ウィキペディアで2022番目に検索される項目になっている。以下を参照。Google Trend, 2013, http://goo.gl/tL8Gnd; "Big Data," Wikipedia, July 14, 2013, http://goo.gl/DFFbr; "Big Data: Revision History," Wikipedia, July 14, 2013, http://goo.gl/Jv1a3; "Big Data," X!'s Edit Counter, July 14, 2013, http://goo.gl/e9YZ7v; "Big Data," Wikipedia, Article Traffic Statistics, July 14, 2013, http://goo.gl/vgYxH.
3 ここがどんな研究所で、どのような研究者がどんな研究に従事しているかを理解するには、マーティン・ノヴァクの著書を読むのが最良である。Martin Nowak with Roger Highfield, *SuperCooperators* (New York: Free Press, 2011)を参照。
4 この疑問の答えは、物議をかもしたガリレオの著書『天文対話』の中で議論されている。
5 空が青く見えるのはレーリー散乱のためである。レーリー散乱の名は発見者であるレーリー卿(ジョン・ストラット)にちなむ。John Strutt, "On the Light from Sky, Its Polarization and Colour," *Philosophical Magazine* 41, series 4 (1871): 107-20, 274-79を参照。
6 George W. Koch et al., "The Limits to Tree Height," *Nature* 428 (April 22, 2004): 851-54, online at http://goo.gl/1XN1q を参照。
7 睡眠の必要性については Carlos Schenck, *Sleep* (New York: Penguin, 2007)を参照。睡眠を取り上げた本は多数あるが、睡眠が必要な本当の理由はわかっていない。理論家にとって睡眠は楽しい研究テーマになっている。たとえば、Van M. Savage and Geoffrey B. West, "A Quantitative, Theoretical Framework for Understanding Mammalian Sleep," *PNAS: Proceedings of the National Academy of Science* (November 20, 2006), online at http://goo.gl/wFWDC を参照。
8 Nicholas Wade, "Anthropology a Science? Statement Deepens a Rift," *New York Times*, December 9, 2010, online at http://goo.gl/eClpK3を参照。
9 Nathan Myhrvold, Chris Young, and Maxine Bilet, *Modernist Cuisine: The Art and Science of Cooking* (Bellevue, WA: The Cooking Lab, 2011). Malcolm Gladwell, "In the Air," New Yorker, May 12, 2008, online at http://goo.gl/TTtsLU を参照。
10 2010年に出版された英語の本の中での the と quiescence の出現頻度は、100語当たり4.6回と500万語当たり2回である。
11 以下に示すリナックスのコマンドでテキストファイル中のすべての1グラムを出現頻度順に一覧にすることができる。
cat textfile.txt | tr ``` \n' | sort uniq –c | sort –kl –n –r >1gram.txt
12 この仕事に従事していた多くは女性だった。こうした女性にまつわる注目すべき物語が David Alan Grier, *When Computers Were Human* (Princeton. NJ: Princeton University Press, 2007)で語られている。アマゾンが提供しているサービスの一つで、「人為的な人工知能」を謳い文句にしているメカニカル・タークは、ウェブをもとにした仕事の外注化ではあるが、かつての数値計算の下請化への回帰と言える面もある。http://www.mturk.com を参照。
13 Miles Hanley, *Word Index to James Joyce's Ulysses* (Madison: University of Wisconsin Press, 1937)を参照。
14 ジップにとって、マーティン・ジョースがハンリーの『索引』に付した補遺が非常に役に立った。ジョースは不可欠の統計データを補遺の中で表にしていたからである。
15 実を言うと、ジップが彼の名を冠した法則に出遭ったのは『ユリシーズ』中での単語の出現頻度を調べる以前である。1911年、R・C・エルドリッジという名の実業家が、新聞8ページ分の文章を利用して算出した単語の使用頻度の一覧を発表した。「十分考えた上で選んだほどほどの数の単語を使って話をすれば、だれでも理解できるし、さまざまな話題について理性的な会話ができる」ことに気づいたエルドリッジが目標にしたのは、語彙の統計を利用して「普遍的な英語語彙の基礎」の

概略を示すことだった。こうして得られた単語の使用頻度が、『言語の心理生物学』の中でのジップの算定の基礎になった。ジップが1935年に出版した『言語の心理生物学』は、現在ジップの法則の名で呼ばれる規則性について彼が論じた最初の本でもある。以下を参照。George Kingsley Zipf, *The Psycho-Biology of Language* (Boston: Houghton Mifflin, 1935), online at http://goo.gl/KYvOcK; *Human Behavior and the Principle of Least Effort* (Reading, MA: Addison-Wesley, 1949); R. C. Eldridge, *Six Thousand Common English Words* (Buffalo, NY: Clement Press, 1911).

とはいえ、指摘しておかなければ片手落ちになってしまうことがある。ジップの法則はジップによるものでもなければ法則でもない。法則とは言えないのにはいくつか理由がある。一つは、この法則が近似的にしか成り立たないことである。詳しく調べると、大半の言語はジップの法則には完全には従わず、一貫して法則とのずれが見られる。もう一つは、ジップの法則からはさまざまな（あい反する）仮説が導かれるとはいえ、この法則がすべての言語、すなわちどんな特定の言語についても成立するのかどうかがはっきりしないことである。ジップの法則については、非常に普遍性のある――そして、不可思議な――経験則と考えたほうがいい。

また、この規則性にジップの名を冠するのが実際には妥当とは言えないのは、ジップが最初の発見者ではないからである。管見の限り、根底にある数学的原理を最初に明らかにしたのはフランスのジャン＝バティースト・エストゥープという名の速記者で、彼が単語の使用頻度に見られる規則性を論じたのは、1912年に初版が出た速記術に関する本の中が最初だった。使用頻度に見られる規則性は、速記術にとって直接的・実用的重要性があったのだ。単語の使用頻度のランクを両対数グラフで図示するのはよく知られた手法だが、これを最初に導入して1928年の『サイエンス』誌で発表したのは、アメリカの物理学者エドワード・コンドンである。彼はのちにきわめて著名な物理学者となり、アメリカ物理学会およびアメリカ科学振興協会の会長を務めた。

前述したように、ジップが単語の使用頻度に見られる規則性を論じたのは1935年の『言語の心理生物学』が最初である。どうやら彼は他の人々とは独立にその規則性を発見し、それまでより質の高いデータを利用して確証したらしい（ジップがだれに何を負っているかを批判的な観点から検証するのは興味深いとはいえ、本書の範囲を超えている）。ジップはこの規則性の研究を何年にもわたって継続し、理論的枠組みおよび社会科学のあらゆる分野における同様の現象の広範範囲にわたる調査を考慮に入れて、得られた成果を整理した。単語の使用頻度に見られるような規則性を総合してその考え方を広める上で、ジップはもっとも影響力を及ぼした人物だった。ジップの1949年の著書『人間の行動と最小労力の原理』の書評の中で、評者のジョン・Q・スチュアートは同書について次のように書いている。「これまででもっとも野心的な本で……従来とはまったく異なる独自性がある。部門や分野の境界を横断した力作で、こんなことはこれまで長い間なされたことがなかった」。John Q. Stewart, review of *Human Behavior and the Principle of Least Effort*, by George Kingsley Zipf, *Science* 110, no. 2868 (December 16, 1949): 669を参照。なお、本書の記述は『人間の行動と最小労力の原理』の手法にもとづいているとはいえ、忠実に従ったわけではないことを述べておかなければならない。

単語の使用頻度に見られる規則性には、ここで紹介した歴史があるとすれば、「ジップ」の法則よりふさわしい呼び名があるだろうか？ジップの法則はほんとうなら「エストゥープ－コンドン－ジップの規則性」と呼ぶべきだという主張にもそれなりの正当性がある。だが、これでもまだ完全に公平とは言えない。ジップが研究を行なえたのは、ハンリー、ジョース、エルドリッジが単語索引を作り、登場する単語の数を計測したおかげなのである。コンドンの研究も他の人々――レオナード・アイレスとゴッドフリー・デューイ（図書の十進分類システムを発明したメルヴィル・デューイの子）が行なった単語の出現頻度分析がもとになっている。こうなると、ほんとうは「エストゥープ－コンドン－ジップ－エルドリッジ－アイレス

−デューイ − ハンリー − ジョースの規則性」と呼ばなければならないことになる。ジップの法則の名に固執するのはこのせいなのかもしれない。
いずれにしても、目を見張るほど膨大なデータセットを苦労しながら分析して得られた発見であっても、その元データを作成した人物の名が冠せられることがないのは自明の理も同然なのだ。呼び名を一生懸命考えているとき、その一方では、選から落として残念賞を与えることにした候補がいるのかもしれない。このことを「ハンリーの原理」と呼んだらどうだろう。
以下を参照。Jean-Baptiste Estoup, *Gammes Sténographiques* (Paris: Institute Stébographique,1916); E. U. Condon, "Statistics of Vocabulary," *Science* 67, no. 1733 (March 16, 1928): 300, online at http://goo.gl/Qi5B49; Leonard P. Ayres, *A Measuring Scale for Ability in Spelling* (New York: Russell Sage Foundation, 1915), online at http://goo.gl/C0cgke; Godfrey Dewey, *Relative Frequency of English Speech Sounds* (Cambridge, MA: Harvard University Press, 1923); M. Petruszewycz, "L'Histoire de Loi d'Estoup-Zipf: Documents," *Mathématiques et Sciences Humaines* 44 (1973): 41-56, online at http://goo.gl/LirNn.
ジップの法則などの考え方を再検討した優れた記述が William Levelt, *A History of Psycolinguistics* (Oxford: Oxford University Press, 2012)にある。また、ジップの法則とそれに関連する原理についての広範な参考文献については Nelson H. F. Beebe, *A Bibliography of Publications about Benford's Law, Heaps' Law, and Zipf's Law* (Salt Lake City: University of Utah, 2013), online at http://goo.gl/TuyT0を参照。ジップの法則に関連する概念に「1/fノイズ」があるが、これについては Benoit B. Mandelbrot, *Multifractals and 1/f Noise: Wild Self Affinity in Physics* (New York: Springer, 1999)を参照。
16 C. D. Fryar, Q. Gu, and C. L. Ogden, "Anthropometric Reference Data for Children and Adults: United States, 2007-2010," Vital Health Statistics 11, no.252 (2012), online at http://goo.gl/uEuiV を参照。
17 ある量がもう一つの量を何乗かしたものに比例するとき、つまり二つの量 x と y の間に $y=x^a$ の関係があるとき、これをべき乗則という。ジップの法則は、単語の出現頻度の順位とその出現頻度をもつ単語数の間に見られるべき乗則で、a は1である。ネットワーク構造がべき乗則に従って構成されている場合、そのネットワークは一般に「スケールフリー・ネットワーク」と呼ばれる。Steven H. Strogatz, "Exploring Complex Networks," *Nature* 410, no. 6825 (2001): 268-76, online at http://goo.gl/gO6Eb4を参照。
また、幾何学的構造がべき乗則に従っていて a が整数でない場合、その幾何学的構造を「フラクタル」という。Benoit Mandelbrot, *The Fractal Geometry of Nature* (San Francisco: W. H. Freeman, 1985)〔邦訳：『フラクタル幾何学』〕を参照。

ジップは単語の使用頻度にべき乗則が成立することを最初に見いだした一人に数えられるが、他の分野ではもっと以前にべき乗則が発見されていた。よく知られているのは、イタリアの経済学者ヴィルフレート・パレートの研究で、彼はイタリアの土地の80パーセントが人口の20パーセントに所有されていることに気づいた。これが、さまざまなところに見られる「80-20の原理」の最初の発見だった。数学的に言えば、このような「歪み」にはべき乗則が付き物なのである。

べき乗則が成立するさまざまな例はジップの1949年の著書で取り上げられていて、同書には彼以外の人物が発見した例も集められている。近年の研究については以下を参照。Aaron Clauset, Cosma Rohilla Shalizi, and M. E. J. Newman, "Power-Law Distribution in Empirical Data," SIAM Review 51, no. 4(2009): 661-703, online at http://goo.gl/6PLJFF; Manfred Schroeder, *Fractals, Chaos, Power Laws: Minutes from an Infinite Paradise* (New York: W. H. Freeman,

1991)〔邦訳：『フラクタル・カオス・パワー則』〕。べき乗則はいたるところに見られ、扱う範囲が狭いように見える研究分野でも多数の例が見つかる場合がある。たとえば、Ignasio Rodríguez-Iturbe and Andrea Rinaldo, *Fractal River Basins: Chance and Self-Organization* (Cambridge, England: Cambridge University Press, 2001)を参照。
18 2010年の国勢調査によれば、住宅資産を除いたアメリカの1世帯当たりの純資産の中央値は1万5000ドルである。『フォーブズ』誌は2010年に、ビル・ゲイツの純資産は住宅資産を除いても530億ドルになると見積もった。5フィート7インチは約1.7メートルである。したがって、ここでの仮想上の話では、ゲイツの身長は6007キロメートルになる。この値は冥王星、金星、月の直径(それぞれ2390キロメートル、4879キロメートル、3474キロメートル)より大きく、火星の直径(6792キロメートル)に近い。住宅資産を含めた場合でさえ、アメリカの1世帯当たりの純資産の中央値は6万6740ドルに上がるだけで、ゲイツの身長はまだ1350キロメートルあり、冥王星の直径の2分の1を超えている。以下を参照。"The World's Billionaires: William Gates III," *Forbes*, March 10, 2010, http://goo.gl/8ykj; "Wealth and Asset Ownership," U.S. Census Bureau, July 11, 2013, http://goo.gl/1lnbc; "Wealth Tables 2010," U.S. Census Bureau, http://goo.gl/v7mxk.
19 M. E. Newman, "Power Laws, Pareto Distributions and Zipf's Law," Contemporary Physics 46, issue 5 (2005), online at http://goo.gl/nrkMB を参照。. チンパンジーがコンピューターのキーボードをでたらめに叩いても出現頻度がべき乗則に従う「単語」が生じるという話は、George A. Miller, "Some Effects of Intermittent Science," *American Journal of Psychology* 70, no. 2 (June 1957): 311-14, online at http://goo.gl/p6PLlI に出ている。
20 この興味深い問題を詳細に論じた優れた入門書に、Steven Pinker, *Words and Rules: The Ingredients of Language* (New York: Basic Books, 1999)がある。不規則動詞が奇妙に思えるか、面白いくらい変わっていると感じるかは見方次第である。ある女性が書評誌『ニューヨーク・レヴュー・オヴ・ブックス』の個人広告欄に載せた友人募集の文章は、「あなたは不規則動詞ですか?」という型破りな問いかけで始まっていた。Steven Pinker, *The Language Instinct* (New York: William Morrow, 1994)〔邦訳:『言語を生みだす本能』〕, 134を参照。
21 子どもの不規則動詞の習得の仕方にはとりわけ興味をそそられるものがある。知能の発達に対応する特徴的段階をいくつか経ていくのである。最初はすべての動詞を奇妙な形で活用する。やがて周囲の人が話す言葉には固有の規則があることに気づく。大半の動詞が -ed 規則に従っているのを知るようになると「過剰規則化」と呼ばれる段階に入り、すべての動詞を規則動詞として扱い、goed, knowed, runned などと言うようになる。最終的には -ed 規則に当てはまらない例外があるのを知り、徐々に話の中で不規則動詞の正しい活用を使いだす。
22 以下を参照。J. P. Mallory and D. Q. Adams, *The Oxford Introduction to Proto-Indo-European World* (Oxford: Oxford University Press, 2006); Don Ringe, *A Linguistic History of English* (Oxford: Oxford University Press, 2006).
23 不規則動詞を強変化動詞、規則動詞を弱変化動詞と呼ぶことがある。以下を参照。Detlef Stark, *The Old English Weak Verbs* (Tübingen, Germany: M. Niemeyer, 1982); Robert Howren, "The Generation of Old English Weak Verbs," *Language* 43, no. 3 (September 1967), online at http://goo.gl/2Yf0t.
24 規則化の流れは一方通行なのが普通だが、きわめてまれとはいえ例外もある。規則動詞だった sneak の不規則変化型の snuck が英語に登場したのは20世紀に入ってからなのだ。stick/stuck, strike/struck, stink/stunk などに倣って、いまでは毎年、英語を話す人の約1パーセントが sneaked から snuck に鞍替えしている。この率でいけば、こ

の文章を読み終える間に、1人は sneaked から「こっそり逃げ出した(snuck off)」ことになる。Steven Pinker, "The Irregular Verbs," *Landfall* (Autumn 200): 83-85, online at http://goo.gl/kFFzLm を参照。
25 実を言うと、現代英語には「完全無欠」の不規則動詞といったものは存在しない。使用頻度はきわめて低くても、不規則動詞にはつねに規則変化型があって自分の出番をじっと窺がっている。不規則動詞の生き残りに使用頻度が大きな影響を及ぼすのは確かである。なぜなら、使用頻度の高い不規則動詞ほど競争相手である規則的な活用を抑え込む上で有利になるからだ。drove の使用頻度に比べれば、drived への反乱の導火線など問題にもならない。drove が無事でいられる理由はここにあるのだろう。対照的に、throve はずっと以前から脆弱だったように見える。規則変化型の thrived が不規則変化型の throve より優勢になりだしたのは20世紀だが、thrived はそのずっと前から throve の手強い競争相手として登場していた。このような現象はきわめて一般的に見られる。われわれが n グラム・データ中に見いだした find の過去形および過去分詞の found の出現頻度は2000語当たり1回で、finded のそれの20万倍だった。だが、dwell の過去形および過去分詞の dwelt の出現頻度は10万語当たり1回で、dwelled の6倍でしかなかった。Michel2011を参照。
われわれが2007年に取り組んだ研究には、常時というわけではないが、英語の不規則動詞のリストが必要だった。しかもそのリストは、「権威あるもの」と見なせるものでなければならなかった。そうしたリストを利用して、規則化された不規則動詞と規則化されずに残っている不規則動詞を確定しようとしたからである。自分たちで作成したリストをもとに研究を進めたのでは、都合のいいものだけを選んだというそしりを受けかねないので、われわれは S・ピンカーと A・プリンスの共著論文("On Language and Connectionism: Analysis of a Parallel Distributed Processing Model of Language Acquisition," *Cognition* 28 [1988],: 73-193)に載っているリストを使用した。そして、ピンカーとプリンスのリストに従って、意味の中に不規則な活用形を取るものが一つでもある動詞はすべて不規則動詞と見なすことにした。どれが不規則動詞でどれがそうではないのかに関しては、辞書と他の資料との間で違いが見られる場合があることに留意してほしい。一例をあげると、前述のリストに従えば wed はあい変わらず不規則動詞だが、現代の辞書のすべてに従えばそうはならない(かなり以前から wed/wedded を採用している辞書もある)。
26 不規則動詞の使用頻度と規則化の関係を探った本に Joan L. Bybee, *Morphology: A Study of the Relation Between Meaning and Form* (Amsterdam: John Benjamins, 1985)がある。もっと広く言えば、言語の変化がどのようにして生じたかを扱った研究は多数なされてきた。たとえば、以下を参照。William Labov, "Transmission and Diffusion," *Language* 83, no.2 (June 2007): 344-87, online at http://goo.gl/aZ5M2R; Greville Corbett et al., "Frequency, Regularity, and the Paradigm: A Perspective from Russian on a Complex Relation," in *Frequency and the Emergence of Linguistic Structure*, ed. Joan L. Bybee and Paul J. Hopper (Amsterdam: John Benjamins, 2001), 201-28. これらの問題はより系統的な進化論的観点からも探究可能である。以下を参照。Mark Pagel, *Wired for Culture: Origins of the Human Social Mind* (New York: W. W. Norton, 2012); Mark Pagel, Quentin D. Atkinson, and Andrew Meade, "Frequency of Word-Use Predicts Rates of Lexical Evolution Throughout Indo-European History," *Nature* 449 (October 11, 2007): 717-20, online at http://goo.gl/93WiJ0. Partha Niyogi, *The Computational Nature of Language Learning and Evolution* (Cambridge, MA: MIT Press, 2009). 残念なことに、この分野の指導的存在だったニヨギは2010年に脳腫瘍のために世を去った。43歳だった。

27 読んだ教科書の中には、たとえば次のものも含まれている。Oliver Farrar Emerson, *A Middle English Reader* (New York: Macmillan, 1909); Henry Sweet, *An Anglo-Saxon Primer* (Oxford: Clarendon Press, 1887).
28 このテーマに関しては膨大な量の文献がある。たとえば以下を参照。P. C. Sabeti et al., "Detecting Recent Positive Selection in The Human Genome from Haplotype Structure," *Nature* 419, no. 6909 (2002), online at http://goo.gl/TW6SYJ; P. Varilly et al., "Genome-Wide Detection and Characterization of Positive Selection in Human Populations," *Nature* 449, no. 7164 (2007): 913-18, online at http://goo.gl/NfnzeU.
29 われわれは不規則動詞を分析した研究を最初は2007年10月の『ネイチャー』誌に発表した。Erez Liberman et al., "Quantifying the Evolutionary Dynamics of Language," *Nature* 449 (October 11, 2007): 713-16, online at http://goo.gl/3kCMQT を参照。
30 放射性崩壊については "Radioactive Decay," Wikipedia, June 22, 2013, http://goo.gl/xTYhl を、半減期については "Half-life," Wikipedia, June 3, 2013, http://goo.gl/TXn3を参照。
31 ちなみに、使用頻度が drove と同程度の不規則動詞の半減期は5400年で、この数字をもとにすると、規則化されるまでの余命は約7800年ということになる。
32 実を言うと、靴の部分が輝いているのはしょっちゅうこすられているためだけではない。ハーヴァード大学の多数の学部学生が像の靴の部分に小便をかけているせいでもあるのだ。2013年には卒業間近の最上級生の23パーセントが小便をかけたと報告している。ジョン・ハーヴァードの像を男子用少便器《ジョン》に使うのは、ハーヴァードの大学生の三大通過儀礼の一つになっている。もう一つの通過儀礼は真っ裸になって大声で喚くことで、これは「原始の叫び」と呼ばれている。最後の一つはワイドナー図書館の中でセックスをすることで、これは身体がいつも本に囲まれながら激しい運動をしたがっていることを実証するための行為である。デジタル書籍端末の「キンドル」に囲まれてやってみるというのはどうだろう。Julie M. Zauzmer, "Where We Stand: The Class of 2013 Senior Survey," *Harvard Crimson*, May 28, 2013, online at http://goo.gl/1EpfA を参照。
33 索引としての効用はものによってさまざまである。索引を作るのがかなり厄介な本を除外したとしても、ライマーの索引(『にぎやかな愛』)に比べれば、ブーサの索引ははるかに洗練されていることを指摘しておかなければならない。一例をあげると、ブーサの『トマス索引』は元となった文章に出てくる語を完璧に分類・整理して見出しを選定し、すべての語を語彙的に関連する集まりとしてグループ化している(英語の場合、run, running, ran, outrun, also-run などは単一の見出しのもとに集められることになる)。この語の分類・整理自体が注目に値する偉業なのである。うまく作成するのは難しく、われわれが公開したnグラム・データセットではこのような分類・整理はなされていない。
34 ブーサは1980年に、数十年にも及んだ IBM との共同の取り組みを述べた一文を発表した。その文書は人文科学の将来を予測した注目に値する記録で、列挙できないほど多くの洞察が述べられている。一つだけ例をあげると、ブーサは巨大人文科学(ビッグヒューマニティーズ)の必要性を次のように予測している(ビッグヒューマニティーズについては本書の第7章も参照)。

> いまの学界では、すぐに発表できる数多くの短期的研究が好まれているように思われる。これに比べると、何十年もかかる共同研究は重視されていないようで……1センチ四方の基礎の上に1キロの高さの成果を積み上げるのも大事だが、一度に積み上げる高さはわずかでも、1キロ四方の基礎の上に1センチの成果を積み上げていくほうがはるかに重要なのではないだろうか。

ブーサがこう述べてから30年以上たって、アメリカ歴史学会の会長アンソニー・グラフトン

はブーサと同じ趣旨のことを次のように述べている。

新たな科学的研究の手法によって、歴史学者たちは文書記録を補完する研究ができるようになるかもしれない。文書や展示のデジタル化が広がり、デジタル化されたデータにもとづく研究がさらに行ないやすくなるにつれ、歴史学者たちは共同作業による研究の組み立て方と進め方を身につけなければならなくなり……共同研究は従来の手法を好む人文科学の研究者たちにとって、古文書や本の文章という深い基礎にもとづいて、経済、文化、政治の関係を扱う包括的な歴史学を創造する一つの手段——きわめて大きな力となる可能性を秘めた手段——になる。

ブーサの言葉がビッグヒューマニティーズを目指す動きの原点になったのはほぼ間違いなく、先の文章は現在にいたっても一読すべきものであることに変わりない。以下を参照。R. Busa, "The Annals of Humanities Computing: The *Index Thomisticus*," *Computers and the Humanities* 14 (1980): 89-90, online at http://goo.gl/FgWVQ; "Loneliness and Freedom," *Perspectives on History*, March 2011, online at http://goo.gl/dOx3J.

35 G. A. Miller, introduction to *The Psycho-Biology of Language* (Cambridge: MA: MIT Press, 1965), online at http://goo.gl/KYvOck を参照。ジップの『言語の心理生物学』が1965年に再版された際に付されたG・A・ミラーの序文の冒頭は、現在でも全文を引用しておく価値がある。

『言語の心理生物学』が万人の好みに合うとは思わない。ジップは花びらを数えるためにバラの花をばらばらにしてしまうような人物である。シェイクスピアのソネットに出てくるさまざまな単語を一覧表にする行為は自分の価値観に相反すると考える人には、この本は向いていない。ジップは科学的観点から言語を眺めたのである。彼にとってそれは、生物学的、心理学的および社会学的過程としての言語の統計的分析を意味していた。このような分析が不愉快なら、自分が大切にしている言語に手出しをさせないように、ジョージ・キングズリー・ジップをペストでもあるかのように避けなければならない。そうすれば、はるかに気楽な気分でマーク・トウェインの「世の中には嘘つき、驚くべき嘘つき、そして統計学者がいる」や、W・H・オーデンの「統計学者とは同席すべきでないし、社会科学に手を出してもいけない」という言葉を読めるだろう。けれども、美しい対象が大義のためにばらばらにされても、その残骸をたじろぐことなく見られる人なら、ジップの科学的努力からは驚くほど意外な結果がもたらされ、呆然とすると同時にさまざまな想像をしてみたくなるだろう。

36 "Burned-Out Phelps Fizzles in the Water against Lochte," *Washington Post*, July 29, 2912.
37 "Kobe Bryant Says He Learned a Lot form Phil Jackson," *Los Angeles Times*, November 14, 2012, online at http://goo.gl/bKGDTg.
38 このテーマについての解説は以下の本を参照。Steven Pinker, *Words and Rules: The Ingredients of Language* (New York: Basic Books, 1999); Lieberman et al., "Quantifying the Evolutionary Dynamics of Language," and its supplemental Materials; Michel2011 and Michel2011S.
39 ここでは、burned と burnt の使用頻度の比はイギリス国内で burned と burnt を用いる人の比率を反映していると仮定した。

第3章

1 Jeff Meldrum, *Sasquatch: Legend Meets Science* (New York: Forge, 2006)を参照。
2 チュパカブラなどの動物については Loren Coleman and Jerome Clark, *Cryptozoology A to Z* (New York: Fireside, 1999)の中で論じられている。チュパカブラは「群れで動き回る」ので、一つの

文章の中でたまたま一頭に出くわしたら、まだほかにも辺りに潜んでいる可能性が高い。チュパカブラという語の出現頻度は急激に高くなっているから、将来はもっとふつうに遭遇できると思われる。
3 “Google Books History,” http://goo.gl/ueobb を参照。
4 500年という数字は単純計算、すなわち40分×700万冊ではじき出したもの。この後に出てくるコールマンの1000年という見積もりには、おそらくページをめくる以外の作業も含まれていると思われるし、もちろん、すべての作業を1人の人間でやることは想定されていないだろう。1人で、これまでに出版されたすべての本1億3000万冊のページを1冊当たり40分のペースでめくっていったとしたら、すべてのページをめくるには9900年かかることになる。
5 Leonid Taycher, “Books of the world, standup and be counted! All 129,864,880 of you,” Google Books Search, August 5, 2010, http://goo.gl/5yNV を参照。
6 コピー機で本を複写したことのある人なら知っているだろうが、文字や絵が歪まないように複写するのはなかなか難しい。本を壊さずにスキャニングする際に解決しなければならない問題は数多くあるが、これもその一つである。どんな本でもページを開くと、左右ページの中心に行くほど湾曲している。この問題を解決するために、グーグルはそれぞれのページの湾曲状態を認識して画像を補正するシステムを開発した。さらに詳細な説明は Michel2001S を参照。
7 “Election 2012 Likely Voters Trial Heat: Obama vs. Romney,” Gallup, http://goo.gl/ujbzb を参照。
8 ノーヴィグが行なった大規模オンライン公開講座(MOOC)については “Introduction to Artificial Intelligence,” htto://www.ai-class.com を、彼が使った教科書については Stuart J. Russell and Peter Norvig, *Artificial Intelligence: A Modern Approach* (Englewood Cliff, NJ: Prentice Hall, 1995)〔邦訳:『エージェントアプローチ』〕を参照。
9 ウィキペディアは訴訟とその後の複雑な展開を細かく記録している。“Google Book Search Settlement,” Wikipedia, June 23, 2013, http://goo.gl/8E5Cx を参照。この法的問題のいくつかの側面を論じたものに Giovanna Occhipinti Trigona, “Google Book Search Choices,” *Journal of Intellectual Property and Practice* 6, no. 4 (March 10, 2011): 262-73があり、著作権に関する一般的な問題は Marshall A. Leaffer, *Understanding Copyright Law* (Albany, NY: Matthew Bender, 2011) で述べられている。また、この問題に関する文献をこつこつ集めて作成したきわめて詳細な目録が Charles W. Bailey, Jr., “Google Books Bibliography,” *Digital Scholarship*, 2011, http://goo.gl/grff2 にある。トーマス・ルービンが発表した見解については Thomas C. Rubin, “Searching for Principles: Online Service and Intellectual Property,” Microsoft, http://goo.gl/GX3CB を参照。
10 以下を参照。Michael Barbaro and Tom Zeller, Jr., “A Face Is Exposed for AOL Searcher No. 4417749,” *New York Times*, August 9, 2006, http://goo.gl/c8MCY; “About AOL Search Data Scandal,” http://goo.gl/6hnful.
11 小さな断片から膨大な量の本文を再現するのはゲノム配列の決定と関連があるため、断片から本文全体をどの程度正確に組み立てられるかを分析する理論的手法はすでに数多く存在する。このような文学研究における重大な転機をもたらしたのは、E・S・ランダーと M・S・ウォーターマンによる統計的手法の開発だった。ゲノム配列を決定する技術が目覚ましい進歩をとげ、哺乳類のゲノムには複雑とはいえ DNA の反復配列があるために、彼らの統計的手法は現代のゲノムシーケンサーによる分析結果に適用できるだけでなく、少なくとも同じ程度容易に、n グラムをもとにした文章コーパス全体の分析にも適用できる。E. S. Lander and M. S. Waterman, “Genomic Mapping by Fingerprinting Random Clones,” *Genomics* 2, no. 3 (April 1988), online at http://goo.gl/wuAcXr を参照。

12　以下を参照。Dan Quayle, *Standing Firm* (New York: HarperCollins, 1994); Mark Fass, "How Do You Spell Regret? One Man's Take on It" *New York Times*, August 29, 2004, online at http://goo.gl/gWW4wK.
13　ペイリンがこの1グラムを自身のツイッターの中で使用したことはよく知られている。彼女は以前にもこの言葉をテレビに出演した際に使っていた。Max Read, "Sarah Palin Invents New Word: 'Refudiate,'" Gawker, July 19, 2010, online at http://goo.gl/XjV7TJ を参照。
14　以下を参照。Michael Macrone, *Brush Up Your Shakespeare* (New York: HarperCollins, 1990)〔邦訳：『シェイクスピアの名せりふ』〕; Jeffrey McQuain and Stanley Malless, *Coined by Shakespeare* (Springfield, MA: Merriam-Webster, 1998).
15　言語に関しては保守的と言われている『AHD』だが、辞書の編纂法という観点から見ればきわめて革新的である。
1967年にヘンリー・チェセラとW・ネルソン・フランシスは、いわゆる『ブラウン・コーパス』を出版した。100万語を超える書き言葉を集めた同書は、さまざまな分野で使われている典型的な言葉の集大成を意図したものだった。同書の出版は学問分野としてのコーパス言語学の誕生に一役買い、したがって多くの点で、われわれがグーグルで作成したコーパスの最初期かつ非常に重要な先駆的取り組みだった。

『ブラウン・コーパス』の出版後間もなくして、出版社のホートン・ミフリンがチェセラにコーパス作成の話を持ち掛けた。同社が編集中の辞書に役立てたいというのである。ホートン・ミフリンが目論んでいたのは、基本的にはエルドリッジのやり方(第2章の注15を参照)を実践し、単語の出現頻度の統計を利用して英語の語彙を構築することだった。1969年に初版が出た『AHD』は、こうした編纂法を利用した初めての辞書だった。

したがって、グーグル・ブックスを基礎に作成したわれわれのコーパスの観点から見たとき、この先駆的な『AHD』がわれわれのコーパスにどの程度太刀打ちできるのだろうかと思うのは当然だった。幸いにも、1997年から2001年まで『AHD』の編集主幹を務めたジョーゼフ・P・ピケットが喜んで協力してくれた。それゆえ、われわれが行なった『AHD』の分析は、いずれもピケットおよび編集スタッフの積極的な協力の大きな恩恵を受けている。

本書に登場する『AHD』関係の数字は、ピケットおよび彼のスタッフとの話、彼らが提供してくれたデータにもとづく(結局、ピケットはMichel2011の共著者になった)。本文では『AHD』への批判的な意見を述べている場合もあるが、『AHD』の関係者たちが、新たな分析法を積極的に推し進めれば最良の辞書を編纂する一助となると考えているのは明らかである。言語の管理における透明性は重要な考え方だと思うが、『AHD』ほど透明性を守っている辞書は他にはない。

『AHD』の編集には語法諮問委員会が重要な役割を果たしている。同委員会は言語の専門家約200人で構成されていて、その職業分野も多岐にわたり、最高裁判事のアントニン・スカリアから『ニューヨーク・タイムズ』紙のクロスワード作者ウィル・ショーツ、ピューリツァー賞受賞作家のジュノ・ディアズまで、さまざまなメンバーが顔をそろえている。委員長を務めているのはスティーヴン・ピンカー(彼もMichel2011の共著者)である。この委員会の言語の追跡の仕方は、さまざまな面でカルチャロミクス、すなわちテキスト・コーパスの統計的追跡法とは対極的である。委員会が拠りどころとしているのは、一般の言語使用の代表サンプリングではなく、少数の言語の専門家──語彙のエリート──の見解なのである。

これら二つの取り組み方はどうすれば比較できるだろう。『AHD』の編集部は毎年、諮問委員会にアンケートを送付している。ある年、われわれにも加えるべき候補のアンケートへの記入が許可された。もちろん、委員会のメンバーもアンケートに記入した。われわれは彼らが記入した結果とnグラムを利用して得られた事実とを比べてみた。これは一例だが、われわれは彼らにsneakedとsnuckについて質問した。委員たちがどちらの過去形を受け入れるかを聞きたかったのだ。すると、年齢の低い委員ほどsnuckを受け入れる傾向があることがわかった(sneakedとsnuck

については第2章本文および第2章の注24も参照)。n グラム・データは snuck がここ数十年の間に急速に普及していることを示している。要約すれば、これらの結果は、諮問委員会のメンバー、さらにもっと広く英語を話す人々一般についても、ある語法を受け入れるかどうかの見解は若いころに形づくられることを示しているのかもしれない。

以下を参照。*American Heritage Dictionary of English Language*, 4th ed. (Boston: Houghton Mifflin, 2000); "The Usage Panel," *American Heritage Dictionary*, 2013, http://goo.gl/JtT4l; Francis Nelson and Henry Kucera, *Brown Corpus Manual* (Brown University Department of Linguistics, 1979).
16　『AHD』の編集部は同書の第4版に収録されているすべての見出し語15万3459項目のリストを提供してくれた。品詞で分類しているために同じ単語が複数回リストに登場する場合もある。われわれはこのような場合は1項目として数えることにした。また men's room (男子用トイレ)など、単一の単語ではない見出し語も除外した。その結果、リストに残った見出し語の数は11万6156になった。
17　この数字は紙の本の形態で出版された最新の『OED』(1989年の第2版)についてのものである(こうした参考図書はウェブ版に移行するのが一般的な流れなので、オックスフォード大学出版局の CEO ナイジェル・ポートウッドをはじめとする多くの人が、もはや第3版が印刷物の形で出ることはないのではないかと考えている)。残念ながら、われわれはオックスフォード大学出版局の支援は得られなかった。『OED』のウェブサイトでは「定義されているか例示されている語形」は61万5100となっている。また、その前書きによれば、「太字のイタリック体で示した成句と複合語」——いずれも1グラムではない——は合わせて16万9000である。本書で提示した44万6000という数字は、上記の二つの数字の差を取ったものにすぎない。大ざっぱな見積もりではあるが、この値は上限に近い——『OED』に収録されている1グラムの数がこれより多いことはなくても、少ないことはありえると思われるからである。以下を参照。*Oxford English Dictionary* 2nd ed. (Oxford: Oxford University Press, 1989); "Dictionary Facts," *Oxford English Dictionary*, http://goo.gl/DL6a7; Bas Aarts and April McMahon, *The Handbook of English Linguistics* (Hoboken, NJ: John Wiley & Sons, 2008); Alastair Jamieson, "Oxford English Dictionary "Will Not Be Printed Again,'" *Telegraph*, August 29, 2010, online at http://goo.gl/V5g8Ak.
18　ルーズヴェルトは「綴字簡略化委員会」と呼ばれるグループが最初に提示した案を一貫して支持していた。" David Wolman, *Righting the Mother Tongue: From Olde English to Email, the Tangled Story of English Spelling* (New York: Harper Perennial, 2010). この件について述べたルーズヴェルト直筆の手紙は "Letter from Theodore Roosevelt to William Dean Howells," Theodore Roosevelt Center at Dickinson State University, http://goo.gl/JA8cP で見ることができる。
19　ツイッターが使う #ROFL「床の上を転がり回って笑う(rolling on the floor laughing)」を知らなくても気にする必要はない。大半の辞書も「知らない」のだ。
20　辞書に対する二つの考え方をめぐって繰り広げられた激しい論戦については以下を参照。Joan Acocella, "The English Wars," *New Yorker*, May 14, 2012, online at http://goo.gl/wGVHsx; Ryan Bloom, "Inescapably, You're Judged by Your Language," *New Yorker*, May 29, 2012, online at http://goo.gl/js9vJc; Steven Pinker, "False Fronts in the Language Wars," *Slate*, May 31, 2012, online at http://goo.gl/33vNYT. この論争は学界も巻き込んだ。たとえば Henning Bergenholtz and Rufus H. Gouws, "A Functional Approach to the Choice Between Descriptive, Prescriptive and Proscriptive Lexicography," *Lexicos* 20 (2010), online at http://goo.gl/agXm7S を参照。

21 この章に出てくる他の分析結果の詳細はMichel2011とMichel2011Sを参照。
22 われわれは『AHD』の1グラムの見出し語11万6156(前述の注16を参照)について、その出現頻度の分布を調べた。その結果、10パーセンタイル値を越えてほぼ10億語につき約1回の出現頻度を境に、出現頻度が急激に上昇しはじめることがわかった。
23 「単語」の構成要素がすべてアルファベットの文字でなければならないのかどうかは何とも言えない。一例をあげると、『OED』は最近になって、同書のはじめてのケースとして、記号❤の項目を追加している。Erica Ho, "The Oxford-English Dictionary Adds '❤'and 'LOL' as Words," *Time*, March 25, 2011, online at http://goo.gl/0RB6EA を参照。
24 このジップ流の辞書はエルドリッジの信奉した考え方の現代版であり、彼の考え方は『AHD』に体現されている。また、語彙の統計学を利用すれば、われわれのものよりさらに優れた辞書を編纂することも可能だろう。語彙の統計を利用する効用を早い時期に論じた説得力ある議論が、" Richard W. Bailey, "Research Dictionaries," *American Speech* 44, no. 3 (1969): 166-72, online at http://goo.gl/4RqfDu に見られる。
25 われわれは『AHD』の編集主幹を務めたジョーゼフ・ピケットとの討論をもとに、除外の対象にする語句のタイプ(文字以外の要素で構成されているもの、構成している単語から意味が容易に理解できる複合語、異綴、定義しがたい語)を選定した。辞書によって基準に若干の違いはあるが、大ざっぱに言えば、辞書の編集では除外する語も収録する語と同じくらい慎重に選定されている。サミュエル・ジョンソンは1775年に出版した金字塔とも言うべき『英語辞典』の中で、排除すべき語句の例を多数あげている。ジョンソンは『英語辞典』の前書きでこの問題を熟考していて、その内容はいつまでも色あせることがない。彼は文字以外の要素で構成されているものについては検討していないが、それでも、先にあげた他の3種類については難題に取り組んでいる。
複合語:ジョンソンは複合語の大半を除外した。「構成要素の単語の意味の単純な組み合わせとは著しく異なる意味をもつ複合語を除けば、注目したものはほとんどない。したがって、highwayman, woodman, horsecourser は説明が必要だが、thieflike や coachdriver に何ら注目する必要がないのは、これらの語根に複合語の意味が含まれているからである」。
異綴:ジョンソンは異綴の大半を残した。「不必要だとか多くありすぎるというだけで異綴を意図的に拒絶することはせず、viscid, viscidty, viscous のように、書き手によって異なった形を取るものは受け入れた」。ジョンソンの時代は現在ほど綴りが標準化されていなかったのである。
定義するのが難しい言葉:ジョンソンは辞書に採用した。「ほかにも、難解な上にすぐに消えゆく運命にあるために、別の言葉での言い換えを確定できないものがある。それは文法学者が「埋め語句」と呼んでいて……意味のない音としてまかり通っており、韻を踏んだりピリオドを調整したりするためだけの用途しかないものの、活語にあっては、時にではあるが、他の表現形式では伝えられない効果と強調であることが容易にわかるものである」。ジョンソンが辞書から除外した単語の種類はこれ以外にも多数あり、それらは現代の辞書でも変わることなく共通の除外対象となっているケースが多い。
名前:「普通名詞を対象とした辞書の作成を意図したので、固有名に関係する Arian, Socinian, Calvinist などの語はすべて除外したが、Heathen, Pagan などのように一般的性格が比較的強いものは留めてある。
特定の職業やグループの専門用語:「芸術や産業に関連する語の多くを除外したことを率直に認めなければならない。だが、あえて言わせてもらえば、こうした欠点が生じるのはやむを得なかったのである。坑道まで足を運んで鉱夫の使う言葉を知ることもできなかったし、船に乗り組んで航海用語の知識を完璧なものにすることもできなかった。さらに、商人の倉庫や職人の店を訪ねて、製品の名、道具の名、作業の名称を集めることも不可能だった。したがって、これらの語で本に出てこないものは知るよしもなかったのである。ただし運よくわかった語や簡単に調べがついた

語は除外しなかった。とはいえ、生きた情報を求めて無愛想な連中や粗暴な連中を相手に単語を一つずつ拾い集めるのは、先の見えない苦しい作業だった」。われわれが分析したところでは、医学の専門用語に関してはメリアム＝ウェブスター社のオンライン辞書のほうが『OED』より優れている場合が多いが、これはオックスフォード大学出版局から広範な医学用語を集めた医学辞書が出ているためである。
外来語：「わが国の物書きが外国語の知識にもとづいて、ないしは無知のゆえに取り入れた語、あるいは虚栄心や戯れ、流行への追従や新味への渇望から導入した語は、登場するつど記載した。ただし、これらの語は結局は批判されるのが落ちで、物書き以外の人には、母国語を傷つけることになる無用な外国語の移入は避けるべきだと警告しておく」。
一時的な流行り言葉：「語彙の中にない語も、除外したからといって嘆く必要はない。労働者や商売に携わる人々の独特の言葉は、大部分が思いつきから出たもので、変化しやすい。彼らが使う用語の多くは一時的ないしはある地域での便宜をはかるために生み出されたものであって、ある地域では一時期広く使われていても、他の地域ではまったく知られていないというケースが大半である。こうした隠語はつねに広まるか廃れるかの状態にあるとはいえ、長期にわたって存続する言語の構成要素とは見なせず、したがって、残すに値しない他のものとともに消し去られてしかるべきなのである」。こう見てくると、英語にはありとあらゆる種類の「暗黒物質」があることになる。
以下を参照。Samuel Johnson, *A Dictionary of the English Language* (London, 1755); *Merriam-Webster's Collegiate Dictionary*, 11th ed. (Springfield, MA: Merriam-Webster. 2003). もう1冊、参考文献として Pedro Carolino, *English As She Is Spoke* (New York: Appleton, 1883)を推薦しておく。
26　52パーセントという見積もりは、リストからサンプルとして選んだ1000語について、そのうちのどの程度が辞書から除外されるカテゴリーに属すかを調べた結果である。したがって、英語の「語彙の暗黒物質」をすべて網羅したリストがあるわけではない。宇宙の暗黒物質と同様、英語の暗黒物質も大量にあるのはわかっていても、その正体、つまり全容はわかっていない。
27　"All of the Words of the Year, 1990 to Present," American Dialect Society, http://goo.gl/JCYMiK を参照。
われわれは culturomics が skyaking（カヤックに乗った状態でのスカイダイビング）を破って「もっとも廃れそうな言葉」に選ばれたことにわくわくした。skyaking の愛好家がつねに命の危険と隣り合わせであることを考えれば、言語進化論的には skyaking のほうが廃れそうだという強い主張はあったかもしれない。とはいえ、アメリカ英語学会の予測を鵜呑みにするわけにはいかない。
culturomics は2011年の段階で、ランダム・ハウス、マクミラン両社の辞書に載っているのだ。以下を参照。"Culturomics," *Macmillan Dictionary* online, http://goo.gl/qkg8GE; "Culturomics," Dictionary com, http://goo.gl/EmvAhE.
28　言語の変化の正確な原因、そしてとりわけ英語の将来の姿についてあれこれ思索をめぐらすのには何とも言えない楽しみがある。Michael Erard, "English As She Will Be Spoke," *New Scientist*, March 29, 2008; "English Is Coming," *Economist*, February 12, 2009, online at http://goo.gl/wcPGt8を参照。この手の問題にはずっと以前から関心がもたれていた。たとえば、Joseph Jacobs, "Growth of English—Amazing Development of the Language as Shown in the New Standard Dictionary's 450,000Words," *New York Times*, November 16, 1913 を参照。
29　二つの単語がハイフンでつながれる中間段階を経て複合語になる例は、このほかにもいっぱいあるが、一つだけあげておけば、鉄道(railroad)も rail road から rail-road を経て現在の形になった。N グラム・ビューワーで rail road, rail-road, railroad の出現頻度の変化を調べてみてほしい。

第4章

1　「機密」という言葉を使うのは、ここがローマ法王個人の所有物と見なされていることを指すためである。だからといって、興味深い資料が集められていないというわけではなく、ヴァチカン機密文書館には、イギリス議会がヘンリー8世の離婚の認可を求めて送った文書、マーティン・ルターの破門を宣告した教皇令、「同性愛者だった」スウェーデンのクリスティーナ女王の退位を報じた手紙などが保存されている。
2　いまとなってはもう過去の話だが、初期にグーグルが本のメタデータで直面した問題についての興味深い一連のやりとりを、非常に情報に富んだブログ「ランゲージ・ログ」で見ることができる。Geoff Nunberg, "Google Books: A Metadata Train Wreck," Language Log, Augut29, 2009, http://goo.gl/AwNarh を参照。メタデータの質はその後、劇的なまでに改善されている。
3　Michel2011S を参照。
4　ゲノムの塩基配列の精度は、Eric Lander et al., "Initial Sequencing and Analysis of the Humen Genome," *Nature* 409, no. 6822 (2001):860-921, online at http://goo.gl/trMZ4e にもとづいて見積もった。
5　法的面に関しては新たな主張もなされている。たとえば、著作権のある多数の本のデジタル版を不特定多数の人々の読書用(いわゆる「消費的利用」)に供するのが著作権違反であるのに対して、それと同じ著作権のある文章を利用し、コンピューター処理を行なって得られた結果を閲覧できるようにしても(「非消費的利用」)、元の文章が相当の長さにわたってまるまる含まれていなければ著作権違反にはならないというのも、その一つである。作家協会がグーグルを相手どって起こした裁判の際、われわれは裁判所に提出した意見書の中で、n グラムは本の「非消費的利用」の有益な一例であることを強調した。Letter from Erez Lieberman-Aiden and Jean-Baptiste Michel to Court, September 3, 2009 (ECF No. 302), *The Authors Guild, Inc., et al., v. Google, Inc.*, 770 F. Supp. 2d 666 (S.D.N.Y., March 22, 2011)(No. 05-Cvi.-8136)を参照。われわれの主張に多少ながらも弾みがついたのは、作家協会とハーティトラスト(HarthiTrust)との著作権をめぐる裁判(*The Authors Guild, Inc., et al., v. HarthiTrust et al.* [S.D.N.Y., 2012])においてだった。ハーティトラスト・デジタル・ライブラリーは、共同で参画した図書館から入手した多数のデジタル書籍へのアクセスサービスを提供していた。その中には、グーグルがデジタル化した本も多数含まれている。2012年10月10日、ニューヨーク南部地区連邦地裁の判事ハロルド・ベア・ジュニアは、ハーティトラストに勝訴の判決を下した。判決はとりわけ、大量の本のコレクションの「非消費的」なデジタル化は、「科学の進歩と技術の育成に図り知れないほど大きく」寄与することを認め、そのような便益は「著作権侵害の主張に対する抗弁事由の一つになると判断してよい」としていた。この考えを裏づけるものとしてベア判事が引用したのは、マシュー・L・ジョカーズ、マシュー・サグ、ジェーソン・シュルツが裁判所に提出した書類で、この書類にはわれわれも署名していた。ベア判事は特別な例として、本書の第1章に登場するnグラムの出現頻度(すなわち、合衆国の単数扱いと複数扱いの出現頻度)にも言及した。ニューヨーク南部地区連邦地裁の判決については http://goo.gl/QESiv を、判決で言及された提出書類については "Brief of Digital Humanities and Law Scholars as Amici Curiae in Partial Support of Defendants' Motion for Summary Judgment," *The Authors Guild, Inc., et al., v. HarthiTrust et al.*, 902 F. Supp. 2d 445 S.D.N.Y., October 10, 2012)(No. 11-Civ-06351)2012 WL 4808939を参照。
6　The Colbert Report, 6:38, February 7, 2007, http://goo.gl/iFMGCt を参照。ピンカーは Michel2011の共著者の1人。
7　"Zeitgeist 2010: How the World Searched," Google Zeitgeist, 2011, http://goo.gl/OCpY2X を参照。
8　*Jacobellis v. Ohio*, 378 U.S. 184 (1963)を見れば、どういうことなのかがわか

るはずだ。
9　以下を参照。Wilbur Wright et al., *The Papers of Wilbur and Orville Wright* (New York: McGraw-Hill, 2000); Peter L. Jakab, *Visions of Flying Machine: The Wright Brothers and the Process of Invention* (Washington, DC: Smithsonian Institution Press, 1990); Gina Hagler, *Modeling Ships and Space Craft: The Science and Art of Mastering the Oceans and Sky* (new York: Springer, 2013).
10　その出来事の録画映像が "Steel Flubs 'Favorite Book' Reference During Debate," Newsmax, January 3, 2011, http://goo.gl/8hh40にある。
11　キャロル・ギリガンについては Andra Medea, "Carol Gilligan," *Jewish Women: A Comprehensive Historical Encyclopaedia*, http://goo.gl/LN2al を参照。
12　アンドヴォードが1930年に発表した研究論文を英訳したものが、Kristian F. Andvord, "What Can We Learn by Following the Development of Tuberculosis from One Generation to Another?" International Journal of Tuberculosis and Lung Disease 6, no. 7 (2002), 75-86に掲載されている。古典的なコホート研究の調査については Richard Doll, "Cohort Studies: History of Method," *Sozial- und Präventivmedizin* 46, no. 2 (2001): 75-86, online at http://goo.gl/dRJKCp を参照。本書のこの章での分析は Michel2011にもとづくもので、詳細は Michel2011S を参照。
13　このリストの作成には厳密性にかかわる一連の厄介な問題があった。大きな問題の一つは、ある n グラムに対応する人物名への言及が、ほんとうにその人物を指しているのかどうかを判定することだった。たとえば、Winston Churchill (ウィンストン・チャーチル)という2グラムの場合、言及している可能性がもっとも高いのは1874年生まれの政治家なのだろうか?　彼の孫で1940年生まれのウィンストン・チャーチル、あるいは1971年生まれの同姓同名の小説家なのだろうか?　それとも、この3人が区別できないほどごちゃ混ぜになっているのだろうか?　この問題を解決するために、ヴェレシュは文脈から得られる大量の情報を利用した。たとえば、それぞれのウィンストン・チャーチルの生年と n グラムとして登場する年を比較したのである。その際ヴェレシュは、ウィキペディアのウィンストン・チャーチルのページは無条件で1874年生まれのウィンストン・チャーチルのページに転送されていて、ウィキペディアでのアクセス数では、1874年生まれのウィンストン・チャーチルが他のウィンストン・チャーチルを圧倒していることに気づいた。生年と n グラムの登場年との比較などの判定基準を適用した人名数は数十万になる。詳細については Michel2011S を参照。
14　小惑星21758- アドリアンヴェレシュの公転周期は3.47年。
15　のちにヴェレシュと『サイエンス』誌の記者ジョン・ボーハナンは n グラムを利用して、言及頻度がきわめて高い現代の科学者を集めた「科学の名声の殿堂」を作成した。それぞれの科学者の知名度は、チャールズ・ダーウィンの知名度の1000分の1を単位(ミリダーウィン)として測定した。科学者でもっとも知名度が高かったのは、その反戦思想が大きな論争を引き起こしたバートランド・ラッセルである。存命の科学者でもっとも知名度が高いのは、507ミリダーウィンのノーム・チョムスキーだった。Adrian Veres and John Bohannon, "The Science Hall of Fame," *Science* 331, no. 6014 (January 14, 2011), online at http://goo.gl/6g8b7X を参照。
16　Michel2011, Michel2011S を参照。
17　それぞれの分野で上位25位までに入る人物のリストは Michel2011S ですべて調べられる。それには、マリー・キュリー(1867年生まれ、科学者)、マルセル・デュシャン(1887年生まれ、芸術家)、クロード・シャノン(1916年生まれ、数学者)、ハンフリー・ボガート(1899年生まれ、俳優)、ヴァージニア・ウルフ(1882年生まれ、著述家)、ウィンストン・チャーチル(1874年生まれ、政治家)も含まれている。
18　名声の研究は社会学の確立された分野になっている。以下を参照。Leo Braudy, *The Frenzy of Renown: Fame and Its*

History (Oxford: Oxford University Press, 1986); Stanley Liberson, *A Matter of Taste: How Names, Fashions, and Culture Change* (New Haven, CT: Yale University Press, 2000).
19 Mark Sage, "Chapman Shot Lennon to 'Steal His Fame,'" *Irish Examiner*, October 19, 2004, online at http://goo.gl/pLXl51を参照。こうした問題をめぐる議論は、『ローリング・ストーン』誌がボストン・マラソン爆弾テロ事件の犯人の1人、ジョハル・ツァルナエフの人物像を誌面上で紹介したあとにもあった。Janet Reitman, "Jahar's World," *Rolling Stone*, July 17, 2013, http://goo.gl/fyc8y を参照。
20 どの程度の人が第三の宇宙飛行士の名を知っているだろう．アームストロングとオルドリンが月面に下りていた間、司令船に乗って月を周回していたその宇宙飛行士の名はマイケル・コリンズである。

第5章

1 Stephen J. Whitfield, "Where They Burn Books," *Modern Judaism* 22, no. 3 (2002): 213-33, online at http://goo.gl/YbmMU3より引用。Heinrich Heine, *Almansor*, in *Heinrich Heine's Gesammelte Werke*, ed. Carl Adolf Buchheim (Berlin: G. Grote, 1887)を参照。ハイネのこの言葉は、いまはベルリンの公共広場であるベーベル広場の記念碑の銘板に刻まれている。その記念碑はミハ・ウルマンがデザインしたもので、1933年の焚書の際、ヨーゼフ・ゲッベルスに率いられた群集が2万冊を超える本を燃やした場所にあり、ガラスプレートを通して地下を覗き込むと、優に2万冊の本を収納できる空の書架が見えるようになっている。銘板に刻まれた文は http://goo.gl/SYzu4で見ることができるが、『アルマンゾール』から引用したその文には誤植がある。
2 下書きには助手の手を借りて行なった加筆・訂正があり、そこからは最終的な形なるまでの過程をうかがい知ることができる。この下書きはアメリカ盲人援護協会が所蔵しており、Helen Selsdon, "Helen Keller's Words: 80 Years Later … Still as Powerful," American Foundation for the Blind, May 9, 2013, http://goo.gl/uSSE8で見ることができる。
Rebecca Onion, "'God Sleepeth Not': Helen Keller's Blistering Letter to Book-Biurning German Students," *Slate*, May 16, 2013, http://goo.gl/SxdG2も参照。
3 V. Gregorian, ed., *Censorship: 500 Years of Conflict* (New York: New York Public Library, 1984)を参照。
4 Jacob Baal-Teshuva, *Chagall: 1887-1985* (Cologne, Germany: Taschen, 2003), 16.
5 Robert Hughes, "Fiddler on the Roof of Modernism," *Time*, June 24, 2001, http://goo.gl/aFMsU を参照。
6 最終的に名乗ったマルク・シャガールの名は、すでに1920年の時点で世間に知られていたが、それまでの彼はさまざまな名で呼ばれていた。Benjamin Harshav, *Marc Chagall and His Time: A Documentary Narrative* (Palo Alto, CA: Stanford University Press, 2004), 63を参照。シャガールの人生と作品を知るのに役立つ本には注4の Jacob Baal-Teshuva, *Chagall: 1887-1985*のほかに以下のものがある。Jacki Wullschlager, *Chagall: A Biography* (New York: Alfred A. Knopf, 2008)〔邦訳『シャガール：愛と追放』〕; Marc Chagall, *The Jerusalem Windows*, trans. Jean Leymarie (New York: George Braziller, 1967)〔*Vitraux porr Jerusalem* の英訳〕. Marc Chagall, *My Life*, trans. Elizabeth Abbot (New York:〔Da Capo Press, 1994〕〔*Ma vie* の英訳。邦訳：『わが回想』〕.
7 François Gilot and Carlton Lake, *Life with Picasso* (New York: McGraw-Hill, 1964), 258.〔邦訳：『ピカソとの生活』〕。ジローはピカソの愛人で、ピカソにとっての「美の女神」だった。彼女によれば、ピカソの個人的な考え方はシャガールとは多少違っていたが、それでもピカソはシャガールの作品に敬意を払っていたという。以下にこの部分

の全文を引用しておく。「マチスが死んだら、色彩の何たるかを本当に理解している画家はシャガールだけになる。あのような雄鶏とかロバとか空を飛ぶバイオリン弾きとか民話の類は好きになれないが、シャガールのキャンバスはさまざまな要素が単に集まっているだけでなく、ありのままが描かれている。ヴェネチアで制作した彼の最新作を見て、ルノアール以降、光に対してシャガールほどの感覚をもった画家は他にはだれもいないと確信した」。
8 Wullschlager, 223.
9 Harshav, 326-327.
10 ノルダウの退廃芸術批判論は *Entartung* (Berlin: Carl Dunder Verlag, 1892-1893)に載っている。ナチスによるノルダウの見解の借用が、彼のもっと広い見方を180度ひっくり返したものだったことは明らかである。たとえば以下を参照。Max Nordau and Gustav Gottheik, *Zionism and Ant-Semitism* (New York: Fox, Duffield, 1905); Max Nordau and Anna Nordau, *Max Nordau: A Biography* (Whitefish, MT: Kessinger, 2007). ノルダウは第1回から第6回のシオニスト会議の副議長を務め(ちなみに議長はテオドール・ヘルツル)、その後4期にわたって議長を務めた。"Max Nordau," *The Encyclopedia of the Arab-Israeli Conflict*, ed. Spencer C. Tucker (Santa Barbara, CA: ABC-CLIO, 2008)を参照。
11 文化に対する厳しい締め付けについては以下を参照。Richard A. Etlin, *Art, Culture, and Media Under the Third Reich* (Chicago: University of Chicago Press, 2002); Glenn R. Cuomo, ed., *National Socialist Cultural Policy* (New York: St. Martin's Press, 1995); Alan Steinweis, *Art Ideology, and Economics in Nazi Germany* (Chapel Hill: University of North Carolina Press, 1993); Jonathan Petropoulos, *The Faustian Bargain* (New York: Oxford University Press, 2000).
12 Peter Adam, *Art of the Third Reich* (New York: Harry N. Abrams, 1992), 53.
13 美術館側は同意しなかった。Marcy Oster, "Heirs of Owner of Nazi-Looted 'The Scream' Want Explanation on Display at MoMA," Jewish Telegraphic Agency, October 15, 2012, http://goo.gl/gBMtL を参照。
14 Neil Levi, "Judge for Yourselves!—The 'Degenerate Art' Exhibition as Political Spectacle," *October* 85 (1998): 41-64, online at http://goo.gl/CfuBMt より引用。
15 1992年、ステファニー・バランは退廃芸術展を再構成した展示をロサンゼルス郡立美術館で企画推進した。彼女が展覧会用に制作したカタログは学問的にも非常に有意義なものである。Stephanie Barron, ed., *Degenerate Art: The Fate of the Avant-garde in Nazi Germany* (Los Angels: Los Angels County Museum of Art, 1991)を参照。
16 1937年8月2日の1日だけで、退廃芸術展の入場者数は3万6000人を数えた。退廃芸術展がいかに大勢の人々を集めたかを理解するには、世界各地で催された大規模な展覧会の入場者数の統計を調べてみるといい。過去10年の統計は www.theartnewspaper.com で簡単に調べがつき、20XX 年の統計を知りたければ www.theartnewspaper.com/artfig/artfigXX.pdf にアクセスすればいい。注目しなければならないのは、わずか一つだが、退廃芸術展の開幕から最初の1か月間の1日当たり平均入場者数を上回る展覧会があることだ(本書執筆時点での調べ)。その唯一の例外は2009年に日本の奈良国立博物館で開催された第61回正倉院展で、1日の平均入場者数は1万7926人だった。とはいえ、正倉院展の開催期間は約2週間で、総入場者数は退廃芸術展に遠く及ばない。きわめて短い期間に多くの観客を集めた展覧会もあるが、退廃芸術展ほど長期間にわたって関心を集めつづけた例は一つもない。ステファニー・バランは「退廃芸術展に匹敵する人気を博したモダンアートの展覧会は一つもない」と明言している(Barron, 9)。もちろん過去のすべての芸術展の入場者数がわかっているわけではないが、入手可能な数字をもとにすると、バランの主張はもっともらしく思われる。

17 引用は Peter Guenther, "Three Days in Munich, July 1937," Stephanie Barron, ed., *Degenerate Art* より。このエッセーには、当時17歳だったギュンターが大ドイツ芸術展と退廃芸術展を見たときの興味深い出来事が記録されている。
Stephanie Barron, ed., *Degenerate Art*, 38も参照。
18 ノルデがナチスの支持者だったにもかかわらず抑圧の対象になったのは、ヒトラーが表現主義を嫌悪したためである。
19 このポスターは http://goo.gl/bNK9H で見ることができる。
20 "List of Banned Books, 1932-1939," University of Arizona, June 22, 2002, http://goo.gl/PMVRy より引用。
21 ブラックリストの詳細については以下を参照。W. Treß, *Wider den Undeutschen Geist: Bücherverbrennung 1933* (Belrin: Parthas, 2003); G. Sauder, *Die Bücherverbrennung: 10. Mai 1933* (Frankfurt am Main: Ullstein, 1985); *Liste des Schädlichen und Unerwünschten Schrifttums* (Leipzig: Hadrich).
ブラックリストのデジタル版を作成する上では、W・トレースからの情報提供とベルリン市のウェブサイトが大きな助けになった。非常に役に立つ年表が http://goo.gl/0ig7Ig にある。
22 Margaret F. Stieg, *Public Libraries in Nazi Germany* (Tuscaloosa: University of Alabama Press, 1992)および同書の書評(Digital Commons@University of Nebraska-Lincoln, April 1, 1992, http://goo.gl/atlK2t)を参照。
23 Robert Servise, *Stalin: A Biography* (Cambridge, MA: Harvard University Press, 2004)を参照。スターリンは政敵の名をまんまと文書記録から削除しただけではない。彼は写真に修正を加えて写っている政敵の像を消してしまうことにも精を出した。以下を参照。David King, *The Commissar Vanishes* (New York: Metropolitan Books, 1997); Joseph Gibbs, *Gorbachev's Glasnost* (College Station: Texas & A & M University Press, 1999).
24 ハリウッド・テンの人物像については以下を参照。Bernard F. Dick, *Radical Innocence* (Lexington: University Press of Kentucky, 1988)〔邦訳：『根源的な無垢』〕; Gerald Horne, *The Final Victim of the Blacklist* (Berkeley: University of California Press, 2006); Edward Dmytryk, *Odd Man Out* (Carbondale: Southern Illinois University Press, 1996). ドキュメント映画の『栄光への脱出』も見るといい。
25 声明の全文は T. Walker, *McCarthyism and the Red Scare* (Santa Barbara, CA: ABC-CLIO, 2011), 136に載っている。
26 Jonathan Auerbach, *Dark Borders* (Durham, NC: Duke University Press, 2011), 4.
27 中国の文献では六四天安門事件を「六四事件」と呼んでおり、N グラム・ビューワーで中国語の「六四事件」の出現頻度を見ると、予想される時期に出現頻度が上昇しているのがわかる。とはいえ、「六四事件」という言葉の指す対象が1989年以前にはなかったことを考えれば、意外なことではない。
六四天安門事件での殺戮のさらなる詳細は以下を参照。Dingxin Zhao, *The Power of Tiananmen* (Chicago: Chicago University Press, 2001); Scott Simmie and Bob Nixon, *Tiananmen Square* (Seattle: University of Washington Press, 1990); Philip J. Cunningham, *Tiananmen Moon* (Lanham, MD: Rowman & Littlefield, 2009); Timothy Brook, *Quelling the People* (Palo Alto, CA: Stanford University Press, 1992).
28 「防火長城」については以下を参照。Xiao Qiang and Sophie Beach, "The Great Firewall of China," *St. Petersburg Times*, September 3, 2002; "The Great Firewall: The Art of Concealment," *Economist*, April 6, 2013, http://goo.gl/VTV3b.
中国当局によるグーグルなどの検索エンジンへの検閲には、ある意味で用語索引や図書

館のカード目録を思い出させるものがある。図書館の蔵書を消す(インターネットを完全に遮断してしまうことのアナロジー)ことができない場合でも、用語索引やカード目録(関心のあるページや用語を探すのを手助けする検索エンジンに相当する)を除去してしまえば、実質的に図書館の利用を制限できる。中国でのグーグルによるアクセスの遮断、およびグーグルに対する検閲の詳細は以下を参照。“Google Censors Itself for China,” BBC, January 25, 2006, http://goo.gl/Xydlua; Michael Wines, “Google to Alert Users to Chinese Censorship,” *New York Times*, June 1, 2012, http://goo.gl/7QmrQ; Josh Halliday, “Google's Dropped Anti-Censorship Warning Marks Quiet Defeat in China,” *Guardian*, January 7, 2013, http://goo/gl/aA2HU.
六四天安門事件の大量殺戮に対する中国当局の検閲の詳細は以下を参照。Jonathan Kaiman, “Tiananmen Square Online Searches Censored by Chinese Authorities,” *Guardian*, June 4, 2013, http://goo.gl/60Slo; Matt Achiavenza, “How China Made the Tiananmen Massacre Irrelevant,“ *Atlantic*, June 4, 2013, http://goo.gl/d7Ccw.「戦車男」についての詳細はPatrick Witty, ” Behind the Scenes: Tank Man of Tiananmen,” *New York Times*, June 3, 2009, http://goo.gl/IvhdX を参照。
天安門事件について知っている内容、事件を知った時期、情報を得た手段を中国の若い世代に尋ねれば、返ってくる答えから非常に印象的な知見が得られると思われる。以下を参照。“China's Tiananmen Generation Speaks,” BBC, May 28, 2009, http://goo.gl/ms7x2; “Chinese Students Unaware of the ‘Tank Man,” *Frontline*, video, 2: 37, July 27, 2008, http://goo.gl/Jf0Hy.
29 Michel2011および Michell2011S を参照。
30 以下を参照。Charlotte Salomon, *Life or Theater*, trans. Leila Vennewitz (New York: Viking, 1981); Mary Lowiner Felstiner, *To Paint Her Life* (New York: Harper Perennial, 1995); Michael P. Steinberg and Monica Bohm-Duchen, *Reading Charlotte Salomon* (Ithaca, NY: Cornell University Press, 2006).
31 “A Poignant Reminder of the Values of Life,” *St. Petersburg Times*, October 6, 1963を参照。
32 Felstiner, 228にあるサロモンの義理の母の言葉。
33 この n グラムを最初に指摘したのはスティーヴン・ピンカーで、詳細は Steven Pinker, *The Better Angles of Our Nature: Why Violence Has Declined* (New York: Viking, 2011)の中で論じられている。

第6章

1 ウィーン学団については以下を参照。Thomas Uebel, “Vienna Circle,” *The Stanford Encyclopedia of Philosophy* (Summer 2012); Alfred J. Ayer, *Logical Positivism* (Glencoe, IL: FreePress, 1959); Friedrich Weismann et al., *Wittgenstein and the Vienna Circle* (Oxford: Basil Blackwell, 1979); David Edmonds and John Eidinow, *Wittgenstein's Poker* (New York: Ecco, 2001).
2 たとえば Verein Ernst Mach, *Wissenschaftliche Weltauffassung: Der Wiener Kreis* (Vienna: Artur Wolf, 1929)を参照。
3 Hermann Ebbinghaus, *Memory: A Contribution to Experimental Psychology*, trans. Henry Ruger and Clara Bussenius (1885; New York: Teachers College, Columbia University, 1913)〔邦訳:『記憶について』〕を参照。同書を絶賛したウィリアム・ジェームズの書評は William James, *Essays, Comments and Reviews* (Cambridge, MA: Harvard University Press, 1987)に収録されている。
4 ある特定の二進数や数字が文章中に現われる確率は均等ではなく、ベンフォードの法則と呼ばれる裾野の広い分布——べき乗則に

似ている面がある――になる。これについては、たとえば Theodore P. Hill, “A Statistical Derivation of Significant Digit Lau,” *Statistical Science* 10, no. 4 (November 1955): 354-63, online at http://goo.gl/hLtUvm を参照。

だが実際には、われわれはある文章中にかなり多数の1876やそれに近い数字を見いだした。異常な発見だが、これらの数字の大部分は年号に対応するという事実を考慮すれば完全に理解できる。

ベンフォードの法則は非常に有用な情報をもたらす。たとえば、この法則は納税申告書の記載の不正の摘発に応用できる可能性がある。でっち上げた数字はベンフォードの法則に従わない傾向があるからである。この応用の提案者は多数いるが、その中にグーグルのチーフ・エコノミスト、ハル・ヴァリアンがいる。Hal Varian, “Letters to the Editor,” *American Statistician* 26, no. 3 (June 1972)を参照。心と数字の関係についてのさらなる詳細は Stanislas Dehaene, *The Number Sense: How the Mind Creates Mathematics* (Oxford: Oxford University Press, 1997)〔邦訳:『数覚とは何か?』〕を参照。
5 イギリスの商人だったウィリアム・ドックラは1680年に「ペニー郵便」を創設した。その広告には、「1ペニーで、ロンドン市内ならすぐに届き」、配達は第1便が午前6時、最終便が午後9時で、この間の配達回数は「少なくとも15回」とあり、ほぼ1時間に1回配達されていたことになる。さらにドックラは、ロンドンとその周辺の地区なら、「どんな遠い場所でも」最低1日に9回は配達し、ペニー郵便なら4時間あれば届くと保証していた。ペニー郵便の広告は ” The British Postal Museum & Archive, http://goo.gl/qwAtI で見ることができる。以下も参照。Catherine Golden, *Posting It: The Victorian Revolution in Letter Writing* (Gainesville: University Press of Florida, 2009); George Brumell, *The Local Posts of London 1680-1840* (Cheltenham, England: R. C. Alcock, 1950); “Provincial Penny Post/5th Birth of Cheap Communication (and Junk Mail),” *New York Times*, February 20, 2010, online at http://goo.gl/SO0LoY; Robert Daenton, “An Early Information Society: News and the Media in Eighteen-Century Paris,” *American Historical Review* 105, no. 1 (February 200).
バックミンスター・フラーは、情報伝達の最大速度が歴史的にどう変化したかを表わすグラフを作成している。Buckminster R. Fuller and John McHale, “Shrinking of Our Planet,” online at http://goo.gl/IfvqBL を参照。

以前の時代に短時間で送られていたのは情報だけではない。19世紀には、市内の地下に張りめぐらされた気送管のネットワークを通じて小包も送ることができた。気送管は圧縮空気を利用して小包を市内のいたるところに配送し、ニューヨークやパリでの移送速度は時速約40キロメートルにも達した。組織化された広大な気送管ネットワークは主要都市の多くで成果をあげた。ニューヨークが気送管による文書の送付を止めたのは1950年代だが、パリでは主としてファックスの利用に取って代わられる80年代まで気送管システムが稼動していた。現代はまさに情報の時代で、情報を送ることに関しては、どこへ送るかにかかわらずまったく問題がなくなっている。けれどもマンハッタンのあちらこちらに送りたいのがパイナップルの画像やパイナップルについて述べた文章ではなく、パイナップルの「現物」だったら、1世紀前の時代のほうが便利だったのはまず間違いない。

おそらく地下に埋められた気送管はまだ残っていて、げっ歯類(たぶんネズミ)が巣を作ることもあると思われる。だから、ニューヨークの地下には、管内を駆け回るネズミたちの高速情報網があると言ったほうがいいのかもしれない。高速情報網はインターネットだけではないのだ。以下を参照。J. D. Hayhurst, *The Pneumatic Post of Paris* (Oxford: France and Colonies Philatelic Society of Great Britain, 1974); L. C. Stanway, *Mails Under London: The Story of the Carriage of the Mails on London's Underground Railways* (Basildon: Association of Essex Philatelic

Societies, 2000); "Pneumatic Mail," National Postal Museum, http://goo.gl/uwsgmz.
ペイパルの前身企業やスペースX社を起業し、テスラ・モーターズの会長兼CTOを務めるイーロン・マスクが、「ハイパーループ」と名づけた大量輸送構想の一環として、気送管を復活させて人と物資の輸送に利用することを提案しているのは注目に値する。Damon Lavrinc, ""Elon Musk Thinks He Can Get You from New York to LA in 45 Minutes," CNN Tech, July 17, 2013, http://goo.gl/EXPdT を参照。
6　電話より前にファックスが発明されたのは、文字のような幾何学的図形をコード化するのに比べれば、さまざまな音色の音から成る人間の声をコード化して使えるようにするのは難しかったためだろう。
7　アメリカ議会図書館に保管されているAlexander Graham Bell Family Papers, http://memory.loc.gov/ammem/bellhtml を参照。
8　電話の発明者の名に値するのはだれなのかをめぐる議論はいまも続いている。2002年、アメリカ下院はメウッチを電話の発明者と認めることを議決した。一方、カナダ政府は、メウッチの主張を裏づける証拠はかなり不十分だと公式に宣言した。国連安保理がすぐにでもこの議論に加わってくれるといいのだが。Robert V. Bruce, *Bell: Alexander Graham Bell and the Conquest of Solitude* (Boston: Little, Brown, 1973) を参照。メウッチについてのさらなる詳細は *Scientific American Supplement*, no. 520 (December 19, 1885)を参照。
9　Everett M. Rogers, *Diffusion of Innovations* (New York: Free Press, 1962)は発明の社会への浸透の仕方を扱った古典的な著作である。
10　調査した147の発明は Michel2011S に載っている。発明と特許の取得にはどうしても時間的隔たりがあり、一般には数年に及ぶ。発明の年を明確に確定できないものもあるし、特許が認められるまで非常に時間がかかったケースもある。その一例は1920年にソ連のレオン・テルミンが発明したテルミンで、アメリカでこの電子楽器の特許が取得されたのは1928年だった。われわれのリストでは、このような場合は発明された年として、特許の取得年ではなく発明された年を使用した。
11　ウラムによるフォン・ノイマンの追悼文から引用。ウラムは追悼文の中で、この問題についてフォン・ノイマンと議論したことを振り返っている。この追悼文を読むと、フォン・ノイマンの洞察力が現代科学にもたらした数々の貢献を広い角度から知ることができる。
Stanislaw Ulam, "John von Neumann 1903-1957," *Bulletin of the American Mathematical Society* 64 (1958): 1-49 を参照。
12　Ray Kurzweil, *The Singularity Is Near: When Humans Transcend Biology* (New York: Viking, 2005)〔邦訳:『ポスト・ヒューマン誕生』〕を参照。カーツワイルは2005年からグーグルの技術ディレクターの職にあり、自然言語を理解できるコンピューターの開発を負託されている。
13　「民族精神(Volksgeist)」に加え、広く使用されている「時代精神(Zeitgeist)」という語を造語したのもヘルダーだった。以下を参照。Johann Gottfried Herder, *Reflections on the Philosophy of the History of Mankind* (Chicago: University of Chicago Press, 1931); Frederick M. Barnard, *Social and Political Thought* (Oxford: Clarendon Press, 1965).
14　この問題については以下を参照。Robert Reinhold Ergang, *Herder and the Foundations of German Nationalism* (New York: Columbia University Press, 1931); George M. Fredrickson, *Racism: A Short History* (Princeton, NJ: Princeton University Press, 2003); Eve Garrard and Geoffrey Scarrey, eds., *Moral Philosophy and the Holocaust* (Burlington, VT: Ashgate, 2003).
15　差別を口にする連中にとって、文化に対するボアズの考え方が面白くなかったのは言うまでもない。ナチスはボアズの著書を焼き、彼の博士号を取り消しただけでなく、ボアズの人類学を「ユダヤ人の科学」だとして非難した。文化という概念へのボアズの貢献についての詳細はGeorge W. Stocking, Jr., "Franz

Boas and the Culture Concept in Historical Perspective," *American Anthropologist* 68 (1966): 867-82, online at http://goo.gl/VlyZ8g を参照。また、George W. Stocking, Jr., ed., *Volksgeist as Method and Ethic: Essays on Boasian Ethnography and the German Anthropological Tradition* (Madison: University of Wisconsin Press, 1998)、特に同書中のMatti Bunzl, "Franz Boas and Humboldtian Tradition: From Volksgeist and Nationalcharakter to an Anthropological Notion of Culture" を参照。
16 こんなにも時間を浪費させる装置を開発したことを心からお詫びしたい。何も多くの人の時間を浪費させようと意図して開発したわけではないのだ。生産性の低下がもたらした損害を回復させる何かうまい手立てがあればいいのだが。それはともかく、N グラム・ビューワーがどのように利用されているかの詳細は、以下を参照。Patricia Cohen, "In 500 Billion Words, a New Window on Culture," *New York Times*, December 16, 2010, online at http://goo.gl/16gtvR; Alexis C. Madrigal, "Vampire vs. Zombie: Comparing Word Usage Through Time," *Atlantic*, December 17, 2010, online at http://goo.gl/MUUnG1.
17 ガリレオは『天文対話』の中でこの問題を論じている。ガリレオによる火星の観測結果の一部を再現しようという現代の取り組みについては William T. Peters, "The Appearance of Venus and Mars in 1610," *Journal for the History of Astronomy* 15, no.3 (1984)を参照。
18 Giovanni Virginio Schiaparelli, *La Vita sul Pianeta Marte* (Milam: Associazione Curturale Mimesis, 1998)を参照。
19 この件を論じたローウェル自身の3冊の著作は以下の通り。*Mars* (Boston: Houghton Mifflin, 1895); *Mars and Its Canals* (New York: Macmillan, 1911); *Mars as the Abode of Life* (New York: Macmillan, 1908). アルフレッド・ラッセル・ウォーレスは *Is Mars Habitable?* (New York: Macmillan, 1907)の中でローウェルの見解を斥けている。以下も参照。Steven J. Dick, *Life on Other Worlds* (Cambridge: Cambridge University Press, 1998); Robert Markley, *Dying Planet* (Durham, NC: Duke University Press, 2005). ローウェルについてさらに詳しくは David Strauss, *Percival Lowell* (Cambridge: MA: Harvard University Press, 2001)を参照。
20 ヘンリー・ノリス・ラッセルについては David H. Devorkin, *Henry Norris Russell: Dean of American Astronomers* (Princeton, NJ: Princeton University Press, 2001)を参照。
21 Dick, *Life on Other Worlds*, 35.
22 この火星儀の元となったのは、MEC-1プロトタイプと呼ばれる火星の地図で、地図を制作したのはローウェルのもとで学んだ E・C・スライファーだった。科学界が一致して運河ではないとする見解に転じても、スライファーは1964年に死ぬまでかたくなに運河だと言い張りつづけたらしい。マリナー4号が火星をフライバイしたのは1965年である。MEC-1プロトタイプは http://goo.gl/GrOkz で見ることができる。また、グーグル・アースなら火星の運河の地図を調べることもできる。そのやり方を紹介したビデオについては "Mars," Google Earth, http://goo.gl/ZXZZa を参照。スライファーの論文集は "E. C. Slipher Collection," Arizona Archives Online, http://goo.gl/ jXvalD で見ることができる。
23 マリナー探査機のミッションのさらなる詳細は John Hamilton, *The Mariner Missions to Mars* (Minneapolis: ABDO, 1998)を参照。

第7章

1 「サムエル記」下、第24章を参照。
2 Jeffrey Meyers, *Edgar Alan Poe: His Life and Legacy* (New York: Charles Scribner's Sons, 1992)を参照。解像度はよくないが、ポーの「ほら話」のファックス画像

は “Réseau Pneumatic de Paris,” *Cix*, 2000, http://goo.gl/nCo3s で見ることができる。
3 本書執筆時点での n グラム・データの最新版は800万冊の本をもとに作成されており、品詞を示すタグ付けも行なわれている。以下を参照。Yuri Lin et al., “Syntactic Annotations for the Google Books Ngram Corpus,” *Proceedings of the ACL 2012 System Demonstrations* (2012): 169-74; Yuri Lin, “Syntactically Annotated Ngrams for Google Books” (master's thesis, Massachusetts Institute of Technology, 2012).
4 Robert Darnton, “The National Digital Public Library Is Launched!,” *New York Review of Books*, April 25, 2013, online at http://goo.gl/OI5n2J を参照。
5 ハーティトラスト(HathiTrust: http://www.hathitrust.org)、インターネット・アーカイヴ(Internet Archive: http://archive.org/index.php)、プロジェクト・グーテンベルク(Project Gutenberg: http://www.gutenberg.org)は、デジタル書籍の公開利用を目指した取り組みの中では、非常によく知られている例である。本の全文が利用できるようになれば、文化の潮流を捉えるために、現在よりもさらに威力のあるツールの開発が可能になるだろう。
その一例は bookworm.culturomics.com に見ることができる。グーグルはわれわれが開発した「ブックワーム」をクローズドソースとし、それに「N グラム・ビューワー」の名を与えた(第6章を参照)。ブックワームは「文化観測所」がオープンソースとして取り組んだもので、そのベースコードはベンジャミン・シュミットをトップとして、ニーヴァ・チェレニアフスキー・デューランド、マーティン・カーマーチョー、マシュー・ニクレー、リンフェン・ヤンの共同作業で開発された。
6 すでに2009年の時点で、アマゾンのデジタル書籍の販売数はハードカバーの書籍のそれを上回った。Charlie Sorrel, “Amazon: Kindle Books Outsold Real Books This Christmas,” *Wired*, December 28, 2009, online at http://goo.gl/ZsB7it を参照。2012年には、アメリカの書籍市場でのデジタル書籍の占有率は23パーセントに達した。Jeremy Greenfield, “Ebooks Account for 23% of Publisher Revenue in 2012, Even as Growth Levels,” *Digital Book World*, April 11, 2013, online at http://goo.gl/u0d1GJ を参照。
7 以下を参照。S. Peter Davis, “6 Reasons We're in Another ‘Book-Burning’ Period in History,” *Cracked*, October 11, 2011, http://goo.gl/FBZoD; Matthew Shaer, “Dead Books Club,” *New York*, August 12, 2012, http://goo.gl/UAIDN; Mari Jones, “David Lloyd George's Books Pulped by Conway Libraries Services,” *Daily Post*, March 24, 2011, http://goo.gl/b1pK0; Helen Carter, “Authors and Poets Call Halt Book Pulping at Manchester Central Library,” *Guardian*, June 22, 2012, http://goo.gl/lEas1P.
8 アメリカ人文科学基金の取り組みについては http://chroniclingamerica.loc.gov を、トローヴ・プロジェクトについては http://trove.nla.gov.au を参照。また現在は行なわれていないが、グーグルによる新聞のデジタル化については http://news.google.com/newspapers を参照。
9 「死海写本」のデジタル画像は Israel Museum, Jerusalem, http://dss.collections.imj.org.il で、「ギリシア語写本」のデジタル画像は Perseus Digital Library, Tufts University, http://www.perseus.tufts.edu で見ることができる。
10 ポーに関係するさまざまな日常品をデジタル画像化する取り組みについては “The Edgar Allan Poe Digital Collection,” Harry Ransom Center, University of Texas at Austin, http://goo.gl/XvcqO を参照。
11 ヨーロピアナ・プロジェクトについては http://europeana.eu を参照。
12 John James, “How Much Data Is Created Every Minute?,” *DOMO*, June 8, 2012, http://goo.gl/RN5eB を参照。

13　2010年に送信された107兆通のｅメールの89.1パーセントがスパム・メールだった。"Internet 2010 in Numbers," *Royal Pingdom*, January 12, 2011, online at http://goo.gl/ziXncU を参照。
14　「ギリシア語写本」の全文のデジタル化を目指しているペルセウス・ライブラリー・プロジェクトの編集主幹、グレゴリー・クレーン教授によれば、紀元600年より前から現在まで生き残っているギリシア語の文章は1億語になるとのことである(クレーンからミシェル宛のｅメール)。
15　デブ・ロイの「TED」での講演には興味深いものがあり、得るところも多い。Deb Roy, *The Birth of a Word*, video, 19: 52, March 2011, http://goo.gl/5MoJo を参照。ヒューマン・スピーチョーム・プロジェクトの詳細については以下を参照。Jonathan Keats, "The Power of Babble," *Wired*, March 2007, http://goo.gl/3epTR; Jason B. Jones, "Making That Home Video Count," *Wired*, March 25, 2011, http://goo.gl/V3oTL. もっと専門的な視点から述べたものは以下の通り。Deb Roy et al., "The Human Speechome Project," Massachusetts Institute of Technology, July 2006, http://goo.gl/O3E0e; Rony Kubat et al., "TotalRecall: Visualization and Semi-Automatic Annotation of Very Large Audio-Visual Corpora," Massachusetts Institute of Technology, July 2006, http://goo.gl/Dra7T.
16　ライフ・ログ、ウェアラブル機器、ますます広がっている「自分自身の定量化」という考え方の間には密接なつながりがある。以下を参照。Steve Henn, "Clever Hacks Give Google Many Unintended Powers," NPR, July 17, 2013, http://goo.gl/eyUW9; Edna Pasher and Michael Lawo, *Intellent Clothing* (Lansdale, PA: IOS Press, 2009); Tomio Geron, "Scan Your Temple, Manage Your Health with New Futuristic Device," *Forbes*, November 29, 2012, http://goo.gl/9lg72; Greg Beato, "Quantified Self," *Reason*, December 21, 2011; Mark Krynsky, "The Best Health and Fitness Gadget Announcements from CES 2013," Lifestream Blog, January 18, 2013, http://goo.gl/Qq0By; Eric Topol, *The Creative Destruction of Medicine* (New York: Basic Books, 2011); Jody Ranck, *Connected Health* (San Francisco: GigaOM, 2012).
17　この分野での画期的な研究を報告した以下の論文を参照。Leigh R. Hochberg et al., "Neuronal Ensemble Control of Prosthetic Device by a Human with Tetraplegia," *Nature* 442, no. 7099 (2006): 164-71; Martin M. Monti et al., "Willful Modulation of Brain Activity in Disorders of Consciousness," *New England Journal of Medicine* 362, no.7 (2010): 579-89.
18　以下を参照。Steven Pinker, *The Stuff of Thought* (New York: Viking Penguin, 2007)〔邦訳：『思考する言語』〕; Chris Swoyer, "Relativism," *The Standard Encyclopedia of Philosophy* (Winter, 2010).「意識の流れ」という概念は一般にはウィリアム・ジェームズによるとされている。
19　捜査当局は現場に居合わせた人々が撮影した大量の写真と動画をくまなく調べるとともに、容疑者二人の身元を特定するための情報の提供を要請した。以下を参照。Spencer Ackerman, "Data for the Boston Marathon Investigation Will Be Crowdsourced," *Wired*, April 16, 2013, online at http://goo.gl/DpKca; Pete Williams et al., "Investigator Pleads for Help in Marathon Bombing Probe: 'Someone Knows Who Did This,'" NBC News, April 16, 2013, online at http://goo.gl/46kndz.
20　少女が首を吊ったのは17歳になっていた2013年4月4日だった。彼女は意識不明になり、3日後に人工呼吸装置が外されて死亡した。"Rehtach Parsons, Canadian Girl, Dies After Suicide Attempt; Parents Allege She Was Raped 4 Boys," *Huffington Post*, April 9, 2013, online

at http://goo.gl/Cqs030を参照。
21 Charles Duhigg, “How Companies Learn Your Secrets,” *New York Times*, February 16, 2012, online at http://goo.gl/DV04Me を参照。
22 Joseph Ax, “Occupy Wall Street Protester Can’t Keep Tweets from Prosecutors,” *Chicago Tribune*, September 17, 2012を参照。
23 Jamie Skorheim,” “Seattle Bar Steps Up as First to Ban Google Glasses,” MyNorthwest.com, March 8, 2013を参照。
24 消去されたメッセージを復元できる場合があることがわかり、連邦取引委員会への正式な提訴につながった。Jessica Guynn, “Privacy Watchdog EPIC Files Complaint Against Snapchat with FTC,” *Los Angeles Times*, May 17, 2013, http://goo.gl/WSxTxA を参照。
25 Franco Moretti, *Graphs, Maps, Trees: Abstract Models for a Literary History* (London: Verso, 2005)を参照。また同じ流れを汲むものとして、第2章の注35に引用したG・A・ミラーの文章および以下を参照。Matthew L. Jockers, *Macroanalysis: Digital Methods and Literary History* (Urbana: University of Illinois Press, 2013), James M. Hughes et al., “Quantitative Patterns of Stylistic Influence in the Evolution of Literature,” *Proceedings of the National Academy of Sciences* 109, no. 20 (2012): 7682-86, online at http://goo.gl/3uaAoM; James W. Pennebaker, *The Secret Life of Pronouns: What Our Words Say About Us* (New York: Bloomsbury, 2011).「共有された地平」会議のウェブサイトは http://goo.gl/fnyWw。これからの科学と人文科学を論じた洞察力にあふれる読物として一読を薦めたいのは、Edward O. Wilson, *Consilience: The Unity of Knowledge* (New York: Alfred A. Knoph, 1988)である。科学と人文科学の対立についての基本的な文献に、C. P. Snow, *The Two Cultures and the Scientific Revolution* (London: Cambridge University Press, 1959)〔邦訳：『二つの文化と科学革命』〕がある。
26 以下を参照。Adolphe Quetelet, *Sur l’Homme et le Développment de Ses Facultés, ou, Essai de Physique Sociale* (Brussels: L. Hauman, 1836); Émile Durkheim, *Les Règles de la Méthode Sociologique* (Paris: F. Alcan, 1895)〔邦訳：『社会学的方法の規準』〕; August Comte, *Cours de philosophie positive* (1830-42). コントらが考え方の上で目指した方向性とジップのそれとは比較してみる価値がある。ジップは1935年に次のように述べている。「10年近く前になるが、ベルリン大学で言語学の研究をしているとき、ふと、言葉を一種の自然現象として調べたら大きな成果が得られるかもしれないと思いついた……統計学の原理を客観的な言語現象に直接適用すれば、まさしく科学的手法による研究が……」。
27 Franz Boas, “The Study of Geography,” *Science* 210S (1887): 137-41より引用。

著者略歴――――

エレツ・エイデン *Erez Aiden*

2010年にハーバード大学とマサチューセッツ工科大学（MIT）で博士号取得。数年間、ハーバード大のソサエティ・オブ・フェローズ、Google社の客員研究者をつとめた後、ベイラー医科大学とライス大学の助教に就任し、そこでゲノム・アーキテクチャー・センターを率いた。2009年にはMITテクノロジー・レビュー誌が選ぶTR35（最もイノベーティブな35歳以下の35人）のひとりに選ばれた。2012年には、合衆国政府が若手研究者に与える最高の栄誉であるPECASE賞を、ホワイトハウスより受けた。この賞は、共同研究者と共にゲノムの三次元構造を調べる技術を開発したことに対して与えられたもの。ヒューストン在住。

ジャン=バティースト・ミシェル *Jean-Baptiste Michel*

フランス人、モーリタニア人。科学者、起業家。データ科学企業のクオンティファイド・ラボの創設者。ハーバード大学の準研究員。Google社の客員研究員を務めたこともある。フランスのエコール・ポリテクニークを卒業。2010年にハーバード大学で博士号取得。フォーブス誌が選ぶ「30歳以下の30人」のひとりに選ばれた。ニューヨーク、ブルックリン在住。

本書刊行までの10年間、両名はともにビッグデータを使って、人間の文化の研究してきた。その研究成果はネイチャー誌、サイエンス誌、ニューヨークタイムズ紙の特集記事として取り上げられた。彼らが行った講演ビデオは、TED.comで100万回以上の再生を記録している。

訳者略歴――――

阪本芳久《さかもと・よしひさ》

1950年神奈川県生まれ。慶應義塾大学工学部卒業。出版社勤務を経て翻訳業。主な訳書にミラー『ブラックホールを見つけた男』『137』、パーコウィッツ『遅い光と魔法の透明マント』（いずれも草思社）、リンドリー『そして世界に不確定性がもたらされた』（早川書房）、ブキャナン『人は原子、世界は物理法則で動く』（白揚社）など。

解説者略歴――――

高安美佐子《たかやす・みさこ》

博士（理学）。東京工業大学科学技術創成研究院ビッグデータ数理科学研究ユニットＰＩ、准教授。専門は、ビッグデータ解析、経済物理学、統計物理学。著書に『ソーシャルメディアの経済物理学―ウェブから読み解く人間行動』『学生・技術者のためのビッグデータ解析入門』（いずれも日本評論社）などがある。

カルチャロミクス

文化をビッグデータで計測する

2016年2月24日　第1刷発行

著　者　エレツ・エイデン
ジャン=バティースト・ミシェル
訳　者　阪本芳久
装幀者　内川たくや
発行者　藤田　博
発行所　株式会社草思社
〒160-0022　東京都新宿区新宿5-3-15
電話　営業 03(4580)7676　編集 03(4580)7680
振替　00170-9-23552

本文組版　株式会社キャップス
本文印刷　株式会社三陽社
付物印刷　中央精版印刷株式会社
製本所　大口製本印刷株式会社

ISBN978-4-7942-2187-2 Printed in Japan　検印省略